江苏省教育科学"十三五"规划重点自筹课题（B-b/2016/02/122）

"促进九年一贯制学校学生学科关键能力发展的深度教学研究"研究成果

梦山书系

深度教学研究丛书　郭元祥\主编

学科育人
——深度教学的行动研究

刘国平　主编

海峡出版发行集团 | 福建教育出版社

本书编委会

主　　编：刘国平

副主编：屈佳芬　杨建刚

编　　委：（按姓氏笔画排行）

刘国平　杨建刚　吴　萍　沈丽洁　陈丽华　范晓霞　屈佳芬

胡城华　顾红英　钱静燕　徐玉娟　徐伟光　徐宝林　高　翔

黄　华　黄少锋　谢向华　蔡丽亚　缪　健　潘静婧　魏建春

丛书总序

一

20世纪70年代末，以知识激增和科技迅猛发展为特征的"第三次浪潮"，直接导致了人们对学生能力培养的高度重视，"探究—发现"教学在中小学盛行。1983年，美国心理学家霍华德·加德纳在哈佛大学悄悄地启动了"零点工程"，开始了"多元智力理论"的研究。"零点工程"的研究结果直到十多年后才对美国乃至世界各国的中小学教学产生广泛影响。20世纪80年代后期，以系统论、控制论、信息论"新三论"为代表的系统科学，推动了对教学改革的结构性思考，我国中小学开始流行教学模式的建构，教学的"整体改革"成为热词。20世纪90年代中期到新世纪头十年，计算机和网络技术的迅猛发展，标志着信息化时代的到来，"教育信息化""信息化教学""信息技术与课程教学的深度融合"几成趋势，"有效教学""翻转课堂"大有席卷中国大地之势。回首改革开放四十余年，我惊奇地发现中国是世界上中小学教学模式数量的国家，甚至可以说创造了教学模式数量最多的吉尼斯世界纪录。各种课堂模型纷至沓来，"高效课堂""幸福课堂""兴趣课堂""快乐课堂""生本课堂""和乐课堂""和谐课堂""能力课堂""合作课堂""探究课堂""翻转课堂""阳光课堂""创生课堂""三效课堂""四探课堂""五疑课堂"等等，让人目不暇接。哪有那么多课堂？真正的课堂其实只有一个，那就是"发展性课堂"。体现学科育人功能，发展学生的学科素养，促进学生精神的发育和成熟，永远是课程教学改革的根本追求。

从1999年开始，我有幸参与了我国面向新世纪的新一轮基础教育课程改革的诸多工作，欣慰于新课程背景下我国中小学课堂在21世纪头十年所发生的生动变化。《国家基础教育课程改革纲要（试行）》提出的"改变课程实施过于强调接受学习、死记硬背、机械训练的现状，倡导学生主动参与、乐于探究、勤于动手，培养学生搜集和处理信息的能力、获取新知识的能力、分析和解决问题的能力，以及交流与合作的能力"这一改革目标，引起了中小学课堂一系列可喜的变化。自主学习、探究学习、小组合作学习等成为比较流行的教学方式，学习方式的多样化基本呈现出来了，课堂变得生动了，学生学习的主动性也增强了。但在对国家级课程改革实验区的视导中，我发现中小学课堂同时呈现出表面教学、表层教学、表演教学的"三表"问题。我强烈地感受到，要切实达成课程改革的目标，教学需要聚焦学生发展，克服表面教学、表层教学、表演教学的局限性，提升课堂的教育涵养，通过深度教学，引导学生深度学习，实现教学的育人功能，真正实施发展性教学。2006年开始，我提出并开展深度教学的理论和改革实践研究，2009年开始陆续发表关于深度教学的研究成果。① 十五年来，我和我的团队陆续从教学价值观、课程知识观、学习观、教学过程观、教学评价观、教学资源观等方面，试图建立起深度教学的理念体系和实践策略。

二

教学问题绝不是单一的教学方式和方法、模式的问题，也不仅仅是知识的处理问题。正如当代美国著名的分析教育哲学家谢夫勒（Scheffler I.）认为，教育中的知识问题表现为五个方面。

---

① 在发表于2009年第11期《课程·教材·教法》杂志中的《知识的性质、结构与深度教学》一文中，我首次明确阐述了"深度教学"的概念。

第一个问题是"知识的认识论问题",即"什么是知识"。教育和教学"必须要寻求清晰地、逻辑地表述知识的标准"。第二个问题是"知识的价值论问题",即"什么知识是值得信赖的或最重要的",这个问题涉及"知识的分类和知识的价值标准"。第三个问题是"知识的发生学问题",即"知识究竟是怎样产生的",回答这一问题需要给出知识发生的过程和机制,以及"知识对促进心智发展提供多种模式"。第四个问题是"知识的方法论问题",即"应该怎样指导学生去发现知识",这一问题的答案就是"提供适用于探究、整合知识的有关方法的理念"。第五个问题是"知识的教育学问题",即"如何最佳地教知识",这一问题要回答"怎样进行理想的教学来促进知识的转化"。① 其实这五个问题,也是教学改革要思考的根本问题,即教学的认识论、价值论、发生学、方法论和教育学等五个层次的问题。

理性的教学改革,必然要确定性地回答教学的价值观、知识观、学习观、教学过程中教师与学生的关系、教与学的关系及其教学方式与组织形式、教学时间、教学空间、教学环境与资源等基本问题。四十年来,我们对"教师中心"持有一致的反对观点,转而走向了"学生中心""学习中心",从强调学生的主体地位和自主发展的角度看,这种转变无疑是有价值的、积极的。但从教学改革思维方式上看,这种转变并没有本质的区别,依然是"点状思维"和"中心思维",依然没有处理好教与学、教师与学生、知识与素养等方面的关系。其实教师与学生、教与学的关系是一种对偶关系、手性关系,是谁也离不开谁的关系,是动态生成的对偶关系、手性关系。对偶关系,即成对耦合的关系,相互耦合,成为一体。手性关系,即相映异构的关系,相对又相辅,

---

① Scheffler I.. *Conditions of Knowledge*: *on Introduction to Epistemology and Education*. Scott: Foresman & Company, 1965: 5.

相离又相连。① 为了凸显学生的主体地位，激发学生主动参与、自主学习，各种从教学时间分配、教学先后程序转换的教学模式，极易出现割裂教与学之间动态耦合、相映异构关系的各种问题。严谨的教学改革，必须澄清教学价值观、课程知识观、学习观、教学过程观、教学环境观，实现教学价值重建、教学结构重组、教学程序重设、教学文化重构。

2010年以来，"深度学习"的概念在国际上兴起。其实，深度学习的概念刚开始本身不是一个教育概念，而是一个人工智能的范畴，其源于30多年来计算机科学、人工神经网络和人工智能的研究。2006年，加拿大多伦多大学计算机系辛顿教授（Hinton G.）在《科学》（Science）上发表了《利用神经网络刻画数据维度》（Reducing the Dimensionality of Data with Neural Networks）一文，探讨了应用人工神经网络刻画数据的学习模型，首先提出了深度学习的概念和计算机深度学习模型，掀起了深度学习在人工智能领域的新高潮。在人工智能领域，深度学习其实是一种算法思维，其核心是对人脑思维深层次学习的模拟，通过模拟人脑的深层次抽象认知过程，实现计算机对数据的复杂运算和优化。人工智能专家们认为计算机和智能网络的这一深层的自动编码与解码过程，是一个从数据刻画、抽象认知到优选方案的深度学习的过程。由于人脑具有深度结构，认知过程是一个复杂的脑活动过程，因而计算机和人工智能网络模拟从符号接受、符号解码、意义建立再到优化方案的学习过程也是有结构的；同时，认知过程是逐层进行、逐步抽象的，人工智能不是纯粹依赖于数学模型的产物，而是对人脑、人脑神经网络及抽象认知和思

---

① 手性关系，是化学概念，是指一种物质内部存在对映异构的特性。许多事物都存在手性关系，恰如人的左手与右手之间的关系一样，是一种相似、相映、相对、异构、相离、相连、成对、耦合的状态。

维过程进行模拟的产物。应该说,到目前为止,深度学习是计算机和智能网络最接近人脑的智能方法。

　　来自脑科学、人工智能和学习科学领域的新成就,必然引起教育领域研究者的深刻反省。计算机、人工智能尚且能够模拟人脑的深层结构和抽象认知,通过神经网络的建立开展深度学习,那人对知识的学习过程究竟应该是一个怎样的脑活动的过程和学习过程?学生的学习有表层与深层等层次之分吗?从作为符号的公共知识到作为个人意义的个人知识究竟是怎样建立起来的?知识学习过程究竟是一个怎样的抽象认知过程?信息技术环境支持下深层次的学习如何实现?十多年来,这些问题引起了许多教育研究者特别是教育技术学研究者浓厚的兴趣,深度学习、深度教学的研究日益引起人们的重视。也正是在辛顿的"深度学习"概念明确提出后,教育学领域特别是教育技术学领域的深度学习研究日益活跃起来。2010 年来,在中小学深度学习研究方面最有影响的当属加拿大西蒙菲莎大学(Simon Fraser University)伊根(Egan K.)教授领衔的"深度学习"(Learning in Depth,简称 LID)项目组所进行的研究,其成果集中体现在《深度学习:转变学校教育的一个革新案例》(Learning in Depth: A Simple Innovation That Can Transform Schooling)等著述之中。[①] 该研究探讨了深度学习的基本原则与方法,分析了深度学习对学生成长、教师发展和学校革新的价值与路径,并在加拿大部分中小学进行实验研究,其核心成果聚焦课堂学习和教学问题,即使是关于教师教育中深度学习的研究,也聚焦于教师的学习过程和学习

---

① Egan K.. *Learning in Depth: A Simple Innovation That Can Transform Schooling*. London, Ontario: The Althouse Press, 2010.

方式。① 近五年来，欧美一些学者也开展了深度学习的研究，如弗兰（Fullan M.）、奎因（Quinn J.）等，认为深度学习的根本宗旨不仅仅是变革教和学的方式本身，而是追求在引导学生从理解世界（Understanding the World），到进入世界（Engage the World），再到改造世界（Change the World）。② 最近五年来，深度学习研究的新理论、新范式不断涌现，如"无边界学习""可见学习"等。伊根、弗兰、奎因等所开展的深度学习研究项目都超越了单一教育技术学视野的研究，不仅仅是关于教学设计、学习技术和学习环境开发的研究，而是基于建立新的学习观和知识观，对教学活动与学习过程作出了新的阐释。

三

深度学习的根本问题不是技术问题，而是涉及教学的价值观、知识观、学习观、过程观、资源观、评价观等教学的发展性问题。从深度学习走向深度教学，一方面是教与学的一致性决定的，另一方面是当前中小学课堂教学普遍存在的局限性决定的。教与学的关系既不是对立关系，也不是对应关系，而是一种具有相融性的一体化关系，离开了教无所谓学，离开了学也无所谓教，教与学一致性是教与学的相融属性。学生真正意义上的深度学习需要建立在教师深度教导、引导的基础之上。从本质上看，教育学视野下的深度学习不同于人工智能视野下的深度学习，不是学生像机器一样对人脑进行孤独的模拟活动，而是学生在教师引导下，对知识进行的"层进式学习""沉浸式学习"和"高阶思维的激发、投入与维持"。"层进"是指对知识内在结构的逐层深

---

① Egan K.. Learning in Depth in teaching education. *Alberta Journal of Educational Research*, 2013, 59 (04): 705—708.

② Fullan M., Quinn J., McEachen J.. *Deep Learning: Engage the World, Change the World*. Corwin Press, 2018: 117.

化的学习,"沉浸"是指对学习过程的深刻参与和学习投入。离开了教师的教学和引导,学生何以"沉浸"？包括反思性思维、批判性思维和创造性思维在内的高阶思维的激发、投入与维持,把教学引入深层认知、文化实践和意义建构的境界。因此,深度学习只有走向深度教学才更具有发展性的意义和价值。

我们所倡导并开展的深度教学研究,是针对我国基础教育课程改革中出现的"三表"教学的问题提出的。在教学价值观上,深度教学主张"发展性教学价值观",强调教学必须提升课堂的教育涵养,实现育人功能,发展学生的学科素养,特别是学科思想和思维、学科关键能力表现的发展。在课程知识观上,深度教学主张确立"知识的教育学立场",认为"知识是有待发育的精神种子",强调教学必须表达知识的科学属性、文化属性、社会属性及其育人价值,提出了"符号表征、逻辑形式、意义系统"的三维知识结构观,要求教师根据知识的依存方式和内在条件处理知识。在学习观上,提出了"学习是学生精神发育过程"的主张,建立了"三境界五层次"学习结构观,倡导"学习的充分广度、学习的充分深度、学习的充分关联度"。在教学过程观上,认为教学过程是一种从文化认同、文化体验,到文化反思、文化自觉的文化实践过程。深度理解、意义生成、能力转化、拓展迁移、反思感悟是教学过程的关键节点。在教学方式上,提出了"U型学习""课堂的画面感""任务导向、问题导向、成果导向""文化回应、经验回应"等教学策略。在教学评价观上,建立了"学习的意义感、学习的自我感、学习的效能感"等评价理念,并结合学生学习过程,加强对学生学习质量的过程监测,诊断和消除学生学习过程中的"疑点、断点、盲点"。当然更为重要的是,让学生的理解进入深层、让学科想象可见、让高阶思维发生、让文化得以浸润、让价值观成为灵魂,实现学生学科素养在知识结构化、思想体系化、能力表现化、经验连续化中得到真切的促进。

十五年来，我和我的团队成员通过"进课程、进科组、进课堂"（3K）研究方式，扎根实验区和小学、初中、高中等实验校，深耕课堂，以期形成关于教学改革"扎根中国大地的思维、扎根教育实践的思维、扎根教育历史的思维、扎根教育逻辑的思维"。教学改革涉及技术和程序等问题，但教学改革绝不是一个技术性问题，而是一个意义问题、价值问题、文化问题，乃至人的生成方式问题。深度教学的实践研究，我一直主张理论研究者对中小学教师课堂教学"有效介入"与"有限介入"相结合、"中立性介入"与"引导性介入"相结合，通过诠释和解释来"参与教学实践"，通过批判与反思来实现"知识动员"，通过预测与预见来发挥"专业引领"，多一些观察、理解与倾听，少一些"破坏性介入"和"颠覆性介入"。① 客观地讲，十五年来的研究与改革实践表明，深度教学对发展学生的学科素养，提高教学的发展品质，全面提高学生的学业质量，对促进教师的课程意识和教学研究能力，切实实现课程育人功能，具有重要价值，且都取得了优良的效果，研究成果于2018年获得国家级教学成果二等奖。为了向广大中小学教师、校长、教研工作者和教学理论工作者真实地展示我们十五年来的研究心得，我们不揣冒昧，推出这套"深度教学研究丛书"和研究辑刊。

"深度教学研究丛书"包括10册。既有深度教学的理论建构，也有深度教学的实践策略；既有深度教学的学科实践，也有深度教学的区校行动研究；既关注深度教学的课例评研，也有深度教

---

① 伽达默尔说：对历史文本的诠释和解释，就是对历史的参与。教育理论研究者如何参与教育实践，这对我的研究很有启发。我一直把深度教学的扎根研究，理解为对教学实践的参与，力求达成教学理论与教学实践的"生动循环"。

学研究中的教学领悟。本丛书包括郭元祥著《深度教学——促进学生素养发育的教学变革》，杨钦芬著《教学的超越——教学意义的深度达成》，伍远岳著《让学习可见——深度教学策略研究》，姚林群著《语文何以滋养生命——语文深度教学研究》，邓阳著《从科学知识到科学素养——科学课程深度教学研究》，董艳著《全喻数学——小学数学深度教学研究》，郭永华主编《探索学科育人之路——惠州大亚湾深度教学改革》，刘国平主编《学科育人——深度教学的行动研究》，郭元祥、杨莹莹、刘艳著《发现课堂育人的支点——基于深度教学课例的分析》，郭元祥著《教学的领悟——来自深度教学实验的醒思》。

　　深度教学理论和实践研究十五年来，得到了华中师范大学原党委书记马敏教授、华中师范大学原校长现任西安电子科技大学校长杨宗凯教授、华中师范大学副校长彭南生教授、夏立新教授、李鸿飞教授等校领导的关心，以及华中师范大学教育学院李玲书记、雷万鹏院长等领导，和董泽芳教授、王坤庆教授、涂艳国教授、杜时忠教授、陈佑清教授、王学编审等同仁的支持；得到了华东师范大学课程与教学研究所所长崔允漷教授、福建师范大学教育学院院长余文森教授、中国教育学会教育学分会课程学术委员会理事长张廷凯研究员等同行的鼓励；得到了华中师范大学学校发展处、武汉市教育局、武汉市武昌区教育局、武汉市江岸区教育局、无锡市梁溪区教育局、无锡市江阴市教育局、常州市金坛区教育局、广州市荔湾区教育局、广州市越秀区教育局、广州市番禺区教育局、深圳市龙岗区教育局、深圳市宝安区教育局、惠州市大亚湾经济开发区宣教局、云南省牟定县教育局等单位的大力支持。感谢广东省惠州市大亚湾经济开发区中小学、广州市第一中学、广州南海中学、广州市八一实验学校、广州市番禺区新英豪中英文学校、深圳市华中师范大学龙岗附属中学、深圳市华中师范大学宝安附属学校、无锡市江阴市临港实验学校、无锡市梁溪区东林小学教育集团、无锡市梁溪区东林中学教育集团、江苏省华罗庚中学、云南省楚雄州牟定第一中学、武汉市武昌区南湖第一小学、武汉市武昌区三道街小学、湖北省武昌实验中学、武汉市外国语学校（高中部）等实验研究基地学校的校长和老师们的辛勤工作。感谢研究团队成员姚林群、伍远岳、邓阳、朱桂琴、崔鸿、胡典顺、杜芳、陈秀玲、邵贵明、龙泉、杨钦芬、刘晶晶、李新、杨莹莹、刘艳、董艳、王海玉、郭希连、谢虎成、胡革新、郭永华、廖剑辉、刘国平、屈佳芬、唐丽、张利荣、夏宇彤、陈进红、范敏、黄祥军、胡戈、余国卿、唐静、钱艳玲、刁景峰、孔玲、朱蓉、周明、廖红梅、徐勤等专家学者的辛勤工作。

  本丛书的出版得到了福建教育出版社的大力支持，特别是福建教育出版社成知辛主任、丁毅编辑为本丛书的出版，劳心劳力，一并致谢！

  理论总是有缺憾的，但实践是生动的。深度教学理论与实践研究永远在路上！

华中师范大学教育学院二级教授、博士生导师
2019年国庆节于武昌桂子山

自　序

面向未来：21世纪的核心素养教育

　　全面深化课程改革落实立德树人根本任务，是当前深化教育领域综合改革的重要内容。深化课程改革必须注重发展学生的核心素养，培养"学生应具备的适应终身发展和社会发展需要的必备品格和关键能力，突出强调个人修养、社会关爱、家国情怀"。"核心素养"是基于学生的终身发展提出来的，在21世纪，"核心素养"已经成为教育领域的指挥棒，也成为我国深化基础教育改革的焦点。课堂教学是培养学生的核心素养的关键环节，深度教学通过对知识的处理，追求学生在认知方式、情感体验、思想境界、实践能力、处事方式等维度发生实质性的变化，由此达成培养学生核心素养的高层次发展目标。但应试训练普遍导致课堂的发展性品质日渐降低，与发展学生的核心素养和关键能力的根本要求渐行渐远。课堂教学的价值标准究竟是什么？究竟应该如何看待并处理知识？究竟应该如何处理教学过程中各种基本关系？课堂教学改革的基础和方向问题值得深思。

　　近十年来，中小学课堂教学改革研究十分活跃，各种教学模式、课堂策略和技术不断翻新，但大多的教学模式和课堂教学改革策略停留于师生教学程序简单翻转和师生教学时间简单分配的层次上，这种所谓的课堂教学改革本质上是技术主义取向的课堂变革。这种变革的根本局限在于课堂教学价值观的扭曲，突出的问题在于偏重课堂教学技术层面的变化，而不是教学活动结构性、系统性的变革；将教师与学习以及教与学的关系在时间、空间、程序上对立起来，一味强调学生学习方式和学习活动的多样性，把表面的课堂活跃看成是学生主体性得到了发挥，从而把学生学习引向了表面学习、表层学习、表演学习的错误道路。深度教学注重基于知识的内在结构，通过对知识完整处理，引导学生从符号学习走向学科思想和意义系统的理解和掌握，是对知识的深度处理。深度教学强调为理解而教、为思想而教、为意义而教、为发展而教，不再仅仅把知识作为教学的对象，而是把学生作为教学和促进的对象，教学过程切实由以知识为中心转向以学生发展为中心。

发展学生的核心素养和关键能力，是全面深化课程改革落实立德树人根本任务的现实要求。随着课程教学改革的不断深入，切实转变学生观、知识观、教学观、质量观，通过实施深度教学，引导学生深度学习，切实提高课堂教学的发展性，是当前深化课堂教学改革的根本方向，也是实现21世纪核心素养教育的必然要求。

目　录

第一章
能力导向的深度教学探索历程～1
第一节　研究目的与价值～1
一、研究目的～1

二、研究价值～2

第二节　研究思路与方法～5
一、研究思路～5

二、研究方法～5

第三节　研究过程与经历～7
一、理论构建阶段～7

二、实证探究阶段～8

三、实践检验阶段～8

四、成果总结阶段～8

第二章

深度教学视野下的学科关键能力~10

第一节　深度教学的认识视野~10

一、深度教学的教育价值观~10

二、深度教学的课程知识观~12

三、深度教学的学习过程观~16

第二节　学科关键能力及其价值阐释~27

一、能力与关键能力~27

二、学科关键能力的界定~32

三、学科关键能力的发展价值~33

第三节　实施深度教学，培育关键能力~36

一、深度教学的内涵~36

二、深度教学是能力导向的教学~38

第三章

语文学科关键能力及其培养~42

第一节　识字与写字能力~42

一、识字与写字能力的内涵~42

二、识字与写字能力表现～45

三、识字与写字能力的培养实践～48

第二节 阅读理解能力～68

一、阅读理解能力的内涵～68

二、阅读理解能力的表现～69

三、阅读理解能力的培养实践～73

第三节 语言表达能力～87

一、语言表达能力的内涵～87

二、语言表达能力的表现～89

三、语言表达能力的培养实践～92

第四节 思维方式～104

一、思维方式的内涵～104

二、思维方式能力的表现～105

三、思维方式培养实践～108

第五节 价值观判断能力～120

一、价值观判断能力的内涵～120

二、价值观判断能力的表现～121

三、价值观判断能力的培养实践～121

第四章

数学学科关键能力及其培养～131

第一节　数学运算能力～131

一、数学运算能力的内涵～131

二、数学运算能力的表现～133

三、数学运算能力的培养实践～138

第二节　数学推理能力～156

一、数学推理能力的内涵～156

二、数学推理能力的表现～159

三、数学推理能力的培养实践～162

四、挖掘素材，拓宽推理的训练～166

第三节　空间想象能力～173

一、空间想象能力的内涵～173

二、空间想象能力的表现～175

三、空间想象能力的培养实践～179

第四节　数学应用能力～192

一、数学应用能力的内涵～193

二、数学应用能力的表现～195

三、数学应用能力的培养实践～199

第五章

英语学科关键能力及其培养～215

第一节　语言理解能力～215

一、语言理解能力的内涵～215

二、语言理解能力的表现～216

三、语言理解能力的培养实践～219

第二节　英语阅读能力～229

一、英语阅读能力的内涵～229

二、英语阅读能力的表现～230

三、英语阅读能力的培养实践～232

第三节　口语交际能力～249

一、口语交际能力的内涵～249

二、口语交际能力的表现～251

三、口语交际能力的培养实践～252

第四节　文化意识～266

一、文化意识的内涵～266

二、文化意识的能力表现～267

三、文化意识的培养实践～270

第六章

导向学科能力的校本课堂建构～285

第一节　语文深度课堂～285

一、我们的语文理解～285

二、文如其人，知人论世～290

三、文以载道～297

四、吾手写吾心～303

第二节　数学深度课堂～310

一、我们的数学理解～310

二、数学思想的建立～316

三、数学经验的丰富～324

四、数学文化的渗透～332

第三节　英语深度课堂～338

一、我们的英语理解～338

二、从语言到语用～345

三、从文本到情境～350

四、从知识到文化～355

第七章

制度支撑～361

第一节 分层走班制～361

一、分层走班教学的概念及内涵～361

二、分层走班教学的理论依据～361

三、分层走班教学的发展价值～362

四、分层走班的依据和形式～364

五、分层走班的具体实施办法～365

第二节 小组合作制～368

一、小组合作的发展价值～368

二、小组合作的理论依据～369

三、小组合作的成员分工～369

四、小组合作学习课堂教学流程～370

五、小组合作的保障机制～373

第三节　总结反思制～378

一、总结反思制的实施背景～378

二、总结反思制的理论基础～379

三、总结反思制的基本内涵～381

四、总结反思制的课堂实践～381

五、总结反思制的课外延伸～388

第一章 能力导向的深度教学探索历程

第一节 研究目的与价值

一、研究目的

（一）系统梳理能力导向深度教学的相关理论知识

本研究是在能力导向深度教学理论的指导下从宏观理论建构到具体学科关键能力探索而展开。探讨深度教学的理论基础，分析并系统建立旨在发展学生学科核心素养的深度教学的核心理念，特别是深度教学的价值观、知识观和过程观，促进建构深度教学的基础理论，并深入探讨学科关键能力的相关理论知识，为实施深度教学、培育学生的学科关键能力提供理论基础和基本方向。

（二）探索各个学科的关键能力及其培养策略

目前，学术界对各学科关键能力的具体探索较少，表现标准的建构也非常薄弱，学科关键能力表现标准的缺失大大影响了学生学习和教师教学。因此，本研究以国家基础教育课程标准为依据，通过实践研究和理论研究，重点剖析语文、数学、英语三个学科的关键能力以及能力表现和培养实践，并以此作为开展学科深度教学的实施指南。

（三）构建导向学科能力培养的校本课堂

一般情况下，要想将某种教学理论和思想应用到实际教学当中，除了在原有学科中渗透，还可以通过开发校本课堂来实现，这是因为校本课堂更加具有灵活性、操作性和创新性。所以，本研究为了更加深入地推进和实施能力导向的深度教学，致力于建构语文、数学和英语深度课堂，探讨"深度课堂"教学模式促进学生各学科关键能力的发展。

二、研究价值

（一）理论价值

1. 有助于深化深度教学的理论研究

深度教学日益成为当前课程与教学论领域的热点，华中师范大学郭元祥教授的深度教学研究团队已经开展了十多年的前期理论和实验研究，并取得了一系列理论研究成果。深度教学并不追求教学内容的深度和难度，不是指教学内容越深越难越好，而是相对于知识的内在构成要素及其内在价值、学习的内在结构及其层次和境界而言，知识教学不停留在符号层面，不把知识仅仅作为对象来学习。深度教学是以提升学习境界和层次，实现知识丰富价值的发展性教学。深度教学不是对象化教学，而是意义性教学，"为意义而教"是深度教学的本质规定性。深度教学不是把知识作为教学的对象，而是把学生发展作为教学的对象，学生发展既是教学的对象，更是教学的目的。知识不是教学的对象，也不是教学的目的，相反只是实现教学目标的重要材料。追求知识对于学生成长的意义，提升学生学习知识的意义感，通过实现知识对于学生发展的丰富价值而促进学生发展，因意义而教，才是教学的本质诉求。在应试教育背景下，接受教学依然统治着中小学课堂，知识的丰富价值难以得到应有的体现，知识和教学的发展性失落。深度教学之"深度"的本质是指知识的"深度"和学习的"深度"。知识之深度是指知识对于学生成长的价值广度和意义深度，是知识转化为学生在特定领域的思想、能力、经验等价值维度和意义维度的尺度。本研究对郭元祥教授及其团队所提出的深度教学理论作了系统的梳理，有助于深化深度教学的理论研究。

2. 有助于促进知识观、学习观和教学观的转变

深度教学是通过提升学习境界和学习层次，实现知识的丰富价值的发展性教学。深度教学是针对新一轮基础教育课程改革中出现的，从反对"过于注重死记硬背、机械训练"的局限到追求"学习方式多样化"过程中出现的表面化、表层化、表演化教学的局限性而提出的，教学改革的核心价值是实现知识的发展价值。深度教学所要回答的基本问题是：知识对于学生的发展价值究竟应该如何达成？怎样的学习过程和学习结构才是知识的发展价值所要求的学习？因此，深度教学是基于知识观、学习观和教学观的转变，基于教育学的立场和发展的视野而实施的教学，是促进知识在学生精神世界发育的教学。深度教学的根本宗旨在于促进知识的价值提升，而不是仅仅把知识作为对象来学习和占有，反对对象化教学，而是强调知识与学生精神发育的内在契合，特别是知识习得与学生成长的价值契合、过程契合、结构契合，主张在教学过程中凸显知识对于学生不同领域的发展价值，强调知识向思想、方法、能力和经验的转化和生成。本研究从培养学生的学科关键能力的角度出发理解和建构深度教学理论，有助于促进知识观、学习观和教学观的转变。

3. 有助于丰富学科核心素养特别是学科关键能力的研究

中小学生学科能力表现及其标准的研究，一直是我国课程教学改革研究的薄弱问题。2001年以来，我国基础教育课程改革提出了"知识与技能、过程与方法、情感态度价值观"三维课程目标，其中"过程与方法"集中指向的是学科能力表现。随着课程改革的深化，教学质量、学生的学习质量、学科能力表现研究日益引起重视，但各科课程标准关于学科能力表现及其标准疏于整体设计，课程实施中学科能力表现的指标和标准缺乏明确清晰的教学指导。研制中小学生学科能力表现标准，注重学科能力表现的培养，对深化课程改革的理论基础研究都具有重要意义。本研究注重在系统化学科关键能力的理论基础上，具体分析语文、数学和英语三个学科的关键能力、关键能力表现以及培养实践，既有助于丰富学科关键能力的理论研究，又有助于具体学科的关键能力的系统研究，将理论与实践紧密联系，共同促进能力导向的深度教学的实现。

（二）实践价值

1. 有利于促进教学方式的变革，全面提高义务教育阶段教育质量

全面提高教育质量，是我国基础教育在基本完成普及义务教育的社会

背景下的必然选择。中共中央办公厅、国务院办公厅《关于深化教育体制机制改革的意见》强调培养学生的关键能力，创新人才培养体系。教育质量的根本体现在学生发展上，体现在学生综合素质的提升上，尤其是体现在学生课程学习的过程之中。学生的基本素质、课业学习质量又是教育质量的核心，因此，研究我国中小学生的学科核心素养和关键能力及其培养策略，是落实"规划纲要"精神，促进教学方式的变革，全面提高教育质量的根本要求。

2. 有利于建构学科能力表现标准科学体系，建立科学的教育评价观

长期以来，我国基础教育存在着教育评价观、学业评价观比较模糊的局限，加之应试教育倾向的影响，人才培养方式与时代发展对教育的要求日益脱节。改革开放四十多年来，我国基础教育缺乏科学可行的学习评价标准、学生核心能力素质标准（如中小学生学习能力发展标准、实践能力发展标准、创新能力发展标准）等，学生发展评价过于偏重知识掌握的笔纸测验，学生的基本学习素养、学科能力发展、学科核心价值观的培养没有得到系统化的重视。十余年基础教育课程改革和课程标准的实验研究，为学习质量标准的研制奠定了坚实的基础。但我们认为，义务教育阶段各课程标准在学科核心能力表现标准、学科核心价值观发展标准等方面，还有待进一步明确。面临新的战略任务，基础教育课程改革进入了更深刻的层面，我们需要回答知识观、学习观、学业质量评价等一系列重大问题。研究和建构学科能力表现标准科学体系，对建立科学的教育评价观具有重要的现实意义。

3. 有利于克服知识教学的局限，促进学习方式变革，发展学生关键能力

过于注重知识的接受性学习，学习方式单一。过重的知识学习课业负担，既有考试评价的原因，也有教材容量、难度和深度方面的原因，还有过度学习的原因，而学生学科能力表现标准的缺失，也是重要的原因之一。"深挖洞，广积粮"式的教学，本质上反映的是中小学教学的问题。

研制深度教学，对落实立德树人根本任务，发展素质教育，深化课程和教学改革，都具有重要的现实意义。人才培养体系的创新，不仅仅表现在课堂教学中学习方式的多样化，而是涉及教育价值观体系、教育质量观及其标准体系、课程教学体系、管理与评价体系等一系列问题的复杂系统。单一的知识线索式的标准，以及"唯分数论"的教学和评价，对引导人才培养体系的创新存在明显的不足。解析中小学生学科关键能力表现的内在结构，初步建构中小学生学科能力表现的指标体系，以及学生学习质量监测的有效策略与技术，这对深化课程教学评价与教学质量管理，具有重要的指导意义。

第二节 研究思路与方法

一、研究思路

从整体设计思路来看，本研究综合运用了多学科的研究成果和思维方式，基本遵循"理论建构—实证研究—案例分析—常模建构—实践探索"的研究思路。首先，进行深度教学和学科关键能力的理论建构，从理论视角明确深度教学视野下学科关键能力的内涵、价值以及培育。其次，运用实证调查方法调研分析我校中小学生学科能力表现的现状、问题和原因，为明确各学科关键能力及其培养提供现实依据。第三，收集中小学课堂教学案例，开展深度教学研究，通过课堂观察、案例分析等方法探索各学科关键能力的表现及其培养策略。第四，基于实证研究和案例分析的结果，建构具体可操作的各学科课堂教学模式和策略。第五，将建构的各学科课堂教学模式和策略应用于实际教学当中，并在实践中进行调整完善。

二、研究方法

（一）文献研究法

通过文献搜集、梳理与分析，了解国内外深度教学、学科能力相关研究现状以及存在问题，为本研究找到立足点和出发点。本研究在理论基础部分主要探究了深度教学的理论基础、基本理念，特别是深度教学的知识观、学习观、过程观、教学观、质量观等。另外，本研究还通过文献研究法构建了学科关键能力的相关理论，并将深度教学与关键能力培养结合起来构建学科关键能力导向深度教学的基本理论。

（二）调查研究法

在研究的过程中，我们运用问卷调查法。通过编制调查问卷，调研分析我校中小学生学科能力表现的现状、问题和原因。运用访谈研究法，对中小学各学科教师进行访谈，从不同学科教师的角度了解课堂教学对学生学科关键能力形成的影响，并且对问卷调查和访谈调查的结果进行分析处理，这些为构建学科关键能力导向的深度教学理论提供现实基础。

（三）文本分析法

针对深度教学视野下各学科关键能力及其培养的研究内容，我们成立了学校学科能力表现标准研制小组，组织小组成员深入学习和分析中小学语文、数学和英语学科的课程标准、教材及考试大纲，结合学科课程要求和学情研制本校学科关键能力表现标准和单元质量标准。学校学科能力表现标准研制小组在深度教学专家团队的指导下，经过反复的文本分析和修改调整，最终研制出语文、数学、外语三个学科的关键能力表现标准。

（四）案例研究法

为了研究具体学科的关键能力以及培养策略，本研究立足真实的课堂教学情境，开展深度课堂教学研究，通过课堂观察、课堂分析、案例反思，研究促进学生学科关键能力发展的深度课堂教学模式、有效策略、课堂教学评价体系。在深度教学和学科关键能力的理论引领下，扎根教学实践，运用丰富的教学案例在实践中不断深化深度教学理论理解，并有效指导教学实践，促进学生学科关键能力的培养。

（五）行动研究法

在研究过程中，我们组织了许多关于深度教学的课题培训，通过邀请专家、校本培训、主题研讨、对外交流等形式开展深度教学的理论和实践研究，提升教师对于深度教学理念的认识。另外，还开展深度课堂教学实践和评比展示，开展体现学生学科能力的学科活动和评比展示，优化模式，形成经验，不断驱动教师的深度"教"和学生的深度"学"。在行动研究中，教师既是教育研究者，也是实践工作者，这种双重身份使我们的研究成果更容易被教学实践工作者理解、掌握和应用，从而达到解决实际问题、改变教师教学行为的目的。

第三节 研究过程与经历

一、理论构建阶段

本研究在此阶段综合整理了与"深度教学""学科关键能力"相关的理论研究成果，并在华中师范大学深度教学专家郭元祥教授团队的指导下，完成了对深度教学与学科关键能力的理论梳理，并在此基础上深入分析了深度教学与学生学科关键能力发展之间的密切联系。本研究认为，深度教学不是指无限增加知识难度和知识量，而是克服对知识的表层学习、表面学习和表演学习，以及克服对知识的简单占有和机械训练的局限性，基于知识的内在结构，通过对知识完整深刻的处理，引导学生从符号学习走向学科思想和意义系统的理解和掌握，并导向学科素养的教学。[①] 关注学生的生命成长和个性化发展意义，关注课堂教学的发展性品质，是深度教学的终极旨趣。实施深度教学，要以转变教育价值观、课程知识观与学习过程观为基础。学科关键能力是指某一个学科中起基础性、中心性和决定性的学科能力，学科关键能力的培养需要实施深度教学。深度教学作为能力导向的教学，关注学生对知识的深度理解；关注学生通过积极的自我反思实现自我发展和意义建构；注重学生的学习过程和学习体验。总之，对深度教学和学科关键能力的理论构建为本研究提供了坚实的理论基础，也为后续实证探究提供了理论支撑。

---

① 郭元祥. 课堂教学改革的基础与方向——兼论深度教学 [J]. 教育研究与实验, 2015 (06).

二、实证探究阶段

在此阶段，本研究运用问卷调查、访谈调查、文本分析等方法为导向学科关键能力培养的深度教学理论寻找现实支撑。以中小学教师为调查对象，深入了解他们对深度教学的理解以及对学科关键能力的认识，充分尊重教师对学生学科关键能力培养的见解。另外，为了将学科能力培养落实到日常教学当中，我们在本校组建了以华中师范大学深度教学专家团队为领导的学科能力表现标准研制小组，组织语文、数学和英语学科的骨干教师进行深入学习课程标准及教材，研制出符合本校学情和本学科特点的学科关键能力表现标准，并依此进行深度教学实践。本研究通过各种方式进行实证探索，为能力导向的深度教学实践建立了事实依据，也为各学科关键能力的培养提供了现实基础，使深度教学理论深入人心，也使研制的学科关键能力表现标准更加符合学校的实际情况和学生发展的要求。

三、实践检验阶段

深度教学理论只有立足于实际的课堂教学才能真正发挥其育人价值，因此，在导向学科能力的深度教学理论的基础上进行实践检验至关重要。本研究在明确了能力导向的深度教学理论以及学科能力培养的基本理论之后，致力于建构导向学科能力的校本课堂。所以，在实践检验阶段，本研究真正将理论与实践相联系，使深度教学理论与实际的课堂教学产生关联，以达到理论支持实践、实践检验理论的目的。以研制的学生学科关键能力表现标准作为深度教学的实施指南和评价依据，结合教学和学习现状，明确深度教学的特点、基础和前提，探讨深度教学的教学策略、操作要点等，构建有效的深度课堂教学模式，转变教师教学和学生学习方式，促进学生各学科关键能力的发展。在本校各科骨干教师的共同努力下，反复进行课堂实验和专题研讨，建构了属于我们自己的深度教学校本课堂，真正将导向学科能力培养的深度教学落实到实际课堂教学当中。

四、成果总结阶段

导向学科能力发展的深度教学理论探究和实践探索对本校产生了重大

影响：首先，增加了全体教职工对深度教学和学科关键能力的理性认识，使他们了解到导向学科能力培养的深度教学不再是难以理解的理论，而是可以在实践中研究的课题；其次，调动了全体教师的科研积极性，在学科关键能力表现标准的研制和深度课堂的建构中，教师们体验到了参与科研的快乐；最后，为本校研制了各学科关键能力表现标准，建构了独具特色的导向学科关键能力的深度课堂，使本校逐渐向具有理论高度和实践深度的育人研究基地发展。

因此，将关于学科能力导向的深度教学成果总结汇编成书，进行阶段性总结，并且将在后续的教学实践中不断累积和完善，真正将导向学科关键能力培养的深度教学落实到实际的课堂教学当中。

第二章
深度教学视野下的学科关键能力

第一节 深度教学的认识视野

从教育学立场的深度学习走向深度教学，是教与学的一致性与相融性决定的，也是突破当下表层性教学、表面性教学、表演性教学与工具性教学的局限，实现发展性教学的根本途径。深度教学不是一种具体的教学形态、教学方法或教学手段，而是一种教学理念。关注学生的生命成长和个性化发展意义，关注课堂教学的发展性品质，是深度教学的终极旨趣。实施深度教学，要以转变教育价值观、课程知识观与学习过程观为基础。

一、深度教学的教育价值观

深度教学是对教学发展性的呼唤，也是对学生全面发展的回应。它以促进学生发展基因的多样性实现与丰富的个性化意义建构为价值基础。

苏联教育家赞可夫早就提出要处理好教学与发展的关系，并提出发展性教学的理念，如"使学生理解学习过程""使班上所有的学生都得到一般发展"[1]等。那究竟何为"发展"与"发展性"？内格尔认为"发展就是从潜在的变为现实的"[2]，并提出了三条标准：第一，某种先在结构；第二，"由内而外展开"的或受外部力量积极推动的，而且是不可逆的过程；第三，这种发展达到最高程度的某种终极状态。英国学者彼得斯认为"'发展'指的是在一段时间内某种不可逆的连续变化，可以看到，它的变

---

[1] 赞可夫. 教学与发展 [M]. 杜殿坤，等译. 北京：人民教育出版社，1986.
[2] Nagel, E. Determinism and Development. In Harris, D. B. (Ed), *The Concept of Development*, 1957.

化方向是与它所产生的作为这种变化之特征的某些结果有关的"①。我国学者郭元祥教授指出,"发展性就是改变性",是教育对学生认知、情感、技能等方面产生的系统变化与能力的整体提升②。由此可见,学生的发展性价值实现,即学生在认知、情感、技能方面的不可逆性正向改变,是学科关键能力与核心素养的整体达成。

深度教学是指"超越表层的符号教学,由符号教学走向逻辑教学与意义教学的统一"。深度教学中的"深度"并不是指知识的深度与难度,并不意味着教学内容越难越好,更不是无限增加知识的容量,而是指知识解读的深刻性、全面性与学生发展的丰富性、完整性。相对于传统的表层性教学与工具性教学,深度教学超越以分数和应试为目标的功利性价值取向,关注学生的生命成长和个性化发展意义。学生的个性化发展,既包括个体认知、情感与意志等心理层面的发展,也包括思维、思想、文化、审美等精神层面的发展。

从过程特征来看,深度教学是理解性教学、反思性教学与体验性教学的统一。它关注学生对知识的深度理解、引导学生通过积极自我反思实现自我发展和意义建构,重视学生学习的过程性体验和意义生成。在深度教学中,教师引导学生开展层进性学习与沉浸性学习,促进知识对学生的多维发展价值与意义。在层进性学习中,学生超越对知识的符号和事实性记忆,通过主动加工和编码去理解知识内部的逻辑形式与意义系统。在沉浸性学习中,学生主动参与学习过程,并倾注丰富的情感投入、认知投入、行为投入与社会性投入。层进性学习与沉浸性学习,是对知识的深度处理,由此建立知识的广度、深度与关联度,实现转知为识,转知为智,化知为德。

---

① 转引自:瞿葆奎主编,雷尧珠,王佩雄选编. 教育与人的发展(教育学文集,第2卷)[M]. 北京:人民教育出版社,1989.

② 郭元祥. 课堂教学改革的基础与方向——兼论深度教学 [J]. 教育研究与实验,2015(06).

二、深度教学的课程知识观

深度教学以教育学立场的知识观为基础。在教育学立场的知识观中，知识不仅仅是科学世界的事实性存在，也是生活世界的意义性存在。课程知识的价值与功能在于促进学生的精神发育。深度教学的知识观转变，是以教育学立场的知识观重新审视知识的性质、结构与多维价值。

（一）课程知识是学生精神发育的种子

哲学认识论立场中的知识是"客观事物的属性与联系的反映，是客观事物在人脑中的主观映像""是人类认识的成果，它是在实践的基础上产生又经过实践检验的对客观实际的反映"。可见，哲学认识论是从知识的产生，人类对知识的认识方式等方面来界定知识，并为我们提供了理解知识的基本方法论与世界观。但对于教育活动中的知识而言，哲学认识论的知识观显然没有提供教育场域的关照。因此理解教育活动中知识的性质，需要以教育学立场的知识观为基础。在教育学立场中，知识"涉及的不完全是'真理'问题，而更是'幸福问题'"[①]。深度教学不仅关注学生记住了多少事实性知识，更关注学生在学习之后思维方式、价值观念、生活方式等方面是否发生系统性的改变。

深度教学以教育学立场的知识观来重新审视课程知识的价值，"对于学生的成长而言，知识其实是一粒有待发育的'精神种子'"[②]。知识是一粒思想的种子、智慧的种子、美德的种子。知识是关于"科学世界"的，但更是关于"生活世界"的。知识作为人类认识的成果，是客观事物本质属性在人脑中的反映，是关于"物—我""你—我""我—我"关系的，知识包含着人建立并处理社会关系的德行智慧。知识学习的重要目的，一方面在于基于认知与理解"公共知识"（public knowledge），分享人类认识世界的文化和思想遗产，另一方面在于通过公共知识的转化，建立个人知识（personal knowledge）。个人知识其实是个体认识世界的方式。对公共知识

---

① 郭元祥. 论深度教学：源起、基础与理念[J]. 教育研究与实验，2017（03）.
② 郭元祥. 论深度教学：源起、基础与理念[J]. 教育研究与实验，2017（03）.

的占有是通过知识获得生长社会性品质的过程，而个人知识的形成过程则是人的个性化成长的必经过程。学生学习知识的过程根本上说是知识作为"精神种子"发育成为个体的思想、智慧和美德的过程。知识学习的过程不仅仅是通过前人的认识成果来认识世界，更是反求诸己，检视并回应自我、倾听自我内心的声音，关照自我内心世界，建立处世哲学、思维方式和方法论的过程。以知识为话题和中介的师生对话与交往、理解和探究、体验和反思，其实是知识作为"精神种子"在学生身上展开精神发育的过程。"学习者中心"的课程和教学的根本价值就在于从对知识的关注转到对知识的精神发育的关注。有人说，一个人的阅读史就是一个人的精神发育史，其实是过于以偏概全了。严谨地讲，个体的学习史才是个体的精神发育史。

挖掘知识所凝结的思想要素、智慧成分和德性涵养，通过转化促进知识的精神发育，是当下课程教学改革的根本基础。但应试主义取向的教学有太多的短视和功利，太多的囫囵吞枣，太多的浅尝辄止和"速效"课堂，这必定消解课程教学以及知识的教育涵养。当下的课堂教学改革停留于教学程序的简单翻转，只是仅仅当作符号而进行的表面学习、表层学习、表演学习的局限性。知识处理缺乏必要的深度，制约了教学目标的完整达成和深度达成。知识是课堂教学的基本单位，离开了对知识的深度处理和深度理解，谈何课堂教学改革的深化？因此，深化课堂教学改革，必须引导学生深度理解知识。

（二）课程知识的完整结构与意义理解

对知识的深度理解，必须以掌握知识的内在完整结构为基础。"从内在构成上看，知识具有符号表征、逻辑形式和意义系统的三个不可分割的组成部分。"[①] 从某种意义上看，作为符号的知识，其实只能告诉人们"关于世界的知识"，而不能使人获得"加入世界的知识"。教育绝对不能仅仅

---

① 郭元祥. 论深度教学：源起、基础与理念 [J]. 教育研究与实验，2017 (03).

停留在告诉或传授给学生"关于世界的知识",而应该使学生获得"加入世界的知识"。知识的逻辑形式是指人认知世界的方式,具体包括知识构成的逻辑过程和逻辑思维形式。任何知识的形成,都经历了分析与综合、归纳与演绎、分类类比与比较、系统化与综合化等逻辑思维过程,都包含着概念、判断和推理等逻辑思维形式。如果说符号表征表明的是人对世界的具体看法或认识结果,那么,逻辑形式则体现的是人了解世界的方式。没有逻辑形式的知识是不存在的。意义系统是知识其内具的促进人的思想、精神和能力发展的力量,是知识与人的发展之间的一种价值关系。作为人类认识成果的知识蕴含着对人的思想、情感、价值观乃至整个精神世界具有启迪作用的普适性或"假定性"意义。这种普适性的或"假定性的"意义的存在,使学生通过知识习得建立价值观成为可能。

"在知识的内在结构中,符号是知识的外在表达形式,是知识的存在形式及符号存在。离开了符号,任何人都不可能生产或创造知识,也不可能理解知识。而逻辑形式是知识构成的规则或法则,逻辑形式是人的认识成果系统化、结构化的纽带和桥梁,是认识的方法论系统,没有了特定的逻辑形式,同样不能构成知识。意义是知识的内核,是内隐于符号的规律系统和价值系统。只有把握住符号、逻辑形式、意义之间的内在关联,才能从整体上理解知识和掌握知识。"① 知识理解作为教学的基础,需要超越单一的符号理解,走向对符号所存在的内容和意义的理解。知识理解的本质是对理解符号所反映的客观事物或事物的本质及其规律;通过对符号知识的学习理解并建立人与客观世界或社会事务之间的内在关系;理解符号知识所承载的思想和情感并体验这种思想和情感。符号保证是知识的形式或外界,思想、思维方式和情感才是知识内核。深度教学强调在知识处理过程中有对知识的形式理解进入意义理解的深度。对知识的意义理解需要对知识所承载的思维方式、学科思想及其所表达的情感、态度加以理解和

---

① 郭元祥. 知识的性质、结构与深度教学 [J]. 课程·教材·教法, 2009, 29 (11).

内化。

（三）课程知识的条件与多维教育价值

从知识发生学角度看，知识理解的内在条件主要源于两个维度，一是知识成立的条件，二是知识依存的条件。离开了这两个条件，是不可能达到理解知识的目的。美国课程理论家谢夫勒在《知识的条件》一书中指出：知识具有信念条件（belif condition）、证据条件（evidence condition）和真理条件（truth condition）。这既是知识成立的内在条件，也是知识理解的内在条件。在教学过程中，创设知识理解的内在条件，是知识处理的充要条件。所谓知识的信念条件，是对知识确认为真的判断，是对知识内在属性和本质特征的正确性、真理性的判断。信念条件涉及对知识与其他相似、相对、相反知识的内在本质规定性的区别性。这是理解新知识、区分新旧知识的首要条件。学生是否真正理解了新知识，基本标志之一就是看学生能否将新旧知识区别开来，通过辨析与比较找到新旧知识之间的本质区别点。知识的证据条件，是指用以证明对知识的确认性、真理性判断的基本证据，即用什么东西来证明它是对的，以及与其他判断的不同所在。一般来说，知识的证据条件主要有两种：一是逻辑证据，二是事实证据。知识的逻辑证据需要通过论证与推理的逻辑思维过程，知识的事实性证据需要找到新知识的表象、现象证据或事实。在教学过程中，让学生获得对新知识的证据条件需要引导学生经历论证与推理、案例与例证的学习过程。数学新知识的理解需要借助于论证、推理与证明，科学类课程的新知识理解则需要经过联系实际来学习。证据条件是建立抽象的概念知识与现象之间的规律性联系的纽带，是学生理解抽象知识的支架。

从形式上看，科学知识都是以符号的形式保存下来的，但从内容上看，知识依存于三种方式存在被人理解和传承，即知识的背景依存、逻辑依存和经验依存。知识的背景依存，是指任何知识都是指向特定的现象表征或事实存在，是对现象和存在的高度概括。没有背景的知识是不存在的。几乎所有的知识都拥有自然背景、历史背景、社会背景或文化背景，都与特定的背景相关联。所以，理解知识务必要理解知识的背景。新知识的教学过程中，知识背景的教学是学生获得知识的信念条件和证据条件的根据。知识的逻辑依存，是指知识都拥有特定的内在逻辑。没有逻辑，知识就难以构成体系，也难以转知成智。这种逻辑包括知识所隐含的特有的地位方式、学科方法论。知识的经验依存，是指特定的知识都与人类特定时期的认知方式和社会背景相适应，也与学习者个体的生活经验和体验相关联。不同历史时期的科学知识反映了不同时期的种族经验和认知方式。在人类知识的传承过程中，后人总是按照新的认识方式和生活体验去理解前人创造的知识，并在新的认知条件下通过获得对已有知识的意义增值，来不断发展前人的知识。

三、深度教学的学习过程观

深度教学提倡学习观的变革。一直以来，工具性、功利性、程序化和单向度的学习观在中小学占据着统整地位，把学习导向日益封闭的境地，导致表面的学习、表层的学习和表演的学习，极大损害了学习的丰富性及其发展价值。在当下深化课程改革，培养学生学科核心素养和关键能力的时代背景下，必须切实转变学习观，跨越封闭的学习边界，提升学习的境界，引导学习变革真实有效地发生。

（一）无边界学习

无边界学习，是深度教学倡导的学习观。"'无边界'的本质是要求超越封闭的学习、单一的符号学习，实现学习的丰富性。"[①] "无边界学习"确认了学习的丰富内涵和多维的意义向度。学习不只是认知性的，更是实践性的；学习不只是为了掌握书本知识，更是追求通过知识引起学习者内在素养的变化；学习不只是在传统的课堂环境中发生的活动，更是多元的环境中发生的活动。无边界学习的积极意义就在于回归了学习的社会本质，重视特定环境的多样性和丰富性以及发展价值，凸显了学习的实践属

[①] 郭元祥. 论学习观的变革：学习的边界、境界与层次 [J]. 教育研究与实验，2018（01）.

性和过程属性。人们日常理解的学习，把学习看作是学生课前自学、上课听讲或做笔记，下课训练做作业等活动。其实这仅仅是设计了学习诸多内容的一个方面，即符号知识的学习，或者是接受性的学习，显然是一种狭隘的学习理解。

　　学习的边界不是一个反映学习空间和环境的物理概念，也不是一个指向学习内容的学科界限概念。对于人的发展而言，特别是在当下追求学生发展的学科核心素养和关键能力，培养学生的"文化自信"的背景下，尤其需要克服狭隘的、封闭的学习观的局限。长期以来，人们总是一探究学习，就是指向知识的学习特别是学科知识的学习，甚至指向点状的知识学习，或者将学习仅仅理解为一种认知过程；或者在空间上把学习仅仅看作是在规范的课堂空间所开展的活动，即课堂学习，甚至至今人们依然认同的"课堂教学是主渠道"如此狭隘的观点并将其视为教育规律。至于简单的学习程序翻转和粗暴的教与学的时间分配，这更窄化了学习的边界，矮化了学习的发展价值，从而导致学习方式的变革丧失了其发展性的意义达成。狭隘的学习观仅仅看重的是正式学习或格式化学习，忽视了非正式的或非格式化学习，画地为牢，将学习仅仅看作是以符号知识训练为主的活动，其内在的根源是忽视了学习的实践属性、过程属性、社会属性和文化属性，割裂了知识与社会、与生活、与文化、与情境的丰富关联性。跨越学习的边界，实现学习的丰富性和广阔性，是引导学生深度学习的根本条件。

　　无边界学习要实现学习的意义向度，促进个体精神的发育。学习是个体追寻与创造意义的实践活动。个体的知识学习始于符号，始于对符号的感知、认识、理解、接受与传递，然而在个体知识学习的过程中，符号仅仅是个体学习的基础，个体的知识学习不能止于符号，而必须超越符号，获得符号背后的意义，意义创生是知识学习的必然追求。教育学立场中的知识，不仅仅是科学世界的事实性存在，更是生活世界的意义存在。将意义从知识中抽离出来，使知识成为毫无意义的符号。知识脱离了意义，就失去了最本质、最核心的要素，学生的学习也就变成了毫无意义的机械记忆与静态传递。脱离了意义的知识学习缺乏个体对知识意义的个性化认识，是共性的；缺乏个体对知识价值的理解，是事实性的；缺乏个体对自身生命的观照，是生物性的。个体的知识学习在很大程度上就是通过符号对意义世界进行的探索，学生学习的过程本质上是对符号所表达意义的理解与把握的过程，这种对符号所表达意义的理解和把握既包括所指称的涵义，亦包括知识与人的发展之间的一种价值关系。另一方面，表现为学生在学习过程中对人生意义的创造。在学习活动中，学习主体（实践主体）通过对象化的活动将自身的本质与力量作用于特定的客体或者活动，特定的客体或活动又反过来作用于实践主体，使主体实现自我理解、自我确证、自我实现以及自我超越，进而获得精神的充盈、生命活力的激发、自我素质的提升、主体性的自由创造以及人生境界的陶冶。通过学习，学生逐渐学会思考各种社会现象，反思生活，体验和感悟人生意义，形成一定的态度和价值观、人生观，从而使心灵世界得到拓展和丰富。

（二）学习的境界：理解、表达与意义

学习本质上是主体以理解为基础的与自然世界、社会世界和精神世界进行的对话活动，理解是对话的唯一前提。学习也是主体通过理解和对话，进入和体验自然世界、社会世界和精神世界的活动，体验和表达是主体"进入世界"的基本方式。学习更是通过"进入世界"，寻求"可能生活"并实现人生意义的过程，反思是主体追寻人生意义的基本方式。深度教学以理解与精神的对话，体验与感悟的表达，交往与经验的意义作为深度教学需要达成的学习境界。

1. 理解与精神的对话

传统教育把理解当成认知的形式和结果，或者是一种纯粹的认知过程和思维活动，而没有从诠释学的视野，把它看成人的一种存在方式。生命哲学和本体论的解释学和批判的解释学认为，"理解"对人生具有本体论的意义和生命意义，它与人生和生命存在融为一体。或者说，理解对人生和生活具有普遍的意义，理解不是一般意义上的具体的认识活动或认知活动的一个阶段，而是人存在的方式。理解着，人就存在着、生活着，理解弥漫在人的一切活动之中：理解、思想、情绪、行动、语言等等，因此我们不能仅仅把理解视为精神主体的活动，而要看作是人的独特的生活方式和人生的过程，在这个过程中，理解、应用、解释同时融为一体，推进着人的生活。

生活是伴随着认知的动态的活动过程，这一动态过程始终贯穿着儿童对现实生活和可能生活的理解。从这个意义上说，理解生活或人生的真谛，是教育的基本要求，离开了对学生理解的关注，一切知识、信息、观念都采取灌输、给予、死记硬背、标准化规定的解释等方式，儿童的生活就丧失了"理解"这种基本生存形式。

对话是人与人之间交往的基本方式。学习需要主体与自然世界、社会世界和精神世界的对话，这是一种生命对话。所谓生命对话，是指用生命对待生命，用生命体验对待生命体验，以唤醒生命意识、觉醒生命观念。生命对话就是以心换心、用心育心。对话，是主体之间平等的互动过程。对话是人与人之间平等交流的活动，对话的基本前提是主体间的理解。没有理解也不可能产生对话，缺乏理解的对话双方，在交流过程中，往往会产生无尽的误解和冲突，自说自话，目中无人，是难以通过对话来产生人对人的理解的。对话的内容，即话题，是主体间关注的话题。从本质上看，对话是人对人的理解过程，是人对人的尊重过程，是人对人的精神引导和相互启发的过程。

2. 体验与感悟的表达

"体验（lived experience）是建立在理解基础之上，以客观对象为中介，通过亲身体验或移情，获得对人生的新的理解的过程。其基本的活动方式是在经历或亲历基础上的理解。体验的结果是体会，体会是一种具有结果性质的理解。"① 杜威认为，经验就是儿童的体验，所以他说，人在经验之中，通过经验、进行经验的改造，而教育作为建构儿童人生，具有生长意义的活动，就是儿童经验的不断的改造或改组。儿童的体会从哪里来，从活动中来，从做中来，从而他把"从做中学"奉为至上的教学信念和法则。体验有认知的成分，但不是一种单一的认知活动，而是一种理解活动。我们说，理解是儿童的生活方式或生活形式，为什么有"理解"，还需要"体验"？这与理解的前提有关。从教育学的角度看，体验是指学生在学习过程中对教材内容内化，或在特定的教育情境中内心反省、内在反应或内在感受。体验是学生在教育过程中认知、情感和意志综合作用的结果，它们设计对自然事物、社会现象和人自身的评价和观点。体验既是通过身体力行来进行的，也可通过心理移情来进行。把自己置身于某种特定的情景，或设想自己处于某种状态而产生特有的体会。

感悟（reflection and insight）是在认知、理解、体验的基础上的自我觉醒，是人对生活意义的内在追问，更是通过学习的意义自我表达。从此意义上说，感悟是学生在生活情境中对自在生活的关照，是学生在认知、理解和体验基础上对可能生活的觉醒。离开了感悟，学生便会不自觉地成为片面生活的奴仆。感悟是一种综合性的学习活动，它包含着认知、理解和体验。从心理学的角度看，感悟既有感性认识的成分，又有理性认识的成分，还有直觉思维的成分；既有理智的成分，又有情感的成分；既是认识的过程，又是实践的过程。感悟的核心是人的自我意识的觉醒。人在生活过程中，"生活世界"为人的感悟提供了对象，认知为感悟提供了工具。而理解、体验则是感悟的必经阶段。感悟作为一种生活形式，强调作为生活的主体的人在生活过程中发挥主体性。感悟是人的自我意识的内在活动，它从来就不可能是给予的。

3. 交往与意义实现

---

① 郭元祥. 论学习观的变革：学习的边界、境界与层次 [J]. 教育研究与实验, 2018 (01).

交往（communication）也是人的一种基本生活形式，"交往"的实质是人与人之间借助于言语与非言语行动进行的情感的沟通、心灵的对话和人格的相互影响。印度伟大的诗人泰戈尔用诗阐述了交往的本质，即"心灵与心灵相见"。

为什么学生的学习需要交往？因为学生是在人际关系和社会关系中成长、生活的，人的生活、人生是在社会关系和人与人的关系中展开的，即所谓的"人在世界中""人在他人中"。按照马克思主义的理解，人的本质可归结为一切社会关系的总和。处于社会关系中的人，就是在这种复杂的关系中存在、发展，人生的意义就在对社会关系的把握过程之中。每个人都有个性，理解差异，只有通过交往才能求得沟通。再者，心理学研究表明，交往是儿童社会化和个性化的必要途径。儿童只有通过与他人交流信息，沟通情感，互通思想，才能更好地理解自我，形成自我。交往是儿童生存和发展必要的活动。

杜威认为，"交往"是儿童生长或生活的基本形式。"什么地方学校的作业只在于学习课文，互相帮助就不是一种合作的和联合的自然形式，而变成了解决临近同学固有义务的一种秘密行为。"①交往既是一种学习方式更是一种生活方式。教育过程中的师生交往、生生交往并不应该由教师来决定，交往是儿童内在的心理需要或精神需要，因而，交往应渗透在儿童生活的每一过程、每一行为。可以说，没有交往就没有理解，没有交往就没有体验和感悟，甚至可以说，没有交往，儿童就没有了完整的生活。当然，交往不是机械的、重复的、浅层次的"小组合作"，真正有效的交往是建立在问题解决、复杂情境、多层次互动的基础之上的，深度教学追求有价值的交往。

（三）深度教学视野中学习的五个层次

狭隘的学习和教学往往是为了知识而局限于知识符号层面，是一种

---

① 杜威. 学校与社会进步［M］//华东师范大学教育系，杭州大学教育系. 现代西方资产阶级教育思想流派论著选. 北京：人民教育出版社，1980.

"点状"学习或教学,而不是意义的广域性学习,不是"网状"学习和立体的多维学习。突破知识训练的局限,无边界学习需要突显学习知识的广度、深度和关联度,以符号知识学习为基础,丰富学习的层次和意义领域,达至学习的高阶水平。从深度教学的视野看,无边界学习注重引导学生通过符号知识的理解,实现知识和学习对于学生成长的五个层次。

1. 科学认知

从科学认知的角度来看,学习过程是以理解为基础的学科思想建立的过程,是一个基于理解引发探究的过程,是一个符号理解的过程,符号理解其实只是科学认知的第一步。当前我国中小学的教学改革往往把重点放在由谁来发起学习、由谁来引导理解、用什么样的程序来进行符号理解,这种改革仅仅是对学习过程的工具性的改变,而难以真正实现学习的发展性价值。从深度教学的角度来说,点状的教学、表层的符号学习之错就在于将学习过程以知识点为根本画地为牢,使得学习过程丧失了理解的深刻性和价值的丰富性。科学认知是揭示、理解和掌握科学原理、科学思想、科学方法的学习层次,是对符号隐藏的思想和方法的内化过程。知识教学超越符号表征及其现象,必然走向思想的建立、思维方式的确立、思想意识的形成,以及向核心素养的转化。真正的知识,其实是关于世界的思想以及看待世界的方式,不同的学科领域为人们提供了认知世界不同领域的基本思维方式和基本思想。

从内容上看,知识的本质是思想、文化和思想意识。科学认知的核心是理解事物和社会事务的本质及其规律,建立学科思想。所谓学科思想,是对学科事物或学科事物的某些方面或问题的概括性的、总结性的、综合性的、规律性的认识(看法、见解),是人们在对学科事物感性认识基础上进行分析、概括、抽象、整合和辨证等思维活动后的产物。学科思想用于涉及的问题带有战略性,达到一定境界,并且往往已经通过若干事实验证、为人们认可的理论知识体系。学科思想在各领域中对深化认识和改进实践,具有世界观和方法论层面的价值和意义。从学习过程的角度说,学科思想是一系列的学科信息，输入人的大脑后，经历一个包括采集、整理、汇总、分析、判断等细节得出一个成型结论的复杂过程，形成的一种可以用来指导人的行为的知识体系。理论上来看，学科思想的形成离不开学科知识。学生学习学科知识的同时，形成了关于认识学科研究对象的学科思想。但是，知识和学科思想之间的关系不是线性的，也就是说，并非知识学得越多，获得的学科思想就会越多。学科思想与学科概念、观点、理念、方法有所联系，也有所不同。概念是事物本质的反映，是对一类事物进行的客观概括表征。概念也是一种思维形式，是人类思维的最基本单位。观点不仅是指观察事物时所处的立场或出发点，也可以指对具体事物或问题的看法。理念也是思考活动的产物，已经初步获得理性和实践的支持，但是仍然不够丰满、充实，有待进一步验证、充实、完善和发展。方法是指为获得某事物或达到某目的而采取的手段与行为方式。

2. 技术体验

知识作为人类的认识成果，总是指向人类不同领域的实践问题的，知识所凝结的思想和方法为人们解决问题提供了有力的支持。从此意义上说，任何知识都内在包含着技术的成分。技术本身又是关于分析和解决问题的概括性、规律性、普遍性、系统性的总结性观念和系统性的方法与方法论，技术与思想是一对双生子。思想是对技术本身的哲学思考和理性概括，思想的丰富性和深刻性，体现了一种技术的理性化程度，技术创新本质上是思维方式和思想的创新。因此，知识学习必须在科学认识和理解的基础上，导向技术实践，即问题解决的过程与方法体验。

技术体验，也成为技术学习、应用学习，是学习向更高一级层次学习转化的必经阶段。从科学认知，到技术体验，是知识学习的第二个层次。当然这种技术学习并不是指任何知识的学习都要与工具性的技术相关联，而是在应用思想和方法的基础上学会分析解决实际问题。正是因为分析解决问题的需要，知识学习需要从科学认知和理解走向对问题情境的沉浸，导向对知识所凝结的思想和方法的体验与应用。

学习不是一个从符号到符号的过程，而是一个从符号到认识，再到问题情境和问题探究，以及问题解决的过程。问题解决不仅仅依赖于理性思维，也依赖于特定技术环境、主客体相互作用的过程，依赖于手段、工具和环境，也就是依赖于活动。皮亚杰认为"活动"，不是纯粹的理性思维活动或认知过程，而是动作、操作、应用、探究，是基于实践的问题解决。技术体验是由符号学习走向应用、走向问题解决的重要阶段，其本质是应用学习（applied learning），尤其是在开放情境中借助一定的手段和条件解决复杂问题的应用学习。

3. 社会参与

无论是科学知识还是社会知识或者人文知识，都是具有社会属性的，都与人类丰富而复杂的社会现象、社会关系、社会结构、社会运行相关联。知识学习的基本功能之一便是发展学生的社会性素养并促进学生社会化成长，从符号学习走向社会学习，是学习的应有之意。当然社会学习不是简单地参与社会，而是理解社会关系，认识社会现象，体认社会活动，为承担社会责任奠定基础。因此，知识的学习需要时刻伴随着社会理解与社会探究。所谓"家国情怀"的意识和能力，是需要建立在对社会的理性认知和理解的基础上的。

学习具有社会属性和实践属性，学习不是个体的自我蜕变的自私活动，通过知识学习，理解社会并进而建立自我与社会的关系，学生社会化成长才能够实现。深度教学强调知识学习的深刻关联性，其关键便是建立知识学习与社会成长的关系。因此，学生的核心素养在本质上是进入社会、参与社会的必备品格和关键能力。社会参与不是指教学活动能够简单地参与到真实的社会情境中去，而是多维度地建立起知识学习与社会的关联性，是通过知识理解建立起主体与社会的联系，构成人与社会的关系，即"我—你"关系，从而思考社会问题，建立社会责任感，发展学生的社会意识、分析解决社会问题的能力，以及各种社会活动能力。

社会学习的根本目的是发展学生进入社会、进入生活、参与社会的意识、责任和能力，直至改造社会的必备品格和关键能力。这正是20世纪30年代面对一系列的社会问题，布拉梅尔德等美国社会改造主义教育家孜孜以求的教育目标。尽管不同学科、不同知识的社会学习具有不同的途径和方法，但从知识的社会属性和教育的社会属性上看，任何课堂、任何知识、任何教学，都需要把学生的社会性成长作为根本的关照，社会生存能力、社会实践能力，参与社会生活的情感、态度和价值观是学习走向发展的必然结果。

4. 文化觉醒

知识是在实践的基础上产生又经过实践检验的对客观实际的反映。一方面，知识不仅是文化的一种符号，而且是文化的重要载体。符号仅仅是知识的表现形式，它所承载的才是文化内涵，即是人们对客观事物和社会事务的本质与属性、人与事物的关系及规律、人的情感与挂念、思想与思维的理解，任何知识都承载特定的文化意义和文化精神。理解、把握并建立学生自我对知识所承载的文化内涵和文化意义的理解，才是真正完整的知识学习。另一方面，知识具有强烈的文化依存性。无论是自然科学的知识还是社会科学或人文科学的知识，都是特定的社会背景、文化背景、历史背景及其特定的思维方式的产物。知识都依存于特定的文化背景。从根本上说，知识学习本质上是文化学习。

文化学习的核心价值是内化知识所凝结的文化涵养。所谓文化涵养，即知识对人的品行的文化滋养。知识是一种"文化资本"的形式，深度教学之"深度"所强调的就是知识的意义系统，是知识的意义系统在学生精神世界中的意义增殖。文化的本质是"以文化人"，知识习得并不是指对知识的符号习得，而是指向知识的文化属性，是对知识的文化属性的内化。一个数学定理在数学发展史中都是具有"文化地标"意义的，数学知识的学习不仅是理解并建立数学思想，更重要的是理解和内化数学的文化意义。从文化理解，到文化精神的内化，再到文化觉醒和文化自信，是知识学习走向意义的必由之路。

5. 生命体验

从教育的角度说，学习是一个人精神发育和成熟的过程，而知识则是学生精神发育的种子。作为一种发展的中介，知识是促进学生成长的基因。如果说科学认识是指向事物和事务的，那么生命体悟则是指向内在自我的。任何知识都是具有完善人的理智感、道德感和美感的价值，都有助于学生对自我的认识、对自我的调控、对自我的反思。因此，学习的根本宗旨是导向学生的自我发展。学习的意义感和自我感，是检验学生的发展性的内在标准。学习的过程是以知识为基础，实现生命认知与理解、生命尊重与关爱、生命伦理与道德、生命智慧与能力、生命成全与幸福的发展过程。把知识与学生的生命成长、生命体验完全剥离开来，不是教学和学习，而是典型的灌输。生命学习是知识学习的最高境界，是学习和教学的根本意义向度。

一个幸福的人生，必定是生命主体的自我意识强烈的人。苏格拉底说"不经过思考的生活是不值得过的"，讲的就是生命的自我感。培养学生的生命感，是教学在教育过程上的一种重要理念。自我，是个非常复杂的问题，近代以来的主体哲学思考的核心问题就是"我"的问题。无论结论怎么不同，主体哲学家们思考的问题都是关于人作为生命体，对自我的存在样式的研究。一个人总是去追问和思考自己作为生命是怎样存在的问题，表明他已经开始关注自我了，开始有自我感了。自我感，即主体经过对自我存在和精神世界的认识和理解所获得的体验。所谓生命自我感，是指生命主体对生命存在、生命活动的认识与理解所获得的体验。具有强烈的生命主体意识，能够充分认识自我，时刻意识到自己言行的得失正误，能够时刻找到自己的位置等等，是生命自我感的基本表征。人作为生命主体，总是习惯于注释"他人"或"他在"，而不习惯于注视自我。生命自我感，强调的就是生命主体的理性思维、生命价值意识、生命实践活动为基础的，从根本上看，生命自我感的形成是基于生命主体的理性思维、生命价值意识、生命实践活动为基础的。生命自我感的形成取决于生命主体的生命自省、生命自觉、生命自悟三种内在精神活动。

第二节 学科关键能力及其价值阐释

一、能力与关键能力

（一）什么是能力

在《现代汉语词典》中，能力是指"能胜任某项任务的主观条件"。《辞海·教育心理分册》这样定义能力："通常指完成一定活动的本领，包括一定活动的具体方式，以及顺利完成一定活动所需要的心理特征。"在教育实践中，能力倾向与能力常常为同义语，"意为个体获得新知识和新技能的潜力"[1]。通常人们会根据对个体潜能信息的评估来理性预测个体完成任务的概率，以及可能会遇到的困难与挑战。国内不同学者从不同视角对能力作出了不同的界定，详见下表。

表1 几种能力观点

定义	来源
能力是指潜在于每个个体身上的个体特征，并且能够通过某种身心活动或学习活动所体现出来的，使人能成功地完成某种活动所需的个性心理特征或人格特质[2]	皮连生
能力不是与生俱来的，而是在实践活动中逐渐形成和发展起来的。根据表现形态不同，可分为认知能力和操作能力两类[3]	林崇德
能力是顺利完成某种活动所需的个性心理特征，能力可分为一般和特殊两种[4]	顾明远

---

[1] 胡森，波斯尔思韦特主编. 国际教育百科全书（第一卷）[M]. 贵阳：贵州教育出版社，1990.

[2] 皮连生. 智育心理学[M]. 北京：人民教育出版社，1991.

[3] 林崇德，杨治良，黄希庭. 心理学大辞典[M]. 上海：上海教育出版社，2008.

[4] 顾明远主编. 教育大辞典[M]. 上海：上海教育出版社，1999.

续表

个体在其遗传与成熟的基础上，经由环境中的训练或教育而获得的知识与技能①	张春兴
能力是符合活动要求影响活动效果的个性心理特征的综合能力，按其适应性，可分为智力、专门能力和创造力三类②	李孝忠
能力作为一种个体心理特征，是对互动进行稳定的调节和控制作用的个体经验，这种个体经验的形成，一方面依赖于知识和技能的掌握水平，另一方面也依赖于掌握的知识和技能的概括化和系统化③	冯忠良

以上对能力的定义，可概括为三种基本类型：一是把能力视为个体心理特征的总和；二是把能力定义为个体获得的知识与技能；三是把能力定义为个体完成活动所具备的心理潜能。虽然对能力的定义没有统一的标准，但通过辨析可知能力不是与生俱来的，不是由于个体的遗传与成熟带来的变化，而是在这基础上由外界环境和教育共同作用所获得的心理特征。从内在构成来看，能力不是由单一的知识或技能组成，而是知识、技能、情感、态度的综合体。从评价角度来看，作为心理特征的能力不能直接测量只能间接来测评。

（二）关键能力的内涵

20 世纪 70 年代，德国的职业教育仍然只关注单一领域的知识与技能。针对这一现状，德国社会教育学家梅滕斯（Mertens）于 1974 年最早提出了"关键能力"这一概念。他认为在新的时代和社会背景下，需要关注那些能对劳动者终身发展各个方面如职业生活、个性发展和社会发展起关键性作用的能力。基于这一基本假设，他认为"关键能力是那些与一定的专业实际技能不直接相关的知识、能力和技能，它更是在各种不同场合和职责情况下作出判断选择的能力；胜任人生生涯中不可预见各种变化的能

---

① 张春兴. 张氏心理学辞典 [M]. 上海：辞书出版社，1992.
② 李孝忠. 能力心理学 [M]. 西安：陕西人民教育出版社，1985.
③ 冯忠良，等. 教育心理学 [M]. 西安：陕西人民教育出版社，1985.

力。一般地关键能力可以理解为跨专业的知识技能和能力，它们由于其普遍适用性而不易因科学技术进步而过时或淘汰"。[①] 梅滕斯在 1974 年还提出了"为在现代化社会中生存所进行的培训"中作为教育目标的关键能力包含的四个要素：①基础能力（basic qualifikationen），包括逻辑性、全局性、批判性和创造性的思维和行为能力、计划能力和学习能力等等，不仅局限于在职业活动中，还涉及一般的社会活动和与人交往中。②职业拓展性要素（breiten elemente），它是在许多具体的应用领域中不可或缺的基本知识和技能。③信息获取和加工能力（horizontal qualifikationen），即根据面对的问题或任务有目的地获取、理解和加工信息的能力，从而达到"个体对社会的信息的最有效的利用"。④时代关联性要素（vintage faktoren），它指的是与某一时代相关的能力要素。[②]

之后世界各国均提出对关键能力的不同定义，比较美国、英国、德国、澳大利亚、日本及我国学者对关键能力的内涵解读，包括"系统规划组织任务、与他人交流、团队合作能力、信息技术能力等 18 项内容"[③]。各国对关键能力的界定中包含的具体要素如下表（表2）所示。

表2 对关键能力认识的比较

内容 \ 国别	德国		英国	澳大利亚	美国	日本	中国
	PETRA（联邦教育研究所）	凯泽					
系统规划任务	√	√		√	√		

[①] 转引自：徐朔."关键能力"培养理念在德国的起源和发展[J]. 外国教育研究，2006（06）.

[②] 转引自：徐朔."关键能力"培养理念在德国的起源和发展[J]. 外国教育研究，2006（06）.

[③] 尹金金，孙志河. 关键能力的内涵比较与反思[J]. 中国职业技术教育，2006（34）.

续表

能力	1	2	3	4	5	6	7
与他人交流、团队合作的能力	✓	✓	✓	✓	✓		✓
信息技术运用能力	✓		✓	✓	✓	✓	✓
独立性与责任心	✓	✓			✓		
自我提高能力（反省能力）		✓	✓				✓
解决问题能力			✓	✓		✓	
数学应用能力			✓	✓			✓
表达交流能力			✓	✓		✓	✓
利用技术的能力				✓	✓		
承受力	✓						
文化理解能力				✓			
社会理解力					✓		
同情心与正义感						✓	
判断技能						✓	
实践技能						✓	
明确主题的能力						✓	
创新能力			✓				✓
外语运用能力							✓

由上表可知，各个国家对关键能力的内涵理解呈现很大区别，这与各个国家社会和经济发展水平相关。尽管不同国家对其内涵理解不同，但也具有一些共同特征：第一，关键能力特别强调适应未来复杂职业世界的胜任力和适应性。随着经济和科技的发展不断提高，未来的职业会发生巨大变化，有学者认为学校再也无法为学生提供受用一生的终身知识与技能，

未来学生要面对的工作可能现在还未出现。学校必须由过去的传授知识与技能变成帮助学生适应未来职场的未知和复杂情境的挑战做好准备。第二，关键能力不仅包含个体的认知结构和能力，如数理逻辑、理解能力和思维能力等，还包括非智力的要素，如合作与交往能力、倾听能力、组织管理能力、情绪调节能力等。

  20世纪90年代，关键能力由职业教育领域发展到教育的各个领域。关键能力对应的英文单词是"key competencies"，这个词在翻译到国内时，也有学者把它译为核心素养，核心素养和关键能力几乎是同义词。关键能力指的是为适应未来的复杂情境而具备的综合性质的能力，属于跨界性能力。欧盟对关键能力的定义如下："关键能力是个人实现自我、终身发展、融入主流社会和充分就业所必需的知识、技能及态度之集合，它们是可迁移的并且发挥着多样化的功能。在义务教育结束时学习者应该具备这些基本的关键能力，并且在后续的终身学习中继续发挥其基础性作用"。[①] 欧盟提出八大关键能力，分别是母语教育、外语交流、数学能力和科技的基本能力、数字化能力、学会学习、社会和公民能力、首创精神和企业精神、文化意识与表达8种能力，这些能力是所有人实现个人价值、发展积极的公民意识、社会包容和就业所需要的，它们同等重要。[②]

  我国也在2017年提出了"培养支撑终身发展、适应时代要求的关键能力"[③]，包括认知能力、合作能力、创新能力、职业能力四大关键能力。"培养认知能力，引导学生具备独立思考、逻辑推理、信息加工、学会学习、语言表达和文字写作的素养，养成终身学习的意识和能力。培养合作能力，引导学生学会自我管理，学会与他人合作，学会过集体生活，学会

---

  ① 盛群力，等. 21世纪教育目标新分类[M]. 杭州：浙江教育出版社，2008.
  ② 林海亮. 欧盟《关于终身学习关键能力的建议》及其借鉴意义[J]. 教师教育学报，2014（05）.
  ③ 中共中央办公厅国务院办公厅印发《关于深化教育体制机制改革的意见》[EB/OL]. 2017-9-24. http：//www.gov.cn/xinwen/2017-9/24/content-5227267.htm.

处理好个人与社会的关系，遵守、履行道德准则和行为规范。培养创新能力，激发学生好奇心、想象力和创新思维，养成创新人格，鼓励学生勇于探索、大胆创新、创新创造。培养职业能力，引导学生适应社会需求，树立爱岗敬业、精益求精的职业精神，践行知行合一，积极动手实践和解决实际问题。"①

二、学科关键能力的界定

学科关键能力是指某一个学科中起基础性、中心性和决定性的学科能力。对学科关键能力内涵的界定，需要把握其三个基本属性：学科性、关键性与能力取向。"任何一种学科能力，不仅体现在学生有一定的某学科的一般能力，而且有着学科能力的结构"。②林崇德教授则提出"一种学科的学科能力，首先要揭示这种学科的特殊性，找出最能直接体现这些学科的特殊要求与特殊问题的一般能力。"③

学科性是学科关键能力的根本属性。每一门学科都有着各自的学科价值，体现在对学生能力培养的不同功能，而某些关键能力的养成则是多个学科相互作用的结果。不同学科的学科关键能力是不相同的，比如喻平教授提出数学关键能力是：数学元能力、共通任务的能力，以及特定任务的能力。④邢红军教授则认为"观察、实验能力；物理想象能力；物理思维能力；物理运算能力；运用物理知识和科学方法的能力"五大学科关键能力。⑤

---

① 中共中央办公厅国务院办公厅印发《关于深化教育体制机制改革的意见》[EB/OL].2017-9-24.http://www.gov.cn/xinwen/2017-9/24/content-5227267.htm.
② 郭元祥，马友平.学科能力表现：意义、要素与类型[J].教育发展研究，2012（Z2）.
③ 林崇德.论学科能力的建构[J].北京师范大学学报（哲学社会科学版），1997，（1）.
④ 喻平.数学能力的成分与结构[J].课程·教材·教法，1997，（11）.
⑤ 转引自：盛思月."学科关键能力"的实证研究[D].南京：南京师范大学硕士学位论文，2017.

关键性是学科关键能力的显著性质。"门闩或关闭门户的横木,比喻事物至关紧要的部分,对情况起决定作用的因素或可以组成某件事物的最重要部分"①,这是《辞海》对"关键"一词的解释。由此可见,学科关键能力是对学生培养其奠基性和决定性作用的核心能力,是学科中最具有鲜明特征的能力。"信息社会的多选择要求我们必须培养学生最为关键的学科能力而不是'全面'的能力;另一方面由于教育的有限性,人类创造的知识以极高的速度增长、传播,知识无限,生命有限,学校生涯更有限,解决'生有涯'而'知无涯'的问题显得极为实际迫切"。②

能力取向是学科关键能力的基本性质。学科关键能力是学科能力的下位概念,"必然具备能力概念的基本内涵,学科关键能力理应具有能力性"③。学科关键能力的能力取向体现在能力内涵的多领域,学科能力构成的多元化与可迁移的特征。学科关键能力具有丰富的内涵,是指以学科知识学习为基础,学生在丰富的学科活动中获得的稳定性的心理表征。学科关键能力是少而精的能力,具有可迁移性,可以应用学科关键能力去解决不同情境中的问题,最终内化为自身的关键能力与核心素养。

三、学科关键能力的发展价值

学科关键能力的发展价值体现为学科的育人价值。"知识是学科关键能力发展的本源"④,实现学科关键能力发展价值的过程是学生将客观知识转化为个体知识的过程。

休谟认为:人类理性的一切对象自然分为两种,就是观念的关系和实

---

① 转引自:李能国. 生物学科能力表现与关键能力的分析 [J]. 中学生物教学, 2015 (09).

② 盛思月. "学科关键能力"的实证研究 [D]. 南京:南京师范大学硕士学位论文, 2017.

③ 盛思月. "学科关键能力"的实证研究 [D]. 南京:南京师范大学硕士学位论文, 2017.

④ 喻平. 学科关键能力的生成与评价 [J]. 教育学报, 2018, 14 (02).

际的事实。① 观念的关系，是指那些不依赖于经验，而是依赖于直觉和论证的确定性的知识，如数学中的代数、几何等。实际的事实是那些依赖于经验的不确定性知识。康德也曾对知识进行分类，即"经验知识"与"纯粹知识"。经验知识是通过个体后天的经验而习得的，纯粹知识是"不依赖于这个或者那个经验而发生的知识，而是理解为绝对不依赖于一切经验而发生的知识……先天知识中根本不掺杂任何经验性因素的知识即纯粹的知识"②。休谟的"观念的关系"与康德的"纯粹的知识"均属于客观知识。客观知识包括"自然科学、社会科学、人文科学在内的知识体系，相对于个体来说是外在的客观存在的理智产品"③。而休谟的"实际的事实"与康德"经验知识"，则属于个体内部的知识，"它是个体获得的客观知识与经验的总和，把这类知识称为个体知识"④。波兰尼提出了"个体知识"（personal knowledge）的理论。他认为"人们容易将个体知识误以为是科学知识的对应物，实际上，个体知识并不是一种相对独立的知识形式，而只是科学知识性质的一种新表述"⑤。

真正的学习，必定经历从客观知识到个体知识的转化。认知和信息加工主义的解释是信息的加工与编码，而建构主义则认为是个体的主动建构过程。皮亚杰认为学习就是同化与顺应。欧内斯特则这样来描述从客观知识到个体知识的转化过程："通过输入的感觉信息直接作用，人类在与客观世界的相互作用下就获得了主观知识……像科学的发展一样，主观知识是通过假设—演绎发展起来的。"⑥。由此可见，客观知识转化为个体知识，

---

① 休谟. 人类理解研究 [M]. 关文运，译. 北京：商务印书馆，1981.
② 俞吾金. 康德"三种知识"理解探析 [J]. 社会科学战线，2012，(7) 8.
③ 喻平. 学科关键能力的生成与评价 [J]. 教育学报，2018，14 (02).
④ 喻平. 学科关键能力的生成与评价 [J]. 教育学报，2018，14 (02).
⑤ 石中英. 波兰尼的知识理论及其教育意义 [J]. 华东师范大学学报（教育科学版），2001 (2).
⑥ Ernest P. 数学教育哲学 [M]. 齐建华，张松枝，译. 上海：上海教育出版社，1998.

是学科关键能力生成的基础。"如果说客观知识是学科关键能力形成的外部资源，那么个体知识就是学科关键能力形成的内部资源。作为中小学生而言，经验主要有两类，一类是从日常生活中获得的经验，一类是在学习中获得的经验。后者其实就是个体把客观知识内化为个体知识形成的经验，从这个意义上说，客观知识作为一种外源变量通过个体知识这个内源变量去实现学科关键能力的生成。"①

客观知识转化为个体知识，是学科关键能力生成的基本前提。知识理解、知识应用与迁移、知识创新则是学科关键能力生成的内在机制，学科关键能力的表现层次与水平则是其生成结果。下图描述了学科关键能力生成的过程②。

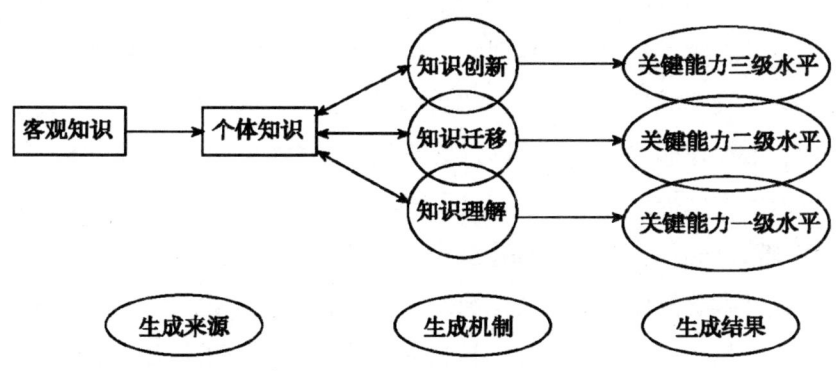

图1 学科关键能力的形成过程

由上图可知，在学科关键能力生成的过程中，知识学习要经历从低到高的三种形态：知识理解、知识迁移与知识创新。知识理解是知识迁移的基础，而知识迁移又是知识创新的基础。而每一种知识学习形态对应关键能力的某一级水平，比如知识理解对应关键能力的一级水平，知识迁移则对应关键能力的二级水平，知识创新对应关键能力的三级水平。每一种学习形态既相互独立又有部分重叠和交叉，而对应的关键能力的相邻两种水

---

① 喻平. 学科关键能力的生成与评价[J]. 教育学报，2018，14（02）.
② 喻平. 学科关键能力的生成与评价[J]. 教育学报，2018，14（02）.

平之间也存在着交集。学科关键能力的生成，是三种学习形态的相互作用来共同促进学生构建完备的个体知识系统与经验系统的完整过程。

第三节 实施深度教学，培育关键能力

一、深度教学的内涵

深化课程改革，需要进一步提升教学的发展性品质，而当前我国基础教育中出现的诸多教学改革并没有真正提升教学的发展性品质，也没有达成学生发展的丰富性。深度教学，是超越工具性教学与浅表层教学局限的一种教学理念，是对学生发展丰富性的回应，也是提升教学发展性的呼唤。[①]

（一）超越工具性教学的局限

工具性教学受到西方工具理性指导下的教育科学运动的影响，教学带有浓厚的工具理性的色彩。工具理性以工具崇拜和技术主义为价值导向，以功效、效率为追求，在工具理性的影响下，教学活动服从工具逻辑，推崇技术取向的思维，往往过于追求工具性和功利性目标，追求"教学效率的最大化"，抹灭了教学的丰富性，阻碍了教学发展性功能的实现。

工具性教学的根源在于认识论的知识观，从认识论的视域来看待教学活动，知识是客观的、确定的，教学活动是一种特殊的认识过程，学习活动就是学生追求确定性知识的过程。工具性教学以线性的、确定的对象性思维方式对待教学中的一切，将知识视为教学的对象，将学生的发展理解为知识的积累。工具性教学将教师隐喻为"教的工具"，将学生异化为"学的工具"，教与学在排除了主体的体验、情感和态度之后，只剩下了生无趣的"教学骷髅"[②]。工具性教学是去情境、去过程、去价值、去意义的教学。"教学一旦为工具理性所统治，把知识、能力、分数作为根本的追求，教育就不再是给生命自由和幸福的'福祉'，而是违反生命的本性，

---

① 伍远岳. 论深度教学：内涵、特征与标准 [J]. 教育研究与实验，2017（04）.
② 袁丹，田慧生. 有效教学的生命向度 [J]. 中国教育学刊，2013（8）.

成为了生命的'痛苦之源'"。① 工具性教学偏离了教学的本真，违背了教学原本的意义和价值，教学只剩下知识的传输与技能的训练，学生的体验、情感、态度、价值观被排除在教学活动之外，教学活动的丰富性与复杂性被遮蔽了，由此也使得教学的发展性功能难以实现。

（二）超越浅表层教学的桎梏

符号表征、逻辑形式与意义系统是知识的内在结构。表层教学将知识符号的传递作为教学的主要任务，只关注知识外在符号的记忆、理解与传递，而忽视对知识背后更深层内容的关注与关照，学生与知识之间的关系仅仅限于对符号的认知。人与知识之间的其他关系被完全割裂开来，学生与知识之间的符号认知关系在极大程度上抹杀了知识与个体之间的价值联系与意义联系。通过浅表层教学，儿童掌握了知识、习得了技能，但是却失去了兴趣，失掉了对生活的感悟、激情与灵性。诚如德国教育家鲍勒诺夫所说，人盲目地热衷于各种外在目的的追求，却忘记了关心自己的灵魂，忘记了"人是目的"的意义。在这种情况下，学生出现精神危机、人格危机、价值危机与意义危机，儿童本应该丰富的生活世界被异化为一个"死"的世界，一个"物"的世界。

事实上，个体与知识之间除了符号认知关系，还存在着价值关系和意义关系。从人的全面发展需求来说，个体通过教学活动不仅仅需要获得对知识的符号，更需要深入到符号的背后，去获取符号知识背后所隐含的对个体发展更深层次的发展需求。知识教学要超越浅表层教学的桎梏，需要引导学生通过对符号的认识与理解，关切学生个体的精神世界、意义世界和生命成长，帮助学生体验生活、理解生活、理解世界及其相互关系，提升生命境界。

（三）深度教学是对教学发展性的回应

工具性教学、浅表层教学阻碍了教学发展性功能的实现，我们需要突

---

① 李学书. "有效教学"的愿景 [J]. 全球教育展望，2008 (11).

破其局限，真正实现教学的教育性与发展性，走向深度教学。深度教学是对教学发展性的呼唤，也是对人的全面发展的回应。深度教学是"超越表层的符号教学，由符号教学走向逻辑教学和意义教学的统一"。深度教学并不是追求教学内容的深度与难度，不是指教学内容越深越好，教得越难越好，也不是无限增加知识难度和知识量，而是针对认识论知识观和工具取向教学观而提出来的。深度教学通过引导学生完整的知识处理，以实现对知识的深度学习，真正实现为理解而教、为思想而教、为意义而教。

深度教学是对工具性教学的超越，不以技术、程序控制教学过程，不以书本知识的获取为教学的唯一任务，而是回到教学的本质，关注情境、关注过程、关注价值、关注意义，注重引导学生超越表层的符号知识学习，进入知识符号背后的思想、方法、逻辑、价值和意义，将符号学习提升为深层次的意义获得，使学生的学习充满价值关怀与意义关怀。深度教学不是一种教学策略、教学方法或教学手段，而是一种教学理念。深度教学理念倾注了对学生发展丰富性的要求，凝聚了对学生生命成长的关注，渗透着对课堂教学发展性品质的追求，指明了未来课堂改革的真正方向。

二、深度教学是能力导向的教学

对深度教学的过程进行分析，可以进一步明确深度教学是能力导向的教学。深度教学引导学生经历知识理解、反思与体验的过程来实现学科关键能力与核心素养。深度教学作为能力导向的教学，关注学生对知识的深度理解，关注学生通过积极的自我反思实现自我发展和意义建构，注重学生的学习过程和学习体验。

（一）关注学生对知识的深度理解

深度教学是理解性的课堂，不是灌输性的教学。"教学是一种生活，是教师和学生的生活。有人类生活，就有人的理解活动发生，理解与教学相伴而生。"[①]深度教学是基于学生对知识、他人和自我关系理解的基础上，

---

① 靳玉乐. 理解教学 [M]. 成都：四川教育出版社，2006.

教师引导学生建构知识意义、丰富他我世界和自我世界，实现学生自我理解和精神成长的活动。具体而言，深度教学要求学生理解如下几个方面的内容：第一，理解事物及其本质，也即理解知识的符号，这是深度教学的起点与前提。第二，理解逻辑及思想，个体对知识的学习，还应该理解知识产生、形成和存在的逻辑依据是什么。同时在学科知识的背后，还蕴含着丰富的学科思想。第三，理解关系。学生需要理解自身与历史、社会、生活和文化的关系，还需要理解知识产生、形成、变化和发展的规律。第四，理解他人及自我，深度教学要引导学生理解自身与教师、同伴的关系，以及对自我的理解。第五，理解意义及价值。深度教学要引导学生通过对知识的符号、逻辑、思想的理解，使知识真正走进学生的精神世界，进而引导学生理解知识的意义，使学生的生活充满意义，引导学生的人生发展。

深度教学注重作为主体的学生建构自己对知识、知识结构和知识意义的深度理解，而不仅仅是接受教师所传授的知识。深度教学反对学生对知识的片面、单一的理解，追求学生理解的丰富性、完整性和多元性，学生建构着自己的理解、体验丰富的情感、获得多样的感悟。

（二）关注学生的自我反思和意义建构

反思是"一种从无到无并从而回到自己本身的运动"。反思个体生命过程中的重要活动，个体对自我的认识、自我的成长都伴随着反思的过程，反思是个体探究主体自身的过程。深度教学注重引导学生通过对符号知识的学习来反观自身，进而充分地认识自我、发展自我、超越自我、生成人生的意义。反思也是知识自我意识性教学价值实现的重要方式，知识的自我意识性教育价值仅仅通过灌输与接受是难以实现的，必须有个体对自身的追问与拷问。引导学生进行自我反思，是深度教学导向学科关键能力的重要环节。一方面，教师要引导学生积极地反思自我，以进一步深化对自我的认识，增强对自我的理解，进而促进自我认知的发展，实现自我超越，赋予自身新的规定性。另一方面，教师要引导学生对自身在学习过程中的存在状态进行审视，在知识学习过程中，学生是否真正获得学习的自我感、意义感与效能感，是否通过知识学习获得知识对个体生命成长、人生发展的意义，是否体验了积极的情感和思维活动，这都需要学生积极的反思才能实现。再一方面，教师要引导学生反思自身与知识的关系，通过知识学习，学生与知识之间的关系是对象含有关系还是双向互动关系，是价值无涉关系还是价值负载关系，也需要学生进行积极的反思。

深度教学是反思性教学，学生要成为反思性实践者，要具有反思性自我意识。通过引导学生在对客观世界、自我世界进行理性的反思，让学生的知识学习由符号走向逻辑和意义，由表面走向深入、由肤浅走向深刻，形成"物－我"关系、"我－你"关系和自我关系，丰富与改造经验，并通过反思觉醒自我、提升自我，同时也使得教学具有深度。①

（三）注重学习体验与学习过程

体验即经历，体验即感悟，体验即创造。注重学生的过程体验，是我国义务教育课程标准中的重要理念。无论是在人文学科知识的教学过程中，还是在自然科学知识的教学过程中，学习者的体验都是非常重要的。可以说，学习者的学习过程就是个体知识建构的过程，是个体内心情感流露的过程，亦是个体思维发展和意义生成的过程。深度教学注重学生在教学过程中的切身体会、感受与经验，丰富学生的过程体验，是深度教学的要求，也是对学生学习过程性的回应。

深度教学注重引导学生体验学习过程中的各种关系、体验学习过程中的丰富情感、体验积极的思维活动，即关系体验、情感体验和思维体验。关系体验，是学生对知识学习过程中存在的各种关系的体验与感受，包括学生与教师的关系、学生与同伴的关系、学生与自我的关系、学生与学习内容的关系等等。情感体验，是学生对自身在知识学习过程中情绪状态的态度、体验与感受。情感是学生知识学习的一条重要主线，个体在知识学

---

① 伍远岳. 论深度教学：内涵、特征与标准 [J]. 教育研究与实验，2017 (04).

习过程中需要体验丰富的情感，或热爱、厌恶，或愉悦、忧伤，或接纳、排斥，学生是否有积极的情感体验，直接影响着学生的学习状态和存在状态。思维体验，即学生在知识学习过程中对各种思维方式的经历与体悟。思维体验直接反映学生在知识学习活动中是否进行了积极的思维活动，是个体在主动地思考还是被动地接受的一个有效指标。深度教学尊重学习的过程属性，避免教学的"流程化"与"模式化"，用复杂性思维、过程性思维和关系思维来看待学生的学习过程和教学过程，丰富学生的过程体验，实现学生学科关键能力的发展价值。

第三章
语文学科关键能力及其培养

第一节 识字与写字能力

众所周知,识字、写字是阅读和写作的基础,是学生学习语文、提高语文素养的重要前提和保障,也是实现由口头语言向书面语言过渡的必经阶段。识字、写字对学生的学习起着至关重要的作用,它直接影响着学生其他科目的学习。从文化层面看,识字、写字是对中华民族文化的传承与发扬,每一个汉字都是一个故事,一幅图画,蕴含着丰富的文化内涵,每一次书写都是一次"文化之旅"。从能力层面来讲,识字、写字能潜移默化地促进学生的审美能力、认知能力和智力的发展。从教学层面来说,识字、写字是九年义务教育中重要的起点并贯穿始终,有着极其重要的意义。

一、识字与写字能力的内涵

《义务教育语文课程标准(2011年版)》(以下简称新课标)指出:识字与写字是第一学段(1—2年级)的教学重点,也是贯穿整个义务教育阶段的重要教学内容。百度后发现:对"识字"的定义为认识汉字,指如何把具象化的事物在脑中与抽象化的文字联系起来。新课标要求识字教学要注意儿童心理特点,将学生熟识的语言因素作为主要材料,结合学生的生活经验,引导他们利用各种机会主动识字,力求识用结合。斯霞老师认为识字要遵循儿童的认识规律,教给儿童识字方法,提高智力,增强能力,还要着眼于减轻学生负担,促使学生身心健康发展。佟乐泉先生研究指出:儿童对汉字的识别大致上经历了三个主要阶段:第一个阶段可称之为混沌阶段或朦胧阶段；第二个阶段可称之为清晰阶段；第三个阶段可称之为模糊（指类似"模糊逻辑程序"之"模糊"）阶段。

对"写字"的定义，有几种说法：①用线条按一定的规律和顺序把汉字的笔画勾勒出来的一种方法。②写字从某种程度上说是将字以符号的形式来表达出写者的意思及书写内容。于永正老师认为写字是学生的基本功之一，学写字就是学做人。同样，新课标对写字提出了"按照规范要求认真写好汉字是教学的基本要求，练字也是学生性情、态度、审美趣味养成的过程"的建议。

基于以上论述，笔者认为"识字能力"是言语交往背景下，教师根据儿童的心理、认知、思维等发展特点，遵循汉字的组构和演变规律，学生借助自己的生活经验和语文积淀唤回其直觉经验，将头脑中事物的形象（具象、抽象）与文字符号相匹配的心理特征。写字能力是指在书面语交往背景下，学生个体在知音、识形、辨义以及它们之间联系的规律的掌握与运用的心理特征。也就是新课标要求的在识字的基础上，学生能规范正确、布局美观、行款整齐、有一定速度地书写出字形的心理特征。识字与写字能力是相辅相成的，识字能力是写字能力的前提，写字能力是对识字能力的巩固。学生只有识得了一定数量的汉字，并扎实掌握了汉字的音、形、义以及它们之间联系的规律，才能运用所识汉字进行沟通交流、表情达意。识字是整体思维，写字是精细化的劳作。识写写字能力是学生学习语文的基石，对其终身学习都是一笔宝贵的财富，它们具有以下特征。

1. 认同性

所谓"认同"，一是指自我意识的萌动与成熟，从而形成稳定的身份感；二是个体对所属地域、文化、集体的一种强烈归属感。在本论述中"认同"是指学生个体在识字写字中建立与民族文化的关系定位与自我确认，一种自我建构的过程，从而转化学生个体观念和行为准则的取向。汉字积淀着中华民族悠久的历史和灿烂辉煌的文化，汉字的演变就代表着中国文化的发展过程。学生识字写字的过程就是学生接受文化熏陶、洗礼的体验过程，是吸收民族文化智慧、提高文化品位的过程。从这点来说，识字写字就是在认识、汲取、传承、发扬文化智慧中对中华民族文化的一种归属意识。学生在识字写字能力发展中将不断形成学生个体的价值取向、认知判断、行为指向。

2. 转换性

学者褚孝泉先生在《语言哲学》中写道："在对世界进行这样的理解描述时，人们都需要对所认识所描述的对象进行质的转换。将要理解的现象'翻译'成另一套相对应的材料来处理。"这里的"转换"和"翻译"就是人们认识世界的过程，而其中的桥梁就是人类特有的符号——语言。李维鼎先生提出了"言意转换是言语活动的本质"的主张。学生在识字的初始阶段就是把对客观世界的认识转换为一个个具体、形象、生动的文字。随着识字学习的深入，再实现由"言"到"意"的转换：一方面由字音转向字义的深度认识；另一方面是从口语表达（识）向书面表达（写）的过渡，从而实现自己的认识（思维）与人沟通交流、了解接受的言语交往互动目的。

3. 系统性

识字写字能力培养是一个复杂的系统工程。就其本身而言，它需要个体多种感官——眼、口、手、鼻、耳、脑等相互协调配合，共同作用完成。正因为如此，它也是个体观察力、注意力、思维力、记忆力、想象力、动手能力及审美等诸多能力的综合体现。此外，它还是一个循序渐进的过程。就其发展而言，它与个体的阅读及写作能力是紧密相联的，这并不是孤立存在的。识字写字能力对阅读、写作、口语交际等实践活动直接起着稳定的调节作用，它是学生语文能力的前提层、基础层。相反的，阅读、写作、口语交际能力又能促进识字写字能力的提升。它们相互作用，共同促进学生个体语文素养的发展。

4. 实践性

恩格斯在《劳动在从猿到人转变过程中的作用》中对语言产生的过

程，是这样论述的："劳动的发展必然促使社会成员更紧密地互相结合起来，因为它使互相支持和共同协作的场合增多了，并且使每个人都清楚地意识到这种共同协作的好处。语言是从劳动中并和劳动一起产生出来的，这个解释是唯一正确的。"而字是语言的基本结构单位。字的源起与人的劳动、生活、社会关系密切相关，是人类实践的产物。

语文是一门学习语言文字运用的综合性、实践性课程，语文是运用语言文字进行交流沟通的学科。识字写字能力发展的目的就是为了实现学生个体在言语交际和言语行为活动中进行"语言的运用"，从这个意义上说，其本质就是实践性的。其次，识字写字能力与学生生活经验、语文实践活动息息相关。可以说，识字写字能力从实践中来最后又回到实践中去。

二、识字与写字能力表现

汉字是音、形、义的统一体。识字写字的过程就是对汉字音、形、义以及它们之间的联系的规律的掌握与运用的过程。因而识字写字能力包括语音调控能力、字形识别能力、字义转换能力、汉字书写能力以及运用字典等能力。[①]

1. 语音调控能力

语音调控能力是指在一定的言语交际活动中，准确把控字音，调控交际时情感、态度等的一种能力。

能力表现以下几方面。

第一阶段：学生语言处于起始阶段，发展比较缓慢，对汉字的语音调控能力不强。尤其是在语言交际活动中会因环境、情绪、态度等的干扰表现出明显的"他控"特点，交际活动会因此出现不顺畅、停顿、重复等现象。

第二阶段：学生语言发展迅速，会有意识地对汉字的字音进行调控，特别是对同音字能加以解释说明，以达到消除歧义的目的。在交际活动

---

① 余闻婧. 汉字能力雏论 [D]. 南昌：江西师范大学硕士学位论文，2005.

中，对情境、情感、态度有一定的抗干扰能力，使活动较顺利地进行。

第三阶段：学生的语言发展进入迅速上升阶段，不仅掌握了对字音的准确性和同（近）音字区分的技巧，对交际时的环境、情感、态度、元认知等也具备了一定的调控能力，学生的汉字语音调控能力从"他控"走向了"自控"。

2. 字形识别能力

字形识别能力，简言之，指学生在阅读、口语表达等活动中，能准确、流畅地提取汉字的语言信息的能力。本论述中的"字形识别能力"指通过感知一个字或几个字形的特点，识别字音特征和字义特征的一种能力。

能力表现为以下几方面。

第一阶段：对客观事物的大体轮廓的知觉占优势，便于整体认字。学生较难精确地分辨汉字的一笔一画，对汉字形体差异辨别力差。学生根据字形的语音线索推断出字的语音形式的兴趣更浓，但在借助语境与字义建立联系能力较弱。

第二阶段：随着学生认知水平的发展和识字量的增多，学生的识字已不再局限于整体性，能较精确地对单个字构建字形识别系统。学生字形语音特征识别能力发展很快，同时能借助一定的表达情境较准确地把握字形所提供的语义线索。

第三阶段：学生的识字量已达到了 3500 个，认知水平发展也日益成熟，学生已经具备了根据字形所提供的语音特征线索准确推断出字的语音形式，然后借助已形成的语音与语义的联系，对所在语境中的字作出判断，最终在大脑中建构起语义模式的能力。

3. 字义转换能力

字义转换能力指学生在进行习作（写话）等书面表达时，将脑海中字义转换成字音再转换为字形并准确地书写出来的能力，其本质就是由"输入"到"输出"的过程。这种能力既表现为字形的准确性，还表现为用字的精确性。

能力表现为以下几方面。

第一阶段：学生处于识字的初始阶段，形象思维占主导，学生对字形、字音、字义还处在联结过程中，转换时思维时常会出现中断现象，故而书写容易"卡壳"。经常会出现错字或别字甚至空着不会写的情况，转换速度较慢。

第二阶段：学生对字的掌握更注重音、形、义的三者结合，脑海中也逐渐建立起了一定的语义模式，转换时能通过联系语境的方法，与正确的字形产生关联，错字与别字出现的概率逐渐降低，速度较快。

第三阶段：遵循言语和汉字字形再现的一般规律、特点，同时考虑表达内容的先后次序及联结方法，由字义到字音再到字形的过程思维连贯，汉字的准确率和用字的精确率大大提高，速度明显提升。

4. 汉字书写能力

汉字书写能力是指运用各种不同的书写工具，遵循汉字的书写规律，在纸上写出文字、记录语言、传递信息、交流思想表现出的心理特征。书写能力是从儿童入学后开始接受学校教育逐步学得培养的，它能有效促使学生良好书写习惯的养成。已有的识字能力是提高书写能力的前提和基础，书写能力的形成促进了识字能力的进一步发展。

能力表现为以下几方面。

第一阶段：学生空间知觉的精细化和分化性发展水平不高，对字体各部分的关系模糊不清，对汉字的笔画的"度量"不精准，常常出现偏差。书写时肌肉紧张，稳定性和精确性不够。视觉、动觉之间的发展也不协调，书写时往往"力不从心"，书写动作连续性不能长久，动作缓慢。书写消耗的精力较大，身心容易疲劳。字体以正楷字为主。

第二阶段：学生的空间知觉有了很大的发展，能掌握不同结构汉字的书写规律。视动之间的协调性有了很大的改善，书写时"得心应手"，能根据汉字结构的简繁正确合理把握字形的书写。书写时汉字的准确性、规范性、持久性、速度均有了长足的发展。字体由正楷字过渡到楷书。

第三阶段：学生空间知觉发展日渐发达，视觉对动作起到监视、调节的作用，汉字的间架结构安排科学、合理、美观。手指肌肉发育完全，书写时"心手合一"，更加娴熟，专注力和持续性更加长久。在熟练书写正楷字的基础上学写规范、通行的行楷字。

5. 运用字典能力

字典是识字写字的媒介，运用字典能力是识字写字能力的重要辅助能力，是学生个体在言语交往活动中对字音、字形、字义及书写等产生疑惑和困难时表现出的一种心理品质和心理特征。

能力表现为以下几方面。

第一阶段：学生学完拼音后在教师的指导下学会用音序查字法查字典，对字母顺序和音序排列规律有一定的了解，能在正文中翻找到与音节相对应的汉字。学生在掌握字形特征的基础上，了解偏旁部首及汉字排列规律，学会用部首查字法查字典。此时，运用字典能力是学生在外部环境、力量等制约下的外化行为表现，其水平处于初级阶段。

第二阶段：随着识字写字的学习深入，学生熟悉字母顺序、音序排列的规律和偏旁部首及汉字排列规律，较熟练、自主地运用所学的方法查字典进行独立识字，解决学习中识字写字的问题。运用字典能力成为学习的一种内在需求，并逐渐走向行为的自觉。

第三阶段：根据具体情境，自觉地、熟练地、快捷地使用字典、词典进行独立识字，会运用多种检字方法。运用字典能力已成为学习一种常态，一种生活习惯。

三、识字与写字能力的培养实践

（一）课内夯基

1. 重"智"

张庆老师指出：识字、写字教学不应是"单打一"地教学给学生一种负载着信息的符号系统，还要在识字写字的过程中陶冶他们的审美情趣，发展他们的智力,提高他们的认知能力。① 深度教学理念提出学习者要对知识进行深度加工,把准知识的核心内涵,由表及里,逐层建构,逐步领悟知识的结构、原理,逐步理解知识的本质,实现知识向能力的转化。

(1) 由此及彼,培养思维的厚度

从文字的起源来看,汉字属于表意文字,从而使汉字具有了独一无二的魅力。也正因为如此,数千年来汉字始终焕发着蓬勃的生命力。作为教师,有责任和使命将汉字赋予的文化和包含的韵味传递给学生,让学生真正触及汉字的灵魂,而这就需要我们在教学过程中给予学生思维和想象的空间,把所学的汉字与自己的所见、所感、所思融合起来,培养学生多角度、全方位地解读汉字的能力。如教学"夏"字时,先从字形入手,以学生喜闻乐见的形式加以识记:夏天是位漂亮的小姐姐,瞧,她戴着一顶大草帽(边说边指着上面的长横),扑闪着一双水灵灵的大眼睛(再指着"目"),下面还穿着一条飘逸的长裙(指着"夂"的撇和捺)。这样一解说,"夏"字的形象就栩栩如生地浮现在学生的眼前,而且还寓含着书写方面的指导。但光这样教学还太"单薄",没有到"味",应该让学生的理解更全面、深入。因此,教师还要多一个环节:在课文中"夏"表示一个季节,就是"夏天",我们亲切地称她为"夏姑娘"。这个"夏"还表示一个朝代——"夏朝",它是中国历史上第一个朝代。我们都是中国人,也称"华夏民族"。此外,这个"夏"还可以作为一个人的姓,"夏××"的姓就是这个字。这样教学,学生的认知才会更丰富、更深刻。如果长期如此,学生就会从多角度解读生字,思维扩展了,认知自然也就更丰厚了。

(2) 由零到整,培养思维的广度

识字写字教学中一个很大的弊端,就是就字教字,简单机械,直接导致了耗时低效的现象。如果能在教学中举一反三,触类旁通,学生的收获就不是一个字,而是一类字,这对精准识记起着积极的推动作用。

---

① 张庆. 张庆文集 [M]. 南京:凤凰出版社. 2009.

汉字中约 80% 都是形声字，声旁表音，形旁表义。根据这个特点，就可以采用字族识字法进行有效教学。如学习了"青"字，就可以根据形声字的特点揭示出"请、情、清、晴、睛、菁"等一族字，像这类字在汉字中还是占有一定量比重的。统编教材就编入了一系列运用这一特点进行规律识字的素材，如一年级下册的语文园地五就借助"包字家族"进了集中识字，再如苏教版第八册练习六中就安排了"噪、澡、燥、躁"一类字的学习，并从形旁的构字特点学会正确辨析。我们要引导学生学会主动分类识字的意识，如学习了"辟、避、劈、僻"，就可以让学生将其放在一起进行比较着记忆，尽管它们分散在不同的年级、课文中出现，这样以"一"到"群"的方法能让识字学习事半功倍。

书写时亦是如此，同一个偏旁部首的规范书写可以带动一群同偏旁生字的书写。这种化零为整的分类学习有利于学生在头脑建立"字族"的概念，培养学生分类思维的能力，提高学生个体对事物认识的准确度和清晰度，大大提高学生识字写字的效率。

(3) 由表到里，培养思维的深度

建构主义认为，学生在学习新知识或新信息时通常会与已获得的知识联系起来，当学生经历"认知冲突"时，就会采用顺从或同化的过程来构建认知结构，学习便悄然发生了。现代心理学研究表明，在课堂教学中引发"认知冲突"，能造成"心求通而未得，口欲言而不能"的时机，可以激发学生求知欲，培养学生的思维能力。识字写字教学中适时引发学生的认知冲突能让学生理解更透彻，思维更深入。

例如，"疾"是苏教版四年级下册《永远的白衣战士》中要掌握的生字，教学时先让学生观察它的偏旁和部件，让学生说说这个字的意思。这个问题不难，"疾"字中的"矢"意指人受箭伤，"疒"为病人依靠在床上的样子，引申为病痛的意思。教师在此基础上追问："一阵'疾'风吹来中'疾'是不是指一阵生了疾病的风吹来？"学生听到这样荒诞的解释肯定会哄堂大笑，继而会借助已有的生活经验深入思考得出"疾"是"猛烈"的意思。接着还可再追问:"疾"在"疾恶如仇""疾苦"中的不同意思。经过几次这样的理解冲突,学生会对"疾"不仅是在字形更在字义上有了较为深刻的感悟。

在写字指导中同样可以通过引发"认知冲突"来掌握书写技能。统编版一年级下册《操场上》要求学生书写"跑"这个字,在认识"足"字的基础上进行如下的教学设计:

师抛出问题:小朋友说得很好,"跑"左边是个"足",右边是个"包"。(出示田字格)老师把这两个字写在田字格里,小朋友看一看,对吗?

学生凭感觉说"不对"。

师设置悬念:怎么不对呢?你们不是说左边是足吗?(撇捺太长,写不下,把包赶到左边去了。)

师引发思考:那我们怎么办呢?快给它想想办法。

学生借助已有的知识发表自己的观点。

师解开谜团:足字足字,我们来变变身,谦让一下(将"足"字改成"足字旁")。(出示田字格)小朋友们怎么变的呀?——撇捺改竖提。

师总结:这样一变,我们的足字就变瘦了,包字就住到田字格里了。小朋友以后写字要注意啊,像这种左右偏旁的字,左边的偏旁要让一让后边的字哦。

这样的教学,始终让学生思维处于兴奋状态,实现了知识的迁移,最终形成能力。

2. 重"理"

(1) 遵循认知规律,因生而异

儿童的身心发展特点决定了我们的教学必须依据学生的认知特点合理组织、设计教学活动。特别是低年级学生,他们好动、爱玩,注意力时间短暂且易分散,具体形象的、新奇有趣的,他们最感兴趣。这就要求我们尽可能地采用模型、实物、标本、图画、录音、表情、动作、语言渲染

(描绘)、动画等手段，把字的"像"刻在脑海里。苏教版二年级下册《春雨》中出现了"润"这个生字，因考虑到低年级学生的认识水平，教学中就必须紧密联系学生的生活实际——"润，就是滋润的意思，比如冬天的时候，我们的手和脸显得比较干燥，涂了保湿霜就很滋润了。春雨能滋润万物，所以我们称它为'好雨'。"这样解释更益于学生对知识的建构。苏教版四年级上册又安排了在春联"风拂千条柳，雨润万朵花"中感受"润"的妙处，这是更深层次的理解与感悟，得从词性、情感、意境等多方面加以揣摩体会。

教学同一个生字，因学生的认知水平不同，教学方法和策略也就不尽相同，这也正体现了教学以生为本的原则。

（2）遵循构造规律，因字而异

每个汉字都有其渊源，只是有些因为某种原因已无法追溯。在识字写字教学中，通过对汉字构造规律的探究，能近距离地触摸汉字背后的文化和内涵，从而让学生享受识字写字的乐趣。

如苏教版五年级上册的生字"暮"和"蒙"，这两个生字笔画繁多，如果只是让学生用"换一换、加一加"的方法外加不厌其烦地说教进行识记，学生是容易发生记忆偏差的。因此，需要教师通过字理识字的方法加强记忆。

如甲骨文"暮"字，形象地表现出太阳从草丛中落下去，意指一天的傍晚时分。因此"暮"有"傍晚"之意。而课文中"暮春"即指春天的最后一段时间。

"蒙"字在篆文中生动形象地传递着古人为了驯养刚捕获的鸟兽，特地将它们的眼睛罩住，避免它们挣扎或逃脱，以利于驯养它们的信息。后来在此基础加上"草"，表示用草木枝叶遮蔽，使人看不见。因而"豕"字上面的"一"就很容易理解了，学生书写时也就不会落了。如上这样的分析和讲解，既增强了学习的趣味性又提升了识记的精准度。

当然，有些汉字在其发展中存在着一些争议，如《汉字之美》一书中对"润"字中的"闰"之说,许慎认为"闰"字是'从王在门中'之意";黄生主张"'闰'字当从玉门声,玉之温润也"。孰是孰非,已无考证,但可以让学生知晓,因为这些都彰显着汉字的美。

(3) 遵循编排规律,因课而异

在上文对识字方法的论述中,识字的方法可谓灵活多样,但在具体方法的选择上要有所侧重,有针对性。统编版一年级教材根据编写的意图,可有不同的教学方式。如《天地人》可采用蒙学识字的方法;《日月水火》适合象形识字;《对韵歌》宜采用韵语识字法;《小书包》采用归类识字较适宜;《猜字谜》用字谜识字更能激起学习的兴趣;《小青蛙》《动物儿歌》可选用儿歌识字法等等。

不同的识字方法对应着不同的识字文本,不仅能更简单、轻松地识字,且能引导学生掌握不同形式的识字方法,从而让学生逐渐学会自主识字,同时切身感受中华文化的博大精深,从而更加热爱汉字,热爱语文。

3. 重"情"

(1) 彰显审美情趣

鲁迅曾说"汉字有三美":意美以感心,音美以感耳,形美以感目。教学中,教师要引领学生通过欣赏同学中的优秀书写作品,教师的书法作品,甚至是名家名篇名作以直观呈现的形式陶冶学生情操。"审美的过程实际上是一种化境的审美直觉,因此欣赏需要直觉,往往会带来强烈的情感体验。"由此可见,审美能力可以通过欣赏来提升,尤其是经典的"美",如欧体、颜体、柳体、赵体等不同风格的字体值得细细品味,其实欣赏的过程也就是感受美、发现美、领悟美的过程。此外,坚持让学生临摹经典字帖,在实践中探索美、追求美。同时,在练习中倡导书写的个性化,呈现一种个性的美。

除此以外,教师还要善于让学生从形象思维的感知上升到心理的感应,可以利用语言在学生头脑中建立对汉字的审美认知,增强审美情趣。如教学"叠"字:其含义为重复、累积的意思,上面的三个"又"字,形象地表示层层堆积，其重点是重心要稳且有序，所以在写三个"又"字时应摆成"品"字形，且要写得合理、紧凑，中间的"一"和下面的"且"就像基石一样只有写得稳重，才能起到平衡的作用。这样的教学，不仅完成了识字和写字的教学任务，更引发了学生的想象力，更是一次对汉字"美"的熏陶。当然，在教学汉字过程中还可以通过小故事、图画、多媒体演示等手段体悟学生对汉字的美感。

(2) 凸显文化情怀

汉字是我们祖国的宝贵遗产之一。汉字造字方法的精巧，姿态的美妙让人折服。虽然今天的汉字几经变体，有些已失去其最初的造字初衷，但不可否认的是汉字与社会历史、文化发展等息息相关，这些也是应该让学生知悉的。如教学"年"字就可以让学生知晓：它与"禾"密切相关。"禾"是"年"的基础，有禾才有年。古汉字的"年"上部的符号表示"穗子下垂的庄稼"，下部的符号表示"背着庄稼的人"。后来古人就把农事与季节联系起来了，于是"年"又由庄稼丰收引申为时间"年"。再如"暑"字与我们的二十四节气有关。"日"即太阳。"者"可以意为"众、多"的意思。如果"太阳"提供的热量过多，就成了"暑"。二十四节气中有三个"暑"，"小暑"，小热，即开始炎热；"大暑"，即"大热"，一年中最热的时候；"处暑"中"处"即"止"之意，即大热天结束。除此之外，像"至、分、端、伏、腊"均与节气有关。还有诸如"朔、胐、望、霸、盈"等字都可以与"月相"结合进行教学，再如"时、圭、刻、旦、明、更"等字都与"纪时"相关。这样的教学，学生的理解就更为深刻，由汉字到中华文化的传承发扬不就是语文课程所要倡导的学习方式吗？当然，在教学中要根据学生的最近发展区深入浅出地讲解，切不可机械灌输。

(3) 外显思想情理

俗话说，"字如其人"。谦虚宽容、相让相容是中国人为人处世的原则，这种思想不仅反映在日常生活中，也渗透在汉字所承载的思想意蕴中。如我们的汉字书写时要遵循一定的规律，如"中间突出让中间""上包下时先让上""下包上时先让内"等，这些都与中国传统的伦理思想有着紧密的关系。左右结构的字书写时提倡"谦让"，如"林"字，尽管左右部件相同但在书写时左边的"木"要收紧，给右边的"木"留有足够的空间，这样整个字才显得和谐。再如"垂"字，书写时四横之间的距离要做到"均衡"，且第三笔的横写得最长，这样整个字才协调。还有如书写"头"时，最后两笔"撇"和"点"的长短、位置要恰到好处，才能真的"抬得起头"，寓意做人要抬头挺胸，堂堂正正。最简单的"人"字书写时我们要求撇和捺应舒展且要有力，体现中国人的精、气、神。这种谦虚得体、不卑不亢的思想不仅表现在书写上也隐含在汉字本身的内涵中。如"义"字，就蕴含着深刻的伦理道德。儒家把"义"与仁、礼、智、信合在一起，称为"五常"。《孟子》中的："生，亦我所欲也，义，亦我所欲也，二者不可得兼，舍生而取义者也""大人者，言不必信，行不必果，惟义所在""君子喻于义，小人喻于利"等深邃的传统思想都融于一个汉字之中，可见学习汉字过程就是领悟伦理思想精髓的过程，实则就是一次精神之旅。

（二）课外拓展

著名特级教师斯霞指出：识字最终要达到"四会"（读、说、写、用），这是教师心中必须明确的目标。这个目标，必须抓住各个阶段有重点、有步骤地实现，必须渗透在语文教学活动之中。① 基于这个目标，光是让学生将所学的汉字读一读、认一认、写一写显然不能有效促进学生语文素养的发展，因此我们还要不遗余力地从以下几方面着手。

1. 识读结合

心理语言学研究表明，汉字的意义不是一个个孤立地储存在儿童的记忆中的，而是以语言的基本单位——词汇的意义分门别类地储存起来的。

---

① 李少萍. 见证小学语文教学［M］. 太原：山西教育出版社，2014.

词汇语义上的联系形成了记忆中的联系网络，只要记起其中的一个词，就会联想到或者激活其他词。学生在阅读过程中，句法、语义、词汇等各种信息之间是相互作用的。

(1) 在阅读中识写

丹麦语言学家叶斯柏森说：要养成自主识字的能力，发展学生的语言能力，唯一的办法就是教师为学生架设运用语言文字的环境，让学生"在语言的海洋里游泳"。笔者认为这个"海洋"就是阅读的素材。不同年龄段的学生其阅读对象也不尽相同，第一学段以儿歌、童话、浅显的故事等为主；第二、三学段可以是小说、散文、戏剧及各类经典作品等。学生刚入学时，因为认知是模糊的、笼统的，所以精确度分析能力较弱，此时主要是让学生建立起对汉字音、形、义三者的有效结合。通过"重复出现、多次认知"的方式，让学生对汉字经常性地照面，以达到"一回生，二回熟，三回四回成朋友"的效果。阅读中，学生借助一定的语言环境就很容易理解一个词、一句话的意思。虽然学生会很难理解一个字的意思，但随着语言情境的反复再现，学生会逐步加深对字义的感悟与理解。学生经过一段时间的学习，就要进入由字向词过渡的过程。

实践证明，相比于简单的、机械的反复认读，在阅读中识记、巩固生字、词语的效果显然好很多。这是因为阅读中的识记属于意义识记，学生经历了情境的再现，语言的体验和自我的内化，很自然地就能实现"从字形视觉信息的整合到语义深层心理贮存的过程"，即识记的过程。当学生进入第二、三学段时，学生已会自主地在具体的语言环境中进行识字，在汉字与汉字精彩纷呈的组合中感受识字的乐趣和汉字丰富的内涵。当然，只有实现"自主识字"与"语言训练"的结合，才能真正检验学生识字水平的高低，而这就需要进行一定的言语实践，如读中写就是很好的方法，能真正实现言语从情境中来又回到情境中去的目标。

(2) 在识写中阅读

首先，要引导学生感悟字词，领悟其内涵。阅读教学中，往往一个字、词就能起到提纲挈领的作用，所以教学时只要以这些关键字词为切入点就能领会文本的意蕴内涵。而对字词深层次的感悟就为课文内容的阅读和理解提供了技术保障和情感基础。其次，要引导学生善于积累，培养其语感。低年级积累以字词为主，形式可以是朗读、摘抄、运用、拓展等。随着年级的升高，学生的积累不再局限于字词，还可以是阅读素材中的优美语句，因为字词的积累总是基于一定的语言情境的。在积累中还可以培养学生的语感。叶圣陶说，一个字、一个词的意义和情味，单靠翻查字典或词典是不能理解语感的。积累有助于培养学生对语言的感受力，加深对字词的理解和运用。最后，还要引导学生运用字词，实践语言。阅读教学的最终目的是发展学生的语言。学生对字词的学习不能仅停留在会正确认读、恰当的理解的层面上，更重要的是要让学生借助字词运用的平台，通过有组织、有系统的、有条理的言语实践，促进学生个性化语言的发展。

2. 识写结合

这里的"写"，并不单指"汉字书写"，更多含有"言语书面表达"之意。研究表明：一个人要想更好地理解和记忆所学的知识，在学习的时候同时要建立起一个知识体系，并把知识放到这个体系之中，在脑子里把知识和用这些知识的场合联系起来。识字写字亦是如此，唯有将其放到一定的语言表达环境中才能更好地被学生掌握。

（1）识字写字与写作相辅相成

学龄前儿童表达以口语表达为主，进入小学阶段，儿童的表达开始由口语转向书面表达。写字活动促进了学生书面表达的发展，而且成了口语与书面语之间的中介。书面语较口语更为言简意赅，更加严谨，更有条理、更富逻辑，而这又给学生个体提出了更高的口语表达和写字要求，这就极大促进了学生识字写字能力的发展。同时，书面表达过程中，汉字不再是以单独个体出现的，总是以词串、短语等组块的方式呈现，这就锤炼了学生在具体语境中运用汉字的能力，潜移默化培养了学生的语感，推动了学生识字写字能力的发展。

(2) 识字写字与写作相生相长

识字与写作教学是相辅相成的，互相促进，共同提高。第一、二学段的识字量相当大，如何巩固所学的生字，仅靠反复背、默、抄是不合理的，除了可以运用阅读来加深感知、理解记忆，还有一种行之有效的方法，那就是学以致用——写作（写话）。课标提出："识字教学要将儿童熟识的语言因素作为主要材料，同时充分利用儿童的生活经验，注重教给识字方法，力求识用结合。"第一学段强调："在写话中乐于运用阅读和生活中学到的词语。"可见识字教学与写作两者只有紧密地结合才会达到教学的制高点。笔者多年的实践证明，经常进行写作这一语文实践活动的学生识字写字能力发展较好，写作对思维、审美等能力发展有很大的促进作用。

生字学习是言语表达的基石。语言文字作为交流的媒介，书面语也是非常重要的途径，而学生识字能力的发展就为"写"打下坚实的基础，写作发展了学生识字写字能力。总而言之，识字写字是写作的起点，写作是识字写字的归宿之一。当它们结合时就显得更有价值和意义。

3. 识用结合

陶行知先生曾说过："生活即教育""社会即学校"。著名特级教师斯霞曾说：在识字教学中，学用结合是开启儿童心扉的好办法。识了字就要用，用多了，用熟了，就能"生巧"。这个"巧"，就是智力。听、说、读、写就是把识的字付诸应用，学用结合能促进学生进一步牢固掌握知识。

(1) 渗透于学习生活中

语文实践活动无处不在，语言实践机会无时不有。作为语文学习奠基石的识字写字一直伴随着学生的成长，渗透于他们学习的方方面面、点点滴滴。例如，孩子们在升入小学一段时间后就可以开展"认名字大赛"这个别出心裁的活动。先看脸说出其名字，这个不难，一段时间交往下来学生都能做到"识脸认人"。接着从众多名字中找到相应学生的名字，这个就稍显困难了。最后可以将全班同学的姓名全部罗列出来，看谁认识的名字快又多。这个活动既是为了方便学生间交往以及正常开展教学活动（如小组长收发作业本等），又潜移默化地培养学生主动识字的意识。到了学写汉字时可以指导学生正确书写自己的名字以及同学的姓名。当然在平时还可以通过写请假条、做生物观察笔记、设计展板和海报的主题等活动针对性地训练学生的识字写字能力。

（2）体现于社会活动中

社会为学生个人的成长提供了施展的舞台，而识字写字能力就为学生走上社会提供了平台，学生的能力在社会活动中得以体现和提高。外出活动时，学生能认识路牌、站台，就能精确地定位方向而不致迷失；准确地识别门店名，精确地领悟须知内容就能顺利地开展各项活动；正确地认识商品名称就能购买到称心如意的商品……所有这一切社交活动都是对识字写字能力的检验和巩固。当然，在这其中学生的其他能力也会得到锻炼，它们之间的共同作用、勾联催发了语文素养的整体提升。

（3）融入家庭日常中

课标明确指出：识字教学要注意儿童心理特点，将学生熟识的语言因素作为主要材料，结合学生的生活经验，引导他们利用各种机会主动识字，力求识用结合。在家庭中处处都有"学以致用"的资源，可以让学生通过这些实实在在的活动促发其识字写字的内驱力。如在无法取得联系的情况下可以写留言条；邮寄包裹时可以让孩子正确、清楚地填写邮寄单；外出旅游时提倡让学生手绘"旅游攻略"；给家里的长辈读读当天的报纸等等。只要用心捕捉各种机会，就能激发孩子的求知欲，在轻松愉悦的环境中助识字写字一臂之力。

实践证明，识字写字能力最终还是要回归到生活中才能得以体现。引导学生将识字写字与生活所需相融合，学生才能更加深切地体验识字写字的乐趣与价值所在，从而激发学生识字写字的动机，增强学生自主识字写字的欲望与意识。

（三）评价激励

"识字写字"评价中，新课标作了明确要求：要有利于激发学生识字、写字的兴趣，帮助学生养成写规范字的习惯，减少错别字。识字方面要多关注学生主动识字的兴趣，具备独立识字的能力；写字方面指出要关注学生写字的姿势与习惯，引导学生提高书写质量。

1. 发展为先，调动能力诱因

学生在识字写字能力发展过程中，教师适时恰当的评价是促进其形成能力的重要保障。如学生的识字写字伊始，他们刚入学，感情外显，学习动机和兴趣容易受到来自外部条件（教师、家长等）的影响，科学合理、启发性、鼓励性的评价能点燃其主动学习的热情，如若太过计较分数则会把刚刚点燃的兴趣火花熄灭，甚至会在孩子心中留下阴影。如笔者的儿子在一年级上学期期末考试中将"网"中间的两个撇点写成了倾斜的"♯"，为此被扣了唯一的一分。

"这个'网'字还没学，可以用拼音代啊！"

"妈妈，这个'网'字我见过，我记得是这样写的。"

"嗯，这两个字确实长得很像。但如果仔细观察就会发现它们的确不一样。你看'冂'里面是两个撇点，不是倾斜的'♯'。"

"哦，原来是这样写的，我看错了。"

"你能通过读书描摹出他'网'的形状，已经很了不起了。错了没关系，我们以后写正确就行。而且妈妈觉得老师还没教的字你就能尝试着写，这是勇气和信心的表现，只是以后要细心观察呀。"

"知道了。"他开心地点点头，随后改之。

在以后的学习中，他一有空闲就读书，以便认识更多的字，尽管会将"一群牛"写成"一裙牛"，"饿"写成"俄"，但他依然乐此不疲，而且以"老师不教我就会写"为荣。当学会查字典后但凡遇到不会写的字都会主动查阅字典，从不用拼音代，这为他三年级习作夯实了基础，这种学习的内驱力绝不是用分数能衡量的。如果当初为追求所谓完美的一百分而丧失了学习的动力，这不就是教学最大的悲哀吗？

所以，学生在识字写字中一定要呵护学生学习的热情并积极地加以引导，特别是第一、二学段的学生。他们的观察能力正从"模糊阶段"逐渐走向"比较精确"，对汉字字形的感知从一个个"整体的图形"开始，对字形缺乏系统、精确的分析，因而写字时往往会出现"添笔、漏笔、错位"等现象。记忆方面也正在从"机械记忆"逐步走向"理解记忆"，从"无意记忆"向"意义记忆"过渡，所以学生对同音、同形字的辨析能力较弱，经常写错别字。学生出现以上一系列错误都与他们认知发展水平相关，教者一定要以发展的眼光看待，切不可仅为了眼前的一点利益而阻碍学生学习语文的脚步。

2. 关注根本，分析能力归因

由于学生认知能力、思维能力、审美能力还在发展中，因此学生在识字写字过程中错误会频繁且反复出现，这无形中给教师平添了不少麻烦。但如果教师简单粗暴地一味指责与抱怨，不仅会打击学生学习的自信心，给学生造成负面影响，还会直接导致教学成效的低下。如有些高年级学生的"例"与"列"总是分不清，"举例子"经常误写成"举列子"，"例如"则写成"列如"，诸如此类。还有些学生对汉字的结构总是不能正确把握，如"默"字四点底会向右延伸到"犬"的下面；上下结构的"莲"字会写成半包围结构；"满"与"落"的结构经常互换；"薄"字中"氵"的长度与"甫"一样，"寸"字孤独地立在右边，造成整个字结构的错乱……这类情况在学生的作业中经常发生。面对学生层出不穷的错误，我们教师首先要不急不躁，保持冷静，其次要深入研究学生出错的原因，最后在诸多解决方案中找到最佳。

如在评讲"列"与"例"字时可以从字源上来区分——先出示甲骨文中"列"的图画，然后告知学生："列"字的上半部就像是一道骨头上的裂缝，下半部犹如一块中空的枯骨。再出示小篆中"列"的字形，讲述"列"的右侧加了一个"刀"字，代表用刀砍裂骨头。"列"有横排、陈列、安排等意思。"例"的左边是"亻",表示人的意思;右边是"列",表示并排成列的意思。"例"的本义是指同一类型的人站成一列,在"举例子"中表示"有代表性事物或事件"。这样一讲,学生对这两字的理解就会深入人心,而不仅局限于在字形上的纠结。

学生书写上的错误都源于对汉字的音、形、义的联结没有深层、深刻、深切的认识与理解,因而教者第一次教学生字时一定要让学生把握住"第一印象",把生字讲清、讲透、写正、写美。当然学习本身就是一个不断犯错、纠错的过程,最后达到认识的平衡。这其间教师要不厌其烦地寻找错误的根源并对症下药,并积极鼓励学生进行自我纠错,从而提高学生自主学习的能力。

3. 建立机制,导向能力内因

提高识字写字能力是一项长期的任务,不仅需要教师在教学实践中精心探究,而且还要建立长效的保障机制,确保将识字写字能力培养真正落到实处,让其可见、可测、可生长,而不是淹没在考试这个洪流中。从时间保障上看,笔者所在学校每天早上 8:00—8:10 为全校学生练字时间,重在树立识好字写好字的意识,并能在平时的作业中起到一定的警醒作用。每堂语文课必须保证学生至少有 10 分钟的书写时间,树立"提笔即练字"的观念。从课程设置上看,一、二年级每周设立"书法课",聘请学校的书法教师从书法这个专业角度更全面、精准地诠释汉字的书写,提升学生的欣赏水平和审美能力。三至六年级每周安排一节"校本课",由语文教师专门指导学生的书写。从考试层面上说,我们小学阶段把"请将下列一段文字正确、美观、行款整齐、布局合理地写在下面横线上"这样的题型去掉,在试卷上专设书写分,低年级为 10 分,中高年级各为 5 分,由校书法教师根据学生卷面整洁度和汉字书写情况进行综合评定。这一举措从根本上改变了"重分数轻能力"的评价弊端,也触动了师生,从而真正将识字写字能力的培养放在重要位置并持之以恒地加以训练。当然,我们还可以通过作业展评、书写考级、名家书法作品欣赏等方式激发学生识字写字的信心。

典型课例：统编版小学语文一年级下册识字7《操场上》

教材分析：

《操场上》是统编版一年级下册"识字7"中的内容。本课有六个词语和一首儿歌。词语为体育活动的名称，儿歌内容概括了学生在操场上活动的场景，告诉我们体育锻炼可强身健体。本课的学习内容贴近小学生的生活，可以通过图文结合、动作表演、儿歌诵读、动画演示等方法进行识字教学，发展学生的识字写字能力。

教学目标：

1. 通过归类识字、图文对照等多种方式认识"拔、拍"等12个生字，并能正确书写本课生字，重点指导"拔、拍"等生字的书写。

2. 正确、流利地朗读词语，积累词语，初步学习动词的运用。

3. 激发学生参加体育锻炼的兴趣，学习用"有的……有的……还有的……"的句式说话。

教学重难点：通过不同的方式学习本课的生字并能正确美观地书写。

教学过程：

板块一：创设情境，引入识字场

一、课前活动

谈话引入：上课前，我们先来做做手指操。做完，师生一起看小朋友做武术操的视频。

二、新课导入

1. 师顺势引导：刚才，上课前我们一起做了手指操，大家一起操练了下，还看了小朋友们做的操，这就是今天我们要认识的生字宝宝，它叫什么？

2. 师出示"操"，并将这个生字板贴在黑板上。

3. 师再出示甲骨文的"场"，让学生看看图，联系生活实际，试着猜猜这个字。

4. 师出示课题——操场，并引发学生的回忆：我们在操场上都做些什么呀？

5. 学生结合学习生活畅所欲言。

6. 师语言渲染，激发学习兴趣：小朋友们这么喜欢操场，就让我们去操场上举行趣味识字运动会吧！生读题。

【设计意图：一年级识字必须顺应学生的认知特点，从动动手指到猜猜字谜再到回忆生活场景都符合学生的天性，学生很快就走进了文本。学生的识字学习感受到的是快乐、惊喜、期待。教学中，教师由学生们自己的生活实际切入，不仅为课文的拓展做好铺垫，且轻松地帮助学生理解了字词，为学生的说话训练提供了素材。】

板块二：趣味识字，建构识字力

第一关：眼力大比拼

1. 师屏幕出示图画，让学生在图中找出各种类型的体育运动项目，并给予方法提示：可以按照从上到下的顺序，也可以按照从左往右的顺序，观察这些小朋友在操场上干什么。

2. 学生自由发言，教师相机板书。

3. 师出示句式：下课了，小朋友们有的在（　　），有的在（　　），还有的在（　　）。

4. 学生根据提供的句式和板贴的词语进行语言训练。

【设计意图：创设一定的语言环境，有利于降低学生识字的难度。通过图文对照的方法学习词语，化抽象为具体，让识字更具直观性，以加深学生的印象。在教学中适时创设自主学习的情境，并给足时间，帮助学生在实践中主动获取知识，形成合作探究的能力。】

第二关：勇闯拼音岛

1. 闯关前，请同学们借助拼音读读课文，读准字音，读通句子，读两遍。

2. 学生读完后坐得很神气，朝老师点头微笑，师巡视并作个别指导。

3. 师出示带拼音的生字——操、场、拔、拍、跑、踢、铃,并自己练读。

4. 师将生字拼音去掉,出示生字:操、场、拔、拍、跑、踢、铃、热、闹、锻、炼、体、声、身,让学生挑战——"听音标序号"的游戏。

5. 评价反馈,学生再次巩固生字的读音。

【设计意图:借助趣味闯关游戏的形式,顺应了学生的心理特点,既是对之前所学内容的巩固,又能潜移默化地引导学生逐步发现汉字规律,渗透看偏旁识字的意识。"听音标序号"的游戏有助于学生集中注意力,培养学生良好的倾听习惯。】

第三关:巧摘智慧果

(一)学习"扌"的字词

1. 屏幕显示智慧树,树上出示"打球、拔河、拍皮球、跳高、跑步、踢足球"六个词语。师提问:智慧树下有两个大篮子,请大家开动脑筋好好想想,树上的智慧果应该怎么分呢?

2. 请学生试着将同类词语进行归类,师相机指导。

3. 出示第一组词语:打球、拔河、拍皮球。出示古文字"打",学生通过图与文之间的联系理解"扌"的含义。学生采用同样的方法学习"拍",并书空这两个生字。

4. 师指导学生进行同一偏旁的归类学习,提问:小朋友们,你还见过哪些字宝宝和手有关,都是提手旁的?师相机评价。

5. 师生互动,一起拍手念儿歌:

打打打——用手打——打球

拔拔拔——用手拔——拔河

拍拍拍——用手拍——拍皮球

(二)学习"足"字旁的字

1. 师出示生字:跳高、跑步、踢足球(图片出示)。提问:你发现这组词有什么特点?

2. 师小结：不错，这三组词中的三个字都是用脚的动作，都有一个共同的部分——"足字旁"。

3. 出示"足"的象形字，学生看图识记生字。

4. 师启发：足就是我们的脚，小朋友的脚在哪里呀？摸摸自己的脚。

5. 师指导学生通过视频演示的方法让学生明白"足"和"足字旁"在书写时的大小、位置、笔画等的区别。

6. 师生书写生字"足"和"跑"，师相机指导。

7. 出示儿歌，师生一起跺脚念儿歌：

跳跳跳——用脚跳——跳高

跑跑跑——用脚跑——跑步

踢踢踢——用脚踢——踢足球

【设计意图：多种形式为学生搭建个性多元的识字空间，走出文本，开放文本。引导学生利用偏旁归类、组词造句、比较异同、多媒体演示等方式初步了解造字规律，通过课内外资源的互补与贯通，实现汉字音、形、义三者的有机结合。】

板块三：比较识字，提升辨别力

1. 师先朗诵一首好听的儿歌，再引导学生自己试着读一读。

2. 学生找到儿歌中隐藏的几个生字。

3. 师指导学生采用"部件组合法"识记"声"，并通过列举大自然中的各种声音来给"声"组词，并指导学生书空"声"字。

4. 师指导学生通过观看动画演示正确认识"身"的书写顺序和书写位置。

5. 师引导：身体是人之根本，所以我们要多多锻炼，才能身强力壮。师生一起书空"身"字。

6. 师生再读儿歌，读中感悟"声"与"身"在音、形、义上的区别。

【设计意图：在儿歌中通过生活识字、比较识字等方法来增加学习的兴趣，加深印象。同时，在识字中教师有意识让学生将字与词有机结合起

来学习，理解自然更加深刻。】

板块四：指导架构，培养书写力

1. （PPT出示"足""跑"）师提问："足"字怎样才能写好它呢？

2. 师在生的回答上总结书写法则：抓住关键笔画，"足"字书写时竖在竖中线，横在横中线上。"跑"：足和包要懂得谦让，分布在竖中线两边，竖弯钩要写在竖中线上。

3. 教师在田字格中范写，学生跟着教师书空。

4. 学生描红并进行书写练习。教师巡视并认真指导。

【设计意图：识字教学一遍遍地重复，学生容易产生机械性记忆，而相似的字放在一起识记可加深学生印象。书写生字时，把学生放在主体地位，让他们自己去观察、体验，主动掌握书写要领。同时重视对学生写字姿势的指导，培养学生良好的书写习惯。】

板块五：作业设计，提高学习力

1. 选择自己喜欢的活动，邀请父母一起参与，每天坚持锻炼半小时。然后尝试把运动的过程编成一首儿歌。

2. 课后收集一组相同偏旁的字，和小组同伴说说它们大多与什么有关。

【设计意图：本课作业设计力求体现合作性、生活性、趣味性、层次性。学生通过课后与父母参加体育活动，把课堂学习延伸到生活中，增加了学习的趣味性和生活性。根据活动体验尝试编写儿歌，读写结合，旨在提升学生的语言运用能力。学生在小组内分享学习同偏旁字，既培养了自主探究能力，又培养了合作学习的习惯。】

板书设计

识字7 操场上

打球　拔河　拍皮球

跳高　跑步　踢足球

总体设计意图：

《义务教育语文课程标准（2011年版）》要求识字教学多途径进行：一是坚持在阅读中随文识字，通过让学生与汉字反复见面，多读多识；二是吸收各识字流派的有益经验，利用汉字的构字规律和社会生活环境等集中进行多元识字；三是鼓励学生学习识字方法，掌握汉字规律，自主识字，多识、快识。

《义务教育语文课程标准（2011年版）》要求，提出"认识"和"认识并会写"两种不同的要求，识写分开，多识少写，逐步达到识写统一。引导学生在阅读中随文识字，是识字教学的主要途径之一。因为第一学段课本是汉字注音的形式，学生在阅读中随文识字，可借助汉语拼音读准字音，并通过阅读，让汉字反复重现，达到识字的目的。本套教材采用拼音与识字、拼音与阅读同时进行的编排体例，以识字带拼音、以拼音带阅读和识字的双向互动方式，为阅读中识字创造了条件。

第二节 阅读理解能力

一、阅读理解能力的内涵

（一）理解的内涵

"理解"一词，最早见于元朝末年编纂的《宋史》："心通理解"，是指从内心上明白、从道理上了解。理解，从字面上来看，就是理性的思考和解读；从认知层面上来讲，认识越全面，了解越透彻，就理解得越深刻，对客观事物有更为准确地把握。

"理解"，既是哲学诠释学中读者从心理上进一步体验他人心理，重构文本的文字到阐释意义、作者的写文心理及作品原意的过程；也是读者本身借助自身具备的阅读知识、经验，勾连事物之间的联系直至本质、规律的心理思维活动，是读者从直接的书面语言中获取文本信息，进行再加工，获得新知识的意义过程。

"理解"，是人们认识世界、把握客观规律、解读客观事物的全过程，是人与自然、人与社会、人与人之间关系的深刻解读。

（二）阅读理解能力的内涵

阅读能力的核心是理解能力，二者之间仅存在语义上的不同，失去理解能力支撑的阅读过程，仅仅是追随文本书页中的记号而已。

阅读理解能力是指通过阅读本身获取信息的能力，包括：理解阅读材料中重要概念或句子的含义；筛选并整合图表、文字、视频等阅读材料的主要信息及重要细节；分析文章结构，把握文章思路；归纳内容要点，概括中心意思；分析概括作者在文中的观点态度；根据上下文合理推断阅读材料中的隐含信息等能力。

阅读理解能力的三个层次：

表层理解：即能够辨认和识别阅读对象，并且能够对文本材料命名，知道它"写了什么"。

深层理解：指在表层理解的基础上，对阅读文本的本质与内在联系的揭露，主要表现为能够理解文章思路，把握内涵，作者情感等，知道它是"怎么样写"。

评价性理解：是指在概念理解的基础上，对于文本的理解进一步达到系统化和具体化，重新建立或者调整阅读理解认知结构，达到知识的融会贯通，并能够使知识得到广泛的迁移，知道它是"为什么写"。

（三）阅读理解能力的实施意义

阅读理解能力是人们获取新知、拓宽视野的基础素养能力，对于个体发展意义重大。加强阅读理解能力的培养，可以使人更富有智慧，具有创造力，还能够丰富人的精神生活。具有一定阅读理解能力素养的人，可以通过个性化的阅读理解，实现与文本的对话，在阅读理解的过程中，与作者进行思想的交流、情感的沟通、思维的碰撞等。具有一定的阅读理解能力，还能够帮助个体超越世俗生活的牵绊，建立起一个强大、丰富的精神世界，丰富个体生活、丰厚个体生命。

二、阅读理解能力的表现

阅读，是中小学语文课程中最重要的学习领域，事实上，中小学的语文课绝大部分时间也都用于阅读理解的教学。阅读理解这一行为贯穿阅读之前、阅读之中和阅读之后，是始终进行着的读者与作者、文本之间的理解对话。

在具体的阅读教学过程中，阅读理解能力表现为：读者通过多样的阅读方法，联系上下文等方式，从阅读文本中直接或间接提取信息的能力；读者借助辅助教材及生活积累，通过个性阅读或合作阅读方式，体会阅读文本所传递的作者作品情感，探究其写作思路及意图；读者在阅读文本过程中，通过合理的联想、想象、构建情境等方式，对阅读文本中文学形象、语言表现、符号运用、主题思想、文学技巧、作品社会价值等方面有一定的评价鉴赏能力，并能够适时运用于写作及生活日常。

具体表现为如下几个方面。

（一）提取信息能力

提取信息能力就是确定信息源，并根据信息需求选择最佳信息源，查找信息资料，完成一定信息任务的能力。

第一学段：

1. 能够在正确、流利朗读文本内容的基础上，基本把握阅读文段内容，粗知文章大意。

2. 能借助字典等工具书，准确理解阅读文段内生字词的意思。

3. 结合上下文段内容及自身生活实际，准确理解文段中关键性词句的意思。

4. 能够联系文本内容，提取文段中表达情意的关键词句。

第二学段：

1. 能借助默读、浏览等方式，根据阅读需要搜集相关文段信息。

2. 完整复述叙事性文本内容，简单描述阅读文段中的人物经历、场景细节等内容。

3. 联系上下文，借助生活积累，提取文段内富有情感色彩的词语，准确把握其表达效果。

4. 借助已有文段内容及自身情感体验，基本把握作者行文顺序及作品情感。

第三学段：

1. 借助熟练的略读及浏览方法，直接获取阅读文本中描述的事实和信息，完整把握文本内容。

2. 能利用文本信息对相关问题做出合理解释，合理利用信息完成阅读任务。

3. 能够通过文本内容呈现的具体线索，理清文本思路，概括文本主要事件、典型细节等内容。

4. 联系上下文，借助作品注释、作家生平介绍等内容，获取阅读文本中潜藏的隐晦信息，如作者的写作目的、情感态度等。

（二）体会探究能力

体会探究能力是指对于某种境界或事物通过细心体察获得一定的感受，并于学习情境中发现问题、搜集数据、形成解释、获得答案的能力。

第一学段：

1. 借助掌握的标点类型，如句号、问号、感叹号等，在阅读中体会标点符号所表达的不同语气。

2. 阅读浅显的文本，如童话、寓言、故事，能够简单表述个人的阅读感受和想法，并乐于与人交流。

3. 借助形象思维，调动自身情感，通过阅读、思考、想象等，进入文本情境，体验阅读材料中的生活或角色，获得对材料的真实感受和初步的情感体验。

4. 充分发挥主观能动性，在个性化阅读的基础上，对阅读文段中不理解的地方提出疑问。

第二学段：

1. 在理解文本内容的过程中，体会顿号、引号、分号等不同符号的表达效果。

2. 阅读不同文本内容，如诗歌、叙事性作品等，能够在大体把握内容材料的基础上，体会作品情感。

3. 在阅读交流讨论中，提出自己的阅读主张，并结合阅读文本材料给出相应的直接理据。

4. 结合上下文，借助合理想象，探究阅读文本中隐含的价值信息。

第三学段：

1. 结合生活经验及情感体验，初步体会阅读文本内涵，能够恰当表达自己的心得体会。

2. 联系上下文，借助材料或文本注释，品味体悟阅读文本中富有表现力的语句。

3. 能够将阅读文本中呈现的情景与自身生活经历联系，获得对社会、人生等价值观体验。

（三）鉴赏运用能力

鉴赏运用能力是指依托自己的感知及已有的生活经验、文化知识对作品进行感受、体验、联想、分析和判断，获得一定的审美感受，理解作品及作品现象，并能以此用于预期适合的某一情境及作品的能力。

第一学段：

1. 能够在叙事性作品中，准确了解人物形象，把握作品情节。

2. 阅读儿歌、儿童诗等，能够借助合理想象，感受其优美诗句语言，获得初步的情感体验。

3. 选择积累自己喜欢的成语、格言警句、优美语段等，运用到平时交流或写话中。

第二学段：

1. 能够准确把握叙事性作品中人物所处的自然环境和社会生活环境。

2. 能基本区分文体类型，理清文章表达顺序，体会作者情感及文章的基本表达方法。

3. 诵读优秀诗文以及优美语段，体味不同语调、节奏、韵律等的表达效果。

4. 阅读理解中注重积累，丰富见闻，将独特的个人感受积累成习作素材及表达交流内容。

第三学段：

1. 能够感受叙事性作品中人物性格的多样性和复杂性，了解人物丰富的内心世界，感受人物形象的典型意义及思想价值。

2. 结合作者身世、经历、志趣等，通过比较和质疑的评价方法，能够发现文本中蕴含的某种文化现象，初步体会文本作者表达出来的某种价值观。

3. 结合阅读文本及生活积累，能够初步说明文本呈现的内容可能应用于生活中的何种情景。

4. 根据阅读文本内容，勾连生活实际、情境式体验等，能够形成与此相似的新的话题或情境，建构理解。

三、阅读理解能力的培养实践

阅读理解能力是学生学习语文课程的核心能力，它包括对所读文本内容的获取与解释，对文本作者表达思想情感态度的把握，对文本所表达价值观的鉴赏及适时运用等，阅读理解能力的培养是学生语文学习"转识成智"的重要要求。

语文教学过程以及学习过程，都需要阅读理解能力的渗透。学生无论是对知识意义的建构，还是对生命意义的建构，都必须在阅读理解能力的运用中得以实现。培养实践阅读理解能力，就是不断引导学生理解文本知识、理解他人、理解自己，从而不断丰盈自己的内心世界，提升自己的生命意义。

（一）多向型阅读——培养提取信息的能力

新课标要求"学生初步具备搜集信息和处理信息的能力"，即让学生学会在实践中去主动地搜集信息、获取知识，这对于学生的学习乃至终身的学习都具有积极的意义。在大语文观的指导下，如今语文课堂打破了死扣书本、繁琐分析课文的局面，重视学生对课文的感悟，重视学生有意识地查找信息、筛选信息、提炼信息、概括信息和整合信息。

1. 顺向解读，快速提炼

按照常规的教学顺序，从文本到问题设置，一读二圈三提炼顺向解读，快速阅读，力求一步到位，提高信息提取的有效度。

"读"，识别文本的背景信息，弄清文本情感的大致方向；"圈"，提取有效信息，划分文本信息层次；"提炼"，把握中心意思，关键词，抓住关键信息。

如教学苏教版五年级下册课文《海伦·凯勒》，要求学生概括文本中人物的主要经历。可以指导学生在自行阅读文本的基础上，通过圈画一系列时间词，如"1880年""这时""10岁的时候""大学毕业后"等，理清文本层次，通过提取文本中关键信息，基本把握各层次内容：1880年，一场疾病给海伦带来了不幸；这时，海伦在沙利文教师的精心指点下迫不及待地学习盲文，获得知识，加强了对生存的勇气和信念；10岁的时候，海伦经过长期执着的努力，使得自己的说话能力和常人没什么两样；大学毕业时，海伦立志为更多和自己同样不幸的人服务，把爱倾注到助残的事业上。

在准确把握各部分内容的基础上，可以进一步进行概括性信息提炼，把人物主要经历提炼为：少小致残——练习拼写——学习语言——学成助人。在充分阅读文本的基础上，通过圈画关键性词语，利用文字空间，拓展文字张力，紧密结合文本，有效提炼并整合信息，高度概括人物主要经历。

又如朱自清的散文《春》，文章语言生动，意境优美，文中有诗，诗中有画。作者抓住春的特征，依次描绘了五幅画面："春草""春花""春风""春雨""迎春"，每幅画面里都有具体可感的形象。文章多角度描绘春天的景色，把一个浑然完整的春天形象推到读者的眼前，就像一幅长卷风景画，灵动而雅致。

教师在引导学生用自己的语言描绘春日风景图的过程中，首先要在学生充分朗读、赏析课文的基础上，让他们切实体会画面的意境，按照个人的喜好选择一幅；其次，要善于抓住所选意象的显著特征，如"春草"，在早春的暖阳下，呈现质感"嫩嫩的"，色泽"绿绿的"，面积"一大片一大片满是的"，并且在微风的拂动下，"软绵绵"的纤柔"身姿"，在学生朗读、圈画的过程中，"春"不单单是从土里钻出来的嫩嫩的、绿绿的小草，文中的绿茵已然不是单纯的自然景物，而成了人们生活中向往的、喜爱的活动场所。学生在准确把握关键词，有效提取意象信息的基础上，也有了一定的情感认知，在画面描述中自然就能表述准确、完整。

2. 逆向解读，全面细致

对于文字较多、篇幅较长，信息量大，层次结构复杂的文本，经过顺向解读不能够理清文章思路及作者情感、写作意图的时候，反过来，通过不同的问题设置到文本材料的逆向解读，深入全面，提高文本信息提取能力。根据问题设置的条件，如，写作背景、作者生平、生活经历等，再回到文本材料中去，删除无效信息，排除干扰信息，挖掘隐含信息，转化复杂信息。

如教学《我的叔叔于勒》，在处理"体会小说精妙的艺术构思，感受其匠心和魅力"这一阅读理解目标时，我也尝试着跳出常规思路来教学。考虑到文本篇幅较长，人物描写较多，课堂中先让学生自己看课文，然后让学生复述故事情节，接着询问："课文采用第几人称，以谁作为叙事主体贯穿全篇？""如果是菲利普的视角该怎么复述呢？""如果是二姐的视角呢？是船长的视角呢？是于勒的视角呢？"一系列问题让学生选择其一完成并交流，最后询问："哪一个叙述角度最好呢？为什么？"讨论得出："我，约瑟夫的角度叙述最好。因为采用第一人称'我'来叙述，更真实。通过这样一个有着同情心、正义感的孩子的清纯眼光看19世纪法国社会的世态人情，读来让人感到真切生动而又凄婉悲凉。而这个未被当时社会玷污心灵的孩子，寄托着作者的社会理想。所以，课文题目是《我的叔叔于勒》。"通过问题设置，逆向解读，全面细致地提取了小说文本信息，进而体会了小说精妙的艺术构思，感受其独特的匠心和魅力。

3. 指向解读，有效提取

尽管"一千个观众就有一千个哈姆雷特"，但是每一篇阅读文本的信息感知，都有基本的教学切入点。如果参照教参的一般解读，虽然不会"剑走偏锋"，但是很难吸引学生进行行之有效的信息提取。指向解读，即有针对性、聚焦性的解读模式，有效弥补了这一缺憾。

如教学梁衡的《夏》，要理解：文中的"夏"是怎么"酿成"的？可以引导学生通过指向解读"一个形象比喻""一组细腻特写""三种独特景物"来提取，学生很快聚焦文本语段，提取如下信息：

一个形象比喻：好像炉子上的一锅水在逐渐泛泡，冒气而终于沸腾一样。

一组细腻特写：火红的太阳烘烤着一片金黄的大地，麦浪翻滚着，扑打着远处的山，天上的云，扑打着公路上的汽车，像海浪涌着一艘艘的船。金色主宰了世界上的一切，热风浮动着，飘过田野，吹送着已熟透了的麦香。

三种独特景物：山坡上的纤纤细草渐渐长成一片密密的厚发，林带上的淡淡绿烟也凝成了一堵黛色的长墙。轻飞曼舞的蜂蝶不见了，却换来烦人的蝉儿，潜在树叶间一声声地长鸣。

由此，学生通过指向解读快速有效地提取信息，领略到"夏"的"酿成"：从"泛泡、冒气"到"沸腾、升腾"，从"灵秀"到"磅礴"的渐变过程，浸透在生动的修辞里，表现在变化的色彩上，作用在多样的感官中。

(二) 情境式阅读——培养体会探究的能力

新课标提出："阅读教学应引导学生钻研文本，在主动积极的思维和情感活动中，加深理解和体验，有所感悟和思考。""教师应加强对学生阅读的指导、引领和点拨，但不应以教师的分析来代替学生的阅读实践，不应以模式化的解读来代替学生的体验和思考。"为此，培养学生体会探究的能力势在必行。

情境式文本解读，是指在语文阅读理解教学过程中，教师有目的地引入或创设具有一定情绪色彩的、以形象为主体的生动具体的场景，以引起学生一定的态度情感体验，从而帮助学生理解文本内容，体会文本情感并促其形成探究的教学方法。

语文教学中，情境式文本解读，有助于培养学生语文阅读中的体会探究能力。通过创设情境，激发学生的学习兴趣，使学生在不同情境中体会文字背后的情感，探究作品主题及作者写作意图，这样，既可以加深学生对文本的解读，更能丰富学生的情感体验，使学生感受到语文魅力。

1. 生活化情境

生活化情境的创设要与学生的生活实际联系起来，充分挖掘学生生活资源，挖掘生活中的一些典型现象，这样，才能使学生在已有生活经验的基础上获得对文章内容的有效理解，情感的切实体会，思想的深入探究。

如教学苏教版六年级上册《鞋匠的儿子》，文中美国总统林肯刚上任，在第一次参议院演讲时，遭遇了参议员们的恶意羞辱，此时整个参议会现场的氛围特别"尴尬"。对于"尴尬"这一词的理解，可以通过生活化情境的创设，帮助学生加深体会。如"回忆一下生活中让你觉得尴尬的事情"，学生通过回忆，勾连生活实际、切实体会，就能够很好地体会文本中林肯总统的处境：当时美国的参议员们大部分出身于名门望族，自认为是上流社会优人一等，从来没有料到要面对的总统是一个卑微的鞋匠的儿子。从"尴尬"一词入手，通过这一生活化情境的体验，体会所谓上流社会的"优越"人的"尴尬"的原因，探究文本表达的深刻内涵：林肯总统在遭到恶意羞辱的"尴尬"瞬间，以处乱不惊、宽容大度的气魄，伟大的胸襟和智慧的人格魅力，征服在场所有议员，将所有的嘲笑声全部都化成赞叹的掌声。

又如教学朱自清的《背影》，文章对于父亲的背影进行了多次的描摹，其作品情感也渗透在这细腻经典的刻画中。简洁的文字,深沉的父爱,不是借助文本阅读就能够全面了解的。此时,教师就可以从学生生活实际,引导学生感知父母对自己传递爱的细节,比如"寒风凛冽中校门口苦苦等待的身影""瓢泼大雨中奋力前行为你撑起一片晴空的背影""公交车站台上殷切注视满含不舍的眼神"等,让学生通过生活真实经历,从而感知父爱、母爱的无私与伟大,体会作者文中表达的情感,探究"背影"这一刻画点的深刻内涵及伟大意义。

2. 形象化情境

相对抽象的道理阐述,学生对形象的事物更感兴趣,而形象、可感的事物更容易激发学生的丰富想象和联想,促使学生形象思维和抽象思维互动发展,增强学生阅读理解的兴趣,使学生的体会探究能力不断提高。

如教学《小小的船》,课文描绘了一个孩子看到美丽的夜空后,幻想自己坐在了月亮上遨游天空,表达了孩子喜悦的心情。低年级的学生具有好奇、喜爱探索的心理,且想象力特别丰富。课前提前准备一张蓝色的画纸,上面画满闪烁的小星星和一轮弯弯的月亮,课开始的时候贴在黑板上,并适时播放舒缓的音乐,让学生闭上眼睛,想象自己正坐着月亮在蓝天遨游,并让学生说一说自己的所见,并且画一画。这种形象化情境,将文本内容化难为易,自然轻松地把学生带入文本所描写的情境之中,也切实感受到文本中孩子喜悦激动的心理。

再如教学《美丽的西双版纳》,这篇课文融情于景,课文的重点不仅要让学生学会优美语言文字的表达,同时还要感受西双版纳的美丽。事实上,很多学生没有亲身去过西双版纳,对西双版纳没有直观感受,存在理解难度。由于课堂教学条件有限,如此丰富的信息仅仅凭借口头单一的讲解不容易表达完整透彻。为了突破这一难点,教学时利用多媒体课件,播放西双版纳的植物和动物的有关资料,通过图、文、声、像等构造出直观性、形象化的情境,并辅以解说,让学生有身临其境之感,真切地体会西双版纳的美丽与神奇。

又如教学毛泽东的《沁园春·雪》，有的学生对于雪的概念，更多的存在于书本传递出的简单信息，或停留在江南似有如无的轻盈小雪。对于文本中"千里冰封，万里雪飘""望长城内外，惟余莽莽，大河上下，顿失滔滔""山舞银蛇，原驰蜡象"的壮丽雪景不甚了解，这时教师就可以应用多媒体投影北国雪景，引导学生更加直观形象地感知诗歌雄浑壮阔的意境，体会诗人情感，探究其文字背后隽永的思想。

3. 共鸣化情境

语文是情感的艺术，设置的情境只有具有同理、同情的特征，才能勾起学生丰富的情感共鸣，学生才能有效利用同理心、同情感，体会到语言文字背后的情感，加深对文本内容的了解。

如教学古诗《黄鹤楼送孟浩然之广陵》，古诗中流露出的挚友之情，虽经隔岁月的洗礼，依然能拨动读者的心弦。作品虽然出自不同的时代，但是只要这种情愫、生活场景在作品中出现，通过它所表达出来的难以割舍、不忍分别的浓郁友情，依然容易生发学生的共鸣体验，他们自然地勾连生活中与好友、亲人的别离场景，深刻体会诗歌表达的情感。

又如教学小说《社戏》，要让学生充分感受到文章所渗透的浓郁的江南水乡生活气息，使学生体会到作者描绘的那令人神往的月夜美景：起伏的连山，朦胧的月色，含香的水气，令人自失的笛声，还有那些无私友好的农村儿童一起煮豆的经历等内容，探究作者对故乡、对童年生活、对故乡人与事的深深眷恋之情，就需要进行情感化情境的创设。课堂上，教师可以用一些极富感染力的语言激发学生回忆自己那豆香般的童年，这样，学生关于童年的所有记忆都会浮现在眼前，学生的记忆之门被打开，他们与作者就能够建立起初期情感的共鸣。在此基础上，教师可以借助视频向学生讲解江浙一带的风土人情和作者童年生活的趣事。说得有劲，听得有味，文本阅读及探究的兴趣油然而生，自然就会把体会探究的触角伸向那迷人的水乡和亦真亦幻的月夜，和文本中的孩子一道去品味豆子的清香、月夜的迷人、乡情的醇厚了。这种共鸣式情境设计，学生容易入境，通过体会探究，有效地把握文本信息，充分体会文本语言的清新自然，体会文本表达的情致，探究作者行文的意图。

（三）拓展型阅读——培养鉴赏运用的能力

文学作为人学，总是在意识形态领域里独领风骚。文学作品总是以它特有的文学形象和文学魅力，展示着人性美、人情美，强烈地叩击着读者的心灵，呼唤着时代的强音，读者在阅读中无不受到教育和美的熏陶。阅读的收获，阅读的成就感，来自于阅读鉴赏运用能力的充分实践。

新课标提出："学生欣赏文学作品，应有自己的情感体验，能够领悟作品的内涵，从中获得对自然、社会、人生的有益启示。对作品中感人的情境和形象，能够说出自己的体验，品味作品中富于表现力的语言。""阅读教学应注重培养学生感受、理解、欣赏和评价的能力。在理解课文的基础上，提倡多角度、有创意的阅读，利用阅读期待、阅读反思和批判等环节，拓展四维空间，提高阅读质量。"同时，学生还应该"注重积累、感悟和运用，提高自己的欣赏品味"。

阅读理解中的鉴赏运用能力，是与学生阅读实践密切联系的一种能力，是一个能够把概念、规律、主题思想等运用到新的文本解读、新的事物及场合中去，并且能够在此过程中产生新的思想、观点及情感态度的能力。阅读文本，除了呈现的文本事实信息、作者的情感及态度倾向，还包括一定的文化现象及价值观，学生在阅读理解文本的过程中，要适时地拓展延伸，去思考阅读文本呈现的文化现象，审视文本呈现的不同价值观，检视自身现有价值观等。"只有当学生面对新的阅读情境时，才能够更好地展示其鉴赏运用能力。""只有我们最终理解了所学知识和技能的深层含义并将其内化，才可能最有效、最明智地运用我们的阅读理解能力。"

1. 思维拓展

阅读教学中，教师要善于把潜藏的疑点提出来启发学生进行思维拓展，这样不仅可以提高学生阅读文本的兴趣，同时也能够借助自身及他人的鉴赏能力形成一定的思维训练，进一步探究文本。

如教学《桃花源记》,"问今是何世,乃不知有汉,无论魏晋。此人一一为具言所闻,皆叹惋。"文中"叹惋"的真正意思是桃花源中的人都为外面世界的沧桑变化所感慨,同时也为外面的百姓深受战乱之苦而惋惜。此时,提出质疑:"人们常说'乱世出英雄',前有三国乱世中的曹操、刘备等,后有救民族于危亡之际的毛泽东、周恩来,这时桃花源人的叹惋,是不是为自己没有在乱世中成就英雄大业而惋惜?"学生在质疑中细读文本,发现文中早已铺垫:如:"自云先世避秦时乱,率妻子邑人来此绝境,不复出焉,遂与外人间隔""不足为外人道也"等,同时"知人论世",结合自身对作者陶渊明这一人物生平的了解,就能够正确理解桃花源中人们的"皆叹惋",实则表现了桃花源人对于和平宁静生活的热爱与追求,这也恰恰暗含了作者的选择:唯有桃花源才是理想的栖居所,理想的社会。

如此质疑,激发了学生的课堂思维,通过细读文本鉴赏词句,有效运用已有的阅读积累,理解了作者思想,更好地体悟了文本情感。

2. 文化拓展

深度课堂教学大背景下,语文的阅读教学应当实现文化的拓展,这是学生思维深度训练和知识延伸的需要,是"社会认知"的延伸,这样的拓展需要特别强调个体人文体验和社会文化视野的开阔,需要在教学内容和方法上通过"语文—人文—文化"拓展模式的合理设计,为实际教学提供整体思路,推动语文阅读课堂教学效果的提高。

如教学散文《散步》,文章中有一处写道:"母亲要走大路,大路平顺;我的儿子要走小路,小路有意思。""散步过程中出现了分歧需要解决,究竟让谁做这个决定?"问题一出来,学生各抒己见,如:第一位学生:"我"来解决这个问题,因为"我"作为一家之主,大家自然而然都会听"我"的。第二位学生:母亲来解决,因为母亲年事已高,她能够出来散步就已经很不容易了,这时候当然得尽量满足母亲的要求。第三位学生:儿子来决定,因为"我"和母亲、妻子都很疼爱儿子,会尽一切可能满足儿子的愿望。第四位学生:做主的不是文中的任何一个人物,而是

"爱",让"爱"来做主。学生在给出了诸多答案而无法权衡的情况下,适时引导学生进行答案的比读,提醒结合文本主题。毫无疑问,通过进一步鉴赏,在多个答案中,第四个学生的解答更为合宜,因为它既有人物品质的渗透,还有文章主题的传达。文化拓展,让学生在阅读理解文本的同时,更能够深入文本内在,体悟文本传递的文化价值,提升自身价值观。

3. 个性拓展

个性是一个人在思想、性格、品质、意志、情感、态度等方面形成的不同于他人的个别性、个人性特征。阅读理解,"仁者见仁,智者见智",因其本身具备显著的个性化解读特点。学生选择阅读理解的切入点不一,从而导致基于同一文本的理解也就不尽相同,此时,课堂教学中的个性拓展尤显价值。

如教学小说《我的叔叔于勒》,发现这一小说结局既在意料之外同时又在情理之中,课堂提出疑问:"菲利普夫妇明明千盼万盼于勒的归来,为何最后还要拼命躲开于勒呢,是什么原因导致的?"通过鉴赏文本内容,不同的学生给出的解读不一,如:第一位学生:是女婿造成的,菲利普夫妇怕女婿知道了于勒的实际情况而悔婚。第二位学生:是由于勒的为人造成的,如果于勒一直以来是一个品行良好的人,菲利普夫妇就没有必要最后依然躲避他。第三位学生:是于勒的贫穷现状造成的,如果于勒真的如菲利普夫妇想象的那般富有,那么自然不用说,他们肯定迫不及待地与他相认。第四位学生:是菲利普夫妇不富裕的现状造成的,他们不愿意继续接受一个贫穷落魄的于勒,他们不愿意再被于勒拖累。第五位学生:是这个社会造成的,整个社会都充斥着赤裸裸的金钱关系,毫无亲情可言……

立足分析点不同,导致的原因分析也不一致,但是每一个鉴赏点都有实实在在的文本支撑,都是学生个体鉴赏运用能力的有效拓展。借助这一拓展模式,学生对于文本内容的选择、人物内在的联系、行文的思路、文本的主题等都有了进一步的理解。

教育制度的深入改革,让阅读理解能力的培养迫在眉睫,这是一项任重道远的工作,重在兴趣,难在积累,贵在坚持,只要持之以恒,方法得当,定会有意想不到的收获。

典型课例:苏教版八年级上册第三单元《甜甜的泥土》

教材分析:

《甜甜的泥土》是苏教版八年级上册第三单元"至爱亲情"中的一篇小说,课时数为一课时。第三单元选有《背影》《甜甜的泥土》等5篇文章,编者安排这一单元教材的目的主要是"体会父母兄弟的至爱亲情,爱我亲人,爱我生活,爱我社会"和"感受作品中的人物和事件,引起对自己家庭生活的回忆与共鸣",这对于学生而言有一定的吸引力,因为本单元所写人物和内容都比较贴近学生的实际生活,较易引发学生共鸣化体验。

《甜甜的泥土》这一小说通过一包奶糖化为"甜甜的泥土"的故事,表达了一个离异母亲对孩子浓浓的爱意,孩子对这份母爱真切的理解,也告诉人们,人间的至亲至爱应该犹如宽广厚实的大地,无所不在,无处不有。该小说以一包奶糖为线索,开头是送奶糖,中间是送奶糖、埋奶糖,结尾是化奶糖,全文结构严谨,浑然一体。文章文笔细腻,文字优美,特别是小说的结尾,别具匠心,意蕴丰厚,很值得品鉴。

在课前预习《甜甜的泥土》时,就试着让学生提出文本中自己难以理解的相关问题。很多学生都提出文末"他,又笑了:那泥土,甜丝丝的"这句话很难理解,不明白为什么说泥土是甜丝丝的。对于学生的疑惑,我认识到没有经过反复深入有效地阅读、信息提炼整合、品析鉴赏等,很难将这个问题完美解决。于是教学实践时,就将文末结尾句的理解作为了教学重难点。以此句作为切入口,课上就充分利用阅读、提炼词句信息、鉴赏、情境体验等教学路径,让学生深入理解文句内涵,体会文本情感。

教学片断:

师:请大家说说你认为泥土是什么味道?

生1:应该是一股土腥味。

生2：我想应该有一股涩涩的味道。

生3：应该是苦的吧？难以下咽。

生4：就我们平时所见到的那样干干巴巴的样子，应该是像炒糊了烧枯了的食物一样，干涩焦枯的。

……

师：很好，想来大家都认为这一片泥土是苦涩多于甘甜。那么作者是不是写的时候弄错了呢？或者是故意将泥土的味道说成甜甜的？

生：我想不是的，文中写到了王小亮把糖埋入了泥土。因为一夜过去糖化了，与泥土全部融在了一起，所以泥土才会有甜甜的味道。

师：你找的非常到位，能否请你找一找文中与此相关的语句，并好好读一读？

（生认真寻找并阅读了与此相关的地方。）

师：你们不妨设身处地体验一下，如果是你在这样的处境中，此时你是怎样的心情？读这部分内容又应该用怎样的语气？为什么？

生1：无可奈何的语气，因为没有办法，怕被后妈骂，怕被父亲打。

生2：伤心不舍的语气，因为这是生母给他的糖，他现在没有办法光明正大地带回家。

生3：痛苦不堪的语气，在家里面要受到父母的虐待，面对自己喜欢的东西还要东躲西藏的。

……

师：你们的品析都不错，我们通过情境式体验，从中深刻地体会主人公王小亮的心情，体会到他将奶糖埋入泥土时的无奈、不舍，所以大家在此基础上，再试着读一读，去揣摩探究一下主人公的内心世界。

（生在老师的音乐配合下投入地阅读。）

师：多读多品、情境体验、深入探究自然就能够清晰地了解人物的内心世界。那么王小亮又为何把糖选择性地埋入泥土，而不是藏在某一个地方？（让学生集中阅读22~24自然段，以小组为单位试着讨论品析。）

生1：埋入泥土是最安全的，而且他还做了记号，又是下雪天，应该能够像冰箱一样保存住那包剩余的奶糖。

生2：我觉得王小亮不能够把糖藏在别的地方，从文本内容中可以看出来，家里面根本没有可以让他信任的地方，能够给他安全保障的地方，外面更加不用说了，所以埋在雪地里是最合宜的方式。

生3：只能够埋在雪地里，因为文章就放置在这样一个特殊的情境中，除了表现出主人公王小亮处境的悲凉凄苦，肯定也是别有用意的，比如这里就给王小亮提供了一个安全存放奶糖的场所。

生4：我认为这是小说的作者故意安排的一个意味深远的结尾，平时我们都说母亲的怀抱如大地一般的温暖，所以王小亮会选择埋入这一片广袤的泥土中间。

师：非常好，通过探讨我们即将揭开这一句话的深远意义了。再试着多读几遍，找一找关键词句，在刚才各小组的阐述理由上再好好斟酌一番。

（学生继续阅读、探讨最后几个自然段。）

生1：我想正如刚才说的，王小亮选择将糖果埋入泥土正是因为他觉得亲生妈妈的怀抱就如这个广袤的大地一般，永远不会消失。

生2：我同意。所以在发现奶糖化掉的一刹那他是伤心难过的，但后来想到了这个所以破涕为笑了。

生3：我想这给了王小亮生活的希望跟勇气，让他觉得就算现在的父母对他如此不好，至少还有生母的关爱围绕在他生活的周围，就如这泥土一般无处不在。

师：说得太好了。的确，这样诗意的结尾给了我们丰富的想象，也让我们看到了一个美好而充满希望的未来，以后王小亮的生活会如这融合了糖果的泥土一般丰厚而甜美。这些情感的品析正是在大家的反复诵读、体验、思维碰撞中得以揭示。

总体设计意图：

新课标指出："语文课程应培育学生热爱祖国语文的思想感情，指导学生正确地理解和运用祖国语文，丰富语言的积累，培养语感，发展思维，使他们具有适应实际需要的识字写字能力、阅读能力、写作能力、口语交际能力。语文课程还应重视提高学生的品德修养和审美情趣，使他们逐步形成良好的个性和健全的人格，促进德、智、体、美的和谐发展。"这些，都应该是语文阅读理解教学中时刻关注并秉行的原则。

阅读理解能力是从书面语言符号中提取信息、理解体悟、延伸运用等的学习能力，是一个复杂的心智活动，也是学生在语文学习活动过程中必须掌握的基本技能之一。教师在语文阅读理解教学中应与学生积极互动、共同发展，关注学生阅读理解的独立性和自主性，引导学生质疑、体验、调查、探究，在实践中学习。为此在本课的教学过程中我充分利用多维教学路径，让学生阅读理解能力得以有效地培养：

第一，整体入手提取有效信息。教学中要注重学生对文本信息的有效提取，在《甜甜的泥土》这一文章的教学过程中，就需要学生通过整体到局部的阅读、信息提取及整合，准确把握文本内容。如检查学生对故事的整体把握情况，可以提问：本文写了一个怎样的故事？又如围绕"奶糖"，可以让学生用几个动词将文章线索补充完整：送奶糖——（　　）奶糖——（　　）奶糖——（　　）奶糖；再如在快速浏览文章的基础上，选择你感受最深的一个角度对故事的内容进行概括，试着用这样的结构："从……看，这是一个……的故事"等，这些都是对文本信息提取的训练。

第二，情境体验培养探究能力。从学生角度而言，他们经历单薄，由于知识的局限，对一些事情的体验不够深刻。《甜甜的泥土》的阅读教学，抓住了篇章中的精彩部分，以替换式情境体验，深入挖掘其中的情感因素，激发学生的情感体验。如用《世上只有妈妈好》的歌曲让学生感受母爱的伟大，获得感性的认识；让学生走进文本，找出文中表达离异母亲对孩子爱意的句子，从词句中体会探究这份"不缺失的深爱"。正像于漪老师所说："当教师崇高的使命感和对教材的深刻理解紧密相应，在学生心中弹奏的时刻，教学艺术的明灯就在课堂上高高升起。"因此在体会探究文本情感、主旨的同时，教师要善于用自己的激情和智慧去创设情境，唤醒学生的耳朵、眼睛和心灵，引导他们去倾听、去体会、去探究。

第三，培养鉴赏运用能力。学生生活阅历尚浅，视野相对狭窄，文本解读自然不够深刻，对于情感主旨的把握等也有欠缺，课堂中若能够加强思维训练，有效合作，适时引导，自然能够有效提升学生的鉴赏运用能力。如《甜甜的泥土》文章多处使用对比手法来表现小说鲜明的人物形象，就要引导学生在集中提取同一人物刻画语句的基础上，比读鉴赏；又如品味"甜甜的泥土"所传递的丰厚意蕴时，既要立足于文本实际，同时也需要借助个性解读、课堂合作、延伸思维等方式，去鉴赏探究其深意，去揭示词语背后所承载的那一份深沉而伟大的母爱，同时及时课中引导，引导学生反思生活中与母亲相处的生活片断，审视个人言行，及时修正不足。

第三节 语言表达能力

人类的语言能力并不是与生俱来的，是能够通过后天学习获得的，还是可强化、可提升的。人的生命期的前二十年是语言能力发展最为重要的阶段，期间以参加有组织的学习活动为主要方式，接受不同层次内容和语境的熏陶达到语言表达能力的不断提升，学校教育是最常见也是效率最好的选择。

一、语言表达能力的内涵

语言是由词汇按一定的语法所构成的复杂的符号系统，它包括语音系统、词汇系统和语法系统。语言是人类所特有的交际工具，是人们交流思想的媒介，随着人类社会而产生和发展。

表达能力又叫做表现能力或显示能力，它是指一个人把自己的思想、情感、想法和意图等，用语言、文字、图形、表情和动作等清晰明确地表达出来，并善于让他人理解、体会。

语言表达能力是以语言为基础媒介，能清晰、准确、得体、规范且连贯地运用字、词、句、段、篇等语言要素来表示思想、表露情感、表明态度、表述情况、表现意义，是具有实质化的由语音、词汇和语法构成一定的系统表征，一般包括书面形式的表达和口头形式的表达这两种方式。

叶圣陶先生曾说过："所谓语文，语是指口头语言，文是指书面语言。可见，语文是口头表达能力与书面表达能力的综合体现。"在日常生活中，人们使用较多的是口头语言，而书面语言更多的是在学习、写作、阅读等活动中触及。由于口头语言先于书面语言产生，所以它是书面语言的基础。口头语言比较随意，能随时运用，一般用词简单，语法结构也比较简单，最突出的特点是言语沟通的参与者相互之间信息的传递和反馈能够立即发生，双方能够根据对方的反应及时调整自己的语言内容和方式。同时，因为口头语言一般较有个性，所以在面对面的言语沟通时能够直接表达出和感受到对方的情绪和情感。另外，由于口头言语沟通是现场即时发生的，存在影响因素就会有很多，可能会导致表达失真或者接受者没有仔细斟酌而引起误会。书面语言相对比较严谨，用词较讲究、优雅、贴切，结构也相对复杂一些，传达信息的准确性较高，可供接受者慢慢阅读细细分析，还具有较稳定、能展示、易保存的优势。当然，因为接受者不能及时提供信息的反馈造成沟通效率相对较低是明显的不足。还有，书面语言对信息发出者表达能力的要求比较高。

在生活的实际运用中，口头语言和书面语言往往是信息发出者或是接受者根据言语沟通发生的情境选择组合并调整来实现其功能的，这就是语言表达能力的体现：可以根据表达目的进行自我调控，可以根据表达内容选择语言材料并组成适当的话语形式，可以针对沟通对象（听者或读者）的可接受性选择语言材料和调整话语形式等等，这些是语言表达能力的关键所在。语言研究也表明这种能力是可以通过后天的培养和训练获得的，从家庭教育和学前教育开始，并在所有的学习阶段一直坚持着。

二、语言表达能力的表现

老舍先生有这样一句话：怎么说，就怎么写。这句话可以理解为是对语言表达经典且通俗的注解，"说"其实就是一种"写"，只不过说的时候更多运用到的是口语，甚至还会有一些"不规范"的表述，那么可以先写下来，固定在书面，然后还可以做一些润色。所以，嘴上怎么说，手上就怎么写；心里怎么想，手上就怎么写，说了自己爱说的话，抒发了自己想抒发的情感，文章就有内容情感就有依托。

这样看来语言表达是个性的，事实也如此，不同的语言风格、个人的语言习惯让语言表达丰富且多姿多彩。虽说没有统一的规范或准则，但有一些共性值得我们关注和学习，特别是在培养学生语言表达能力发展的过程中尤为重要，因为它直接影响语言表达能力的发展水平。首先是精确性，也就是语言表达的准确和精练，准确指的是能用恰当的语言表现内容且不能有错误，精练指的是用最经济的语言描述和概括；其次是形象性，就是运用多种多样的技巧和方法来表达，因人而异，各有擅长，形象性往往与精确性是密不可分的；然后是情感性，反映的是写作者对客观世界的主观认识，蕴涵情愫的内容通过一定的表达方式抒发出来；最后是时代性，语言总是处于不断变化的动态发展过程之中，互联网时代更是瞬息万变，语言表达在传承和与时俱进两方面应有相应的关注和适当的引导。

基于以上认识，在关注语言表达基本特性的同时，口头表达的直接表现性强和书面表达的相对固定性以及可反复修改性，是在具体操作实施过程中特别强调也是要重点体现的内容，因此遵循九年一贯的整体设计思路，同样按三个学段，根据整体性与阶段性和谐统一的基本要求，凸显语言表达能力作为语文学科关键能力重要组成，分别提出各学段语言表达能力发展口头语言和书面语言两个方面的具体表现。

（一）口头语言表达能力

学生口头语言表现能力的发展是有着语言环境基础的，所以学习过程中的培养主要侧重于更为规范和丰富，在各个学段的要求也就有所区别，总体呈现发展上升的趋势。

第一学段：

1. 对自己看到的、听到的、想到的，能用简短、恰当的词汇或语句说出来。

2. 能够耐心倾听他人说话，想说话要发出提示。能有条理地复述结构性内容，表达清晰、连贯，有一些个人的见解。

3. 愿意大声地说话和读书，能正确流利地朗读课文内容。

第二学段：

1. 愿意参加各种形式的讨论或交流活动，知道沟通是获得提升的重要方式。

2. 能围绕具体的专题内容搜集信息资料，会选择恰当的方式陈述自己的观点。

第三学段：

1. 可以根据自己的理解，融合真情实感，能够通过诵读的方式表达自己对自然、社会、人生的感受、体验和思考。

2. 在有指导的前提下能完成主题演讲的构思与演绎，反复练习中能掌握一些方法和技巧。

3. 能发现生活的丰富多彩，有自己的感受和认识，表达符合规范，力求有创意。

（二）书面语言表达能力

学生书面语言表现能力的发展与较多因素有关，因此学习时需要练习的内容相对就多，义务教育阶段注重基本能力的训练。

第一学段：

1. 用心观察学习对象，用几句连贯的话来说说，并且能够写下来。

2. 对写话有兴趣，写自己想说的话。学习使用简短的应用文（书信、便条等）进行交流，注意格式要正确。

3. 愿意经常将生活中的一些经历和发现用文字做好记录，愿意与他人分享其中的收获与乐趣。

4. 尝试在习作练习中运用自己平时积累的语言材料，特别是非常喜欢的、印象深刻的、有新鲜感的词句，有信心增强习作的表现力。

5. 根据写话的需要，恰当使用逗号、句号等标点符号断句，合理使用问号、感叹号等标点符号表达语气。

第二学段：

1. 了解读书笔记的作用，并能在学习活动中自主地学写简短的读书笔记。

2. 明白习作是自我表达和与人交流的主要方式之一，并不仅仅是学习任务。

3. 平时能有意识地多积累习作素材，留心观察周围的人、事、物的发展与变化，将兴趣爱好发展为鉴赏能力的提高，不断丰富自己的见识，重视生活中的历练，关注个人体验的累积。

4. 习作内容要尊重事实，关注细节，感情真实，要切合练习要求，语句通顺，书写规范、整洁。

5. 习作练习时能采用恰当的方式写下自己的见闻、感受和想象，把自己想表达的内容（觉得"新奇""有趣""印象最深""最受感动的"等）写清楚。

6. 能根据表达的需要，模仿并学习课文的表述方式来呈现习作内容。

7. 每次习作后能自觉修改习作中有明显不如意或是错误的地方，并能主动与他人交换修改。根据表达的需要，正确使用冒号、引号、书名号、破折号等标点符号。

第三学段：

1. 平时注重在生活中有意识、有目的、有选择地搜集写作素材。

2. 写作时能根据表达的需要，围绕表达中心，选择恰当的表达方式。合理安排内容的先后和详略，条理清楚地表达自己的意思。运用联想和想象，丰富表达的内容。正确使用常用的标点符号。

3. 写记叙性文章，表达意图明确，内容具体充实；写简单的说明性文章，做到明白清楚；写简单的议论性文章，做到观点明确，有理有据；根据生活需要，写常见应用文。

4. 能从文章中提取主要信息，进行缩写；能根据文章的基本内容和自己的合理想象，进行扩写；能变换文章的文体或表达方式等，进行改写。

5. 根据表达的需要，借助语感和语文常识，修改自己的作文，做到文从字顺。能与他人交流写作心得，互相评改作文，分享感受，沟通见解。

6. 愿意将自己满意的文章通过参加竞赛或者发表的方式进行分享。

各学段语言表达能力的具体表现，主要是从口头语言和书面语言这两个方面出发，贯彻语文学科"听说读写"的基本要求，凸显口头表达和书面表达的练习方式方法和提升思路，按照各学段学生学习能力发展水平的差异提出渐进的、有结构的、在反复中有提升和分别强调的具体表现，是源于语文学科深度教学和深度学习研究实践的罗列，也是语文学科关键能力之一的语言表达能力培养策略的指向性目标。

这样在三个学段分别提出各有侧重且相互联系的具体的能力表现，既有助于在学生口头和书面语言发展过程发挥导向作用，更方便教师在实际指导时能够有可参照的目标要求来执行，对学习及练习活动有着明显的指导意义。

三、语言表达能力的培养实践

中小学阶段是学生发展语言的最佳时期，正在从"学话时期"向"语言发展的增速期"迈进，在这个阶段加强语言表达训练，使学生具备一定的语言表达能力和良好的表达习惯具有重要意义。根据研究实践，总结提炼一些符合学龄特征的、常用且效果不错的、易于迁移推广的实施策略，选择几项结合实例略加阐述，然后通过一个完整的教学案例分析来表现对语言表达能力这一语文学科关键能力的理解。

（一）策略之一：童话故事可以帮助学生奠定语言表达能力的基础

具有浓厚幻想色彩的童话对学生总是有着特别的吸引力与影响力，具有通俗易懂、简单易记等特征，由于采用了大量的拟人、联想、想象、夸张等表现手法，它的词汇和语句生动、活泼、传神，具有梦幻色彩，学生在长期接触并学习后，印象深刻后也会慢慢根据人物形象性格特征有选择地迁移运用，学用其中的词汇或是语句来表达自己类似的理解。

如苏教版小学语文第二册中的《乌鸦喝水》，短短不到150字却清楚地讲述了乌鸦想办法喝到水的过程。又如苏教版小学语文第四册中的《猴子种果树》，猴子在不断更换它所栽种的果树时经历了"等着将来吃梨子→拔掉梨树，改种杏树→拔掉杏树，改种桃树→拔掉桃树，改种樱桃树→一连几年都没有栽活→什么树也没种成"的过程，一般对于线条如此明朗的童话故事，教师在指导学习时也会参考这一线索。多读多接触后潜移默化中对学生是一种启发，故事的整个过程非常清晰地展现着，语言通俗易懂，这非常有助于提高学生在复述故事时的清晰度和个人语言表达的逻辑性。

另外，学生在阅读和表达童话的过程中，经常能自然地融入童话意境之中，激发个人共鸣，根据理解感受在感情上的表现也会非常充分更加饱满。因此认识并合理发挥童话故事对学生表达能力的推动与促进作用，可以有效地帮助学生奠定语言表达能力的基础。

（二）策略之二：文本教学是对学生表达能力提升的促进

较为理想的表达效果中有一个目标是能让倾听者对所表达的事物有明确的认识，然而平时却经常接触到一些比较笼统的表达，比如要说自己对某个地方的印象时，有人会说"很漂亮""很美丽""很干净""很特别"等，这种其实只是一种个人判断，并没有具体说清楚，因此模糊的表达导致模糊的感知。教材中的示范文本虽然只是一个个例子，在课堂教学中和学生一起阅读着感悟着，我们通过文本教学引导学生逐步学会使表达细化，可以发现文本中的每一字每一词每一句每一段都是灵动有趣、充满美感的，这就是文字的温度、文字的力量、文字的魅力，能有这样的收获就是表达功能的体现。例如苏教版小学语文教材第七册第三单元中的《九寨沟》一课，文本中用了大量精巧的词语，如"镶嵌、攀吊、宛如、白练腾空、窜出来"等介绍九寨沟的雪峰、湖泊、森林、瀑布、金丝猴、羚羊、大熊猫、小熊猫，对于从来没有去过九寨沟的学生来讲，配着插图读这些文字再加上一点儿想象，仿佛有一种身临其境的感觉，这简直是一种精神层面的享受。在表达时才能自然地通过各种方式来传递美、展现美、欣赏美、品味美，而这就是表达能力不一般的体现。

苏教版小学语文教材第八册第四单元《我不是最弱小的》是一篇极具生命教育意义的课文，从写法上看它是通过一件生活中的小事来表达"愿意保护弱小者"的主题，这是典型的"以小见大"。这说明思想情感的表达的其实都源于生活又体现着生活，这就意味着生活中处处有学问、处处有真理。像这样入选教材的文本都是非常好的资源，要传递出表达者的思想，应当努力实现内涵的传递，文本教学中的思想精神的升华恰好可以给我们这方面的帮助，从篇章架构的铺设、语言语义的掌握、意境美感的营造、思想精神的升华、知识视野的拓展方面影响学生在表达能力中的逻辑、意思、审美、内涵、眼界，从而帮助学生走好"为何要说、如何去说、能说什么、说的效果"的积累与沉淀过程。从表达能力发展上讲，领悟这样的文本，学生也是在自己的表达中升华个人的思想，这是观察能力进步与自我修养提升的一种体现。

（三）策略之三：朗读是提高学生语言文字表达能力的有效途径

新课标明确要求能用普通话"正确、流利、有感情地朗读课文"。其中正确是基础和前提，只有读得正确，才可能流利，才可能有感情。所以，在小学中低年级经常可以听到朗朗书声，这是非常重要的语文表达能力训练方式。教师指导朗读时还可以根据不同情况选择多种方式针对性地实施：一是听读，请学生对照课文认真听录音，并提前向学生明确要求：听字音、听语气、听断句。二是看读，看教师读：看教师的口形、看教师的表情。三是跟读，教师大声范读，学生小声跟读。四是自由读，这是各自相对独立地朗读练习和强化。五是指读，有示范展示和检查督促的作用。

苏教版小语教材中有许多语言精美、内涵丰富的文本内容，一个涵义深刻的词句、一段饱含感情的话语、一个用词精当句式优美的片断……教学时都可以充分利用作为语感训练材料，特别是需要联系上下文语境来感悟和意会的内容，让学生通过有表情有节奏地反复读，在内心不断掀起情感的波澜，在读的过程中借助具体的形象形成理解和迁移运用的对象，语言文字的魅力在能力训练提升过程中自然而然地被感受、欣赏并内化，以致储存到自己的记忆系统之中。

《小松树和大松树》的难点问题是理解小松树和风伯伯的话。小松树说的话是："喂，你看我长得多高啊，我能看到很远的地方，你呢?"其中的语气词反映了小松树骄傲的情绪。抓住"喂""你呢"这两个词语，指导学生反复诵读，边读边体味揣摩，体会小松树骄傲自大，目空一切的心理。抓住难点问题反复读、激情读，朗读是突破语言文字重点、难点的高效抓手。

读书不仅是进行语文基础知识教学的一种重要方法，也是培养学生听说读写等语文基本功的一条有效途径，同时它还能有效地训练学生记忆能力、思维能力和想象能力，促进学生智力发展。

教学中常常可以看到，当学生朗读时被课文中的语言文字深深打动了心弦，就随之产生了强烈的表达欲望，感到激情奔涌，迫不及待地要把自己的心里话倒出来，这是朗读中感情的"沸点"。这时，如果教师能抓住这种亢奋的心理状态，让学生敞开说，就能使朗读和表达能力的培养融为一体，相得益彰。总之，在小学语文阅读教学中要让学生体现自主发展的精神，要想让学生最大限度地获得知识，树立理想，欣赏和表达语言文字能力，就必须强化朗读训练，把主动权交给学生。

（四）策略之四：依托校园活动广泛培养学生语言表达能力

校园活动是一种综合而具有独特教育功能和教育价值的课程，为学生提供更丰富的学习锻炼平台，能让学生在课堂之外更自然地获得能力的提升，在亲身参与的过程中、在活动的各种交往中，语言表达经验得以不断累积。

学生语言表达能力的发展有赖于良好的语言交流环境，校园活动课程的开展，可以为学生创设一个和谐的、温暖的交流环境，有乐趣、有活力也有挑战，学生有机会参与校园活动的各个环节，增强对他人、对集体、对社区乃至整个社会的服务意识和使命感、责任感以及奉献精神，在活动的策划、实施、总结中得到真正参与的情感体验，发现生活的真善美，更重要的也是更直接的是可以通过即兴观察或有意识观察获取语言能力发展所需的典型材料，有助于学生语言积累，促进学生语言表情达意的丰富和客观。就拿校园常见的"义捐义卖"活动来说，组织形式丰富且参与面比较广泛，这里不谈其显而易见的精神和意识形态层面的意义，仅就活动筹划阶段的策划组织和宣传发动、准备阶段的方案设计和资源整合、实施阶段的现场维护和精彩采集、后续阶段的思考总结和意义提炼，不论学生参与其中的哪个环节，有观察有体验，各种形式的表达与交流更是无处不在。所以，校园活动是学生大量的文字积累和口语积累的最重要渠道，能为学生创造良好的语言表达锻炼环境，对培养学生良好的语言表达能力会起到明显的促进作用。

典型案例：苏教版小学语文四年级下册第二课《第一朵杏花》

教材简析：

《第一朵杏花》内容简洁，人物鲜明，语言清新，特别是文中的两次对话描写言简义丰、生动传神、富于情趣，仅寥寥数语就将一老一少说话时的动作、语气、神态、心理甚至是性格品质鲜明地呈现在读者面前了。教学实践的重点自然就放在对话描写的品读上，朗读对话成为课堂的主要学习方式。学生在反复品析中体会文章内容用词的准确和传神，在进入人物角色的对话中产生真切的情感体验，整个教学过程是通过教材文本资源及教学互动活动领悟如何有效利用对话描写表现人物。

故事中两次对话是全文的主线索，是阅读故事的眼睛。常言道：言为心声。细细揣摩文中的对话,有助于透视人物所思所想、领悟人物内心世界。领会了对话,也就领会了故事的意义,为我们真正走近竺可桢作铺垫,也正是这两次简单而又深刻的对话,形象地反映了竺可桢卓越的科学精神、严谨的科学态度,折射出他难能可贵的观察、记录、不耻下问的科学精神。所以这两次对话描写的教学设计及教学实施应该好好揣摩一番。

教学片断1:

出示竺爷爷和孩子的第一次对话内容

> ①"爷爷,您又看花啦?"那孩子仰起脸天真地问。
> ②"是啊,杏花开了。"说着,竺爷爷弯下腰来,习惯地问,"你知道杏花是哪天开放的吗?"
> ③"哪天?今天开的。"孩子有些奇怪。
> ④"我是问第一朵是哪天开的?"竺爷爷补充了一句。
> ⑤竺爷爷告诉他:"我有用处,明年你可要留心点。"

师:同学们,这些是竺爷爷和杏树主人孩子的第一次对话内容,大家先自己读读,读的时候注意提示语,连读两遍。

(学生各自读对话。)

师:读的时候有什么发现吗?

生:我发现提示语中有表示动作的词语——"仰起"和"弯下"。

师:一个"仰起"一个"弯下",你从中看出什么来了?

生:小孩说话时"仰起脸"是因为他人还小,和大人说话只能"仰起脸"来,另外"仰起脸"还可以看出小孩的天真可爱,因为美术老师教我们画的同学都是"仰起脸"的。从"弯下"可以看出竺爷爷也乐意和这个小孩说话。

生:电视节目里好多大人都是蹲着和小孩说话的。

师:说得真好!还有其他发现吗?

生:我注意到了"天真"和"奇怪"这两个词,告诉我们读这两句话时的语气。

师:你注意到了表示语气的提示语,那你能试着用这两个语气来读好孩子的话吗？

（生尝试读。）

师：读得真好！大家一起来读好这两句话。

（全体学生练读、齐读。）

师：你们有没有注意到第二句中的"习惯地问"？从这个"习惯地"又可以看出什么来呢？

生：可以看出竺爷爷和这个小孩经常见面说话。

生：竺爷爷每次见面都会问同样的问题。

师：没错，经常问都形成习惯了，可见竺爷爷非常想知道"杏花是在哪天开放的"。

师：刚才同学们从两人的第一次对话的提示语中找到了表示说话动作的、说话语气的词语，让我们一下子就知道他们是怎样说这些话的。（指着出示的5句话）你们有没有注意到第1、3、4句对话的提示语在说话内容的后面，第2句在中间，第5句在前面？

生：是的。

师：大家再仔细看一看，提示语在后面时用的是句号，在中间时用的是逗号，在前面时用的是冒号，这也是提示语因为位置不同产生的区别。

（去掉提示语，仅出示对话内容。）

> ①"爷爷，您又看花啦？"
> ②"是啊，杏花开了。""你知道杏花是哪天开的吗？"
> ③"哪天？今天开的。"
> ④"我是问第一朵是哪天开的？"
> ⑤"我有用处，明年你可要留心点。"

师：现在老师读提示语，男生读竺爷爷的话，女生读孩子的话，我们一起来读好这几句对话。

……

教学思考1：

学习对话描写主要表现在对提示语的关注，因为在我们平时的对话练习中，不仅要注意提示语在前面、提示语在中间、提示语在后面这三种形式的分别运用，更要重视不同形式提示语中关键词给对话内容带来的不同效果，往往正是这些词的存在能让读者方便清晰地理解人物说话时的状态，凭借它们解读人物的精神面貌、思想感情和性格特征。教学中老师引导着学生对提示语中表示说话时动作的词"仰起和弯下"以及表示说话时语气的词"天真和奇怪"分别进行提示性地解读，要求学生通过朗读说话内容将这些词表达和表现出来，这就非常好地在课堂上真实再现了对话的发生过程，有助于学生掌握文本内容和人物特征。

而"习惯"一词的运用看似自然随意，却可以解读竺爷爷的形象，因为竺爷爷是科学家，这是他的职业习惯。这第一朵杏花的开放时间，对于竺爷爷是多么重要！一个勤于观察、不耻下问、热爱科学的科学工作者的形象跃然纸上了。作为唯——个描述竺爷爷怎样说话的提示语，干净利索，让学生能比较专注地去深入推测词语背后的故事，这是一种延伸更是一种建构。如果说朗读是让学生大量地积累规范的书面语言，那么这就是在此基础上进行语言的重组、再造、加工的实践，就是借助文本语言主动建构自己语言的同化过程，是理解、积累、运用的语言学习模式。

教学片断2：

出示竺爷爷和孩子的第二次对话内容

① "竺爷爷！竺爷爷！"
② "什么事情？"
③ "竺爷爷，杏花开啦！"
④ "什么时候？"
⑤ "刚才。"
⑥ "是第一朵花吗？"
⑦ "是。"

师：请同学们自由地读一读，看看哪些话是孩子说的？哪些是竺爷爷说的？然后同桌讨论讨论，每一句该用怎样的语气读？想象一下当时的情景，他们在说这些话的时候又会有怎样的动作和神情呢？

（学生各自练读，思考、讨论。）

生：第1、3、5、7句是孩子说的，第2、4、6句是竺爷爷说的。刚好是一问一答。

生：我觉得这里每一句的语气都不一样。

师：你很会动脑筋。如果像第一次对话那样给这7句话加上提示语，你会怎样写呢？（出示）

①小孩子（　　）地喊："竺爷爷！竺爷爷！"
②竺爷爷（　　）地问："什么事情呀？"
③小孩子（　　）地说："竺爷爷，杏花开啦！"
④竺爷爷（　　）地问："什么时候？"
⑤小孩子（　　）地说："刚才。"
⑥竺爷爷（　　）地问："是第一朵吗？"
⑦小孩子（　　）地说："是。"

师：老师也给你们一个提示。当竺爷爷知道今年第一朵杏花刚刚开了的时候。（出示）

竺爷爷顷刻间像年轻了几十岁，立即兴冲冲地快步走到前院。阳光下的杏树，捧出了第一朵盛开的杏花。多么美丽的杏花呀！竺爷爷走回书房，打开笔记本，郑重地记下了这个日子：清明节。

师：同学们，在课文第14小节，从竺爷爷的动作和神态描写中，可以看出当时他的心情怎样啊？

生：非常激动。

师：他是一下子就激动的吗？

生：不是，他是听到孩子肯定的回答并去亲自确认时激动的。

师：竺爷爷为什么会这么激动呢？

生：因为去年没观察到，等了一年终于观察到了，所以非常激动。

师：说得真好，请同学们根据自己的理解填写这7句话的提示语。

（学生填写，各自练读）

师：同学们，你们都填好了吗？我们一起来看一看：窗外一个小孩的声音，这是怎样的声音呢？竺爷爷会怎么问呢？可能是……也可能是……下面就请同学们根据自己所填的提示语分角色读一读他们的对话。

……

教学思考2：

"小孩子为什么高兴？是为完成竺爷爷去年的嘱咐而高兴。""竺爷爷为什么激动？是为终于在小孩子的帮助下发现第一朵杏花开放的准确时间而激动。"……第二次对话虽无提示语，但相比第一次对话时的从容则显得节奏很快，竺爷爷的问句短小且语气急促，小孩子的回答更是精练，充分表现了他俩在第一时间发现和知道今年第一朵杏花开放的准确时间而格外兴奋、激动的情态。

引导学生通过已知人物的语言来想象他们各自说话时的语气、神情，甚至动作，并在文字表达的空白处进行补充，他们自然地就进入语言情境，边读边体会边想象，入情入境地体会到小孩子和竺爷爷发现第一朵杏花开放时的兴奋、惊喜和急切，再加上分角色的反复朗读，学生读得投入而且神情动作很配合，读的过程中非常容易产生情感的共鸣，朗读时自然就能将人物情感表露无遗。

根据添加的提示语再来两次分角色朗读课文，学生能对两个人物的对话把握得特别到位，真正走进人物的内心，实现与文本的交流、与人物的交流。对课文内容的理解和把握，正是在这样的语言文字的训练中完成的，学生参与进这样的语言实践活动兴致很高，积极性和创造性也能得到很大的释放。把教材中的空缺演化成发展学生思维和应用的训练点，对文本进行再加工，教学时帮助学生恰当表达、准确表达、生动表达，学习时学生就较容易形成自己的理解和感受，这就是夯实语言文字基本能力的教学活动。

回过头再看，学好对话描写是本文教学的关键所在，是读懂文本，走近竺可桢，感悟他的科学精神、态度、习惯的依托。因此关注文本中对话的精彩提示语，让学生感悟对话描写的特点，可以引导学生发现蕴含在文本中的语文知识、语言形式等要素。

总体设计意图：

除了苏教版，全国正在使用的小学语文教材中还有鄂教版第六册第16课和冀教版第六册第7课都选录了这篇文章，最重要的是文中其他内容几个版本多少有些不同，第一次对话描写也稍有改动，第二次对话描写却是一模一样的。这种情况为数不多，也足以说明几个版本的教材编者和审定专家都认可《第一朵杏花》内容的教育意义和文本表达的示范作用，读过后、学过后、教过后，可以发现《第一朵杏花》的思想性、文学性或是趣味性可以说堪称完美，安排在应时应景的春季让小学四年级学生学习，无论是文本内容的富于情趣还是语言表达的生动传神，都能鲜明地呈现了人物的性格品质。教学时可抓住它言简义丰的特征，有效运用好教材文本资源，实施集阅读、朗诵、仿写于一体的学习指导。

一线教师就要在课堂上运用恰当的方式方法让学生不仅领悟文章的内容和思想，更能明白作者为什么这样表达并且能模仿着去写。这一课中最值得模仿的无疑就是无提示语的对话描写了。实际教学时，"第一次对话描写"内容，笔者和学生一起作了细致的分析：谁和谁在对话？他们是在怎样的情况下交谈的？他们交流了什么？他们说话时各有怎样的语气、动作、神情？从这段对话中你可以看出他们俩分别有怎样的特点？由浅入深的问题串引导着学生在寻找、辨识、分析的思考过程中领悟出这段对话描写的表达意义：一个勤于观察、不耻下问的人物形象就跃然纸上了，同时也让学生感受到竺爷爷对第一朵杏花开放时间的特别关注，并且体会到他是一个追求精确、乐于探究的科学家。

"第二次对话描写"内容在几句诗一般的形象又生动的春景描写之后，作者在第6小节的精准用词让这段对话也显得精练了些。教学思路是"抓住这个变化，一定要让学生注意到这个变化，最好能进一步思考为什么会有这样的改变"，所以将两段对话描写内容并列出示，让学生对比着读，去发现它们的不同。学生很快就注意到这次对话的还是竺爷爷和那个孩子，只是描写对话时没有提示语，而且竺爷爷说的都是问句，小孩子的回答字数很少。"这第二次对话既然课文中没有提示语，同学们可以根据对话内容联系上下文想象他们俩说这几句话时的动作、神情和语气，按照第一次对话描写的样子给第二次对话中的每句话都加上提示语，同桌两人一起完成，加好后再分角色练习读好这段第二次对话。"这样一项读写思相结合的学习任务是在发现了两次对话不同的基础上，学生一下子就都投入进去了，在完成这一学习任务过程中，老师走到他们身边倾听并给予指导，在随后的展示过程中，引导全班对那些填词不恰当的、人物情感体会不准确的当即提出质疑，并进行思考、辩证和选择，整个过程开放而有度，学生在填写提示语、朗读对话的过程中自然能体察对话时人物丰富的内心情感，能够在揣摩中明确这段对话所隐含的提示语。这是思维层面的锻炼，进而辅助读好对话又是表达层面的训练，这个学习任务非常有助于他们对前后文的阅读、理解和掌握，甚至可以触及文章所表达的核心意义。

到这儿我们明白了，作者以学生喜闻乐见的故事形式弘扬竺可桢追求精确的科学精神时，没有空洞的说教，而是将朴素的道理穿插其中，独具匠心运用对话描写来表现竺爷爷严谨的科学态度，与小学中年级学生的认知水平、心理发展相适应，学生在潜移默化中受到了熏陶与感染。课堂上老师采用学生乐于参与的方式——朗读组织教学，在对比中分析、思辨，在模仿中应用、发展，注重学习过程中安排学生有多个多形式的表达机会，开展语文学习，相信这样的语文学习活动对于学生语文学科关键能力的发展是大有裨益的。

第四节　思维方式

一、思维方式的内涵

1. 思维方式的内涵

思维方式是思考问题的根本方法，是看待事物的角度、方式和方法，它对人们的言行起决定性作用。不同的人因性格、学识、文化背景不同，看待事物的角度、方式不同，便是思维方式的不同。

2. 思维方式的分类

根据思维方式"抽象性"的特点，思维方式可以分为：直观行为思维、具体形象思维、抽象逻辑思维。

根据思维方式"目的性"的特点，思维方式可以分为上升性思维、求解性思维和决断性思维。

从"智力品质"的角度，思维方式分为再现思维，即依靠过去的记忆而进行的思维。创造思维，即依赖过去的经验和知识，但却能把它们综合组织而形成全新的东西。

从"思维技巧"上看，思维方式又可以分为：归纳思维、演绎思维、批判思维、集中思维、逆向思维、横向思维、对比思维、灵感思维、辩证思维等。

3. 语文思维能力培养的特点及其作用

思维是人脑对外界客观事物的概括的间接的反映。而语文思维训练正是在大语文观这一基础上，思维主体（学生）的语文思维结构作用于所要研究探讨的对象上，并使之产生分析、综合、比较、抽象与概括这一过程。在这思维训练过程中，师生要多方交流，不断地进行信息的传递和加工，同中求异，异中求同，使思维主体的意识不断优化，不断地在聚合、发散、聚合的碰撞过程中推向高潮和深处。在这些过程中，我们不难看出，它具有以下四个方面的特点：思维的交流性、训练的整体性、内容的广泛性、形式的渗透性。

4. 语文思维训练对学生发展的意义与作用

目前,我们在语文教学中进行的思维训练,已使学生掌握了一定的思维方法,学生在具体学习情境中分析问题、解决问题的能力有了很大的提高,但是我们的学生在语文学习中,时常处于一种自发状态、被动接受的状态,练习得多了,才掌握了一定的知识,他们对知识不会灵活地借助思维能力进行创造性地调配、组织和运用,而只是处于一种经验型、模仿型水平,所以常常表现出思维不敏锐,观察不细致,独立分析能力差等状况,如在写文章时审题不当,层次不清,内容贫乏,缺乏丰富的想象力和逻辑思维的能力。这些现象的存在,跟我们思维训练的现状是息息相关的。

语文思维训练对于语文课堂教学的效果是十分明显的,它打破了学生思维的局限,培养了学生思维的敏捷性、灵活性和多向性,它还面向全体学生,使每一层次的学生都有所收获,有所得。在这个思维训练的过程中,思维的范围、内容、深度得到了进一步拓展,思维主体原来所未能想到的,在训练中得到了丰富和提高,即个体思维交融于整体思维之中,从而优化了个体思维的品质。而思维训练的成果就是思维效果的高度集中与和谐发散,在成功思维的启发指导下,其他被动消极的非主流的思维就会转向,转向到积极主动的思维状态之中,同时还可能顿悟,产生灵感,从而有所创新,有所发明。

二、思维方式能力的表现

(一) 形象思维能力

形象思维,主要是指人们在认识世界的过程中,对事物表象进行取舍时形成的,是只要用直观形象的表象,解决问题的思维方法。形象思维以感性形象为思维材料,带有浓郁的感情色彩。

第一学段:

1. 能够根据汉字象形表意的特点,学会用图画和分析字形的方法理解字义，记忆字形。

2. 能够看懂图画表达的内容、图画与图画之间的联系，通过感性形象和联想、想象读懂故事，并写出反映内容的句子。

第二学段：

1. 能够感知文学作品中人物、景物、事物相关意象的基本特征，理解文学形象的意义。

2. 能够掌握句子或段落的特点，并根据其特点进行相关仿写。

第三学段：

1. 能够抓住文学作品中人物、景物、事物相关意象，捕捉、概括他（它）们的某些静态或动态的特征，来反映某类事物的本质。

2. 能够充分发挥联想和想象，进行诗歌、童话类、科幻类作品的创作。

3. 能够在生活中主动寻找并发现形象美的事物，提高发现美、感受美、理解美的能力。

(二) 抽象思维能力

抽象思维是指在语文学习的过程中，学习者借助于概念、判断、推理等思维形式，对学习内容进行分析、综合等理性思考，合乎逻辑地反映对学习内容的认识。

第一学段：

1. 能够在阅读中，结合上下文和生活实际，进行分析理解，推断出课文中词句的意思。

2. 根据句子之间的逻辑关系，能够对几个简单的句子进行正确排序。

第二学段：

1. 阅读说明性文章，能抓住要点，了解文章的基本说明方法；阅读简单的非连续性文本，能从图文等组合材料中找出有价值的信息。

2. 认识课文中出现的常用标点符号。在理解课文的过程中，体会顿号与逗号、分号与句号的不同用法和作用。

第三学段：

1. 掌握词、短语、句子等基础语法知识的概念和特征，并能通过分析进行实际运用。

2. 能运用分析推理，领会由多种材料组合、较为复杂的非连续性文本的意思，得出有意义的结论。

3. 能够区分简单的议论文观点与材料（道理、事实、数据、图表等），发现观点与材料之间的联系，并通过自己的思考，作出判断。能够进行简单议论文的写作。

4. 讨论问题，能积极发表自己的看法，有中心、有根据、有条理。能听出讨论的焦点，并能有针对性地发表意见。

（三）创造性思维能力

创造性思维能力指思维活动的创造意识和创新精神，它以抽象思维为基础，在思维过程中不墨守成规，求新颖、求独特、求变化，能够创造出有价值的新观点、新理论、新知识、新方法的心理过程。

第一学段：

1. 能够用自己的语言复述文本内容，在复述的过程中能加入文本中所没有的新内容。

2. 在看图写话过程中，能够充分发挥大胆独特的想象，能够合理而有创造性地写出内容。

第二学段：

1. 能够对文本内容进行不同方向、不同层次的多角度理解，充分拓展思维空间的宽度和广度。

2. 在想象类习作的过程中，能够运用充分发挥大胆独特的想象，进行个性鲜明的写作。

第三学段：

1. 对课文的内容和表达有自己的心得，能提出自己的看法，并能运用合作的方式，共同探讨、分析、解决疑难问题。

2. 多角度观察生活，发现生活的丰富多彩，能抓住事物的特征，有自己的感受和认识，表达力求有创意。

3. 能从文章中提取主要信息，进行缩写；能根据文章的基本内容和自己的合理想象，进行扩写；能变换文章的文体或表达方式等，进行改写。

三、思维方式培养实践

语文教学的主要目的是培养学生的语文能力，学生的语文能力是以语文知识为基础，由听、说、读、写四种能力和思维的深刻性、灵活性、批判性、独创性、敏捷性等智力品质构成的一个开放的动态系统。下面，着重从听说读写四个方面来谈谈如何培养思维能力。

（一）阅读思维训练

阅读中的思维能力是阅读能力的核心，阅读者在阅读的整个过程中始终充满着积极的思维活动。不同的读者阅读同一篇文章，有的人读后不知所云，有的人只记得大概内容，有的人就能左右勾连、联系生活、融会贯通、深刻理解、恰当评价。这就是阅读过程中因思维能力的差异性所表现出来的阅读者的阅读能力的高低。

1. 培养阅读思维能力，首先应重视阅读理解能力的培养

阅读理解既是思维的过程，又是思维的结果，是阅读能力的重要表现。阅读理解是指运用已有的知识和经验，将感知的新信息、新材料联系起来，通过联想、想象、判断、推理等思维活动，去把握阅读材料的内在联系和本质意义。

以理解《植树的牧羊人》（统编教材七年级上册）中"那是六月晴朗的一天，太阳快要把人烤焦了。在毫无遮拦的高地上，风吹得人东倒西歪。狂风呼啸着穿过破房子的缝隙，像一只饥饿的野兽发出吼叫"这个景物描写句子为例，我们可以引导学生先仔细阅读这段文字，逐句逐句进行分析。"那是六月晴朗的一天，太阳快要把人烤焦了"，"烤焦"运用夸张的手法，表现了阳光的毒辣，"风吹得人东倒西歪"表现了风的猛烈，"像

一只饥饿的野兽发出吼叫"通过风声音的恐怖表现出风势强烈。"阳光"与"风"的特点属于气候特点，通过对文字的仔细分析以及我们对"阳光"与"风"概念的归纳，我们可以理解为这段文字主要表现了阿尔卑斯荒地阳光毒辣、狂风猛烈恶劣的气候特点。如果仅仅理解到这个层次，是不够的。在指导学生更深入地理解这段文字的时候，我们可以试着问一个"为什么"，即作者为什么要写一段文字来表现阿尔卑斯荒地阳光毒辣、狂风猛烈恶劣的气候特点呢，顺着这个"为什么"，我们就不得不联系这个语段的上下文，就会有这样的发现，往下读"我打消了在这里过夜的念头。继续向前走了五个小时"，正因为气候恶劣，所以才会有下面这个念头和举动，作者这样写的原因之一是"为'我'继续向前走，寻找水源作铺垫"。再往后读，"我"发现了牧羊人，了解了牧羊人在荒地植树的伟大工程。我们不得不思考：在这样恶劣的气候环境中植树，是多么的艰难啊，而牧羊人却能坚持不懈地努力，这是多么伟大的形象啊！这样一分析，理解显然就更深刻了。这段景物描写不仅仅表现气候环境的恶劣，还从侧面表现了牧羊人植树的艰难，从而衬托出了牧羊人坚持不懈的伟大精神。经过概括、分析、综合，阅读理解呈现出了更深的层次。

对学生进行阅读理解的训练，并非一朝一夕，需要老师在课堂上进行具体的可操作的指导和训练，掌握了一定的方法，同时在坚持不懈的反复训练中，提高思维的敏感性和敏锐性，真正提高阅读理解能力。

2. 培养阅读思维能力，其次应重视阅读评价能力的培养

阅读评价是以理解为基础，进一步对文章的正误、优劣、美丑、善恶等作出鉴别与判断，具体来说，对文章的内容、形式、语言、写作方法、写作风格、作家的写作态度均可进行评价。

阅读评价较之阅读理解，带有独立性和评判性，也表现出了更高的阅读思维水平。因为阅读评价要对阅读材料作出主观审视，根据阅读者已有的思想标准和艺术标准作出自己的判断，从而提出阅读者独立的见解。

以散文的风格为例，宗璞的《紫藤萝瀑布》典雅含蓄，朱自清的

《春》活泼热烈，老舍的《济南的冬天》清新凝练，史铁生的《秋天的怀念》含蓄深沉，朱自清的《背影》朴素隽永。只要通过对以上作品的阅读，就能理解对以上作品的评价是准确的。学生的语感能力，正是在阅读理解与评价的过程中慢慢地形成并逐渐增强。

3. 培养阅读思维能力，还应重视阅读兴趣以及阅读速度的培养

在阅读训练中进行思维训练，必须激发学生的阅读兴趣，使学生集中注意力，使思维始终处于积极思维的状态。在积极的思维活动中，读者才能加深对阅读内容的理解，才能对阅读内容作出准确评价，也才能产生阅读审美情感。而进行积极的思维活动的前提是对阅读内容有一定的阅读兴趣，兴趣越浓厚，注意力就越集中，思维活动就越活跃，阅读能力也越容易提高。

新课标对5－6年级学生阅读提出这样的要求"默读有一定的速度，默读一般读物每分钟不少于300字"，对7－9年级学生的阅读要求是"养成默读习惯，有一定的速度，阅读一般的现代文每分钟不少于500字"。对阅读速度提出明确要求，这是因为在信息量浩大的时代，有利于阅读者提高信息筛选、信息获取能力，更重要的是，提高阅读速度，可以增强阅读者的思维强度。比如，有的学生可以在3分钟内读完近2000字的文章，阅读结束后，可以清晰地复述出文章的主要内容，这个学生在阅读过程的思维处于高强度活动，这个学生的思维灵敏度也会随着强度的增强而变得敏锐。相反，对同样内容的阅读，有的学生可能就需要5分钟甚至更长的时间才能读完，那么，这个学生的思维强度显然就相对较弱，思维的敏锐性也不够。因此，要培养学生的阅读速度，也是提高阅读思维力的重要途径。

(二) 写作思维训练

写作是反映社会生活的复杂的思维过程，是语文综合素养的表现。材料的搜集，主题的提炼，内容的安排，语言的选用，都受着思维的调控，就像叶圣陶所言：作文是思维的演练。

1. 发散思维，让选材更广阔

学生在平时的写作练习中，常常"巧妇难为无米之炊"，为不会选材而苦恼，我们语文老师也常为学生作文选材的单一、老化、俗套而烦恼焦虑。比如，一次作文考试要求以"温暖"为话题写作文，阅卷老师几百份试卷批阅下来，大部分作文以"老师为病中的我补课""父母顶着风雨为我送衣送伞""父母冒雨送我去看病并悉心照料"等为选材点，单一、重复的选材让人索然无味。

想要避免作文选材的单一、老化和俗套，就要在作文选材中训练学生的发散思维。发散思维，要求思考的角度不墨守成规，应该从多个角度多个层次扩大选材范围的深度和广度，在更大的范围内选择有别于常规俗套的内容作为写作对象。

笔者在一次抓住特点写人的作文选材教学中，对学生进行了发散思维的训练。全班共同选择一位任课老师作为写作对象，刚开始看到作文题的时候，很多学生表示很难入手，随机采访几位学生，大家选材很相似。于是，要求每位同学在班内叙述这位老师的一件事情，要求每一位同学叙述的事情不能重复，这样的要求就逼着学生在记忆中作最大程度的搜索，思维的延展性得到了较大的提高。经过大部分同学的努力回忆，这位老师的形象变得丰满起来，然后再问学生，现在让你再次选择材料，会有怎样的变化。很多学生表示思维活跃了，可选择的材料丰富了。这样的训练长期坚持进行，学生在作文选材的时候，就会有意识地运用发散思维去拓宽选材范围，而同样的，在拓宽选材的同时，写作的发散思维又得到了有效训练。

2. 求异思维，让立意更新颖

立意的优劣，往往是文章成败的关键。立意要看是否揭示了事物的本质，揭示了文章的思想意义。这就需要在搜集材料的基础上，反复思考，认真分析，抓住事物的本质，才能做到深入开掘。

中小学生作文最易犯立意不明或立意肤浅的毛病。有的作文虽然内容比较充实，但仅是记流水账式的现象罗列，缺乏明确的中心，让人读后不知道作者想要表达什么主题。在日常作文训练中，大部分学生的作文立意比较肤浅，很少有能够让读者眼前一亮的文章。要想改变这种现状，在写作立意的指导上，要努力训练学生的求异思维。

求异思维的最大特点是变通性，又称灵活性。变通即不拘常规，灵活应用，依据不同的情况，做出相应的变动。作为求异思维的变通性是指：思维随机应变，不受拘束，举一反三，触类旁通。具体说是思考问题不受传统知识的束缚，不受现代知识的局限，不以现代材料为答案；而是面对问题，从实际出发，随机应变，超长思考，脱俗见解。变通性的重点在"变"字。打开大众局势，另辟佳境的作文，往往是最优秀的作文。以《假如我是老师》为题进行作文，学生一般会按照常规思维，把自己想象成一位老师，假如"我"成了老师，将采取一系列的新教学方法进行教学改革；假如"我"成了老师，会不像现状这样重视分数，重视考试成绩，将会重视品质、素养的培养等等。如果用求异思维思考，就要打破常规思维的格局，文章可以以学生为主角，以"我"为暗线，去写学生调皮捣蛋，"我"绞尽脑汁，防不胜防，写出"我"的疲惫与无奈，来揭示"现在的老师难当，需要学生理解"这一主题。这样立意，会给人耳目一新之感。

3. 逻辑思维，让结构更清晰

著名语言学家，教育家王力先生认为学生文章写不好是逻辑思维问题，培养学生的逻辑思维是语文教师的责任。

学生缺乏逻辑思维能力，在写作中主要表现在文章结构的构建上。文章的结构，指文章的布局谋篇，它要反映客观事物的内在联系及发展规律，通过作者的构思在文章中得到反映。这里有方法和技巧的问题，但关键在思路。

笔者曾经在所教年级学生中对作文条理性作过调查，整体上看，学生作文的条理层次比较差，记叙文中层次合理清晰的只占 19.8%。笔者抽样调查了学生作文时的心理：学生在写作的过程中，最担心的就是写不完作文，所以，学生对字数十分留意，特别是时间不够的时候，一心想到的只是把字数凑够，避免严重扣分，所以写出来的作文常常犯结构混乱的毛病。

结构是作文的骨骼。中小学作文对结构的要求是：一要结构完整，二要层次分明。好的作文必定思路清晰，条理清楚。要想解决作文思路不清的问题，构思阶段就要运用逻辑思维把文章思路理顺，文章是以时间先后或是情感发展抑或逐层深入论证的纵式结构建构文章，还是以空间转移或者材料性质的分类的横式结构建构文章，或者是纵式与横式相结合来构建文章，文章的结构必须在构思的过程中理清楚，然后根据思路写好作文提纲，在提纲的基础上进行写作，这样写出来的文章才能结构清晰，层次分明。

4. 形象思维，让语言更生动

形象思维，是尽可能地运用具体可感的思维材料来组织语言的一种思维方式。文章的好与差，语言是重要的评判标准之一。许多学生在写作中，语言苍白，多概括，缺乏生动的画面，这主要是形象思维能力欠缺造成的。

试着比较以下几组相同意思的不同表述：

A. 我现在是身兼数职。

B. 我既要关心妻子的血压是高还是低，儿子的考分是两位数还是三位数，又要关心文坛上最近有什么新名字，教育界近来有什么新花样。

A. 生活就是这样有苦有乐地进行着。

B. 生活就是这样在人民币和粉笔灰之间，在教师节的贺卡和厨房的抹布之间，杂然地展开。

A. 生命就这样不知不觉地流逝了。

B. 生命就随着这日子，在一根根多起来的白发和一张张少下去的日历中，悄然流逝了。

中小学生写作文时常用的表述往往是像 A 这样的高度概括式，这样的语言表达意思明确，但是缺乏形象性，无法给读者留下具体可感的印象，更无法在读者心灵上引发更深层次的感受。而B这样的形象表述，就把读者带进了具体的情境，这样的情境仿佛可以用手触摸，仿佛可以用心感受，这样的语言才是生动的语言，这样的语言，也才能真正打动读者。如何写出这样的语言？那就需要训练学生的形象思维，进行语言表达的时候，要尽可能在思维中搜寻贴切的意象，借助意象来传达意思和情感。当然这需要以平时留心观察生活，积累丰厚的生活意象作为基础。

（三）听话思维训练

听人说话，能集中注意力，听清楚，并能分析、理解说话者表达的意思，参与讨论时，能听出不同的意见和分歧所在。听议论性讲话，能把握住对方的观点以及持这些观点的理由。这是新课标规定的听话思维训练。

1. 在听话中培养良好的思维习惯

集中注意力是听清别人讲话内容的首要条件。进行听话思维训练，要训练学生听知注意力。听知活动时听话人借助听觉分析器官，在思维的参与调控下，接收、理解、吸收口头言语信息的过程，也是听者把说者的外部言语转化为自己内部言语的过程。要促成这种转化，务必使大脑中枢神经形成"优势兴奋中心"，产生有意注意的意向，因为对方说话，稍纵即逝，要很快听懂对方的话语，并能很快把握住话的主次，分清是非，品评好坏，理出条理，筛选出急需的信息，没有高度的注意力和科学的思维是不行的。

训练学生的"听知注意力"，要求学生开动思维器官，依靠意志力，排除干扰，集中听觉于说者传输的信息，及时抓住声波，敏捷地在头脑形成清晰的印象。这就要端正听话态度，明确听话目的，养成良好的边听边思考的习惯。如听课听报告，主要是为了获取知识；听人谈话、听讨论发言主要是为了沟通思想；听演唱诵读主要是为了鉴赏，等等。目的明确，又认真思考，就会主动排除干扰、使注意力集中，久练成习惯，效果必佳。

2. 在听话中培养敏捷的思维能力

学生善于感知外界的语言信息，应进一步通过思维理解外界语言信息的含意。如理解话语中心，谈话目的，说话人的感情，话语的含意；有无通过修辞手段和语言艺术表示的弦外之音、言外之旨，等等。这一切都要靠对言语的"听知理解力"与思维的敏捷力通力合作、协同攻关。这过程不仅提高了学生听知理解言语的水平，也会逐渐养成分析思考问题的良好习惯。

3. 在听话中着力训练听话鉴别力

客观事物的丰富、复杂，决定了人们对它的认识必然是"横看成岭侧成峰，远近高低各不同"，在层次与角度等方面存在差异、距离。在学习生活中，说话人的观点、态度有时能引起听者强烈的共鸣，有时并不完全一致，有时因大相径庭而反感。这就要求听者对接收的话语通过思维加以分析：说话者的目的动机是什么？观点是否正确？用了一些什么事实和道理来支持他的观点？这些事实与道理是否符合客观实际？总之，只要是听议论性讲话，都要能听出话语的中心意思，说话人的观点，分析支持这些观点的理由与事实，方能对他人的议论获得准确的鉴别。在此过程中，也培养了听者的独立思考能力。

在听话训练中，语文老师可以经常对学生进行随机听话思维训练。首先是听知，它包括辨音识义、理解句义语脉、概括归纳说话中心、理解寓意、比较多人发言的异同等思维活动。具体方式可分听想、听读、听说的训练。

"听想"，如各校开展的讲故事活动，听者在浓厚的兴趣中侧耳细听，有利于培养语感与听力，发展联想与想象能力，拓宽听者思路。

"听读"可听录音、听师生读。但目的应明确，教师应设计好听者回答的问题，由此培养学生的比较、鉴别、记忆、归纳等思维能力。

"听说"，可听一人讲，也可听数人围绕一个话题发言、讨论。教师应提出明确要求，让听者回答说话的要点、特点、优缺点等问题，由此培养学生注意倾听的态度、迅速反应、归纳、识别等思维能力。

其次是听记与听写。听记就是边听边记，包括记纲目、要点重要内容、原话、边听边想再追记等方式。听写指按照听到的内容，进一步通过思维活动，写出要求的文字，如提要、梗概、说明、简介乃至感想评论等。

此外，还可进行专门的听话训练，其中包括听话过程中的观察力、注意力、记忆力、联想力、想象力、改变听话条件（指能适应较差的语言环境和声音条件的训练）、抗噪声干扰等训练。

（四）说话思维训练

说话能力是指运用口头言语表达思想感情的能力。思维水平的高低，决定了说话的逻辑性、条理性。言语的概括能力说话能力这个综合体由以下三个方面构成。

（1）组织内部言语的能力。人们说话，皆先想后说，边想边说，靠思维来组织内部语言。思考"为什么说""对谁说""说什么"，这是取得好的说话效果的前提。

（2）快速语言编码的能力。人们说话的过程，就是把内部言语经过扩展进行编码的过程。其条件有三：一是必要的口语词汇储备，二是要掌握把语词按正确次序组合的规则，三是靠敏捷、灵活的思维来调控。

（3）运用语音达意表情的能力。人们说话是把内部言语加以扩展，编码为一定的语句，通过发音器官变成外部语言（有声语言），方能交际。说话人善于运用语音、语调、语速、语量的变化表情达意，就会收到动听的效果。这一切，同样要靠敏捷、灵活的思维来调控。

说话训练可以通过如下方式进行：朗读、口头复述、看图说话、讲故事、口头作文、口头广播、口头解说、会议发言、演讲、致辞、口头问答、对话交谈、讨论、打电话、口头咨询、口头辩论、访问等，这些训练项目，都要靠思维来组织；反过来，说话训练又有助于思维能力的训练。说话能力的训练，可以说是一种最好的思维训练。首先，通过说话训练，学生增加了语言信息储备，也就是积累了思维原料，锻炼了快速选词组句的能力，有利于培养思维的敏捷性、准确性。其次，说话也是思维结果的反馈，有了这种反馈，可修正、补充思想，使之更符合客观实际。如有的语文教师，录下学生的即兴说话，再放给学生听，学生自己发现，凡说话结巴、停顿过长、颠三倒四处，一定是思维混乱"短路"所造成的。第三，通过讨论、辩论等说话活动，可学习别人好的思维方法、思维模式，培养良好的思维品质。所以，说话与思维训练是相互促进的。

　　说话与思维训练相结合的方法很多，如反面相激、两头分说、抑扬评说、试探发问、引喻比方、婉转迂回、留有余地、曲折答问、补救失言、摆脱困境、以牙还牙等等。这些方法的使用，均需开动思维，寻找恰当的谈话契机，设法打开对方的话匣子，扣住思路、意向谈话；还要根据一定的场合谈话，方能取得好的效果。

　　典型课例：统编教材语文七年级上册第六单元第 21 课《女娲造人》

　　课例背景：

　　《女娲造人》是统编版语文七年级上册第六单元第 21 课。本单元课文有童话、诗歌、神话和寓言等，都富于想象力，引人遐思，能引导我们换一种眼光看世界。想象，是人类与生俱来的一种能力，借着想象的翅膀，我们可以超越自身的局限，体验更广大的世界。《女娲造人》是神话学家袁珂根据古代人类起源的神话传说改编而成，经过想象力的创造，女娲不再是高高在上的女神，成了我们可以触摸，可以感知的温柔细腻的人。对这节课进行教学设计，紧紧围绕"想象"展开，让学生清清楚楚认识想象，实实在在训练想象。

　　课例描述：

　　补写神话，训练想象。

　　师：同学们，作者袁珂在女娲造人故事的基础上，通过进一步的丰富细腻的想象，让这位女神闪耀着人性的光辉，让我们读来真实可感。其实，我们也可以通过想象，使女娲的形象更加丰满。不信，我们试一试。

屏显：

> 请展开合理而丰富的想象，进行补写。要求突出女娲的形象。
>
> 女娲看着她亲手创造的这个聪明美丽的生物，又听见"妈妈"的喊声……

学生补写。

师：我看到同学们写得都停不下笔了。现在我们一起来分享大家的想象成果。我想请一位同学，来帮老师一个忙，上台来帮老师把大家精彩的想象打在大屏幕上。

一生举手，上台。

师：咱们每人展示你觉得写得最好的一句。谁先来展示？

生1：她把这个小人儿捧在手心，轻轻地抚摸着他的头。

师：（话筒递给同桌）你来评价一下她的补写。

生2：她补写得很好，"捧"和"抚摸"可以看出女娲的慈爱温柔。

师：补写了女娲的动作，女娲的形象更加鲜明了。谁接着来补写？

生3：她的眼睛里全是发自内心的微笑，仿佛春风吹过原野。

师：用了比喻的手法补写神态，太精彩了！

生4：她轻轻吻了吻孩子的额头，笑着说："小东西，你好可爱啊！真想一直抱着你！"

师：你觉得她补写得怎么样？

生5：她写得很棒，这里的女娲更像一个妈妈了。

师：是的，她想象的语言贴合人物的个性，真的很厉害！同学们，刚才我们想象了女娲的动作、神态和语言。有没有哪位同学不直接描写女娲，而是描写天地间的情景？

生6：此时此刻，阳光闪烁着七彩的光芒，瀑布在山崖间飞溅出珍珠，鸟儿在枝头叽叽喳喳地跳跃，天地间回荡着欢快的笑声。整个世间充满了蓬勃的生机。

师：孩子，你用想象让整个世界放射出了光彩！

师：现在，我请一位同学来朗读大家想象的作品。

屏显：

> 请展开合理而丰富的想象，进行补写。要求突出女娲的形象。
>
> 女娲看着她亲手创造的这个聪明美丽的生物，又听见"妈妈"的喊声，不由得满心欢喜，眉开眼笑。她把这个小人儿捧在手心，轻轻地抚摸着他的头，她的眼睛里全是发自内心的微笑，仿佛春风吹过原野。她轻轻吻了吻孩子的额头，笑着说："小东西，你好可爱啊！真想一直抱着你！"此时此刻，阳光闪烁着七彩的光芒，瀑布在山崖间飞溅出珍珠，鸟儿在枝头叽叽喳喳地跳跃，天地间回荡着欢快的笑声。整个世间充满了蓬勃的生机。

【设计意图：课文补白训练主要依赖丰富的想象力。在这个教学片断中，学生思维全面打开，想象力得到了自由的张扬，提升了思维的延展性。】

《女娲造人》是一篇神话故事，详细叙述了女娲造人的具体过程，想象奇特，文字通俗易懂，洋溢着欢欣与喜悦。袁珂细腻的笔触赋予了这位女神少女般的活泼，慈母般的温柔，神一般的伟大。这节课以"女娲是人是神"为导线，引导学生辨析女娲的神性及人性，得出女娲亦人亦神的人物形象。课文丰富了女娲为什么造人、怎样造人、造人以后的喜悦、造人的辛劳、怎样造更多的人、怎样让人类自己繁衍生息等内容。通过析读这些相关语段，学生明确了作者是借助想象来丰富情节，借助描写来丰富细节的。而最能体现作者想象力的就是其中对人类诞生后喜悦心情的描写，让学生找到句子，分析感情。再扩展其他神话故事，引出神话的概念。并对课文进行补白，进一步加深对女娲形象的把握，这一训练环节的设计，大大丰富了学生的想象力和创造力，同时也激发了学生探究关于人类起源、进化的科学知识的兴趣。

第五节 价值观判断能力

一、价值观判断能力的内涵

（一）价值观判断力的概念

价值观是指个人对客观事物（包括人、物、事）及对自己的行为结果的意义、作用、效果和重要性的总体评价。价值观判断力是人用于区别好坏善恶美丑，分辨是非曲直优劣及其重要性的心理倾向体系。它反映了学生对世界、对社会、对人生的观点和看法。

（二）价值观判断力的特点

价值观判断力具有相对的稳定性和持久性。在特定的时间、地点、条件下，人们的价值观总是相对稳定和持久的。比如，有的学生认为"穿着漂亮就是美"，这种观点一旦形成，在条件不变的情况下这种看法是不会改变的。但是，随着年龄的不断增长，阅历的不断丰富，思考的不断深入，这种价值观判断力也会随之改变，他可能就会认为"举止优雅是一种美""心态平和是一种美""善良真诚是一种美"。这就是说价值观也处于发展变化之中。

价值观、人生观和世界观，三者相互依存、相互影响。自然或自发状态下人生观和世界观对价值观的形成有决定作用，而通过自觉学习修养形成的价值观也可以使人生观和世界观产生异化和改变。一个人的价值观是从出生开始，在家庭和社会的影响下，逐步形成的。一个人所处的社会生产方式及其所处的经济地位，对其价值观的形成有决定性的影响。

（三）语文教学中培养价值观判断能力的重要意义

青少年是正确的价值观形成的关键时期，新课标提出教学中要落实三维教学目标，即知识与技能，过程与方法，情感、态度、价值观的三维教学目标，在传统语文教学过程中，多数人只倾心于认知技能的目标制定和实施，而把情感、态度、价值观目标看得可有可无。这些做法和认识培养出的是高分低能、人格不完善的学生，是违背学生身心发展的教育的。人本主义理论认为学习的过程应该是人的全面发展。情感、态度、价值观的培养对学生的个性发展和人格发展具有非常大的影响。语文学科的最大特点就是工具性与人文性的结合，文质兼美的课文，经典隽永的名著，都是对学生进行价值观判断力培养的最佳素材。

二、价值观判断能力的表现

价值观判断能力，在一定的时间范围内，呈现出相对稳定的态势。但是，随着年龄的增长，阅历的增加，思维的深入，慢慢地，也会呈现出一定的变化。我们在语文教学中，就是要根据这种相对的稳定与变化，在不同的学段制定出不同的培养目标。

第一学段：

1. 对"爱国""诚信""责任"等重要的价值观有初步的认识。

2. 对是非、善恶、美丑、优劣能根据自己的认知作出基本准确的判断。

第二学段：

1. 能够认识更大范围更多内涵的价值观概念与意义。

2. 对是非、善恶、美丑、优劣能根据自己的认知作出准确的判断，并能阐述判断的理由。

第三学段：

1. 基本形成符合时代要求的契合中学生特点的正确的世界观、人生观、价值观。

2. 具有明辨是非的能力，具有良好的审美能力，能够对是非美丑有比较深刻的认知和判断力。

三、价值观判断能力的培养实践

青少年阶段是世界观、人生观和价值观形成的关键时期，而语文学科人文性的学科特点确立了其在培养青少年价值观判断能力形成中的重要地位。文质兼美的课文，深入内心的感悟，生动活泼的活动，走向社会的视野，都是价值观判断能力形成并深入的肥沃的土壤。

（一）挖掘语文教材内容，感染并逐步形成价值判断能力

语文教材主要是一篇篇课文组成的，这些课文内容丰富、语言优美，大都反映了作者对人生、对社会、对自然的深刻理解，饱含了作者真挚的思想感情，蕴含着极为丰富的人文资源。

语文课上，要引导学生钻研文本，要强化初读，要拿出成块的时间让学生沉下心来读书。要力求读进去，读得正确、流利。提倡课文"不读熟不开讲"。学生与课文的对话，实际上也是与他人思想的对话，是与他人情感体验的对话，是与他人的价值追求和价值表达的对话。与其他学科相比，语文课堂教学更能直接影响学生的情感、态度和价值观。因此，我们要充分利用好语文的这一优势，使我们的语文课堂成为精神漫游的课堂，展示生命魅力的课堂。要达到这一目标，就必须让学生自己充分挖掘课文的情感、态度和价值观，并能对课文进行创造性解读，而不能以老师的讲解或学生的集体讨论来取代学生个性化的阅读。

比如通过解读挖掘，我们可以得知六年级上册教材在编排上所蕴含的既有一以贯之的，又有阶段性的情感、态度和价值观目标：《詹天佑》《穷人》《只有一个地球》《少年闰土》《我的伯父鲁迅先生》《月光曲》，这些课文文质兼美、历久弥新，学生既能从中学习语言，又能陶冶情操，在情感、态度、价值观方面受到启迪和教育。第六组"轻叩诗歌的大门"精选了律诗、词、散曲以及十四行诗、儿童诗、诗话等，"回顾·拓展"中，系统地编进了古诗词、名言警句、成语故事等，使学生感受中华文化的博大精深，从而更加热爱祖国的语言、文化。另外，本册课文设置了关于爱国主义（"祖国在我心中"专题）、关爱他人（"心灵之歌"专题）、环境保护（"珍爱我们的家园"专题）、艺术情操（"艺术的魅力"专题）等方面的专题，提高感受力，培养想象力，全面培养学生的情感、态度、价

值观。

(二)丰富语文教学手段,教育并影响价值判断的深入认识

每个学生的生活经验和个性气质都不相同,那么阅读同一文本就应该有丰富多彩的个性情感反应。因此,教师应鼓励并引导学生全方位感受体验文本中的感情,并说出、写出读后的感受和体验,使学生受到文本情感因素的熏陶、感染,而不应以对文本繁琐的分析讲解代替学生丰富的阅读实践。

语文是人文性很强的学科,大多数文章都包含有浓厚的感情色彩。因此阅读教学要让学生在经历和"实践"中感受体验文本蕴含的感情,逐步形成一定的态度和正确的价值导向。它要求语文教师不断丰富语文课堂教学手段,联系生活实际,设计一些正面情境去反复熏陶、感染学生,从而逐步使学生形成良好的情感、态度、价值观。

笔者在教学《窗》时,抛弃了许多关于语文课该怎样上的思维条框,从文章的情节入手,引导学生通过字词分析出人物的形象,然后笔者把课堂的重点落在了小说的结尾上。笔者让学生谈谈读了这个结尾,有什么感受。有学生说,没有想到会是这样的结果;有学生说,读到这里我突然明白了靠窗病人的良苦用心和无私付出,靠窗病人的形象顿时格外高大起来;还有学生说,读到这个结尾,想到了恶有恶报的观点,不靠窗病人罪有应得;还有学生说,对于善良的人来说,那是一扇美丽无比的窗,对于邪恶的人来说,那只能是一堵光秃秃的墙。

于是,笔者进一步引导学生推测,当这个不靠窗的病人发现窗外竟然只是光秃秃的一堵墙的时候,他会有怎样的心理感受,会有怎样的人生结局。学生的观点一致:这个不靠窗的病人一定在震撼的同时,会自责自己的自私,会悔恨自己的所作所为,会在无尽的孤独和深深的愧疚中郁郁而终。

笔者接着引导学生思考:那个不靠窗的病人真的是一个邪恶的人吗?他的身上有我们自己的影子吗?不靠窗的病人开始时与靠窗病人一起享受

那美妙的一小时,他的心中是充满感激的。然而某一天突然产生了一个想法:为什么偏偏是挨着窗户的那个人,有幸能观赏到窗外的一切?不靠窗病人为这"突然"之间冒出的不该有的想法而感到惭愧,并努力去克制了。然而,慢慢地这个想法演变为想占有的欲望,最终让他做出了足以悔恨终身的错事。

此时,学生沉默了。笔者举了几个生活中的例子,告诉他们,往往犯大错的,甚至是走上犯罪道路的人并不都是十恶不赦的人,他们往往也只是因为一个"突然之间的念头",让自己的占有欲不断地膨胀再膨胀,最终欲望吞噬原本的良知,而酿成了无法挽回的悲剧。就像那个不靠窗的病人,当他看到那堵光秃秃的墙的时候,他才会幡然醒悟,但醒悟的时候却已经无法回头。

然后,教师让孩子们再谈谈《窗》给我们的人生教益。有孩子说,我们对身边的人和事应该常怀感恩之心;有孩子说,我们绝对不能因为一时的糊涂,而酿成终生的苦果;有孩子说,我们应该像靠窗的病人那样,心里洒满阳光,并把爱带给别人,这样的努力会让自己内心安宁充实;有孩子说,如果有一天我们的内心也突然之间蹦出不该有的念头的时候,我们一定要想到那堵光秃秃的墙,然后赶快回头;有孩子说,我们不能被欲望打败,我们应该用良知驾驭欲望。

这样的语文课,教学内涵更加丰富了,学生的感受更加深刻了,"感恩""乐观""理智"这些可贵的精神种子已经在学生心中种下了,相信在这样的课文、这样的理念的引领下,在老师反复的感染下,正确的价值观会越来越牢固。

(三)开展多样语文活动,全面渗透价值观判断能力的培养

要充分重视语文课程的人文内涵,在阅读鉴赏和表达交流的教学活动中潜移默化地进行正确的价值体系教育。在全面提高学生听说读写语言能力和思维能力的同时,结合语文学科的特点,通过丰富多彩的教学活动让正确的价值观判断体系教育飞扬起来。

1. 组织经典诵读活动，营造价值观形成的文化氛围

通过组织经典诵读活动，在锻炼学生"读"和"说"的能力的同时，培养他们热爱中华民族优秀传统文化，热爱大自然，热爱生活，弘扬民族精神、时代精神和革命传统，用身边人物感人的故事，培养学生积极的人生态度、崇高的思想境界和高尚的道德情操。

笔者所在学校经常利用元旦、儿童节等节日契机在师生中大力开展经典诵读活动和讲故事比赛。以经典诵读为例，全体学生和语文老师一起精心选择诵读材料，在选择的过程中，他们海量阅读了许多经典诵读材料，在大量的阅读中，爱、责任、感恩、成长、奉献等核心素养已经潜移默化地根植于他们心中。有一些班级的学生在海量阅读后，自己进行创作，这就是已经存在于心的价值观的一种外部呈现。在一进一出的过程中，价值观判断能力得到了进一步的提升。在排练的过程中，学生反反复复多次诵读，经过语文老师的引导分析和指导，他们用情投入，配上适合的音乐，朗读者往往心潮澎湃，正能量在整个班级甚至整个年级冉冉升起。这样的语文活动，不仅受到了全体师生的欢迎，而且改变了学生和老师的精神风貌，这正是正确的价值观判断力的体现吧。

2. 指导课内外经典阅读，感受正确的价值观的引领

进行广泛的经典阅读，不仅可以提高学生的阅读能力，而且在阅读中，可以让学生体悟和感受正确的价值观的引领。笔者所教的一位学生在阅读了《猫》这篇课文后，有了这样的感悟：作者眼里的猫不是玩物，而是有思想有爱有恨有痛苦，和人一样是有灵魂的生命！通过换位思考，我们可以感受到这只猫因为自己不漂亮而备受冷落，因为自己不讨人喜欢而遭受冤枉的痛苦绝望的心理。我们有什么权利对同是一条生命的猫作出这样残忍而又残酷的伤害呢？作者正是领悟到了这一点，才会深深的自责、懊悔、歉疚，以永不养猫的决绝来铭记这个深刻的教训，同时也是给自己以后的人生之路一个警示，告诫自己凡事保持清醒理智的头脑，不随意作出论断，不随意伤害他人。有学生读完《活着》之后，有了这样的感受：

活着真的不容易,像主人公福贵这样始终挣扎在磨难与困苦中的那样的人都能坚强地活下去,何况生活在健全家庭、幸福温馨中的我们呢?我们有什么理由颓废懒惰?我们有什么理由不珍惜不感恩我们现在的幸福生活?学生在阅读的过程中,自己已经作出了正确的判断,感受到了正确的价值观的引领,并主动完成了原来价值观的自我修正。

但如今是信息社会,在海量信息的时代,各种各样良莠不齐的阅读作品可能会呈现给孩子,这就需要语文老师对学生进行引导,推荐适合他们读的经典作品,读后指导他们撰写阅读感受,并在班内开展读书沙龙,组织学生一起探讨自己的发现和感悟,在学生价值观判断力出现偏差的时候,及时进行正确的引导。同时,语文老师还需要指导学生分辨阅读作品的质量,教会他们自己选择有益的作品进行阅读。

3. 利用优秀的影视作品,引领和指导学生践行正确的价值观

优秀的电影就是一堂正确价值观判断力指导的课。语文老师可以把优秀的影视作品作为语文教学的教学素材,指导他们积累语文知识、提高审美能力。精彩的剧情,经典的对白,个性鲜明的人物都是教育学生形成正确人生观价值观的教材。"漫漫人生路,我们能为这个社会做的又有多少?人应该将有限生命付出到值得为之努力的事情上,而不是空空地抱怨不公。其实,阿甘也和我们一样,是个再平凡不过的普通人,甚至还不如我们聪明。我们要做的仅仅只是像阿甘一样,坦荡地面对生活,把自己仅有的智慧、信念与勇气集中到一点,凭着自己的直觉,不停地奔跑这就足够了。"这是看完《阿甘正传》后,一个学生的感悟。学校组织学生观看《奇迹男孩》,观影结束后,笔者花了一节课的时间,让学生进行交流,很多学生感慨颇深。"不管遇到什么,真实地面对,而不是逃避。""幽默是生活的调剂品,也是让我们更乐观和真实地对待所有的问题,而不是逃避。""没有天生的熊孩子,都是教育的问题""电影让我们看到的是尊重,而不是区别对待。像奥吉这样,他不要用异样的眼光看他,他也并不想要别人对他的特殊保护,他只是想被别人当成普通人一样对待。"学生在交

流与讨论中，对价值观判断力又进行了一次理性的分析，有了更加深刻的印象。语文老师可以经常给学生推荐一些优秀的电影，指导他们写观后感，并定期举行交流讨论，学生的人生观、价值观判断能力就能得到很好的提高。

4. 组织语文实践活动中，提升情感态度价值观判断的感受力

新课标强调综合实践活动，学生语文能力的形成，必须靠大量的语文实践活动来实现；同时，学生道德品质、健康个性、正确价值观的形成，又必须靠语文实践过程中的潜移默化、熏陶感染来实现。

以统编教材七年级下册第四单元综合性学习《孝亲敬老，从我做起》为例。在征集活动方案、合作组织活动、分享体会和感受中，通过黑板报海报宣传、标语横幅制作、主题班会的召开、亲情征文比赛、表达爱心家庭作业、国旗下讲话的倡议和总结等丰富多彩的活动，学生进一步了解了中国传统的孝文化，感受了中华民族孝亲敬老的优良传统，培养了心存感恩、孝敬父母、回报社会的美好品德。

比如，组织学生走向社会各行各业，对从事不同职业的人进行采访，了解不同人物的生活工作经历与现状。这样的活动让学生了解了生活的不易，平凡人物的伟大，这对学生的世界观的形成有很大的帮助。再如，在"保护母亲河"实践活动中，学生通过对母亲河历史资料的搜集，感受中华民族文化的源远流长；通过采访爷爷奶奶辈老人在生活上对母亲河的依赖，认识到母亲河哺育一代又一代人的伟大；通过母亲河水质今昔的对比，强烈感受到保护母亲河的重要性和迫切性。自豪感、责任感在活动中慢慢生成，并将在他们的生命中留下烙印。

总之，在语文学科领域，我们应该重视语文课程对学生思想情感所起的熏陶作用，注意课程内容的价值取向，继承和发扬中华传统文化和革命传统，体现社会主义核心价值体系的引领作用，突出中国特色社会主义共同理想，弘扬以爱国主义为核心的民族精神和以改革创新为核心的时代精神。教师要重视情感态度与价值观的正确引导，根据语文学科的特点，注

重熏陶感染、潜移默化，把这些内容渗透到日常的教育教学中。

典型课例：统编教材语文七年级上册名著导读《西游记》

课例背景：

《西游记》是我国"四大名著"之一，它不仅有较深刻的思想内容，艺术上也取得了很高的成就。它以丰富奇特的艺术想象、生动曲折的故事情节、栩栩如生的人物形象、幽默诙谐的语言，构筑了一座独具特色的《西游记》艺术宫殿。统编教材七年级把《西游记》作为必读书目，在七年级开设名著导读课。本课是《西游记》1—5回阅读推进课，主要认识孙悟空的人物形象。以孙悟空"不满足"的性格特点为主线，理清了1—5回主要内容，并对其"不满足"的性格特点进行细部揣摩，并以"不满足"来指导自己人生观的形成。

课例描述：

联系生活，启迪人生。

师：同学们，老师也有过"不满足"的经历。记得我刚刚大学毕业的时候，我就想着能够找份工作，我就心满意足了，等我找到工作后，我又觉得仅仅做一个老师不是我的志向，我应该努力去做一个让学生喜欢的老师，于是，我朝着这个目标努力着。现在，我觉得仅仅做学生喜欢的老师还不够，我还想要做一个出色的、能给我的学生带来深远影响的好老师。"不满足"在老师的人生历程中也起着很重要的作用啊！同学们，你们有过"不满足"的经历吗？

生1：我很喜欢唱歌，我想得到别人的肯定，于是我很努力地去练习，后来，同学们都说我唱得好听，我并不满足只唱给周围的人听，我希望我将来可以唱给更多更多的人听，能够上电视，成为一个歌手！

师：我看到了未来的当红歌手。只要你有不满足的心态和不懈的努力，我相信你一定会梦想成真！

生2：我现在成绩比小学时有进步，但是我不满足这一点进步，我希望我可以在初中成绩上有更大的突破，能进入班级的前5名！

师：好孩子！你能大胆地表达你内心最真实的想法，让老师佩服。而且我绝对相信，你一定可以成为更优秀的自己，不满足的孩子，加油！

生3：我喜欢写文章，小学时，经常得到老师的表扬，但是我不满足，我想得到更多的读者，于是，我更加努力去写，六年级的时候，我的文章发表了！

师：小姑娘，你太棒了！小小年纪就有发表的作品，老师相信你不会满足，你将来一定会有更多优秀的作品发表。我看到了未来的大作家！

师：孩子们，"不满足"是我们生命中宝贵的财富。老师希望你们在以后的人生道路上，和孙悟空一样，用"不满足"的心态和勇于进取的行动去实现你们的人生价值！

【设计意图：这是本堂课的最后一个环节，这个环节由老师自身生活经历谈起，引导学生对自己"不满足"经历的回忆与叙述。训练说话能力的同时，对学生价值观判断能力作正确引导。对于正处于青春年华的学生来说，他们应该有积极向上的朝气和勇气，有勇于追求梦想的动力和毅力。这一环节很好地激发了他们的斗志。】

新课标指出："在语文学习过程中，令学生认识中华文化的丰厚博大，吸收民族文化智慧，逐步形成积极的人生态度和正确的价值观，提高文化品位和审美情趣。培植热爱祖国语言文字的情感，具有独立阅读的能力，注重情感体验，学会运用多种阅读方法。能初步理解、鉴赏文学作品，受到高尚情操与趣味的熏陶，发展个性，丰富自己的精神世界。"本课是《西游记》1－5回阅读推进课，在学生阅读的基础上，帮助学生对数量较多的情节进行梳理，对人物进行理性的分析与理解。

经典名著能影响读者，教育读者，调节人的情绪，提高人的精神境界，激发读者追求和创造美好的事物。中学生正是人生观世界观形成时期的少年，学校和老师有责任和义务引导他们进行经典名著阅读。这样有利于学生的思想品质、审美能力的培养，有利于认知视野的拓宽和心灵的净化。正因为如此，这节名著阅读推进课，应该让学生受到感染与鼓舞。在课堂上，笔者看到孩子谈自己的"不满足"经历时，眼睛里闪耀着光芒。笔者也发现，台下所有的听课老师听到这一环节也饶有兴趣。名著阅读的最大功效莫过于此。

第四章
数学学科关键能力及其培养

第一节　数学运算能力

人类从有史以来就和数学运算有着密不可分的关系，在有文字记载之前，猎人很早就开始利用结绳和刻痕进行记数，并进行简单的计算。比如知道 2 支箭矢和 3 支箭矢在一起就有了 5 支箭矢。这样随着生活和生产的需要数字就抽象出来了，正如英国哲学家兼数学家伯特兰·罗素所说："当人们发现一对雏鸡和两天之间有某种共同的东西（数字 2）时，数学就诞生了。"[①] 这种由具体变为抽象的过程就是量变到质变的过程，便导致了加法规律的产生。而当人们发现加减法又不能满足人们分配猎物的需要时，除法和乘法运算规律又抽象产生了，随着生活和生产的不断需要又有了分数运算、有理数运算、代数式的运算等等，人类文明的发展促进了数学运算的发展，数学运算的发展又反作用于人类文明上，促进人类文明的发展。

一、数学运算能力的内涵

美国数学教师协会 2000 年发布了《数学课程标准》，对数学教育提出了培养六项能力的要求：①问题解决的能力；②逻辑推理能力；③数学交流能力；④数学联结能力；⑤数的运算能力；⑥数学表示能力。我国《义务教育数学课程标准（2011 年版）》（以下简称新课标）提出了 10 个核心概念：数感、符号意识、空间观念、几何直观、数据分析观念、运算能

---

① 蔡天新. 数学与人类文明 [M]. 杭州：浙江大学出版社，2001.

力、推理能力、模型思想、应用意识和创新意识。运算能力是数学学科能力中的一项核心能力，在学习数学过程中，没有数学运算能力就不能对抽象的数学关系和函数关系有深刻认识。但长期以来国内外教育界对运算能力的重要性看法不一，甚至曾出现过有了电脑和计算器就可以不用加强中小学学生数学运算能力的言论。随着我国基础教育改革的不断深入，广大教育工作者逐渐认识到培养中小学生的运算能力是必须的，运算能力低下、运算常常出错已经成为限制学生特别是中高年级学生学业水平的瓶颈。

（一）数学运算与数学运算能力

运算贯穿在义务教育阶段的各个学段的数学课程的教学中，新课标指出运算是指根据一定的数学概念、法则和定理，由一些已知量通过计算得出确定结果的过程。也就是指在运算律指导下对具体式子进行变形的演绎过程。究其本质，运算可以看做是一种特殊的对应关系，是运算对象在这种对应关系下经过变形从而得到的一种映射。根据新课标，中小学生数学的运算形式应该包括口算（心算）、笔算、估算、借助计算器进行复杂的计算等数值计算以及式的变形、解方程和不等式、求函数值、三角函数值的计算、各种平面图形中几何量的测量和计算等。

运算能力指运用有关运算的知识进行运算、推理，能够准确、合理、高效、简约、创新地完成数学运算活动任务的个性心理特征。运算能力并不是一种单一的数学能力，而是运算技能与逻辑思维能力的一种独特的结合。从运算内容看它，包括数的运算能力和符号运算能力；从运算过程看，运算能力包括分析运算条件、选择运算公式、确定运算顺序、明确运算结果等一系列分析问题解决问题的思维能力，也包括在实施运算过程中遇到障碍而调整运算的能力。

（二）数学运算能力的价值探究

运算能力是数学三大核心能力之一（运算能力、逻辑思维能力、空间想象能力），它的价值主要体现在以下几个方面：第一，运算能力不仅仅是简单地计算，而是需要学生首先通过观察、思考，然后灵活运用算理，最后找到合理、简捷的运算途径，创造性地解决问题的过程。由此可见运算能力具有综合性的特点，它与数感、符号感有着密切的联系，而且运算能力的高低还会影响学生数学假设、推理、论证和应用等关键能力的培养，最终影响学生的分析问题、解决问题的能力。因此数学运算能力不仅仅是学生学习数学和形成其他能力的基础，也是学生实现更好发展需要具备的素质。第二，在天文、地理、生物、物理、化学等学科的学习中对运算能力也有比较高的要求，因此，数学计算能力是学习其他学科的重要基础，是应具备的一种重要的数学能力。第三，运算能力在生产和生活中也有广泛的应用。运算是人们生活、学习、科学研究和生产实践中应用最广泛的一种数学方法。学好基本运算，并形成一定的运算能力，这是终生有益的事情。所以运算能力是每个学生必须具备的基本素养之一。

二、数学运算能力的表现

曹才翰主编的《中国中学教学百科全书》指出，学生的运算能力主要表现为能正确、迅速地确定题目类型，依据题目类型确定解题模式、解题方法，再寻求解题方法，同时尽力寻找最简捷的方法，同时对题目类型、解题模式方法进行反思和总结。[①]

1999年，国家教育部考试中心提出，数学运算能力包括：理解运算；能够根据定义、法则、公式等进行正确的数学运算；能从题目条件出发寻求合理、简捷的运算途径。

梁威在他主编的《面向未来的数学教育探索》中认为数学运算能力包括：（1）挖掘题目隐含条件的能力；（2）准确运用定义、定理、法则、公式的能力；（3）选择正确的运算方法；（4）运用数学思想方法的能力；（5）有估算能力。[②] 罗增儒认为运算能力表现在正确迅速的计算技能和简

---

① 曹才翰. 中国中学教学百科全书·数学卷 [M]. 沈阳：沈阳出版社，1991.
② 梁威. 面向未来的数学教育探索 [M]. 北京：北京教育出版社，2000.

捷自查的逻辑思维两个方面。[①]

借鉴上述学者著作、课标、考纲和一些期刊文献的观点，针对中小学生学习的特点，笔者认为数学运算能力主要表现在基本运算技能、提炼合理算法、灵活运用算法、创新运算能力。

（一）基本运算技能

基本运算技能是运算能力的初级水平，主要是指正确地运用各种概念、公式、法则等进行运算的能力。

第一学段：

1. 经历从日常生活中抽象出数的过程，理解万以内数的意义，初步认识分数和小数，理解常见的量。

2. 在实际问题中能顺数、倒数、利用数字解决人物排列、物品摆放等规律问题。

3. 使用图表或学具将四则运算模式化，并能运用四则运算的法则准确进行运算。

4. 会进行简单的混合运算，能进行简单的小数和分数的加减法的运算，提高两位数乘法和两三位数除以一位数的除法运算能力。

第二学段：

1. 体验从具体情境中抽象出数学的过程，认识万以上的数。

2. 理解分数、小数、百分数的意义，了解负数的意义。

3. 能进行较为复杂的四则混合运算，能解简单的方程，提高多位数乘以多位数、多位数除以多位数的运算能力。

4. 能列出综合算式并进行一步以上运算，并能通过运算解决实际问题。

5. 体验从具体情境中抽象出数学符号的过程，理解有理数、实数、代数式、方程、不等式、函数。

[①] 罗增儒，李文铭. 数学教学论［M］. 西安：陕西师范大学出版社，2003.

第三学段：

1. 用适当方法连贯并准确地进行实数范围内的加减乘除、乘方、开方运算。

2. 能正确地根据概念、公式、法则进行整式、分式、二次根式的化简。

3. 能熟练地进行解一元一次方程（组）、解一元二次方程、解能化为一元一次方程的分式方程、解一元一次不等式（组）、用待定系数法求函数解析式等运算。

（二）提炼合理算法

提炼合理运算方法主要指在理解运算意义和算理的基础上，能选择合理的运算方法，规划合理的运算途径的能力。

第一学段：

1. 体会四则运算的意义，通过各种模型理解运算的意义，如加法可以作为增加、合并、放入、继续往前数等模型，减法可以作为减少、还剩、比较、往回数或加法逆运算等模型，乘法可以作为相等的数的和、倍数等模型，除法可以作为平均分配、倍数、比率或乘法逆运算等模型。同时，加减乘除之间又不是孤立的，不同的运算之间还有一定的联系，比如乘法与加法之间，除法与减法之间，乘法和除法之间，加法和减法之间。

2. 在适度训练、逐步熟悉的基础上，清楚意识到实施运算的算理，不断总结经验和教训，提高运算的熟练程度，以求运算顺畅，减少计算失误。

3. 在理解算理的基础上能选择合理的算法进行简单的混合运算。

第二学段：

1. 通过适当地多次反复训练，进一步体会四则运算的意义，深刻理解各种运算在具体问题中的作用。

2. 能正确理解相关的概念、法则、公式和定理等数学知识，明确实施运算的依据，保证运算的正确。

3. 第二学段的学生正处于由具体运算过渡到形式运算的关键时期。因此，在第二学段，学生要充分地理解运算的算理的基础上，能根据题目的条件提炼合理的运算方法，规划正确的运算途径，提高运算能力。

第三学段：

1. 能通过不断的反复训练，提高对概念、公式、法则的理解，达到融会贯通、熟练运用的程度。

2. 能尽快适应从小学里主要进行数的运算转变为主要进行式的运算。

3. 能通过字符的运算的训练中，发展概括能力。

林崇德在《论学科能力的建构》中指出："一切学科能力都要以概括能力为基础。"所谓概括，是指在思想上将许多具有某些共同特征的事物，或将某种事物已分析出来的一般的、共同的属性、特征结合起来。从数学角度上就是指从特殊到一般的合情推理的过程。在具体解题过程中表现为能综合分析题目的条件和要求，正确、熟练地根据中学数学的法则、概念、公式提炼出解决问题的合理算法，突破学生在学习中遇到的瓶颈。

（三）灵活运用算法

灵活运用算法主要指在熟悉掌握各种概念、公式、法规的前提下，能从多个角度综合分析解决问题的各种方法，善于根据计算目的灵活调整运算过程，选用运算方法合理、巧妙地进行运算。既能以一般方法、规则进行运算，也能用特殊技巧进行运算，还能用多种方法解同一个运算问题，从而培养最优化地解决问题、简化运算过程的能力。

第一学段：

1. 能正确地运用各种概念、公式、法则进行计算，计算正确是这一学段的主要任务。

2. 在正确理解概念、法则、公式和定理等数学基本知识的基础上，进行适当的训练，逐步熟悉，慢慢领会，熟能生巧，发展优化计算、灵活运用的能力。

第二学段：

1. 探索并了解运算律（加法交换律和结合律、乘法交换律结合律和分配律）及减法的性质、除法的性质，能运用运算律和性质进行一些简便运算。理解等式的性质，能根据等式的性质解简单的方程。

2. 能在常规方法解决问题的基础上，思考从不同角度解决问题的方法，发展一题多解的能力，培养发散思维；能在具体运算过程中体会加与减、乘与除的互逆关系，发展逆向思维能力。

3. 能够在解题过程中适当运用数学思想，能从多个角度综合分析解决问题，从而培养简化运算的能力。

第三学段：

1. 能从已有的知识经验和生活经验出发，在深化算法与算理之间的联系的基础上，能选择适当的数学公式或法则，优化运算过程。

2. 能根据问题的条件从不同的角度综合分析，选择合适简捷的运算途径，简化运算过程，提高运算的效率。

3. 能熟练运用数形结合思想、分类讨论思想、转化与化归思想、方程与函数思想等常用的数学思想，提高数学运算的正确性与简捷性。

（四）创新运算能力

创新运算能力是指学生通过对问题条件的仔细观察进行合情推理、大胆猜想、估算、创造性地解决问题的能力。创造性运算的能力是对数学运算能力的重要补充，运算也是一种推理。

第一学段：

1. 在生活情境中感受大数的意义，并能进行估计；能结合具体情境，选择适当的单位进行估算，体会估算在生活中的作用。

2. 善于用独特的思考方式去探索、发现、概括运算方法和技巧。

第二学段：

1. 理解估算的意义。能结合现实情境感受大数的意义，并能进行估算；在解决问题的过程中，能选择合适的方法进行估算。

2. 善于运用独特的、新颖的方法进行运算，解法新颖，有独到之处。

第三学段：

1. 掌握必要的估算技能，能用一个有理数估计一个无理数的大致范围，经历估计方程的解的过程，会用二次函数的图像求一元二次方程的近似值。

2. 善于对条件进行合情推理、大胆猜想；善于打破思维定势，在实施运算分析和解决问题过程中熟练运用"由因导果"和"执果索因"的推理模式，经历思维从单向思维到逆向、多向思维的发展过程。

3. 善于探索、发现、概括新的运算规律，善于提出独特、新颖的解题方法。

三、数学运算能力的培养实践

数学运算能力是每个中小学生必须具备的数学核心素养，同时也是人们在生产和生活中必须具备的能力。但运算对学生来说是枯燥的，在计算过程中很容易出错，这里面有基础知识不过关的原因，还有运算方法的选择不合理导致运算繁琐的问题，以及学生自己对运算的态度不够端正导致运算能力低下的原因等等。面对学生各种错误，许多教师感到很无奈。针对这种现状很多专家和学者对数学运算能力的培养提出各自的观点。

牛广华在《提高小学生运算能力的研究》中提出从三个方面培养运算能力：（1）抓好运算教学，深入理解算理，牢固掌握运算方法。（2）加强基础训练，掌握运算技巧，提高运算能力。（3）养成良好的运算习惯，坚持少而持续的训练，有利于提高运算正确率。[①]

涂荣豹、季素月在《数学课程与教学论新编》指出从四个方面着手培养学生的运算能力：（1）帮助学生准确理解和掌握基础知识。（2）进行科学系统的训练，促使运算技能的形成（注意训练要有序；训练时间、训练量要适中；及时反馈，及时纠正练习中的错误）。（3）重视"算法"内容

---

① 牛广华. 提高小学生运算能力的研究 [J]. 现代中小学教育，2018（34）.

的学习。(4) 重视运算过程中思维灵活性的训练。①

何小亚提出从以下几个方面培养运算能力：(1) 使学生重视数学运算。(2) 加强基础知识的教学。(3) 促使学生掌握正确有效的运算方法。(4) 让学生熟记一些常用数据。(5) 及时纠正学生的运算偏差。(6) 克服思维定势，灵活进行运算。②

张亚平在《初中生数学运算能力现状调查研究》中总结了四个方面：(1) 加强数学基础知识的学习。(2) 加强对算理的理解。(3) 加强一些常用数据公式、法则的记忆。(4) 加强运算练习，总结运算规律，灵活进行运算。③

综合各位专家、学者、一线教师提出的策略，笔者认为要提高学生的运算能力可以从以下几个方面入手。

(一) 夯实基础知识，掌握运算方法

苏霍姆林斯基的《给教师的一百条建议》中指出到了中学仍然有学生跟不上学习的脚步，将学习当成一种负担，而教师也要花费相当多的时间去为学生进行辅导，最后效果也不一定好，这就是学生的基础没有打好。学生只有真正理解和掌握必要的基础知识，才能初步形成运算技能，掌握运算方法。

1. 经历法则的形成过程

在教学中我们发现学生的运算错误常常发生在运算法则、公式的记忆上的错误，有时是记错了一个符号，有时是漏了一项，有时是把正负号搞反了……导致在运算刚开始就发生了错误。

例如：在计算 $(x-21)^2$ 时有同学的结果是 x^2+21^2，漏掉了中间一

---

① 涂荣豹，季素月. 数学课程与教学论新编 [M]. 南京：江苏教育出版社，2004.

② 何小亚. 与新课程同行——数学学与教的心理学 [M]. 广州：华南理工大学出版社，2004.

③ 张亚平. 初中生数学运算能力现状调查研究 [D]. 南京：南京师范大学硕士学位论文，2015.

项，还有同学写成 $x^2-42x-21^2$ 等等，所以在教学中，教师要重视概念、公式、法则的教学，让学生经历概念、公式、法则的形成过程，而不仅仅是机械式的记忆。

讲授新课时，应让学生经历由具体到抽象、由感性到理性的过程，自然地形成概念，导出运算性质公式、定理、法则，要让学生弄清它们的来龙去脉，这样可以让学生体会像数学家研究数学一样去学习数学，变学数学为研究数学，变被动为主动，在动态过程中汲取知识，提高学习效率。

例如：某老师在《小数加减法》的教学过程中有这样一个情景："请你来想一想小数加减法还可能有哪些新问题、新情况呢？每个人编一道题，自己编自己做。"教师到孩子们中巡视寻找有价值的题目，其中有一位孩子编了一道 0.8+3.74，有经验的教师一看就知道，这便是这节课问题的关键，两个加数小数部分位数不同，可以通过这道题揭示小数加减法本质。老师把学生编的这道题当成宝贵的资源，先请全班学生都来算一算，同时提醒学生算的时候要想，你怎么算，为什么这么算？孩子们纷纷尝试，有不少是做对了，可是这不是教师最终要追求的，所以紧接着追问："奇怪了，以前我们算了那么多整数加减法，都是末位对齐，怎么这回你们不把末位对齐了？"这样一句话，就把冲突挑起来了。孩子们议论纷纷，有的孩子能从数位的角度做出解释，说出最核心的计算方法。但是，毕竟从计数单位的角度理解还是有点抽象的，优生明白了，并不是所有的孩子都能明白，接着教师又提出一个要求："这几位孩子说的都挺好，那么谁能给大家举个例子，让我们大家一下子就明白我们说那个 8 和 4 不能一起加的原因？"思考片刻，一个孩子站起来说："0.8 就是 0.8 元，3.74 就是 3 元 7 角 4 分，大家想吧，8 角要非得和 4 分加起来，得 12 是什么，12 角不对，12 分也不对，所以……"孩子把生活经验中的元、角、分请进来了，一下子把对计数单位的困惑解释了。[①]

---

① 林雪霖. 核心素养导向下小学数学"运算能力"的培养 [J]. 福建教育学院学报，2018 (3).

反思老师的智慧之处：在学生说出数位对齐后，教师没有把加减法的法则硬塞给学生，而是继续追问为什么，让学生讨论思考，直到孩子用了元、角、分这个模型进行迁移，教师最后再帮他们理解，揭示最本质的东西：只有计数单位相同才能直接相加减，这是理解法则的关键。让学生经历法则的生成过程，充分地理解概念、法则、公式的意义和背景，从而达到事半功倍的目的。

其次，该记得记，该背得背。有的学生认为，数学不像英语、史地，要背单词、背年代、背地名，数学靠的是智慧、技巧和推理。其实数学同样也离不开记忆。试想一下，小学的加、减、乘、除运算要不是背熟了"乘法九九表"，能顺利地进行运算吗？同时，数学中还有大量的规定需要记忆，比如规定 $a \neq 0$、规定 0 既不是负数也不是正数等等。因此，数学更像游戏，它有许多游戏规则（即数学中的定义、法则、公式、定理等），谁记住了这些游戏规则，谁就能顺利地做游戏；谁违反了这些游戏规则，谁就被判错，罚下。因此，教师要带领学生在充分理解的基础上进行概念、公式、法则的记忆，指出其中的关键点，或者利用编口诀、歌谣等方式，帮助学生记忆。教师需要对知识进行精细加工，帮助学生高效记忆。

例如：在理解二次根式 $\sqrt{a}$ 中要满足 $a > 0$，$\sqrt{a} > 0$ 的时候可以引入"双重非负性"的说法，提到二次根式学生立刻能够说出"双重非负性"。又如学习分数负指数运算时，可记忆为"底数倒一倒，指数变个号"。再如完全平方公式 $\left(\dfrac{p}{q}\right)^{-m} = \left(\dfrac{q}{p}\right)^m$，$(a \pm b)^2 = a^2 \pm 2ab + b^2$ 可记忆为"首平方，尾平方，积的两倍放中央"，这样就可以避免形如 $(a+b)^2 = a^2 + b^2$ 这样丢了"心脏"的错误，同时还要熟记一些常用的数据如常用的勾股数、平方数、运算律、公式等，这样可以提高运算的速度和正确率。

2. 促进算理的意义理解

西南大学巩子坤在其博士毕业论文《有理数运算的理解水平及其教与学的策略研究》中认为："运算的算理，即为什么这样算的道理。算理是概括、总结运算法则的依据和基础。学生明白了算理，掌握了运算法则，不仅知其然，也知其所以然，便能适应各种变化了的情况，提高知识的迁移性。"①

简单地说算理就是运算背后的道理。是客观存在的规律，是计算过程中的思维方式，解决"为什么这样算的问题"，它一般是由数学概念、定理、性质等构成，体现着计算的合理性和科学性。教师要舍得在课堂上花时间和学生一起弄清楚运算过程中用到的算理，注重算理的推导过程，而不是仅仅关注计算的速度快慢和结果正确与否，"以练代想"是不可取的。教师必须引导学生去体会计算背后的数学原理，让学生不仅知其然还要知其所以然。

比如在 $12×3$ 的教学中，首先通过创设问题情境让学生由旧知迁移得出求 3 个 12 是多少可以列式 $12×3$。接着，组织学生小组合作借助小棒积极探究计算方法。通过合作探究学生会得出：$12×3$ 用小棒可以摆成 3 个 1 捆加 2 根，先算单根 3 个 2 用 $3×2=6$，再算整捆 3 个十是 $3×10=30$，最后 $30+6=36$。接下来进一步引导学生把口算的过程简化成乘法竖式。乘法竖式的每一步形成过程都要与小棒图口算的过程进行一一对应，理解每一步的计算过程和数字书写的正确位置。这样通过数形结合的方法，让学生深刻理解两位数乘以一位数的算理和两位数乘一位数用竖式计算的书写格式。

算理为计算提供了正确的思维方式，保证了计算的合理性和正确性，深刻理解算理，可以让学生通过计算学会学习、学会探究、学会感悟，不仅掌握老师讲过的知识，而且对于老师没有讲过的知识，能通过知识的迁移进行类比推理，转化为自己可以解决的问题。

3. 进行适当的巩固训练

经过上面的研究，学生虽然理解了算理，但此时学生对算理还处在似

---

① 巩子坤. 有理数运算的理解水平及其教与学的策略研究 [D]. 重庆：西南大学博士学位论文，2006.

懂非懂的状态，学生是否真正掌握了算理还要经过实际计算才能得到检验和巩固。新课标指出运算能力需要经过多次反复训练，螺旋上升逐步形成。因此此时及时组织学生进行相应的练习是必不可少的。但是，我们要注意千万不能把巩固训练变成题海战术，否则我们的计算教学改革就徒有其表了，那么要如何进行巩固训练呢？

首先，要注意训练的适度性。题量过少，训练不足，难以形成技能，更难以形成能力；题量过多，搞题海战，又会使学生产生厌学情绪，所以要根据学习内容进行适量而持续的训练。

其次，要注意训练的层次性。训练的难度要适当，既要有一定的数量，更要有合理的质量。例如：学生对于 200－60×3 的类型已基本掌握，那么就不必过多地出现 100－10×3、400－50×2 之类的题目，可以适当地进行拓展，比如 200－60÷3、200＋60÷3、200＋60×3 等题目，目的是让学生自己感知运算的顺序原理。

第三，还要注意训练的阶段性。新课标对运算和运算能力的要求是分学段提出的，每个学段的要求都体现了一定的学段特征，在进行巩固训练时不能操之过急，急于求成，教师要保持学生学习的新奇感，给学生不断创造"最近发展区"，让学生始终处于"探究——收获——再探究——再收获"这样一种情感体验之中，使之能自觉、主动、灵活地处理问题。

所以，坚持少而持续的巩固练习，在训练中巩固知识，通过多样化的变式练习和学生一起辨析难点、易错点，总结规律，最后才能将知识牢牢地纳入学生的心中，成为学生自己的本领。

(二) 重视策略指导，提升运算能力

林崇德教授认为，数学能力结构是运算能力、逻辑思维能力、空间想象能力与五种思维品质（思维的深刻性、批判性、独创性、灵活性、敏捷性）相互交叉构成的统一整体。[①] 要提升学生的运算能力首先要认识到数

---

① 林崇德. 中学数学教学心理学 [M]. 北京：北京教育出版社，2000.

学运算不仅是简单的"算"的问题，它更多的是学生的一种思维能力。教师必须重视策略教学，精准用力，才能有效地提升学生的思维品质，提高运算求解能力，培养学生的数学运算的核心素养。

1. 巧用变式题组，突破重点难点

在数学运算的教学中适当运用"变式题组"可以帮助学生突破重点难点，拓宽解题思路，提高应变能力，从而能够有效地培养学生的解题能力。

例如：在平方差公式 $(a+b)(a-b)=a^2-b^2$ 的教学中，学生对于 $(x+3)(x-3)$ 这种与公式形式一目了然的乘法基本上没有问题，但对 $(-x-3)(-3+x)$ 和 $(2x-5)(-2x-5)$ 这种运算，一部分学生就不知道该如何运用公式进行运算，许多学生仍然去使用多项式乘多项式的法则去解题，这样既浪费了时间又降低了正确率。教师可以设计下列变式题组：

判断下列计算是否正确：

(1) $(a+b)(-a+b)=a^2-b^2$

(2) $(-a-b)(-a+b)=a^2-b^2$

(3) $(b-a)(b+a)=b^2-a^2$

(4) $(b-a)(a+b)=a^2-b^2$

在此基础上引导学生观察、分析、发现平方差公式的结构特征：左边括号里各有一项相等，另一项互为相反数；只要满足这个结构的就可以使用平方差公式了。而在 $(-x-3)(-3+x)$ 中 -3 是相等的项，x 与 x 是相反项；在 $(2x-5)(-2x-5)$ 中 -5 是相同项，$2x$ 与 $-2x$ 是相反项，因此就可以得到以下解题过程：$(-x-3)(-3+x)=(-3)^2-x^2=9-x^2$，$(2x-5)(-2x-5)=(-5)^2-(2x)^2=25-4x^2$。最后教师可以再设计稍微复杂的题型进行巩固。

2. 巧用逆向思维，寻找最佳途径

思维既有正向思维，也有逆向思维，灵活运用逆向思维可以使运算简捷。应用逆向思维解答数学题，既可以加深对知识的理解与掌握，还能避免因常规思维而带来的繁杂运算，从而找到较为简捷的解题途径。特别是一些运算性质，既可完善知识结构，开拓解题思路，还可提高灵活运用数学知识的能力。

例如：已知 $2^m=3$，$2^n=5$，求 2^{2m+n}。对于这题如果按常规思路，要先求出 m，n 的值，再代入求解。事实上这样是很难求出来的。如果我们使用逆向思维，把同底数幂的乘法法则和幂的乘方法则反过来使用，即 $2^{2m+n}=(2^m)^2 \cdot 2^n$，这样问题就迎刃而解了。

再如：计算 $(\sqrt{2}+1)^{2017}$ $(\sqrt{2}-1)^{2016}$。对于这道题目如果先计算 $(\sqrt{2}+1)^{2017}$ 与 $(\sqrt{2}-1)^{2016}$ 再求积，其计算过程显然很复杂，甚至是不可能的。这里观察到 2017 和 2016 两个指数只相差 1，然后联想到逆用 $(ab)^n=a^n b^n$ 这一运算性质，就可以巧妙地解决问题了。

新课标指出由于思维定势的影响，逆向思维的难度较大，需要教师在教学过程中有意识地加强逆向思维的引导，使学生能够对问题进行周密的思考，达到正确熟练，灵活多样、合理简捷，实现运算思维的优化及运算能力的逐步提高。

3. 巧设一题多解，鼓励思维发散

在课堂教学中，要重视一题多解，培养学生多角度、多方位观察思考问题的习惯。通过运算方法的多样性训练，使学生摆脱思维定势的束缚，面对新问题，能自动化地调整思维方向，转换运算方法，提高学生运算的灵活性。

例如：已知 $x^2+x-1=0$，求 $x-\dfrac{1}{x}$ 的值。部分同学拿到这题没有认真思考，直接根据方程 $x^2+x-1=0$ 求出方程的解为 $x_1=\dfrac{-1+\sqrt{5}}{2}$ $x_2=\dfrac{-1-\sqrt{5}}{2}$，然后再代入 $x-\dfrac{1}{x}$ 求解，显然这种方法既耗时间，又易出错；这时教师可以引导学生仔细观察条件和要求的代数式的联系和区别，发现

条件中 x 的指数最高为 2，而要求的代数式中的 x 指数都比 2 小，联想到降次的思想，可以把已知条件的方程两边都除以 x 得到 $\dfrac{x^2+x-1}{x}$，进一步变形就可以得到 $x+1-\dfrac{1}{x}$；这时教师可进一步提问"刚才是从条件出发，利用等式的性质逐步变形得到要求的结论，反之能不能从要求的代数式出发变形呢？"经过讨论和引导发现第三种解法。又因为 $x^2+x-1=0$ 得到 $x^2-1=-x$，所以原式 $x-\dfrac{1}{x}=\dfrac{x^2-1}{x}$。这是一道一题多解的题，从不同的角度分析可以得出几种不同的解法，学生经常进行这样多向思维的训练，可以广开思路，发展思维的创造性，提高学生思维的灵活性与敏捷性。

在数学运算教学中，设计一些一题多解的题，采用"一题多解"的教学方法，并引导学生评价各种解法的特点和优劣，不但能提高学生的学习兴趣、提高解题能力、优化解题思路，而且能增强发散思维能力，培养学生的创新意识和创新能力。

（三）培养非智力因素，养成良好习惯

运算的正确性和运算习惯、运算态度与坚韧不拔的意志品质有关。在教学过程中要重视学生完成作业的独立性、整洁性、规范性，以及及时订正，以保证学生的运算能力的有效提升。

1. 培养运算兴趣，激发运算动力

兴趣是最好的老师，在数学运算教学过程中，尤其是从第二学段过渡到第三学段后，随着知识量的大幅增加，几乎每堂都是新课，每堂课的运算量也在加大，从加减乘除扩展到了乘方；从数的运算扩展到了整式运算、分式运算，而且难度也在增加，部分学生很难适应初中的数学学习生活，对数学学习逐渐产生了畏惧心理，缺乏数学学习的信心与勇气，慢慢地对数学运算的兴趣越来越低。在这样的恶性循环下学习，慢慢就会事倍功半，难以找到解决问题的突破口，从而影响数学运算能力的发展。因此，有时候学生的学习兴趣比教师的教学能力更重要，帮助学生培养数学运算学习兴趣关键是要重视学生的主体地位，这种主体性表现在教学过程的很多方面。

加强学生的参与性。学生是课堂的主体，有效的课堂离不开学生的参与，教师要避免填鸭式的满堂灌，多设计需要学生参与的环节，设计富有层次性的运算问题，尽可能让每个学生可以参与交流、练习，要舍得在课堂上给学生时间充分思考。

加强运算的趣味性。枯燥的机械运算让学生望而生畏，适当地联系实际情况，结合学生喜爱和关注的事件和活动来设计运算题组，让运算融入学生的生活，不仅可以提高学生的学习兴趣，还能让学生体会到数学运算的实用性。

加强教师对学生的认可度。在教学过程中不可操之过急，要经常与学生交流，了解学生的困难所在，对症下药，要不吝啬对学生的赞美和正面的鼓励，学生对自己学习状况的评价主要受教师评价的影响。

2. 加强审题指导，提高分析能力

审题是对题目信息的准确把握，综合处理信息间关系，进而确定运算方向的基础。平时的教学中常会有这样的现象：有些同学拿来一道题询问，叫他读一遍题目，或者给他读了一遍题目，然后他说知道了，就高兴地走了。为什么会出现这种现象？主要是这些同学在"审题"过程中粗心大意，没有看清题中的条件与结论，重新读一遍题目时，恰好填补了他思维的空白，因此不用你多说，他就明白了自己的问题所在！对于解题，审题是第一关。如何审题，才能使题目的解答更加准确与迅速，应该是每个人都要考虑的问题。审题，至少应该明白，题目的条件是什么，要求的问题是什么，相关的知识是什么，方法有哪些？然后选择较好的解题方案付诸实践。

例如：（如右图）在高 5 米、长 13 米的楼梯上铺地毯，地毯的长度至少为_____米。

这道题目的答案是 17，但实际练习中部分同学给出的答案是 18，究其原因是对"长 13 米"，这一条件没有认真分析，想当然地凭经验把 13 当成了直角边。具体解题时，紧紧抓住题目的所有条件不放，不要忽略了任何一个条件。选择一个或几个条件作为解题的突破口，看由这个条件能得出什么，得出的越多越好，然后从中选择与其他条件有关的、或与结论有关的、或与题目中的隐含条件有关的，进行推理或演算。一般难题都有多种解法，条条大路通北京。

再如：已知 $x=1-t$，$y=2-3t$ 那么用含 x 的代数式表示 y 为＿＿。这道题目由于 x 与 y 分别处在两个不同的关系式中，导致许多同学无从入手，经过仔细审题会发现每个等式中都含有 t，可以把 t 作为桥梁就可以把 x 与 y 联系起来了。

解：

∵ $x=1-t$，$y=2-3t$

∴ $t=1-x$，$t=\dfrac{2-y}{3}$

∴ $1-x=\dfrac{2-y}{3}$

∴ $y=3x-1$

还有，学生分析后发现可以把第一个等式变形后代入第二个等式从而得到更简捷的过程：

解：

∵ $x=1-t$

∴ $t=1-x$ 代入 $y=2-3t$ 得，

$y=2-3(1-x)=3x-1$

所以说题目越审越清晰，解法越辩越简捷。

3. 分析错误归因，培养反思习惯

学生在解题中存在审题不清、错看漏看、抄错符号、忘检验、不检查等不好的解题习惯，究其原因：一是，认为计算问题不是什么大问题。二是，把计算错误归因为"粗心""马虎"。三是，错了也不去好好订正，改个答案就算了……种种对运算错误的理解和做法导致学生运算能力越来越低。事实上黄小宁在《造成学生运算能力差的心理因素》中指出运算出错归因为粗心的观点是错误的，没有粗心这回事。黄小宁从学生的心理因素来分析运算错误的原因：(1) 归因偏差。(2) 对运算和运算能力认识理解不到位。(3) 缺乏优良思维品质。(4) 思维定式的消极影响。(5) 缺乏对运算过程的评价和监控意识，急于求成。(6) 认知结构不完善。[1]

由此可见发生"低级错误"的真正原因是学习态度的问题，教师需要帮助学生指出他们的问题，在教学过程要舍得花时间规范运算书写格式，利用好自己的示范作用，帮助学生规范解题。培养学生细心审题、耐心解题、及时订正、不断反思的习惯，并且树立自信心，相信自己可以解决问题，在做题时有条不紊，最后检查答案，完成题目。

典型案例：苏教版七年级上第二章第五节第一课时《有理数的加法1》

教材分析：

本节课的教学通过一些与生活密切相关的实例引出问题，利用学生已经掌握的加减法（0和正有理数范围），结合学生的生活经验得出问题结果。有理数的加法是小学算术加法运算的拓展，是初中数学运算最重要、最基础的内容之一。熟练掌握有理数的加法运算是学习有理数其他运算的前提，同时也为后续学习实数、代数式运算等知识奠定基础。

教学目标：

1. 经历探索有理数的加法法则，理解有理数加法的意义，初步掌握有理数加法法则，并能准确地进行有理数的加法运算。

2. 使学生在有理数加法法则的导出及运用过程中，训练学生独立分析问题的能力及口头表达能力；渗透数形结合的思想，培养学生运用数形结合的方法解决问题的能力。

---

[1] 转引自：姚乔. 初三学生数学运算能力的调查研究 [D]. 扬州：扬州大学硕士学位论文，2017.

3. 通过观察、归纳、推断得到数学猜想，体验数学充满探索性和创造性，获得运用知识解决问题的成功体验。

教学重点：理解有理数的加法法则，运用法则进行有理数的加法运算。

教学难点：理解并掌握异号两数相加的法则。

教学过程：

一、创设情境，建立模型

师：前面我们学了用正负数表示相反意义的量，在足球比赛中，如果把进球数记为正数，那么失球数应记为什么？

生：负数。

师：在某场比赛中，若红队进4个球，失2个球，则红队的净胜球数应该怎样计算？你能列出算式吗？

生：（＋4）＋（－2）。

师：如何进行这类有理数的加法运算呢？我们同学有没有信心当回"研究生"，共同研究出有理数的加法运算呢？（揭示课题。）

师：我们还是继续上面的话题吧！足球比赛分为上半场和下半场，请同学们思考，一支球队在某场比赛中可能会出现什么情况？你能根据情况"翻译"出计算净胜球数的数学式子吗？

（这个问题的指向性不够明确，学生一时愣住。）

师：老师先举个例子，上半场赢4个球，下半场又输2个球，所以我们可以列成算式……

[很多学生马上接着说出了算式（＋4）＋（－2），甚至有些学生说出（＋4）＋（－2）＝＋2。教师一愣，因为在备课时这个环节只是想让学生列出算式，而计算结果却是放在下一环节用数轴探究出来的。是当作没听见还是尊重事实调整思路？这几年的新课程实践给了教师正确的答案。]

师：你是怎么想到等于＋2的？

生：非常简单，因为上半场赢了4个球，下半场又输了2个球，所以总共赢了2个球。因为赢了2个球可以表示+4,所以有(+4)+(-2)=+2。

[教师表示赞赏,并把式子记录在黑板上:(1)(+4)+(-2)=+2。受此启发,学生纷纷举手,场面非常热闹。教师请了十几个同学回答并积极鼓励引导,又得到了下面的十种情况,教师一一作了记录并标出号码。]

(2)上半场赢3个球,下半场赢1个球,总共赢4个球,记作:(+3)+(+1)=+4。

(3)上半场赢3个球,下半场不赢不输,总共赢3个球,记作:(+3)+0=+3。

(4)上半场输3个球,下半场输1个球,总共输4个球,记作:(-3)+(-1)=-4。

(5)上半场输3个球,下半场赢1个球,总共输2个球,记作:(-3)+(+1)=-2。

(6)上半场输3个球,下半场不赢不输,总共输3个球,记作:(-3)+0=-3。

(7)上半场赢3个球,下半场输3个球,总共不赢不输,记作:(+3)+(-3)=0。

(8)上半场输3个球,下半场赢3个球,总共不赢不输,记作:(-3)+(+3)=0。

(9)上半场不赢不输,下半场不赢不输,总共不赢不输,记作:0+0=0。

(10)上半场不赢不输,下半场输3个球,总共输3个球,记作:0+(-3)=(-3)。

(11)上半场不赢不输,下半场赢4个球,总共赢4个球,记作:0+(+4)=+4。

【设计意图:教学应当建立在学生原有的知识和经验的基础上。本节课以一个常见的生活问题为情景,尊重学生的生活经验,激发学生探究的积极性。同时问题的提出和解决使学生了解知识的发生过程，了解数学的价值，培养了学生的数学建模能力，增进对数学的理解和学好数学的信心——要当好"研究生"。】

二、观察模型，探究归类

师：刚才大家都讲得非常好，老师认为同学们都很聪明。现在我们来观察上面这11个式子中两个加数的特点，你能把它们进行适当归类吗？

（这个问题有点难，学生一时无法回答，教室里冷场了。此时教师并不着急，而是用鼓励的眼神注视着，学生陷入冷静的思考，然后各小组展开了热烈的讨论。教师等教室里逐渐静下来后请学生发言。）

师：谁先试试看，讲错也没关系。

生1：(2)和(4)一类，因为它们的加数的符号相同。

生2：(1)(5)(7)(8)一类，因为它们的加数的符号相反。

生3：(3)(6)(9)(10)(11)一类，因为它们的加数中有0。

师：同学们的观察很仔细，归类的很有道理。还有不同的想法吗？

生：我认为(1)和(5)一类，而(7)和(8)另一类。因为(7)和(8)它们的加数是互为相反数。

师：同学们，你们认为上面的两种看法谁更合理？

（这时学生又交头接耳了，学生的思维特别活跃。）

生：我认为两位同学的看法并不矛盾，(1)(5)(7)(8)是异号的两个有理数相加，而它又可以分为两小类，第一类是绝对值不同的异号两数相加，如(1)和(5)；还有一类是绝对值相同的异号两数即互为相反数相加，如(7)和(8)。

（全班顿时掌声雷鸣。）

【设计意图：教师对学生的信任和鼓励永远是学生前进的动力和源泉。本环节，虽然由于问题提的较难而一度"冷场"，但教师并不火急救场，而是耐心引导，不断用自己的眼神和言语激励学生，最后有了课堂的精彩生成。同时，学生在探索过程中培养了兴趣，激发了研究数学的动力。】

三、猜测验证，归纳法则

师：通过上面的讨论，我们知道两个有理数相加可分为三大类：同号两数相加，异号两数相加，一个数与零相加，第二类又可分成绝对值不同的异号两数相加和互为相反数相加。那么同学们想知道这四类情况下的有理数加法的规律吗？

（此时的学生都很兴奋，大声地说出了"想"字。教师顺水推舟，将这四种情况分配给四个大组，每个大组一个探究任务，根据所给的式子探究出这类情况的有理数加法的规律。同时教师巡视教室，深入各组，积极参与小组的讨论活动，进行个别组的指导。当各小组基本完成探究后，教师开始提问。）

师：对于有理数加法运算，和的符号与两个加数的符号有什么关系？

生1：两个正数相加，和为正数；两个负数相加，和为负数。

生2：我还发现，异号两数相加，和的符号与绝对值较大的加数的符号相同。

师：和的绝对值与两个加数的绝对值有什么关系？

生1：同号两数相加，和的绝对值等于两个加数的绝对值之和。

生2：异号两数相加，和的绝对值等于较大绝对值减去较小绝对值。

生3：我们组发现，异号两数相加绝对值相等时（互为相反数）和为0。

生4：一个数与0相加仍得这个数。

师：同学们总结的非常棒，看来集体的智慧是无穷的。下面我们一起把大家的发现总结一下。（投影理数加法的运算法则略。）

【设计意图：合作学习，减轻了学生的负担，节约了课堂的探究时间，而且教师也必须提供这样交流的空间和时间，让学生经历法则的生成过程，充分理解有理数加法法则的内容。】

四、互动反馈，体验法则

师：请全体同学在练习本上写四道不同类型的两个有理数的加法算

式，在小组内交换，由组员根据有理数的加法法则完成计算，现在就开始吧！

（学生兴致勃勃地开始写着、算着，教师也在巡视着，指导着，直到各小组都完成了。）

师：现在请值日组长负责，组员协助，检查我们同学们刚才完成的是否正确。

（在全体成员的齐心协力下，一些错误纷纷被找出并被修改，不时传出学生领会后的笑语。对于个别小组不能确定的一些题目，教师则通过全班讨论的形式予以解决。）

师：通过刚才的计算，我们对有理数加法法则有什么体会？

生1：先确定和的符号，再确定和的绝对值。

生2：先判断是同号还是异号，再确定用哪一条法则。

生3：同号时，绝对值是相加；异号时，绝对值是相减。

师：两个有理数加法与小学里学过的算术数加法有什么区别和联系？

[学生通过上面的交流，启发，最后明白了两个有理数加法计算分两步，先确定和的符号，再算和的绝对值，而这一步也就是小学里的加法（同号）或减法（异号），体现了化归的数学思想。教师板书这个结论。]

师：刚才是同学出题同学做，现在请同学们出题让老师做，怎么样？

（学生特别兴奋，纷纷举手，出的题目五花八门，加数有小数、分数，甚至有的绝对值特大，一心想难住老师，引起课堂哄堂大笑。教师做题时规范板书，并强调格式。）

【设计意图：学生之间的交流与合作，不但满足了学生认知上的相互启发和生成，以及情感上的支持和互动，也使同学的个人知识和经验成为学生的重要资源，实现了课程资源的开发。先安排学生出题考同学，再让学生出题考老师体现了"先试后教，先练后讲"尝试教学法的设计理念。一方面，通过适当的巩固训练，让学生进一步理解有理数加法法则，提高了运算能力；另一方面同时让学生出题考老师，无形中实现了师生角色的

互换，重新点燃了学生学习积极性的火花，掀起课堂的新高潮。】

五、实践运用，升华思维

师：现在让我们回到一开始提出的话题。

（教师出示课本例2　足球循环赛中，红队胜黄队4∶1，黄队胜蓝队1∶0，蓝队胜红队1∶0，计算各队的净胜球数。）

（由于前面对引入中的问题研究得比较透彻，所以让学生独立思考自主完成，教师深入辅导点拨学生，请一生台上板演，师生共同点评，规范解题格式。）

师：最后，让我们再来看$(+4)+(-2)$，你还能再赋予它不同的实际意义吗？你还能借用不同的方法来计算它的和吗？

（学生举出许许多多不同的实际例子，教师和全班同学一起当裁判，只要是合理的，都认为是正确的，最后师生学习了课本中的数轴法，甚至因为学生兴致浓，又介绍了利用科学中正电荷和负电荷相互抵消的抵消法等。）

【设计意图：首尾呼应，体现了"问题情境—建立模型—解释、应用和拓展"的新课程教学模式。】

总体设计意图：

一、开放的研究氛围，经历法则的形成过程

新课程理念下的课堂改变了教师一味传授的权威地位，呈现出师生互动、平等参与的生动局面。尊重学生、充分发展学生的个性，已是我们每一个教育者面临的新教育观。本案例中，教师不断地激励性的话语和鼓励的眼神鼓励学生认真思考，大胆质疑，敢于向同学、老师挑战。教师是把学生作为研究者，让学生自己参与知识的研究过程，感知法则的形成过程。

二、开放的问题空间，明晰运算的算理

目前的数学课堂教学中，一些简单的封闭的问题将学生的思维牵入教师预设的"圈内"，表面上课堂气氛热烈，实际上思维含金量极低。因此，本案例的设计中，一开始教师就创设了开放性的问题情境"一支球队在某场比赛中可能会出现什么情况？"引发学生积极思考，让不同的学生在同一问题上有不同的发展，最后又以开放性问题收尾："让我们再来看（+4）+（-2），你还能再赋予它不同的实际意义吗？你还能借用不同的方法来计算它的和吗？"整堂课学生的大脑始终处于兴奋状态，激发数学思维，培养了良好的思维品质。

三、开放的编题训练，提升运算的技能

本堂课教师在教授有理数的法则后，没有机械性地让学生进行题海训练，而是让学生自己根据法则出四种不同类型的题目，这就要求学生首先得充分理解法则的内容，这样不知不觉中既复习了基础知识，又训练了运算能力。

第二节　数学推理能力

《义务教育数学课程标准（2011年版）》明确提出，数感、符号意识、空间观念、几何直观、数据分析观念、运算能力、推理能力、模型思想、应用意识和创新意识等10个核心概念和"四基"息息相关，其中，推理能力作为提取、筛选和整理信息，作为恰当判断和决策的重要思维能力，是数学学科课程核心能力目标、智力发展的重要环节和主要标志，也是现代社会对于多面型人才素质的基本要求。推理能力作为数学学习的基本思维方式，贯穿于学习和实际生活中。

一、数学推理能力的内涵

（一）推理与数学推理

推理是由一个或几个已知的判断（前提），推导出一个新的结论的逻辑思维过程，是对判断间的逻辑关系的认识。而数学推理就是从数和形的角度对事物进行归纳、类比、判断、证明的过程。它是数学发现的重要途径，也是帮助学生理解数学抽象性的有效方法。新课标指出："学生应通过义务教育阶段的数学学习，经历观察、试验、猜想、证明等数学活动，发展合情推理能力和初步的演绎推理能力。"

（二）推理能力与数学推理能力

推理能力是影响推理活动效果，在推理活动中形成、体现和发展相对稳定的个性心理特征的综合能力。一般推理可能是模糊的，不精确的，会导致不明确的结果，从而出现行为偏差。数学推理能力是一般推理能力的重要组成，但并非数学学科与一般推理能力的简单组合，数学推理能力应该是指正确运用思维规律和形式对数学对象的属性或数学问题进行分析综合、推理证明的能力。即学生在数学学习过程中用合情推理获得猜想，发现数学结论的能力，以及用演绎推理验证猜想、证明数学结论的能力。

（三）数学推理能力的特性

1. 有效性：首先应具备对推理的前提正确与否事先的理解和判断能力，能正确运用推理形式，推理过程遵循逻辑规则和论证方法，保证正确认识客观世界和表达思维，并具有快速而正确的记忆材料的能力。

2. 条理性：首先应具备抽象能力和概括能力，其次能将残缺不全、不连贯、具有高度情境性的"内部语言"转化为外部语言，并能理清思考过程中每一个判断的理由和依据，使表达言之有理、落笔有据，即具备合乎逻辑的语言表达能力。

3. 有灵活性：具备灵活选取符号、图形、图表、图解和模型等多样化的问题表征方式的能力。能从思维的一个层次转到另一个层次、从讨论的一个方面转到另一个方面、从一种研究方法转换到另一种研究方法，体现为方法多样化的心理组合能力。将一种问题解决方案移用到别的同类题目上的方法迁移能力。从一个事物联想到与其性质相似的其他事物，从一种方式联想到与其作用相类似的其他方式方法的联想能力。推理时应具备省略推理过程中许多环节的能力。

4. 有创造性：学生应具备观察能力、实验能力和猜想能力，即对关注事物的特点、反常现象或者不同事物的相似之处观察，并能安排和操作实验，能对结果直感或顿悟。

5. 有反省性：学生应具备对推理过程和推理结果的反思能力和质疑能力，即反思自己这样推理的目的以及合理性，使推理过程始终处在自我监控下，寻找最节约的解题方法以及求得合理的推理，对推理方法和策略进行反思，并对已有结论的正确性提出疑问的理性思考的能力。

（四）数学推理能力的价值探究

推理能力是数学三大核心能力之一，《义务教育数学课程标准（2011年版）》课程设计思路更是明确"推理能力的发展应贯穿于整个数学学习过程"。美国在1998年颁布的《学校数学的原则和标准》指出："应当集中精力学会将推理和证明作为理解数学的一部分，以便所有学生承认推理和证明是数学的本质和有力的部分，提出和考察数学猜想，发展和评价数学争论与证明，选择和使用各种适当的推理形式和方法。"可见推理能力的发展是中小学生数学学习的重要内容之一，它的价值主要体现在以下两个方面：

1. 培养学生的数学推理能力是锻炼学生思维能力的重要方式

培根曾说："数学是思维的体操。"而推理是数学的基本思维方式，其对于学生思维能力的发展发挥着不可替代的作用。积极发展学生的推理能力能够有效地提高学生思维的深刻性，使其善于抓住事物的规律和本质，融会贯通，举一反三，提高解决问题的能力。作为一种根据已知的知识或事实推导出新知识、新事物的重要方法，能够有效提高学生思维的独创性，是创新思维的基础。学生通过直觉、联想、灵感等获得非逻辑思维的创新性思想一开始是粗糙的、不系统的、不完善的，逻辑思维对之进行再加工，使其变得完善、系统，并且最终具有科学性。

2. 培养学生的推理能力是社会发展的需要

推理能力发展的是学生严谨理性的精神与品格，为学生终身发展（学习、生活等）奠基。一方面，数学凭推理明确是非。求真是科学的原则与追求，也是公平正义社会精神与品格的前提。另一方面，透过事物的现象洞悉本质，这离不开缜密的推理，纷繁复杂的生活本身也需要人们用理性的眼光分析与判断，如"买房还是租房""选择这份工作还是放弃"……生活中诸如此类的问题也需要推理。因此，推理能力的发展对于学生学会"成功的生活"有极大的帮助和重要价值。

二、数学推理能力的表现

根据义务教育阶段的数学课程标准中对学生数学推理能力的界定，结合日常教学中对培养学生数学推理能力的教学经验，笔者认为学生数学推理能力的能力表现主要由以下几方面构成：数学猜想和证明的能力，数学表达和交流的能力，自我评价和反思的能力。这些能力的形成过程是缓慢的，有自身的特点和规律，同时也是连贯的，可以按水平适当分段的，不同阶段的学生在推理能力水平上，呈现不同的层次。大致由"简单判断"到"判断、解释、验证和调整"，由"一致性"的要求到"准确性、精确性和适宜性"，由简单和直观的"涉及数学情境的问题"到复杂和抽象的"数学模型"，由推理过程涉及"简单"的问题解决，到综合运用"一系列数学方法"的问题解决。

（一）通过观察分析进行猜想和验证的能力

猜想是对研究的对象或问题进行观察、实验、分析、比较、联想、类比、归纳等，依据已有的材料和知识做出符合一定的经验与事实的推测性想象的思维方法。[①] 猜想是一种合情推理，属于综合程度较高的带有一定直觉性的高级认识过程。

验证就是指对研究对象有一定了解，形成一定认识或提出某种假说，初步知道研究方法或策略，为证明或检验这种认识或假说是否正确而进行的某种探索性活动。数学猜想是在数学证明之前构想数学命题的思维过程。"数学事实首先是被猜想，然后是被证实"。

第一学段：

1. 初步学会用数学的眼光观察日常生活中的简单的数学现象。

---

① G. 波利亚. 数学与猜想 [M]. 李心灿，王日爽，李志尧，译. 北京：科学出版社，2001.

2. 通过简单图形的剪拼感知图形与图形之间的联系，体会事物之间的联系，发现猜想的可能性。

3. 能在教师的引导下提出简单的数学问题，初步建立猜想的意识。

4. 会用正确的方法对数的运算的正确性进行验算，初步建立验证的意识。

第二学段：

1. 通过观察、分析能进行简单的数学猜想，并初步了解一些猜想方法，如归纳猜想、类比猜想、审美猜想等。

2. 通过概念的生成、公式的推导、问题的探究过程，初步了解并掌握一些常用的验证方法，如举例验证法、推导验证法、类比验证法、操作验证法、查阅资料验证法等。

第三学段：

1. 通过观察、分析能进行大胆的数学猜想，并能灵活运用类比、归纳、审美等猜想方法进行比较准确的猜想。

2. 能分辨比较合理的猜想和不合理的猜想，能通过构造反例或提出证明检验猜想的正确性。

3. 能灵活运用不同的验证方法对猜想和命题进行验证和证明。

（二）运用数学语言进行表达和交流的能力

新课程标准中指出："数学是人们对客观世界定性把握与定量刻画、逐渐抽象概括、形成方法和理论，并进行广泛应用的过程。"这段话，我们可以把它理解为学习数学在很大程度上是学习和运用数学语言的过程。

数学语言是数学思维的载体，数学学习实质上是数学思维活动，交流是思维活动中重要的环节，实现有效交流的前提是学习和掌握数学语言。数学语言可分为抽象性数学语言和直观性数学语言，包括数学概念、术语、符号、式子、图形等。数学语言又可归结为文字语言、符号语言、图形语言三类。[①]

数学语言表达能力指学生能采用多种数学语言形式，把对数学对象的思考、解决问题的过程准确、流畅、有条理地表达出来，并用数学语言表达自己的数学思想和适当进行数学交流的能力。

第一学段：

能进行简单、独立的思考，能够判断并获得推理的基本体验，并运用简单的文字语言、符号语言和图形语言进行完整的表达。

第二学段：

1. 能进行简单的数学语言之间的互译。
2. 能进行有条理的思考和较为清晰和规范的表达。

第三学段：

1. 能进行较复杂的数学语言之间的互译。
2. 解释和判断口头表达或以符号形式表示的数学论证中的推理质量。
3. 灵活运用文字语言、符号语言和图形语言进行表达和交流。

（三）在推理过程中进行自我反思和总结的能力

荷兰著名数学家和教育家费赖登塔尔教授指出："反思是数学思维活动的核心和动力，通过反思才能使现实世界数学化。"自我反思指的是学生思考自己的数学学习的经历，包括学习过程、学习方法、学习的结果、学习情感、学习的态度等的再思考，能够充分发挥自己的潜能，对自己的学习活动进行回顾、思考、总结、评价、调节，获得数学的基础知识、基本技能、基本思想和基本活动经验。

第一学段：

通过对简单的数学问题进行观察、分析、猜想、验证等过程的总结反思，积累基本的活动经验，初步形成反思的意识。

第二学段：

[①] 宁连华. 数学推理的本质和功能及其能力培养 [J]. 数学教育学报，2003（8）.

能及时总结推理过程，反思推理方法，对遇到的问题追根溯源，尝试多角度分析问题，寻求解决问题的有效策略，体会解决问题方法的多样性。

第三学段：

通过复杂的推理过程的反思，从不同的角度寻求分析问题和解决问题的方法，能用不同的方法解决同一个问题，能用相同的方法解决相似的问题，并能对问题进行拓展和延伸，体会推理的意义和乐趣。

三、数学推理能力的培养实践

（一）创设情境，激发推理的兴趣

有些学生常觉得数学枯燥无味，学习提不起劲，针对这种现状，课堂教学中让学生感兴趣，乐于学习，乐于参与推理就显得尤为重要。因此，仅仅靠教师讲解是远远不够的，教学中，需要创设丰富有效的情境，激发学生的兴趣，培养学生的推理能力。比如在苏教版七年级数学《用字母表示数》的教学过程中播放一首学生非常熟悉的儿歌：

1只青蛙，1张嘴，两只眼睛，4条腿，一声扑通跳下水。

2只青蛙，2张嘴，4只眼睛，8条腿，两声扑通跳下水。

3只青蛙，3张嘴，6只眼睛，12条腿，三声扑通跳下水。

……

录音放到"3只青蛙"时，有些学生就烦了，没了先前的新鲜感，到"5只青蛙"时，大部分学生都烦了，师适可而止停放录音：这首歌唱得完吗？

学生叫起来了：老师，这是永远唱不完的！

以这样的情境引入，既熟悉又容易引起学生的共鸣，学生从中自己发现问题：有没有好的方法能让它唱完呢？从而引发思考，激发学生推理的兴趣，另外让学生知道知识生成的必要性，从而提升教学实效。

（二）倡导民主，营造推理的氛围

推理能力的发展不同于一般知识与技能的获得，它是一个缓慢的过程，这种能力往往不是老师教会的，更多的是学生自己"悟"出来的。因此教师应在班级中培养良好的推理风气，让学生在数学学习的过程中发展自己的推理能力。故可以在教学中倡导民主的教学模式，改变以往那种"教师讲、学生听"的教学方法，让学生更多地采取自主探究、合作交流的学习方式。

在教学中教师不应急于告诉学生结论，适当地延迟评价，给学生创造有利于推理的时间和空间，让学生有机会用他们自己的常识、工具进行推理与论证，有机会自由地表达自己的思想与观点，有机会自己发现、解释与纠正自己的错误，有机会接受其他同学的批评与帮助。

教学中营造和谐民主、生动活泼的学习气氛能使学生的精神振奋、思维活跃，学生才可能无拘束地去猜想、推测。当学生猜想、推测时，不能因为学生讲不清其中的道理而指责学生"瞎猜""胡说八道"，而应该耐心地倾听他们的发言，对于他们猜想中的合理成分要给予充分地肯定，同时要容忍学生因一时的"发现"或"成功"而出现短暂的"忘乎所以"，这样学生就不会有所顾虑，遇到新问题时便敢于猜想。①

例如：在讲授"有理数的乘法"时，学生在完成"议一议"后，接着猜想"$(-3)\times(-1)=$_____，$(-3)\times(-2)=$_____，$(-3)\times(-3)=$_____，$(-3)\times(-4)=$_____"，大部分学生都能猜出正确答案，但有一个同学却认为$(-3)\times(-4)=9$。问他为什么，他说："在数轴上，站在(-3)这个点上，因为是要乘(-4)，所以要沿着数轴向相反方向右方移动4次，每次移动3格，所以答案是9。"对于这个想法，有的同学认为完全没有道理，有的同学认为结果虽然是错误的，但也有一定的道理。这个时候组织学生进行充分讨论，既能找出问题的症结，又能促进学生对有理数乘法的理解。如果当初不听学生的解释，只是简单地否定他的答案，就会挫伤这名学生思考的积极性和猜想的积极性，同时也丧失

---

① 宁连华. 新课程实施中数学推理能力培养的几点思考 [J]. 数学通报，2006 (4).

了促进全体学生思考的机会，不利于推理能力的提高。

(三) 多元举措，培养推理的能力

1. 类比分析，提高学生猜想的能力

类比是根据两个或多个对象有部分属性相同，从而猜想出它们的其他属性也相同的推理。在课堂教学中可以通过类比分析培养学生的推理能力。教材中可以用类比方法进行学习的内容很多，相似三角形的学习可以与全等三角形的学习类比，如全等三角形的性质是对应边相等、对应角相等，而学生便能通过类比分析猜想相似三角形的性质是对应边成比例、对应角相等。同样，相似三角形的判定方法也可以类比全等三角形的判定方法得到。在分式这一章第一节课的学习中可以类比小学里的分数学习过程，猜想出分式一章要研究些什么内容的问题，同学们便很快就知道要研究分式的概念、性质、通分、约分、运算等，并且可以类比分数的学习经验来学习分式，故平时教学中可以引导学生通过类比分析加强学生推理能力的培养，对于提高学生的猜想能力非常重要。

2. 合作交流，提高学生表达的能力

新课标明确指出："有效的数学学习活动不能单纯地依赖模仿和记忆，动手实践、自主探索与合作交流是学生学习数学的重要学习方式。"合作交流是提高学生表达能力的有效途径，那么如何在数学课堂中开展有效的合作学习呢？

由于学生的不同个体之间思维上存在着差异，因此，教师应努力营造合作交流的课堂氛围，打破课堂上学生个体学习之间的隔阂，根据不同数学知识的生成特点及学生的年龄特征与认知水平，巧妙合理地安排学生进行小组合作学习，尽可能多地给予他们合作交流的机会，让学生在小组合作学习中，得到思维火花的碰撞，并相互交流，大胆地发表自己的想法，勇于表达，鼓励学生在合作中求知识，在求知识中体验数学的价值，在体验中不断地实现自我的发展。

例如：在《平面图形的认识》这节课中将观察、操作、演示、合作探究、归纳猜想等方面贯穿于各个教学环节中，在引导学生体验的基础上加以抽象概括，充分遵循学生的思维规律，通过看、想、猜、做、拼、说等让学生自主参与、合作交流，在观察中分析，在动手中思考，在合作中交流，从而提高学生的表达能力。

3. 巧用变式，提高学生证明的能力

变式教学，就是引导学生在解答某些数学题之后，进行联想、猜想，对题目的条件和结论作进一步的探索，以寻求更多的解决方法，或从不同的侧面深入思考数学题的各种变化，并对这些变式题进行解答，从而培养学生灵活、深刻、广阔、发散的数学思维能力。

例如：已知等腰△ABC 中，D、E 分别为 AC、AB 的中点，求证：$BD=CE$.

变式1：已知等腰△ABC 中，BD 和 CE 为高，求证：$BD=CE$.

变式2：已知等腰△ABC 中，D、E 分别在 AC 和 AB 边上，且 $AD=AE$. 求证：$BD=CE$.

变式3：已知等腰△ABC 中，中线 BD 和 CE 交于点 F，求证：$BF=CF$.

通过将原题引伸变式，把等腰三角形的性质和全等三角形的判定、性质应用发挥得淋漓尽致，变式1、变式2改变了原题中的条件，变式3将原题中的条件进一步作了引伸，都是设法归结到两个全等三角形证明，既起到了举一反三的示范性，又能激发学生积极探究的热情，使学生的知识网中产生新的生成，不仅提高了学生证明的能力，而且提升了课堂教学的有效性。

4. 总结反思，提高学生概括的能力

反思是指自觉地对数学认知活动进行考察、分析、总结、评价、调节的过程，是学生调控学习的基础，是认知过程中强化自我意识、进行自我监控、自我调节的主要形式。荷兰著名数学教育家弗赖登塔尔指出：反思是数学思维活动的核心和动力。对自己的数学推理过程进行反思和自我调节实际上也是一个推理的过程，因为"跳出来"审视自己的推理过程，需要综合考虑，严密思考，本质上也是一个分析、推理的过程，同时还培养了学生的概括能力。

例如：已知 AE、CF 分别是平行四边形 $ABCD$ 的 $\angle A$ 和 $\angle C$ 的平分线，分别交 BC、DA 于点 E、F，求证 $AE//CF$. 学生通过推理探究找到了两种解法，分别如下：解法一是通过证明 $\angle ECF = \angle BEA$ 来证明 $AE//CF$（同位角相等，两直线平行）。解法二是通过证明 $\triangle ABE \cong \triangle CDF$ 来证明四边形 $AFCE$ 是平行四边形，从而进一步证明 $AE//CF$（平行四边形的对边互相平行）。当学生探究结束，教师可引导学生进行反思总结：要想证明两条线段平行有两条路径可选，第一通过角来证，第二通过平行四边形的性质来证。

四、挖掘素材，拓宽推理的训练

在日常生活中也经常需要判断和推理，如早晨起床发现屋外地面有积水，由此可断定昨晚下了一场雨，这个判断就蕴含着反证法。许多游戏活动也需要推理，如学生在下棋时需要判断、分析、选择，要用到推理。因此教师除了在教材中挖掘推理素材外，还要在生活中寻找推理的素材，让学生在提高推理能力的同时，也能感受到生活、活动中有"学习"，养成善于观察，勤于思考的习惯。

例如：2 个人握一次手，若每 2 人握一次手，则 3 个人共握几次手？n 个人共握多少次手呢？（通过合情推理来探索规律）这个问题与"由上海开往北京的 1462 次列车途中停靠 23 个站（不包括上海站和北京站），这次列车共发售多少种不同的车票"问题有深刻的内在联系，通过合情推理和类比的方法能发现许多有意义的规律。

教师应把培养学生的推理能力作为数学教学的一项重要任务来抓，要结合学生的实际情况，以教材的内容为依托，创造性地开发和利用推理素材。比如通过课外兴趣小组、出黑板报等形式向学生介绍一些推理训练方面的趣味题；通过开展论辩比赛、做游戏等活动来训练学生的推理能力。

典型课例：义务教育课程标准实验教科书七年级下册第七章第五节《多边形的内角和》

教材分析：

多边形内角和公式反映了多边形的要素"角"之间的数量关系，是多边形的基本性质。多边形内角和公式是三角形内角和定理的应用、推广和深化，它源于三角形内角和定理又包含了三角形内角和定理。多边形内角和公式为多边形外角和公式、四边形及正多边形的有关角的学习提供了知识基础。

教学目标：

1. 通过多边形内角和计算公式的推导，让学生经历猜想、探索、推理、归纳等过程，发展学生的合情推理能力和语言表达能力，掌握复杂问题化为简单问题，化未知为已知的思想方法。

2. 掌握多边形的内角和与外角和的计算方法，并能用内角和公式解决一些简单的问题。

3. 通过把多边形转化为三角形，体会转化思想在几何中的运用，让学生体会从特殊到一般的认识问题的方法。

教学重点：探索并掌握多边形的内角和及外角和公式。

教学难点：探索多边形内角和时，如何把多边形分解成三角形。

教学过程：

一、复习提问，导入新课

多媒体展示问题：三角形的内角和是多少度？正方形和长方形的内角和又是多少度？

【设计意图：直接提出问题，唤醒学生已有的知识，把学生引到本节课思维的"最近发展区"，为新课学习提供知识铺垫。】

二、引出思考，探索新知

1. 探究活动一：探索四边形内角和。

多媒体展示问题：我们已经知道正方形和长方形的内角和为360度，

那么任意四边形的内角和是多少？你是怎么得到的？

在学生独立思考的基础上，分组交流，并汇总解决问题的方法。

做法1：测量法。量出任意一个四边形每个内角度数，然后相加为360°（让学生明确使用这种做法的缺陷是往往会引起误差，得不到预想的结果。）

做法2：拼图法。把四个角拼在一起刚好是一个周角360°（让学生明确使用这种做法的局限性，不是任何情况都可以采用这种办法验证四边形的内角和）。

教师在"做法2"的基础上引导学生利用作辅助线的方法，连结四边形的对角线，把一个四边形转化为两个三角形。

如图1，连结 ac，四边形的内角和为 2×180°=360°。

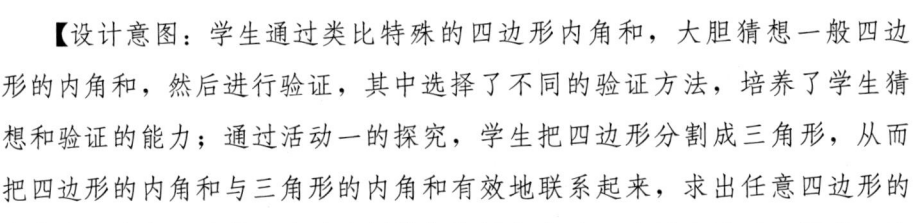

【设计意图：学生通过类比特殊的四边形内角和，大胆猜想一般四边形的内角和，然后进行验证，其中选择了不同的验证方法，培养了学生猜想和验证的能力；通过活动一的探究，学生把四边形分割成三角形，从而把四边形的内角和与三角形的内角和有效地联系起来，求出任意四边形的内角和。这个环节着重渗透分割转化的思想方法，为探究活动二探索 n 边形的内角和做准备。】

2. 探究活动二：探索五边形、六边形、十边形的内角和 n 边形的内角和。

学生先独立思考每个问题再分组讨论。

关注：

（1）学生能否类比四边形的方式解决问题得出正确的结论。

（2）学生能否采用不同的方法。

学生分组讨论后进行交流（五边形的内角和）。

a. 把五边形分成三个三角形，3个180°的和是540°。

b. 把五边形分成一个三角形和一个四边形，然后用180°加上360°，结果得 540°。

交流得到五边形的内角和之后,同学们又认真地讨论起六边形、十边形的内角和。类比四边形、五边形的讨论方法最终得出:六边形内角和是 720°,十边形内角和是 1440°。

师:通过前面的讨论,你能知道多边形内角和吗?

3. 探究活动三:探究任意多边形的内角和公式。

思考:

(1) 多边形内角和与三角形内角和的关系?

(2) 多边形的边数与内角和的关系?

(3) 从多边形一个顶点引的对角线分三角形的个数与多边形边数的关系?

学生结合思考题进行讨论,并把讨论后的结果进行交流。

发现1:四边形内角和是 $(4-2)$ 个 180° 的和,五边形内角和是 $(5-2)$ 个 180° 的和,六边形内角和是 $(6-2)$ 个 180° 的和,十边形内角和是 $(10-2)$ 个 180° 的和。

发现2:多边形的边数增加1,内角和增加180°。

发现3:从五边形的一个顶点出发,可以引 $(5-3)$ 条对角线,将五边形分成 $(5-2)$ 个三角形,从六边形的一个顶点出发,可以引 $(6-3)$ 条对角线,将六边形分成 $(6-2)$ 个三角形,从 n 边形的一个顶点出发,可以引 $(n-3)$ 条对角线,将 n 边形分成 $(n-2)$ 个三角形。

得出结论:多边形内角和公式:$(n-2) \cdot 180$。

【设计意图:逐步增加图形的复杂性,再一次经历观察、类比、猜想、验证的过程,将多边形问题转化成三角形问题解决,加深了对转化的思想方法的理解,体会由简单到复杂、由特殊到一般的思想方法。】

三、巩固应用新知

1. 课本 81 页例1。

2. 七边形的内角和等于_____度;一个 n 边形的内角和为

$1800°$,则 $n=$ _____。

3. 从多边形一个顶点出发可引 7 条对角线,则这个 n 边形的内角和为(   )。

  a. $620°$ b. $1800°$ c. $900°$ d. $1440°$

4. 一个多边形边数每增加 1 条时,其内角和增加(   )。

  a. $180°$ b. $360°$ c. 不变 d. 不能确定

【设计意图:与探究多边形的内角和的过程相呼应以及多边形内角和公式的基础运用,让学生人人都能获得必需的数学知识。】

四、探索多边形的外角和

问题 1:小明家有一张六边形的地毯,小明绕各顶点走了一圈,回到起点 a,他的身体旋转了多少度?

如:六边形外角和等于多少度?

问题 2:n 边形外角和等于多少度?

(1)学生思考作答,教师作适当点拨。通过课件演示,由学生发现:六边形的外角和等于 360 度。

(2)教师引导学生利用多边形的内角和公式,进一步论证六边形外角和等于 $360°$。即:六个平角减去六边形内角和等于六边形外角和 $360°$。

(3)进行类比推理并小结:n 边形外角和等于 n 个平角减去 n 边形内角和,与边数无关。

$180°n-(n-2)\cdot 180°=360°$。

总结:n 边形外角和等于 $360°$。

【设计意图:创设生活情境,激发学生推理的兴趣;通过类比和扩展方法的使用,使学生掌握复杂问题化为简单问题,化未知为已知的思想方法。教师及时了解学生的学习效果,让学生经历用知识解决问题的过程。同时激发学生的学习主动性和积极性,建立学好数学的自信心,便于学生巩固、发展、提高。】

(五)课堂小结

问题：谈谈本节课你有哪些收获？

【设计意图：鼓励学生积极发言，并对学生的进步给予肯定，树立学生学好数学的自信心。再一次发展学生的评理能力和语言表达能力。】

（六）作业

1. 课本 84 页复习巩固 5 题、6 题、8 题。

2. 思考：小明有一个设想：2008 年奥运会在北京召开，他心想，设计一个内角和是 2008°的多边形图案该多有意义呀，小明的想法能实现吗？

总体设计意图：

本节课是多边形相关知识的延展和升华，并且在探索学习过程中又与三角形相联系，从三角形的内角和到多边形的内角和，环环相扣，前面的知识为后边的知识做了铺垫，联系性比较强。本节课教师的角色从知识的传授者转变为学生学习的组织者、引导者、合作者与共同研究者，通过这节课的学习，可以培养学生积极参与的习惯及探索与归纳能力，体会从简单到复杂，从特殊到一般，以及类比、转化等重要的数学思想方法。故本节课的总体设计意图有以下三个方面。

一、问题引领，开放推理空间

"问题引领式"的课堂教学模式，是在"以学生发展为本"的新课程理念的指导下，通过充分发挥教师主导作用，创设平等、和谐、民主的课堂氛围，把学习置于问题之中，让学生自主地感受问题、发现问题、探究问题，为学生充分提供自由表达、质疑、探究、讨论问题的机会，学生通过个人、小组、集体等多种解难释疑的尝试活动，实现知识的意义建构，促进学生认知、技能、情感全面发展的一种有效教学模式。

本节课从复习三角形的内角和出发，通过一系列问题引导学生思考并探究四边形、五边形、六边形、十边形的内角和，然后拓展到多边形的内角和的探究，又从生活问题出发，进一步引发学生的思考，通过问题的引领，将多边形的内角和拓展到多边形的外角和。本节课设计的问题环环相扣，层层递进，不断引导学生探究数学问题，开放了推理的空间，从而激发了学生推理的兴趣。

二、多元表征，表达推理过程

数学多元表征一般指数学学习对象的多种表达形式，可以是语言、文字、符号等，将多元表征渗透到数学课堂教学中，一方面可以调动学生多感官的认知因素，促进知识的理解，培养学生的数学思维以及促进学生数学智慧的生长。另一方面通过对问题进行多元化的表征，为学生解决数学问题提供了新的平台，从而有助于提高学生对问题多角度的解释能力和创新能力。

本节课在探究多边形内角和的过程中，学生可通过画图或测量感知，从而进行猜想验证，整个过程中有的同学能用文字语言进行表达，有的同学利用符号进行表达，有的同学借助图形，直接明了，同时也能很好地将文字语言、符号语言和图形语言进行转化，这样可以促进学生对数学知识的深刻理解，可以促进数学活动经验的累积，可以促进良好的数学结构的建立。本设计中还为学生搭建了讨论和交流的平台，通过语言表征使学生"内语外化"，提高表达和交流的能力。

三、归纳总结，提升推理方法

归纳总结是指把一定阶段内的有关情况分析研究，做出有指导性的结论，综合各方面的情况归拢并使之有条理。本节课在探究出多边形的内角和公式后，引导学生归纳总结从而掌握基本的推理过程，即通过画图、测量、观察，进一步引导学生大胆猜想，然后通过类比、操作等方法验证所提出的猜想，从而得出结论。本节课的设计中通过探究把多边形问题转化为三角形问题，体会转化思想在几何中的运用，让学生体会从特殊到一般的认识问题的方法，让学生明白可将复杂问题转化为简单问题，将未知转化为已知的数学思想方法。当本节课在结束时让学生归纳总结多边形外角和和内角和之间的联系和区别，从而培养了学生类比分析问题的能力。

本节课学生不是仅停留在学会课本知识层面，而是站在研究者的角度深入其境，整节课以"流畅、开放、合作、引导"为基本特征，让学生自己讨论、思考归纳结论，教学过程呈现一种比较流畅的特征。

第三节　空间想象能力

空间想象能力是数学学科能力中的一项关键能力，是人们个体能力发展的重要组成部分。空间想象能力是数学教学大纲或数学课程标准等课程文件明确提出需要培养的重要能力之一，从1952年的《中学数学教学大纲（草案）》中初次提出"发展学生生动的空间想象力，发展学生逻辑的思维力和判断力"以来，以后的教学大纲及课程标准中，空间想象能力一直是能力培养目标之一。然而，在当前的数学学习中，学生死记硬背，被动学习导致空间想象能力缺失的现象还大量存在，因此，进一步澄清空间想象能力的内涵，空间想象能力的结构要素及培养策略，为更好地实现课程目标有着重要的意义。

一、空间想象能力的内涵

空间一词，《现代汉语词典》解释为：空间是物质存在的一种客观形式，由长度、宽度、高度表现出来，是物质存在的广延性和伸张性的表现。想象在心理学上解释为：人在头脑里对已储存的表象进行加工改造形成新形象的心理过程。它是一种特殊的思维形式。想象与思维有着密切的联系，都属于高级的认知过程，它们都产生于问题的情景，由个体的需要所推动，并能预见未来。《中国中学教学百科全书·数学卷》对空间想象能力做了这样的解释：空间想象能力是空间知觉、空间观察和想象力的一种独特的结合。

国内外教育专家对空间想象能力研究颇多，且还没有统一的看法，有的从智力结构的角度进行分析，如哈佛大学教授霍华德·加德纳提出了多元智能理论，并将其中的空间智能形容为"建构空间领域内的心理再现并使用这种再现在世界中从事有价值的活动的能力"。① 或从图形运动的角度来分析，如麦吉（1979）认为，空间想象力包含着一个对图形进行保持、再认和回忆的过程，在这个过程中该图形的内在部分之间存在着运动，或者对一个客体在三维空间中进行操作，或者是折叠一个平面图形或展开一个平面图形。② 或从空间想象的层级水平进行分析，如林崇德教授提出中小学生空间想象能力的发展大致可分五级水平：第一，依据直观、形象逐步说出常见图形的名称、概念。第二，依据图形对三维空间作量的运算阶段，具体形象性占优势。第三，掌握直线平面。第四，掌握多面体；第五，掌握旋转体。③ 或从空间想象能力的特性进行分析，如曹才翰、蔡金法在《数学教育学概论》中将空间想象能力解释为：以现实世界为背景，对几何表象进行加工改造，创造新的形象的能力。强调了空间想象能力的创造性。

综上所述，笔者认为，空间想象能力是对现实中存在的客观事物的大小、形状、位置关系的空间表象或过去感知存在大脑里的空间表象，进行合理的加工、改造、创造，形成新的空间表象，产生新事物、新思想的能力。空间想象一般要经历空间表象的形成、空间表象的积累、空间表象的再现及空间表象的改造四个环节。空间想象能力是对空间形式进行观察、分析、抽象和概括的能力，是逻辑思维与几何知识及个体经验的融合，是认识空间形式的必备能力，也是发展创造力的源泉。空间想象能力具有以下特征。

（一）创造性

创造性是指个体产生新奇独特的、有社会价值产品的特性，是产生新

---

① Joe Lincheloe. 多元智能再思考 [M]. 霍力岩，李敏谊，等译. 北京：北京轻工业出版社，2004.

② 郑翔，徐群飞. 几何想象与学生空间想象能力关系的调查研究 [J]. 数学教育学报，2005（8）.

③ 杨丽娜. 中小学生空间想象能力发展的实验研究——关于几何图形的旋转 [J]. 新疆师范大学学报，1993（3）.

思想，发现和创造新事物的能力，创造性以创造性思维为核心。创造性是空间想象能力最显著的特征。学生在进行空间想象的过程中，需要对空间表象，启用自身已有的经验，在大脑中对其进行个性化的加工与改造、变换与创新，从而产生有意义的新事物、新思想。创造出的新表象愈合理愈有价值，能解决新问题，说明空间想象能力处于更高水平，反之则不然。

（二）内隐性

认知心理学认为，在不知不觉中获得某种知识，学习了某种规则，叫做内隐学习。数学能力相对于显性的数学知识而言，具有内隐性。它是一种缄默性知识，不易表达，不易外显，但在学习过程中起着至关重要的作用。空间想象能力是学习者个体内在的一种能力，不可复制，很难用语言文字或符号形式进行直接传递。学生的空间想象能力有差异，这种内在的差异要在遇到解决问题时才会被发现，它直接支配着学习者的思维方式和策略选择，对自身的数学学习起着向导的作用。

（三）发展性

能力的提升是循序渐进，螺旋上升的。空间想象能力同样具有发展性，随着年龄的增长，学习经验的丰富，能力会逐渐增长。如低年级学生，空间想象能力总体处在低级阶段，往往只会根据过去曾经感知过的东西进行模仿，对这些客观存在事物的简单重现，少有重组；随着学习的深入，认识的图形逐渐增多，表象积累逐渐丰富，遇到问题时就能对表象进行初步的组合，变换，空间观念逐步形成；随着进一步的深入，学生根据自身的经验进行几何表象的建构，甚至达到几何表象的创造，能灵活解决新问题，创造新方法，这时空间想象能力逐渐形成，并不断走向高阶。

二、空间想象能力的表现

表象是空间想象予以依托的重要载体，所谓表象，是客观对象不在主体面前呈现时，在观念中所保持的客观对象的形象和客体形象在观念中复现的过程。在心理学中，表象是指过去感知的事物形象在头脑中再现的过程。表象是感知与思维之间的一种过渡反映形式，它是二者之间的中介反映阶段。因此，表象不仅是一个映象，而且还是一种操作，即心理操作可以以表象的形式进行，"心理旋转"研究就是对表象操作的有说服力的证据。

空间想象能力正是在头脑中对表象进行加工、改造、创新的能力，是在头脑中灵活自如地处理几何图形，探明其关系特征所需要的一种重要的数学能力。根据其发展的过程，空间想象能力大致可以分为三个不同的层次：空间观念的建立——空间表象的建构——空间表象的创造。其中空间观念的建立是基础，空间表象的建构是桥梁，空间表象的创造是高阶状态。

（一）空间观念的建立

空间观念的建立是发展空间想象能力的必备条件，没有空间观念，谈不上空间想象。《义务教育数学课程标准（2011年版）》指出：空间观念是指根据物体特征抽象出几何图形，根据几何图形想象出所描述的实际物体；想象出物体的方位和相互之间的位置关系；描述物体的运动变化；根据语言描述画出图形等。如能在头脑中想象出1平方厘米、1平方分米、1平方米的实际大小；能画出长方体的展开图，能根据展开图判断是否能围成一个长方体。

第一学段：

1. 经历从实际物体中抽象出简单几何体和平面图形的过程，了解一些简单几何体和常见平面图形的特征，能根据特征对简单几何体和常见平面图形正确作出判断。

2. 在初次感受平移、旋转、轴对称现象的过程中初步体会空间感。

3. 能初步感受图形的运动和位置，并用语言进行描述。

第二学段：

1. 经历探索一些图形的形状、大小和位置关系的过程中，了解这些几何体和平面图形的基本特征，能根据相关物体特征抽象出这些几何图形，根据这些几何图形想象出所描述的实际物体，能根据语言描述画出这些图形。

2. 体验简单图形的运动过程，能在方格纸上画出简单图形运动后的图形。

3. 在经历确定位置的过程中，想象出物体的方位和相互之间的位置关系。

第三学段：

1. 在探索相交线、平行线、三角形、四边形和圆的基本性质过程中，理解这些几何关系与图形的特征，能根据语言描述画出这些几何图形，并能正确作出判定。

2. 理解平面图形的平移、旋转和轴对称，正确描述他们的运动变化。

3. 在认识投影与识图的过程中，进一步发展空间感。

4. 在探索平面直角坐标系及其应用的过程中，逐步丰富空间表象。

（二）空间表象的建构

空间表象的建构是建立在空间观念基础之上的，是指根据语言描述或事物、图形示意在头脑中建构出相应的空间表象，这里的空间表象是实物或真实几何体在头脑中的再现，或是抽象的类似物，即是重复前人的想象，很少有表象的操作及创造成分。如能根据给定的长、宽、高在头脑中建立相应的长方体的表象，并能清晰知道每个小长方形面的长和宽的实际数据。

第一学段：

1. 能建构一些简单几何体及简单平面图形的表象，并能正确画图。

2. 能想象出长度单位、面积单位的实际大小，建立基本长度单位、面积单位的表象，并能对一些实际物体进行合理的估算。

3. 能根据位置关系的描述在头脑中对基本的方向进行空间定位。

第二学段：

1. 识记一些基本图形的形状结构及特征，建构出一些基本图形的表象，能正确识图、画图。

2. 能想象出体积单位的实际大小，建立基本体积单位表象，并能对一些实际物体进行合理的估算。

3. 通过观察物体及组合体后，能在头脑中建立物体及组合体的表象，并能画出前面、正面、上面看到的示意图。

第三学段：

1. 对几何中相交线、平行线及三角形、四边形和圆等的基本几何图形的形状结构、性质、关系非常熟悉，能正确画图，能离开实物或图形在思维中识记、重现基本图形的形状和结构，并能分析图形的基本元素之间的位置关系和度量关系。

2. 能在头脑中重现图形的平移、旋转等物体的运动，能明确辨析物体的运动属于哪种类型，并能画出平移和旋转后的平面图形的形状。

3. 能借助图形来反映并思考客观事物或用语言、式子来表示空间形状及位置关系。

(三) 空间表象的创造

空间表象的创造是指能根据实际问题情境的需要，在大脑中已有空间表象进行合理的加工改造，灵活的变化与创新，独立发现并创造出新的表象，解决新的问题。这里的创造是自主的，有效的，是个体经验丰富的一种体现，是空间想象能力发展的最高阶段。常用的创造手段是在头脑中对空间表象进行平移、旋转、翻转、折叠、拆散与分解等操作。

第一学段：

1. 能在头脑中进行四边形减去一个角的操作，想象出减去一个角剩下图形的形状。

2. 能在头脑中进行方位关系及行走路线的操作，能想象出实际的行走路线。

3. 能在头脑中将长方形、正方形进行剪拼移的操作，并能创造出新的平面图形的表象。

第二学段：

1. 能在头脑中对组合体中其中一个小正方体进行灵活的增、删、移动等操作,并建构出新图形的表象。

2. 能在头脑中对一些基本的平面图形进行正确的平移和旋转的操作,并能通过平移和旋转创造出新图形。

3. 能在头脑中对长方体、正方体、圆柱、圆锥等立体图形进行合并、分割等操作,想象出新图形表面积、体积的变化。

第三学段:

1. 能在头脑中根据几何图形性质通过思考创造出合乎一定条件、性质的几何图形。

2. 能在头脑中熟练进行一些几何体的旋转和平移,并能创造出一些具有意义的新图形。

3. 能在头脑中从较复杂的图形中区分出基本图形,并能分析其中基本图形与基本元素之间的相互关系。

三、空间想象能力的培养实践

空间想象能力水平的高度与人的自身思维品质有着密切的关系,可以通过后天的培养逐渐提升。教学中,要本着主动渗透、循序渐进、反复训练的原则,积极培养学生的空间想象能力,以完善学生的能力结构,发展学生的核心素养。

(一)丰富直观感知,蕴积表象储备

表象是通过感知而形成的具体的形象,因此它是形象的,也是概括的。心理学研究表明:表象是从形象思维到抽象思维的过渡,是感性认识走向理性飞跃的关键。小学生的思维正处在直观形象向抽象逻辑思维的过渡阶段,他们的空间想象能力的形成依赖于对客观事物的反复感知,并通过心理活动的内化去获得表象,获得空间观念,发展空间想象能力。

首先应提供大量观察实物的机会。观察是一种有目的、有顺序、相对持久的视觉活动,是学生了解外部世界不可或缺的一种活动。小学生对图形的认识很大程度上依赖于对丰富的实物原型的直觉观察,敏锐的观察能力是发展空间想象能力的前提。教学中，要遵循儿童认识事物的规律，最大可能地给学生提供大量实物原型，让学生观察、触摸真实的客观物体，提供学生认识现实的三维世界的机会，组织学生感知现实空间中实物的形状、大小及其所处方位，建立空间影像，提取空间表象。

其次，应充分发挥教具学具的作用。随着信息技术的日益发达，传统的教具被多媒体技术日趋替代，殊不知，真实的、有型的教具学具给学生的感受比多媒体课件展示更有利于空间表象的建立，它的功能无法替代。如"认识长、正方体"时，应该准备三种不同的模型教具，即实心模型教具、空心透明模型教具和框架模型教具，这样，学生对长正方体的面、顶点、棱等主要特征就能清晰感知，在头脑中形成的表象将更加正确、深刻。

第三，应积极创设动手实践的机会。荷兰数学教育家弗赖登塔尔认为：数学学习是一种活动，这种活动与游戏，跟骑自行车是一样的，不经过亲身体验，仅仅从看书本，听讲解，观察他人的演示，是学不会的。苏霍姆林斯基说：儿童的智慧在他的手指尖上。数学是做出来的，当学生亲历知识的发现过程，理解才会深刻。空间想象能力是一种抽象的能力，更离不开学生的动手实践。教学中，要尽可能创设"摸、比、量、画、折、剪、摆、做"等实践活动的机会，促使学生做中学、做中悟。如让学生用橡皮泥和小棒亲手做一个长方体的框架，建构的长方体的表象一定更深刻。再如，认识旋转是小学数学"空间与图形"中的难点内容，很多老师对着方格纸讲画图，学生始终摸不着旋转的门道，错误率居高不下。其实，就是忽视了动手实践的环节，学生没有建立正确的旋转空间表象。教学中，教师不妨让学生剪出一些平面图形，反复"旋转——复位——再旋转"的动作，多次旋转、多次复位，旋转的动态表象将逐渐建立。

(二)注重识图作图，培养几何直觉

几何直觉是数学直觉思维的范畴，是有意识地对数学对象、结构及其规律性进行敏锐的空间想象和迅速判断，是想象和判断的有机结合，是创造性思维的重要成分。苏联科学家凯德洛夫说："没有任何一个创造性行为能离开直觉活动。"因此，培养学生的几何直觉是发展空间想象能力的重要任务。

首先，要重视基本图形的理解与识记。几何直觉并不是按部就班的推理，是通过丰富的想象作出敏锐的假设、猜想与判断，达到顿悟。因此，对基本图形与模型要理解深刻，做到熟记在心，灵活提取。教学时，教师要从图形的本质属性出发，创设多样化的教学活动，使学生不断经历非本质属性的剥离过程，深刻理解图形本质属性，做到有意义的理解与识记。如，当学生初次认知一个基本图形后，教师要创造机会，展示多个与之相关的变式图形，或是变换摆放位置，或是进行缩放与旋转，同时，要善于呈现反例或错例，促使学生在正反比较中准确把握图形的本质特征，在头脑中建立基本图形各元素之间的度量关系及位置关系，逐渐丰富空间模型的认知结构。当遇到新问题时，能迅速从复杂图形中识别出基本图形，并层层剥离，直至问题解决。

其次，要重视画图能力的培养。画图能力是学好立体几何的一项必备技能，发展空间想象能力，必须过好画图关。画图是将符号语言与文字语言转化为图形语言，包括对图形的添加，图形的变换等。能正确画出空间图形的直观图，对空间图形中位置关系进行识别，恰当变换处理图形是空间想象能力的核心部分。教学中，教师要有意识地进行画图指导，示范画好直观图，不仅要教会学生画图的要领，还要让学生理解画图的原理，引导学生画出一个个漂亮而形象的直观图，丰富学生的想象力。尤其要注重指导学生画草图的能力，能根据具体的问题情境，合理选择点、线、面长度与大小，合理表示线线、线面、面面位置关系，熟悉空间构造，发展几何直觉，促进空间想象。

再次，要发挥多媒体辅助教学的功能。利用计算机对几何图形进行灵活的拆分、整合、旋转、缩放等等，使图像和图形进行多角度、多方位的呈现，尤其是动态的呈现，能增加学生通过传统手段达不到的感性认识。

教学中，要重视发挥它的辅助教学功能，合理选择教学软件，精心设计出示时机，让学生亲自参与平台互动，模拟仿真操作。这时，学生将见到平时见不到的现象，体会到平时体会不到的过程，对几何图形中点、线、面、体、角、距离等各种几何要素有更加形象的体验，形成的几何表象将更清晰，易发现几何规律，实现表象改造。

（三）适时想象训练，助推能力发展

空间想象能力的核心是想象，发展空间想象能力，不能仅仅停留在观察、操作等这些显性层面，而是要准确把握时机，渗透一些想象方法，适时地进行想象训练，让想象贯穿在学生日常的学习中，促进能力的逐步形成。

首先，要把握想象时机，给予想象机会。要让想象伴随观察、操作、实践等活动，经常创设"先想象后验证"的机会，让学生能充分得到想象锻炼。如，教学对称轴时，很多教师会让学生准备一个平行四边形的纸片，让学生折一折，再说说它有没有对称轴，这样虽很快知道结果，却丧失了一次空间想象的机会。可以让学生看着图片先想象，"对折后，上下两个点会不会重合，下面的一个点对折后会落到哪里？"这时，想象能力强的可能就会知道对折后的情形，而想象能力弱的学生可能还处在迷茫之中。此时，教师再让学生动手折一折，看看，折后的情形跟自己的想象是否一致。教师要在课堂中创设一切有可能让学生想象的机会，及时想象，反复想象，想象能力将随之提高。

其次，要渗透推理思想，引导合理想象。空间想象不是空想，是有意义的联想。推理是学生开展合理想象的重要方法，教学中，要注重推理思想的渗透，引导学生在图形的变换、转化中主动开展推理，通过比较和分析、抽象和概括、归纳和类比等活动，逐步认识图形的特征及性质，了解不同图形之间的关系，解释和解答几何问题。如画绕梯形的一个顶点旋转90度后的图形，由于空间想象的偏差，很多学生只会正确画出与旋转点相连的两条边，而另两条经常搭错位置。此时，教师要善于帮助学生推理，观察原图形四条边的联结方式，旋转后，同样是这样的联结方式，第三条边原来与谁相连，旋转后还是与谁相连。合理的推理，有助于学生找到正确的解题路径。

再次，要创编相关习题，有机想象训练。想象能力的培养不是一蹴而就的，而是一个反复培养、循序渐进的过程。它需要教学过程中的有机渗透，更需要在具体的解决问题中不断提升。教师要善于创编需要空间想象的习题，有目的地进行想象训练。编制习题时要注重问题情境的真实性，与学生的生活实际相关，使学生能启用已有经验展开空间想象的可能；还要注重问题情境的综合性，给予学生进行空间重组与改造的机会。只有这样有机地、持之以恒地训练，空间想象能力才有可能真正形成。

典型课例：苏教版第八册第66－67页《认识旋转》

教材分析：

"图形的旋转"是苏教版小学数学四年级下册的内容，是"空间与图形"领域内容的一部分，是在学生认识对称、平移、旋转的基础上进一步进行学习的，也为以后六年级学习图案的设计打下坚实的基础，因此在教材中起着承上启下的作用。它是继平移、轴对称之后的又一种图形基本变换，是数学课程标准中图形变换的一个重要组成部分，是培养学生的空间想象能力的一个重要载体。

教学目标：

1. 使学生在实际情境中，认识顺时针方向和逆时针方向，初步体会图形旋转的基本要素。

2. 通过观察、想象、操作等活动，使学生能在方格纸上画出一个简单平面图形绕一点顺时针、逆时针方向旋转90°后的图形，发展空间观念。

3. 使学生感受数学与生活的密切联系，培养用数学的眼光观察周围事物。提高学习兴趣，获得学习自信。

教学准备：

多媒体课件、小三角形、课堂练习纸等。

教学过程：

一、复习导入，揭示课题

出示三幅运动的画面

  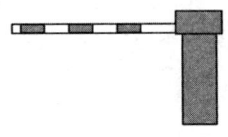

谈话：你们还记得指针、风车、转杆打开与关闭的运动方式吗？

揭题：二年级我们就初步认识了旋转现象，今天我们继续来研究旋转。

【设计意图：新课一开始，用多媒体展示生活中运动的画面，回顾以前所学的旋转的知识，使枯燥的数学知识变得更直观、生动、有趣，从而揭题。】

二、旋转三要素

1. 重点对比研究转杆的运动。

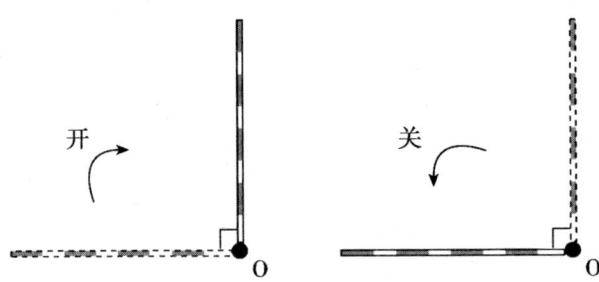

谈话：刚才同学们已经判断出了转杆的打开与关闭是旋转运动，咱们今天就以转杆为例来深入研究旋转。

课件演示：转杆的打开和关闭的动画。

谈话：谁来说一说转杆是怎样旋转的？

师：我们用右手手臂代替转杆，做一做打开与关闭的运动。

准备好了，转杆打开，转杆关闭，打开，关闭。

谈话：你们觉得打开和关闭这两次的旋转一样吗？完全（不）一样

吗？看来有的地方是一样的，有的地方不一样。

讨论：转杆打开与关闭这两次旋转运动，有哪些地方是不同的，有哪些地方是相同的。

2. 讨论得到旋转的三要素

（1）不同点。

师：咱们先来说说不同点？

师：你们找到了他们旋转的方向是不同的。你知道这个方向是什么方向吗？

师：它和钟面时针转动的方向相同。所以我们把这种旋转叫做顺时针旋转。

师：那与时针转动方向相反的，叫做什么旋转？（板书）这里转杆的关闭就是——旋转。

手势演示两个方向：我们用手势来表示两个旋转的方向，把手上举，来，顺时针，逆时针。

（2）相同点。

师：两次旋转有相同点吗？

①角度：都转动了90°（板书）。幻灯片演示。

师：说明旋转的什么是相同的？角度（板书）

② 中心：

生：都是围绕一个固定的点在旋转。

师：这两次旋转都是绕着一个点在转动（板书），这个点是两次旋转的中心（中心），在这儿就用字母 O 来表示，转杆的两次旋转都是绕着点 O 在做打开和关闭的旋转运动。

（3）小结：得到旋转三要素。

谈话：同学们，通过转杆打开与关闭两次的旋转比较，我们找到了转杆旋转的中心、方向、角度，这就是旋转的三要素。转杆的打开和关闭同样是旋转，但不完全相同，谁有本事从旋转的中心、方向、角度说一说转杆打开是怎样旋转的?

生说:

转杆打开绕点（　　）按（　　）时针方向旋转（　　）度。

转杆打开绕点（　　）按（　　）时针方向旋转（　　）度。

小结:看来,我们在说物体旋转时要把中心、方向、角度这三要素都要说清楚。

3．巩固三要素。

(1) 钟面。

那我们就结合这三个要素来说一说,钟面上的指针是怎么旋转的。

从12—3,指针绕点（　　）按（　　）时针方向旋转（　　）度。

从12—1呢,指针绕点（　　）按（　　）时针方向旋转（　　）度。

为什么是30度啊?所以这里的一大格就是30度。

你能自己选择一个从12—（　　）,来说一说指针是怎样旋转的?（两人说）

(2) 3条线段的旋转。

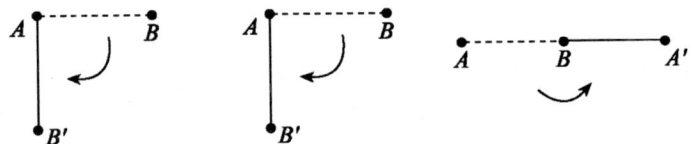

【设计意图:让学生在实际情况中体会旋转的三要素。首先学生用手势表示转杆的开关运动,初步感知旋转的方向。其次学生仔细观察转杆的关闭和打开运动,比较发现这两种运动有什么相同点和不同点。通过这样的设计,学生进一步巩固了旋转的三要素的认识,同时也为研究图形的旋转作铺垫。】

三、探索图形旋转,培养空间观念

1．三角形 AOB 旋转（初步感知旋转）。

师:看来大家已经能够准确地描述线段是怎样旋转的,如果给你一个三角形，你能知道三角形是怎样旋转的吗？

①慢看：哎？你知道这个三角形是怎样旋转的吗？

②操作：

师（操作）：老师也来转一转。

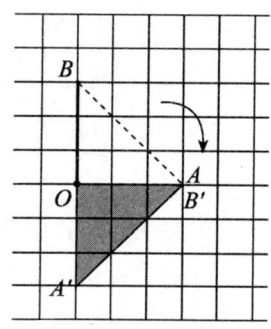

师：绕着哪一个点？所以 O 点的位置变不变？对，在旋转时，因为是绕点 O，所以点 O 是固定不变的。转到图中的位置你们就说停，好不好。师转（两遍）。

师：你们也来试试？别着急，转的时候想一想在旋转时我们要考虑哪些方面？（师手指三要素）拿出练习纸1和信封袋里的三角形，先摆好，然后再像老师一样转一转。开始。

（生操作。）

③交流：

师：你们和老师转的一样吗？那谁来说说看，三角形 AOB 是怎样旋转的？

生：绕点 O，顺时针，90 度。

师：为什么是旋转了 90 度呢？

小结：这是旋转之前的边（手势），这是旋转之后的边（手势），它们形成了 90 度（手势），看来要看旋转的角度我们要找准旋转前的边与旋转后的边。

【设计意图：在旋转三角形 AOB 时，先让学生看旋转的过程，然后教师示范旋转，在这里明确在旋转时中心点的位置是不变的。得出三角形是绕点 O 按顺时针方向旋转了 90 度后，一一验证对应旋转了 90 度，通过学生的回答得出要判断旋转思维角度，要找准旋转前的边与旋转后的边。】

2. 三角形 ABC 旋转（强化对应边）。

①看：这个三角形是怎样旋转的？

第四章　数学学科关键能力及其培养　　187

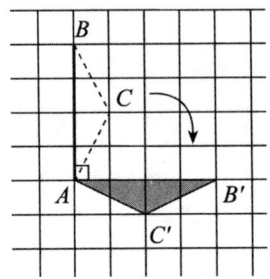 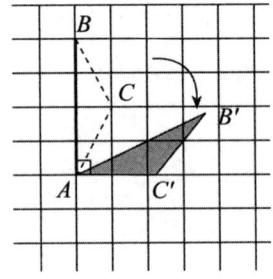

②交流：师：谁来说一说三角形 ABC 是怎样旋转的？

对比：如果这样转，这里不也有个 90 度吗，能不能说它绕点 A 按顺时针方向旋转了 90 度呢？

小结：找准旋转前的边与旋转后的边，对我们判断旋转的角度很重要。

【设计意图：通过两次旋转的对比，引导学生先从观察边的旋转来确定图形的旋转，从而沟通图形旋转与边旋转的关系。反例则强化了图形旋转前后边的对应关系，帮助学生进行正确有序的思维。】

3. 长方形旋转（任意线段）。

①看：这个长方形是怎样旋转的？（生答）

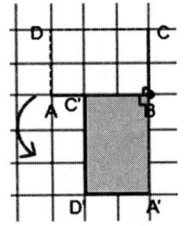

②验证：是点 B 吗？逆时针？旋转 90°你是怎样确定的？OB 这条边我们能一眼判断出来，对吧，还有哪条边可以一眼看出来旋转了 90 度。

③任意边：若连接 BD，若还是像刚才一样旋转，BD 也是绕点 B 逆时针旋转了 90 度吗？若 CD 边上还有一点 F，连接 BF 也是绕点 B 逆时针旋转 90 度吗？若 AC 边上还有点 E、连接 BE，AD 边上还有其他点呢？

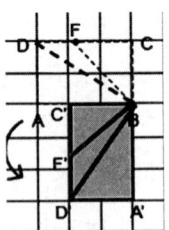

④小结：同学们，请你观察一下与 B 点相连的任何一条线段他们都怎么样？都逆时针旋转了 90 度。

⑤看来与中心点相连的任何一条边都绕点 B 按逆时针方向旋转了 90 度。

⑥CD 呢？AD 呢？

小结：对啊，CD、AD 这两条边也旋转了 90 度，其实在这个图形中任何一条线段都旋转了 90 度，只是选择他们观察的话，不容易看出来，所以我们一般选择与中心点相连的任何一条边来判断整个图形的旋转情况。

【设计意图：通过对长方形的绕点 B 按逆时针方向旋转 90 度巩固对应边，并且得知图形中任何一条线段都绕点 B 按逆时针方向旋转 90 度，但看别的边比较难观察，所以选择与中心点相连的边来确定整个图形的旋转。】

四、画图基础训练

1. 画三角形。

师：同学们，我们已经会判断一个图形是怎样旋转的，你能把旋转后的图形画下来吗？

出示：三角形 AOB 绕点 O 逆时针方向旋转 $90°$。

①比画：绕哪个点？什么方向？手势。可以先旋转哪几条边？这两条边旋转到什么位置？同桌之间可以互相说一说，还可以在图上比画比画。

②演示。

③生画。

④交流。

⑤示错：2 张（顺逆，格子数）。

回顾：在画图时，因为是绕点 O，所以可以先把 OA 逆时针旋转 90 度，再把 OB 逆时针旋转 90 度，最后连接这两个点。

2. 画长方形。

师：三角形会画了，增加难度。把长方形 ABCD 绕点 A 按顺时针方向旋转 90 度。想一想，再动笔。

师：这是长方形旋转一次之后的图形，若把旋转之后的长方形再绕点 A 按逆时针方向旋转 90 度，会得到怎样的图形呢？再一次呢？这个图形有点像什么？

【设计意图：在画把三角形 AOB 绕 O 逆时针旋转 90 度时，教师先让学生找到中心点和方向。然后考虑可以先旋转哪几条边，可以旋转到哪个位置。先让学生自己比画，然后再演示比画，最后自己操作。通过这一系列的过程，分解画旋转之后图形的难点。最后示错强调方向和格数。在核对答案后，还让学生总结画图形的方法：先确定围绕中心的两条边，再根据图形连线。】

五、欣赏图案

其实，生活中有很多精美的图案都是这样通过几次旋转而成的。我们一起来欣赏欣赏吧。

 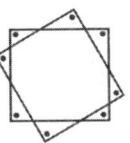   

师：美吗？有兴趣的同学课下可以自己动手创造一个美丽的旋转图案，好吗？

【设计意图：通过想象长方形旋转一次、两次、三次后的图形，培养了学生的空间观念，延伸到生活中也有许多美丽的旋转图案，让学生体验到数学之美，感知数学与生活的紧密联系。同时，也增强学生学习的主动性和积极性。】

总体设计意图：

要发展空间想象能力，必须让学生有足够的时间和空间经历观察、实验、猜测、计算、推理、验证等活动过程。本课设计中，笔者努力丰富学生的学习过程，帮助学生在自主探索和动手实践中逐渐感悟和掌握图形的变换。

一、亲身操作，建立正确表象

直观与操作在学生形成几何概念中有着极为重要的作用。让学生亲身经历操作的过程，可以促使学生建立正确清晰的表象。建立旋转表象，必须深刻理解旋转的三要素。本课教学中笔者充分把握学情，以转杆的转动为例，将旋转的三要素分散开来，各个击破。转杆的转动是生活中常见的现象，先让学生观察转杆的转动，初步体会转杆打开与关闭的相同与不同，接着让学生跟着老师做打开关闭的动作，再次体会转杆打开与关闭的相同与不同，并让学生试着描述转杆旋转打开与关闭位置变化和旋转角度。旋转角度是原来转杆的位置和旋转后转杆的位置之间的夹角，需要学生前后一致的对应观察。学生描述时要将旋转中心、旋转方向和旋转角度说清楚。在这里，以转杆为依托，让学生充分观察、操作转杆的开合过程，学生对旋转的中心、角度、方向深深印在了脑子里，建立了正确的旋转表象，为后面的学习打下了坚实的基础。

二、丰富感知，理解旋转本质

丰富的感知可以促进感性认识向理性认识的飞跃。旋转是一个很抽象的概念，教学中，教师设立了丰富立体的教学层次，带领学生逐步感悟，逐步抽象。如对图形的旋转分了三个层次的教学。第一层次：初步感知旋转。精心选择了等腰直角三角形作为操作对象，绕点 O 按顺时针方向旋转 90 度，让学生初步感知旋转 90 度，其实是把三角形的一条边旋转 90 度，初步感知旋转前的边与旋转后的边互相垂直。第二层次：对比强化对应边。精心选择一个钝角三角形作为操作对象，两种旋转方式，都有一个直角，是不是都旋转了 90 度呢？重点强化旋转前的边与旋转后的边成 90 度。第三层次：任意边的旋转。精心选择长方形作为操作对象，得出只要选择与中心点相连的边来确定整个图形的旋转。三个层次的设计意图各有侧重，却层层递进。这样由浅入深，由具体到抽象的感知，丰富了学生的体验，促进了学生质的飞跃。

三、经历画图，培养空间能力

理解旋转的一个重要目标是能正确画出旋转后的图形，即将旋转的过程清晰地表达。为了突破这个重难点，在教学中先从简单的图形开始，并进行细致的指导，首先展示直角三角形的旋转，让学生说说三角形是怎样旋转的，然后通过师生共同用手臂模拟两条直角边的旋转情况，使观察注意力集中到图形的边上，让学生逐渐明晰图形在方格纸上旋转90度的方法：将与旋转中心相连的两条线段按要求分别旋转，再连接就行了。当基本方法习得后，及时出示长方形，此时，不急着让学生画图，而是充分给学生想象的机会，让学生先想一想，旋转后的图形是怎样的，再让学生根据基本方法画一画，特别要提出的是，有困难的学生要给予实物旋转验证，逐步培养学生的空间想象能力。

第四节　数学应用能力

数学家华罗庚曾经说过："宇宙之大，粒子之微，火箭之速，化工之巧，地球之变，日用之繁，无处不用数学。"[①] 随着现代社会的飞速发展，如今数学已经广泛深入到科学、技术和社会生活的各个方面，与公民生活联系密切的数学信息频频出现在大众传媒中，数学在社会发展中的地位和作用愈发突出。《义务教育数学课程标准（2011年版）》明确指出：为了适应时代发展对人才培养的需要，数学课程应特别注重发展学生的应用意识。数学应用能力是学生的重要核心素养，学以致用是数学教育的终极目标。然而，当前中小学生的数学应用能力却不容乐观。数学应用能力的教学重于机械的解题方法、技巧的训练，学生形成一种盲从意识。学生一旦面对新的、复杂的问题就束手无策、读不懂题意，不会归纳与建模，不能运用已学的数学知识与技能、数学思想去解决问题。学生的认识缺乏内在的应用需求，不会用数学的眼光观察世界、用数学的头脑思考问题、用数学的方法解决问题，而这才恰恰是数学应用渗透于数学教育全过程的真正价值。

面对数学应用能力的迫切性和紧迫性，提升学生的数学应用能力是我们深度教学中必须重点关注的问题之一。那么，何谓数学应用能力？其结构要素是怎样的？作为中小学生数学学习的核心能力，数学应用能力在不

---

① 华罗庚. 华罗庚科普著作选集 [M]. 上海：上海教育出版社，1997.

同年龄和学习水平上应具备怎样的差异性？具体的表现指标是什么？有哪些培养学生数学应用意识和能力的途径和方法？基于以上问题，我们展开分析思考、探索实践。

一、数学应用能力的内涵

（一）数学应用的内涵

数学教育家弗罗登塔尔（Freudenthal，1973）认为数学应用以学生亲身经历的现实，强烈批评那些以先造的虚假现实为背景的数学应用，他强调数学应用应包括以现实背景知识导入相关数学内容，实际上就是提倡要从两个方面来理解数学应用：既要重视从实际问题中提取数学概念和原理，又要重视用数学概念和原理处理实际问题。[①]

我国教育学者对"数学应用"的内涵也提出了自己的见解。钱科英认为"数学应用"是指主体在真实情境中应用数学知识和技能处理问题的能力，它是最直观地反映数学素养的重要方面。[②] 伊秀珍侧重从数学思想方法的角度来定义"数学应用"，认为"数学应用"是指应用数学的思想和方法对科学事实和现实生活中的现象加以理解和认识，即用数学的知识去解决生活、工作、学习中所遇到的各种实际问题。[③] 胡红芳根据数学应用的不同范围将数学应用分为两个方面：一是指数学的内部应用，即运用数学理论解决本理论体系或其他数学领域内的问题，追求解题的方法、应用的技巧、概念的抽象性和理论的严谨性；另一方面指数学的外部应用，即应用数学理论解决生产、生活中的实际问题或其他学科的问题，这是数学

[①] 转引自：蔡雅楠. 培养初中生应用能力的教学研究 [D]. 天津：天津师范大学硕士学位论文，2011.

[②] 钱科英. 数学应用意识的培养目标与教学实施 [J]. 教育研究与评论，2012 (12).

[③] 伊秀珍. 初中生应用意识的培养 [D]. 呼和浩特：内蒙古师范大学硕士学位论文，2008.

的生命源泉。① 综合国内外学者们对数学应用的内涵理解，我们认为数学应用是数学概念、意义、运算等的综合应用，运用数学知识、数学方法、数学思想灵活地观察、分析并解决学习中、生活中的问题的过程都可称之为数学应用。

(二) 数学应用能力的内涵

从过程式定义角度分析，唐荷意老师认为"数学应用能力"一般就是解决问题的能力，主要侧重于从实际问题情境中提出并表达数学问题的能力，运用并初步建构数学模型的能力，对数学问题及模型进行变换化归的能力，对数学结果进行检验和评价、阐释和处理的能力。②

从心理学角度分析，焦学安老师认为数学应用能力是个体在分析、解决实际问题中表现出来的经常的稳定的个性心理特征。并指出数学应用能力是一个多种因素的综合能力，它以具有数学意识和应用意识为前提，以数学知识技能为基础。③

从数学应用能力的构成因素分析，何浩明老师认为数学应用能力的结构包括应用数学的意识、对应用数学解决问题的基本规律的认识、应用数学解决简单实际问题的能力以及对数学应用的广泛性和价值的认识。④

综上所述，数学应用能力相对于数学能力中的其他能力，例如运算能力、空间想象能力、推理能力而言是一种综合的能力，是指在现实生活或问题情境中，以已有知识经验和数学思想、方法作为基础，将问题与抽象的数学知识建立联系，抽象出数学模型，并运用合适的策略与方法解决实际问题的能力。它是最直观反映学生数学素养的重要能力。

---

① 胡红芳. 初中生应用意识的培养 [D]. 武汉：华中师范大学硕士学位论文，2008.
② 唐荷意. 小学阶段数学应用深层学习策略 [J]. 教育研究与评论，2012 (10).
③ 转引自：李小桂. 义务教育阶段城乡学生数学应用能力的比较研究 [D]. 南宁：广西师范学院硕士学位论文，2011.
④ 转引自：李小桂. 义务教育阶段城乡学生数学应用能力的比较研究 [D]. 南宁：广西师范学院硕士学位论文，2011.

二、数学应用能力的表现

数学应用能力的形成基于知识和经验，在不同的学段呈现不同的水平层次，我们把中小学数学应用能力的结构表现划分为：应用意识、基本应用能力、综合应用能力、创新应用能力。

（一）应用意识

《义务教育数学课程标准（2011年版）》指出应用意识主要体现在两方面：一方面，有意识利用数学的概念、原理和方法解释现实世界中的现象，解决现实世界中的问题；另一方面，认识到现实生活中蕴涵着大量与数量和图形有关的问题，这些问题可以抽象成数学问题，用数学的方法予以解决。数学应用意识是学生在面对不同的问题情境时，能从数学的角度观察事物，阐述现象，能正确理解知识的背景，自觉地提取和整理有用的数学信息，抽象出数学问题的基本特征，建立数学模型，并利用已有的知识与技能、思想与方法找寻解决问题的途径。

第一学段：

1. 初步学会用数学眼光和数学语言观察和描述日常生活中简单的数学现象，体会数学与生活的密切联系。

2. 能在教师的指导下，初步学会从数学的角度发现和提出简单的数学问题，并思考解决问题的方法。

3. 能在运用数学知识和方法解决问题的过程中，认识到数学的价值，获得积极的数学学习情感。

第二学段：

1. 能意识到现实生活中蕴含大量的数学元素，尝试用数学的眼光与思考识别日常生活中的现象，并用数学的语言进行表达。

2. 联系已有知识经验，尝试从不同的数学角度发现和提出问题，逐步培养数学的应用意识。

3. 在运用数学知识和方法解决问题的过程中，感受数学与人类发展和社会进步息息相关，认识数学的应用价值，逐步增强学数学、用数学的自觉性。

第三学段：

1. 能在具体的情境中从数学的角度发现问题和提出问题，并积极主动地运用数学知识和方法寻找解决问题的方法。

2. 能在数学活动中更好地感受数学知识的价值，增强应用数学解决问题的意识，感受生活与数学的联系。

3. 在运用数学表述和解决问题的过程中，认识数学具有抽象、严谨和应用广泛的特点，体会数学的价值。

（二）基本应用能力

义务教育阶段数学课程包括数与代数、图形与几何、统计与概率三大部分，每一部分的每一个数学知识都有其实际应用价值。基本应用能力指学生在理解并掌握了某一知识之后，在面对新的、不同的问题情境时能洞察其本质相同的数学模型，并能有效利用知识或其蕴涵的思想方法解决问题的能力。

第一学段：

1. 能在教师的指导下，应用已有的知识、经验与方法，解决相关的实际问题，并能对结果的实际意义作出解释。

2. 能在教师的指导下，尝试借助画图、工具等操作手段建立数学模型，正确解决问题。

3. 尝试回顾应用知识解决问题的过程，初步学会表达自己的想法和做法。

第二学段：

1. 尝试从具体的问题情境中发现并提出数学问题，并能主动地应用数学知识和方法解决相关实际问题。

2. 能主动通过画图描述问题及借助图形直观等方法，分析数量关系，建立数学模型，并合理地选择解决问题的策略。

3. 能通过回顾和反思应用知识解决问题的过程，学会表达自己的所思所想，并学会初步判断结果的合理性。

第三学段：

1. 能从具体的问题情境中发现并提出数学问题，并能主动地应用数学知识和方法解决相关实际问题。

2. 进一步通过画图描述问题及借助图形直观等方法建立数学模型，并针对具体情境的特点合理地选择解决问题的策略。

3. 能够合乎逻辑地进行思考，清晰、有条理地表达自己的思考过程，做到有理有据。

（三）综合运用能力

义务教育阶段数学课程包括三大部分，每一部分又有细分。如"数与代数"中又包括数的认识、数的运算等内容，"图形与几何"包括图形的认识、测量、运动等内容，"统计与概率"包括简单的数据分析、抽样与数据分析等内容。随着数学学习的深入，课程的容量与难度随之加深，数学应用呈现出多样性的特点，体现有两类：一类是需要综合运用其中一个或几个知识点解决问题，可能是综合应用同一块内容的知识点，也有可能是综合运用不同内容中的知识点。另一类是同一个问题可以用不同的数学知识或数学方法来解决。学生要能够灵活地运用已有的知识经验和思想方法解决问题。

第一学段：

1. 面对不同的问题情境，学会判断其实际背景，抽象出数学模型，选用合理恰当的知识解决问题。

2. 能认识到不同的问题情境，其背后可能是本质相同的数学模型，能够灵活判断问题的本质，正确地解决问题。

3. 经历应用数学知识解决实际生活中问题的过程，了解同样的问题可以用不同方法予以解决。

第二学段：

1. 能综合应用已有的两个及两个以上的知识点灵活地解决实际问题，

体验知识和方法在不同的问题情境中的应用。

2. 能应用所学的知识和方法解决日常生活中相应的灵活多变的实际问题。

3. 根据具体问题情境的特点，合理选择和应用有效的策略来解决问题，体会解决问题方法的多样性，积累数学活动经验，发展数学思维能力。

第三学段：

1. 从数学知识的不同领域选择适当的数学概念和技巧运用于解决问题。

2. 能从不同的角度寻求分析问题和解决问题的方法，能用不同的方法解决同一个问题。

3. 能把所学的知识和方法应用于日常生活的不同问题情境中，体会数学的应用价值。

(四) 创新应用能力

鼓励学生在现实生活中寻找用数学知识和思想方法解决实际问题的机会，并加以实践；鼓励学生开展各种数学实验、数学活动或小课题研究等数学实践活动。学生能在给定的目标下，通过独立或小组合作的形式，运用所学知识与技能、思想与方法制定简单的方案并解决现实问题。

第一学段：

1. 能在生活实践活动中，发现数、数的运算等数学知识在生活中的广泛使用，体验运用所学的知识和方法解决简单问题的过程。

2. 经历实践操作的过程，了解解决问题的基本方法，进一步加深对所学的内容的理解，获得初步的数学活动经验。

第二学段：

1. 经历有目的、有设计、有步骤、有合作的实践活动，从中体验从数学的角度发现问题和提出问题、分析和解决问题的过程。

2. 在给定的目标下，体验针对具体问题提出设计思路、制定简单的方案解决问题的过程。

3. 通过应用和反思，回顾解决问题的过程，初步判断结果的合理性，获得数学活动经验。

第三学段：

1. 能根据给定的任务，设计解决问题的方案，并加以实施。

2. 在方案实施过程中，尝试自主发现问题、解决问题并从中体验建立模型、解决问题的过程。

3. 能在活动的不同阶段进行积极地反思，将研究的过程和结果形成报告或小论文，并进行交流，进一步获得数学活动经验。

三、数学应用能力的培养实践

数学在生活中的广泛渗透和应用，要求每一个学生都必须具备一定的数学应用能力。然而，从知识的掌握到知识的应用不是一蹴而就的事情，必须经过持续的、有目的性的训练。小学到初中，是学生数学应用能力形成和发展的关键期，因此，教学时应将数学应用融入整个数学学习过程中，引导学生深入现实有意义的生活领域，深入数学知识与思想方法的应用，丰富数学应用活动的体验，让学生从意识到数学有用，理解数学有什么用到学会怎么用数学的过程，发展学生的数学应用意识和数学应用能力。

(一) 联系生活实际，强化应用意识

弗罗登塔尔的"现实数学"思想认为：数学来源于现实，也必须扎根于现实，而且应用于现实，数学教育如果脱离了丰富多彩的生活，将成为"无源之水，无本之木"。[1] 教学中教师应紧密联系生活实际与数学知识的关系，挖掘数学知识的现实背景，从学生身边熟悉的、现实有意义的事物中选取素材，容易激发他们学习数学的兴趣，也易于他们理解相关的数学知识，体会到数学的现实意义。教师还必须要结合现实生活中的实际问

---

[1] 转引自：郭伟，吴文娜. 浅谈学生应用意识的培养 [J]. 小学数学教育，2016 (7-8).

题，让学生用数学知识去解决问题，用数学的思维去分析问题，从而培养学生的数学应用意识。

1. 精选问题情境引入数学知识

数学知识的发展过程来源于实际的需要和数学本身的发展。教师要给学生提供有趣的、现实的、有意义的和富有挑战性的现实材料，示范性地引导学生主动从数学的角度去观察分析，发现问题、提出问题，从中引出新的数学知识，有利于学生了解数学知识与生活的密切联系，体会到数学知识的现实意义。

例如：六年级上册《百分数的意义》，百分数区别于整数、小数、分数，不表示具体数量，而是反映数量之间的关系。为了让学生更好地认识百分数，基于学生已有的生活经验，以学生熟悉又感兴趣的篮球比赛导入新课，欣赏篮球运动员姚明的视频资料激发学生学习的兴趣，接着创设问题情境：老师还给同学们带来了在投篮比赛中三名队员的投篮情况。信息包括三名学生各不相同的投篮次数和投中次数，引导学生思考"你认为谁成绩好一些"。通过讨论交流，确定从先求出投中次数占投篮次数的几分之几，到应用通分比较分数大小，到一般将分母改写成100的分数便于比较，最后介绍，像这样表示一个数是另一个数的百分之几的数叫做百分数。

学生可以在生活中轻松地找到百分数，但学生并一定理解百分数的真正含义。因此，创设问题情境，引导学生从数学角度分析问题，利用已有的知识经验解决问题，从中深刻体会到百分数的产生、意义，做到知识从生活中来，在生活中学，最终也将回到生活中去，真正学习生活中的数学。

2. 联系具体情境理解数学知识

常见的数学概念、公式、性质、法则，基本舍弃了生活原型，是抽象程度较高的数学形式，这样的数学知识往往抽象不容易理解。教学中机械地模仿与训练的学习效果有时看似良好，但实质上学生并没有理解、内化，不利于学生数学学科能力的长期发展。教师应该善于挖掘知识的现实意义，将抽象的数学问题和富有意义的现实情境结合起来，帮助学生在问题情境中更好地理解知识、体会原理，同时更深刻地感受数学的应用价值。

例如："概率"的概念，书中的定义是：一般地，如果在一次试验中，有 n 种可能的结果，并且它们发生的可能性都相等，事件 A 包含其中的 m 种结果，那么事件 A 发生的概率 $P(A)=\dfrac{m}{n}$。如果只是通过简单解释，学生机械背诵的形式让学生记住，那么学生无疑不能真正地理解什么是概率。因此，课中引出两个实际问题，问题1：投掷一枚质地均匀的硬币，会有几种可能的结果，它们出现的可能性一样吗？问题2：一个质地均匀的四方体骰子，六个面上分别刻有1—6的点数，掷一次骰子，骰子向上的一面的点数是多少，有哪些可能的结果？分析它们出现的可能性大小。其中点数为6的概率是多少？在分析了这两个问题的基础上学生再去理解概率的概念，既加深了学生对概率这一概念的理解程度，同时让学生感到看似枯燥的数学其实就在身边，数学从生活中来，生活中需要数学，真切感受数学的应用价值。

教师应该善于挖掘问题的现实背景，将抽象的数学问题和富有意义的现实情境结合起来，当学生的学习内容与生活背景越贴近，学生自觉接纳知识的程度就越高，这将会帮助学生在问题情境中更好地理解知识、体会原理，提高学生的应用意识。

（二）建立数学模型，提高应用实效

数学应用的关键步骤在于将实际问题抽象为数学问题，即数学建模。长期的数学学习中，学生机械程序化的解题习惯，导致其在面对新的问题情境时很难快速、恰当地建立数学模型。事实上，并不是具有良好的知识结构就会形成较强的数学建模能力，在深度教学中，教师要坚持不懈地培养、锻炼、提高学生建模的意识、技能和策略。

1. 简化问题信息

面对现实的生活情境，学生要能够在理解的基础上去繁为简，提取并整理有用的数学信息，明确已知条件和问题，将其浓缩为熟悉的纯数学问题，以便建立数学模型。例如：一个长方体的鱼缸底面积为1200平方厘米，高20厘米，水深16厘米。把一个铁块放入缸内，有一部分水溢出。再从中拿出这个铁块，这时水面下降8厘米，求这个铁块的体积。通过分析，去除无用信息，其实本题有效信息为长方体鱼缸底面积为1200平方厘米，拿出铁块后，水面下降8厘米，即可解题。

2. 理顺数量关系

对于数量关系不明确或错综复杂的问题，用实验、联想、逻辑推理等方法可以理顺各种数量之间的关系，但相对而言，画图、列表等表征方法更加直观，更能够被中小学生理解并接受，学生更容易发现其中隐含的数量关系并用所掌握的数学符号表示出来，即达到建模的目的。例如：百分数的实际问题，借助画线段图理清数量之间的关系；立体图形的表面积和体积的应用，常常画简图理清图形转换前后的对应关系或理顺变化的过程；对于稍复杂的实际问题，可以借助列表、举例、画线段图等方法简缩问题、理顺数量关系、揭示内在联系，借助多元表征使问题更加直观，更易发现隐藏的数量关系，从而使问题变得更简单，更容易解决。

3. 领会思想方法

新课标总目标中学生数学学习所需的"双基"增加为"四基"，由此可见，学生的数学学习目标不能局限于知识和技能，还必须掌握数学的思想与方法。数学思想蕴涵在数学知识形成、发展和应用的过程中，是数学知识的精髓，是知识、技能转化为能力的桥梁。

在中小学数学学习阶段可逐步渗透数形结合、集合、化归、分类、归纳、类比、转化、假设、极限、函数、方程等基本思想方法，还可向学生介绍消元法、换元法、待定系数法、配方法、反证法、解析法、归纳法等数学方法。比如在函数、解三角形、分式等知识的学习中渗透方程的思想；利用数形结合的思想借助图形使抽象的数学概念、复杂的数量关系直观化、形象化、简单化，以便更快捷地寻求解决问题的有效途径；在数、图形、代数式、函数等知识的学习中都会遇到分类问题，学生在多次的学习活动中逐步感悟分类思想；在学习圆的面积和周长时，在"化圆为方""化曲为直"的转化中渗透极限思想……

（三）解决实际问题，体验应用价值

数学来源于现实又应用于现实，教师灵活地把教材内容和现实生活联系起来，精心设计问题情境，引导学生在情境中用数学的思维分析问题，并建构数学模型，用已有的知识经验解决实际问题，以此丰富学生数学应用的体验，增强数学应用意识，并提高数学应用能力。

例如：学习了"平均数、中位数与众数"之后，设计问题情境：小黄去某工程咨询公司技术部门应聘。小黄看到公司里的工资分配表，平均工资是每月2400元还挺不错的，第二天就去上班了。但是没过几天，小黄气冲冲地去找公司老总，说老总骗了他，并且因为嫌工资太低而辞职不干了。

某工程咨询公司技术部门工资分配表（单位：元）

技术部门员工	总工程师	工程师	技术员A	技术员B	技术员C	技术员D	技术员E	技术员F	技术员G	见习技术员H
工资	5500	4500	2300	2200	2000	1700	1700	1700	1500	900

通过研究，学生会发现平均数在生活中并不是处处有用，辨析平均数、中位数与众数的意义与不同，明确在这种情况下利用众数来衡量职员的平均工资才比较合理。

再如：学习了"面积和周长"后，让学生探究根据给出的一定量的材料来设计一个有围墙的院子形状，使小狗的玩耍面积最大。

其实，数与代数、图形与几何、统计与概率、综合与实践，都有其实际背景和应用价值。比如用方向和距离确定物体的准确位置；用百分数的知识解决纳税、折扣等问题；用比例的相关知识计算图纸上或现实生活中两地的距离；用各类统计图整理分析各项数据等等，其中更是涉及分类、化归、函数、极限、转化、假设、方程、符号化、数形结合等数学思想的实际应用。

教师要引入大量现实有意义的实际问题，引导学生用已有的知识经验解决实际问题，使应用意识得到培养，使学生在面对新的不同的问题情境时主动地联想已学的概念、定理、公式、策略来解决问题，有效提升数学应用能力。

(四) 设计数学实践活动，拓宽应用渠道

听到的终会忘掉，看到的才能记住，亲身体验过的才会理解和运用。因此，让学生参与数学活动，亲身经历实践，是培养数学应用能力最有效的方法。这就要求教师从学生的生活经验和已有的知识背景出发，努力为学生创造应用数学知识的条件和机会，适时发掘有价值的专题活动或实践性作业等，让学生在现实中寻求解决方案并努力实践，从而培养学生的数学应用意识和数学应用能力。

1. 丰富课堂数学活动

积累数学活动经验，培养学生的应用意识和创新意识是数学课程的重要目标。现行的数学教材中以"探索与实践""综合与实践"等形式出现，成为实现这一目标的有效的重要载体，教师可借助教材提供的材料或根据实际数学学习情况自主开发的问题合理开展数学活动。

例如：学习了"比"的知识后，组织综合与实践活动——探究树叶中的比。使学生通过观察、测量、计算、比较、分析等活动，发现虽然树叶的大小各不相同，但同一种树的树叶长和宽的比值都接近某个确定的数值。学生经历收集数据、整理数据、分析数据、获得结论、回顾反思的过程，培养用数学眼光观察生活的意识，感受比的知识在生活中的应用。

再如：认识图形后进行"有趣的拼搭"，认识分数的意义和性质后开展实验"球的反弹高度"，认识概率后的"摸球实验"，认识中心对称图形后的"设计对称图案",认识分式后的"分式游戏"等等,很多数学知识的学习之后都可以设计开放的数学活动,为学生提供自主探索与合作交流的机会,这有助于学生真正理解和掌握数学知识与技能、数学思想和方法,获得广泛的数学活动经验,增强数学应用意识,提高数学应用能力。

2. 拓展课外实践活动

将课内的数学活动延伸到课堂外,拓宽课程资源,设计开放性的学习任务是学生灵活地运用所学数学知识解决现实问题的主要途径,不仅可以拓宽和加深课堂学习的知识,激发数学学习的兴趣,也是学生发挥其应用能力和创新能力的好机会。

例如:五年级数学下册学习"折线统计图"后,设计一次种植实验型活动:蒜叶的生长。实验主要采用统计方法进行研究,实验前首先讨论,研究,实验活动的主要内容为大蒜种植以后,根须生长情况如何?叶子生长情况如何?大蒜种在水里和种在土里的生长情况有什么不同?大蒜在阳光下和房间里的生长情况有什么不同?然后组织学生自由分组合作,开展种植大蒜的实验活动进行观察记录。通过测量获得有关的数据,采用折线统计图表示大蒜根、叶的生长态势,结合统计数据思考与交流蒜叶的生长情况分析、比较每组数据的差、从实验数据中还能获得哪些信息,最后反思开展的活动,思考:这次实验采用的主要数学方法是什么?统计所需要的数据从哪里得到?体会统计在这次实验中的作用,感受统计是解决问题的一种有效方法。

体验过的才会理解和运用。教师应尽量发掘有价值的生活资源作为课堂或课外的实践活动,让学生在现实中寻找解决问题的方法。无论哪种实践调查活动,都要学生从事物中明确所研究问题需要的因素、如何获得这些因素的相关信息,然后才能去具体寻找这些信息,并对这些信息加以分析和处理,思考解决问题的方法,交流与回顾活动的过程和结果。学生可以在活动中,丰富自身的数学应用主体经验。应鼓励学生去发现问题和解决问题,让学生经历收集数据、查阅资料、独立思考、合作交流、实践检验、推理论证等多种形式的活动，自由发挥创新与实践能力的机会，体验数学活动的探索性和创造性，发展数学应用意识和应用能力。

数学应用能力的培养、提升与发展，需要在日常的教学中，在恰当的时机以适当的方式、方法进行有意识的启发，逐步把数学的学习和应用变成一个自觉的持久行动。教学中，通过各种载体增强学生的应用意识，有效地让学生在实践中理解数学、在实践中学会应用，激发学生将数学知识应用于生活实际的积极性，感受到数学在实际中的广泛应用，体验数学实用价值，从而提升数学应用能力。

典型课例：苏教版小学数学六年级上册第六单元《百分数的应用——折扣问题》

教材分析："折扣问题"主要是教学折扣的含义及应用。这是在学生已经学习了一个数的几分之几是多少、已知一个数的几分之几是多少，求这个数；以及应用百分数的知识解决了一些有关求百分率、纳税、利息等实际问题的基础上进行教学的。让学生掌握求"求一个数的百分之几是多少""已知一个数的百分之几是多少，求这个数"的实际问题的解题方法，帮助学生进一步体会百分数、分数等数学知识和方法的内在联系，完善认知结构，进一步体会数学与生活的密切联系，体验数学知识和方法的实际应用价值，使学生对百分数的应用有更全面的认识。

教学目标：

1. 使学生联系百分数的意义理解折扣的含义，掌握折扣问题的基本数量关系，会列方程解答和折扣有关的简单的百分数除法实际问题；能联系分数、百分数实际问题的数量关系，正确解答一些与折扣有关的实际问题。

2. 使学生经历运用折扣等知识解决问题的过程，逐步形成解决折扣问题的策略，积累解决问题的经验，感受折扣在日常生活中的广泛应用，增强应用意识，提高分析和解决问题的能力。

3. 使学生在探索解决问题方法的过程中，进一步培养独立思考、主动与他人合作交流、自觉检验等习惯，体验学习成功的乐趣，增强学好数学的信心。

教学重点：理解折扣的含义，学会用列方程解答简单的百分数实际问题。

教学难点：灵活运用数量关系解决关于折扣的不同实际问题。

教学准备：课前学生调查生活中的打折现象，记录商品原价、折扣、现价等信息；了解具体折扣数的含义。

教学过程：

一、反馈调查结果，导入新课

1. 反馈课前调查结果。

谈话：在购物时，我们常常会遇到商家搞一些打折促销的活动。老师布置大家利用周末的时间去超市、商店、商场等场所了解一些商家打折促销的手段，谁愿意跟大家做分享交流？

生1：我发现有的服装店是部分商品打六折，有的商店全场五折，有一家里面的服装有不同的折扣，有的一口价150元，有的旧款打六折、新款打九五折。

生2：我发现国际购物中心是满500元减50元，在新华书店有一些促销的图书打八折。

生3：我在超市发现蒙牛一种酸奶买2送1，有的一箱牛奶直接便宜卖60元。在卖电器的区域发现有的电器打八八折。

……

2. 揭题：同学们真是有心人，发现了生活中存在着许多的商品打折现象，师：今天我们就要一起来学习与我们生活紧密联系的数学问题——折扣问题。

【设计意图：生活中经常能够遇到打折现象，让学生利用课余时间走进生活，用数学的眼光观察生活中的打折现象，感受"折扣问题"与生活息息相关，同时通过调查与记录让学生对"折扣问题"有初步了解。】

三、联系实际，加深理解

（一）理解"折扣"含义

1. 反馈自学成果。

谈话：课前同学们了解了生活中很多的打折现象，那么"打折"到底是什么意思呢？举例说明。

生1：五折就是原价的一半。

生2：九折其实就是原价的90%，八折就是原价的80%，几折就是原价的百分之几十。

师：那八五折呢？

生3：八五折就是原价的85%。

……

小结：几折就是原价的百分之几十，几折就是原价的百分之几十几。

2. 练习：说说下面各种商品是打几折出售的。

（1）一台电视机按原价的70%出售。

（2）一架钢琴按原价的95%出售。

（3）一件衣服按原价的68%出售。

明确折扣的写法：通常情况下，折扣用汉字书写，如：八折。有时生活中会出现如：8折、88折这样的书写情况，这主要是商家为了醒目，一般要求用汉字书写。

【设计意图：学生对生活中的"打折"现象习以为常，但是没有深入地从数学角度理解折扣的含义。对于这样的规约性知识，让学生通过查阅资料、咨询等途径初步理解折扣的含义，并在课上进行较好的交流与巩固，让学生在自主学习的过程获得成功的体验，提高学习数学的兴趣。】

（二）探究"折扣"问题：已知原价求现价

出题：六一儿童节，书店进行图书打折促销活动，所有图书一律打八折销售，小晴想购买一本原价为25元的《趣味数学》，打八折后她应付多少元？

1. 理解题意。

(1) 25元是打折前还是打折后的价格？

指出：习惯上，我们把打折前的价格称为原价，打折后的价格称为现价，也就是实际售价（实际需要付的价钱）。

(2) "所有图书一律打八折销售"是什么意思？

指出："打八折"是以原价为单位"1"，指现价是原价的80%。是现价占原价的分率。

2. 整理已知条件和问题：现在你知道本题已知什么，求什么？

本题中一共有三个数量：原价、折扣、现价。

已知单位"1"原价和折扣，求现价。

3. 建立数量关系：能用一个式子表示现价与原价之间的关系吗？

根据学生回答板书：原价×折扣＝现价。

4. 独立解答，交流反馈。

【设计意图：引导学生认识折扣问题中的常见要素（原价、折扣、现价）并理解它们之间的关系，根据"求一个数的几分之几"的解题经验确定单位"1"的量，理顺数量关系，从而正确解题，并为探究新知做好铺垫。】

(三) 探究"折扣"问题：已知现价求原价

出题：小洪在这家书店买了一本《成语故事》，打八折后用了10元4角，原价是多少元？

1. 理解题意：10元4角是什么价？

2. 整理已知条件和问题：现在的问题中已知什么，求什么？

已知现价和折扣，求原价。

3. 本题与上一题有什么不同？

第一题已知原价和折扣，可以直接用原价×折扣＝现价。这一题已知的是现价和折扣，求原价。

4. 自主探究：根据以往的解题经验想一想，如何解决这道题。

5. 反馈交流：当有已知条件求未知数时，我们可以列方程解决问题。

(1) 你列方程的依据是什么？（原价×折扣＝现价。）

(2) 你是怎么列方程解答的？（生说师板书。）

(3) 答案是否正确如何检验？

同桌交流，书面完成。

反馈：用现价÷原价，看是否是打了八折；也可以用原价×80%，看是不是等于12元。

【设计意图：引导学生整理题目信息，明确已知条件和问题，利用已有的知识经验确定单位"1"的量和数量关系。并根据"已知一个数的几分之几是多少，求这个数"的解题经验，自主探究用列方程的方法解答，达到知识的迁移。对解题结果的检验旨在培养学生良好的解题习惯，提高自觉反思评价的意识，同时进一步体会了折扣问题中数量之间的关系。】

（四）回顾反思，总结方法

引导：回顾刚才解决问题的过程，说说你是怎么理解折扣的？我们解决的两道有关折扣的实际问题有什么不同，又是如何解决的？和同桌互相交流。

小结：折扣是指现价是原价的百分之几，折扣问题其实就是百分数的实际问题。解决百分数的实际问题，关键是先找出单位"1"的量，用单位"1"的量×分率＝分率所对应的数量。在折扣问题里，单位"1"的量是原价，折扣就是现价所占的百分率，数量关系就是原价×折扣＝现价。解答时先确定数量分析，如单位"1"的量原价已知，直接用原价×折扣求出现价，如单位"1"的量原价是未知的，可列方程解答。

【设计意图：学习活动之后组织学生进行必要的回顾反思。回顾解题的全过程，对比两题的不同与相同之处，对比折扣问题与分数、百分数问题之间的联系，完善学生对百分数实际问题的认知结构，掌握解决折扣问题的基本方法，培养学生分析问题、解决问题的能力。】

三、综合应用，回归生活

1. 只列式不计算。

（1）一个足球原价 68 元，七五折出售，你能算出打折后的价钱吗？

指出：已知原价和折扣，求现价。当单位"1"的量是已知的，就表示求一个数的百分之几是多少，所以直接用乘法计算。

（2）王叔叔以八五折的优惠买了一辆自行车，实际付了 357 元。这辆自行车的原价是多少元？

指出：当已知现价和折扣，求原价时，因为原价是单位"1"的量未知，因此可以列方程解答。

（3）一台取暖器原价 280 元，现在的售价 252 元。这台取暖器是打几折出售的？

指出：求"打几折出售"是求现价是原价的百分之几，把现价÷原价算出百分数，再转化成折扣数。

2. 根据自己调查的商品信息，编题解题。

谈话：课前同学们调查商品的时候已经记录下了一些关于商品价格的信息，根据你记录的信息，编成一道或几道实际问题并说说如何解题。

（1）自主编题解题，小组内互相交流。

（2）集体交流，同学评价。

3. 体育培训中心要购买 48 个足球，发现有两家体育用品店都在搞促销活动。A 商店每个足球原价 68 元，"买十送一"；B 商场每个足球原价是 70 元，打九折出售。请你们算一算，应该在哪家买比较合算？

【设计意图：掌握折扣问题的解题基本方法最终将为学生回归生活解决实际问题而服务，因此，巩固练习环节精心设计了折扣问题的各种问题情境。从基础题——灵活题——拓展题，逐步加深了学生对折扣的理解，完善了学生对折扣问题的认知结构，积累了解决实际生活中折扣问题的经验，提高分析问题、解决问题的能力和数学应用能力。】

四、回顾反思、归纳总结

提问：这节课我们学习了什么？你有哪些收获和体会？你还有什么

疑问？

【设计意图：组织学生对学习的新知及获取新知的过程进行回顾反思，是对解决问题过程与方法的总结与提升，能使经历变为经验，从而提升学生的反思性学习的能力。】

五、实践性作业

1. 课后请同学们寻找采访对象，了解商品货物进货——定价——打折促销的过程。

2. 请你做老板：玩具店购进一批遥控飞机，进价为150元，现在标价为300元。如果你是商店老板，会怎样设计打折广告来促销？请同学们以小组为单位研究确定促销方案。

【设计意图：本课的学习主要针对简单的折扣问题，为帮助学生对折扣问题做深入了解，安排课后实践性作业。通过采访进一步了解关于商品进货到出售到搞促销活动的流程和价格变化，帮助学生了解复杂折扣问题的实际背景，并在充分理解的基础上进行实践，提高学生解决生活中稍复杂折扣问题的能力，真正地让学生学以致用，让学生感受到为解决生活问题而学数学是最有价值的。】

总体设计意图：

华罗庚曾说过："人们对数学产生枯燥无味、神秘难懂的印象，成因之一便是脱离实际。"[①] 数学学习必须与生活紧密联系。本课教学中，以"折扣问题"为线索，紧密联系数学与现实生活，帮助学生了解知识的现实背景，探究解题方法并应用于实际，培养学生的应用意识和数学应用能力。

一、走进生活，理解折扣问题的现实背景

数学来源于生活，生活中的打折现象更是司空见惯，学生习以为常，但通过课前调查发现学生仅仅略懂皮毛。对于商品打出的折扣只知道字面

---

① 转引自：回归，张年确. 浅谈数学应用意识的培养［J］. 教育研究与评论，2012（12）.

意思，除五折外并不明白到底该如何计算。随着学习的深入，学生会从解决简单的折扣问题到解决稍复杂的折扣问题，势必会涉及一些商业用语如"获利""进货价""定价""原价""现价"等，这些用语的实际意义及之间的关系学生往往容易混淆不清。

因此，课前布置学生走进生活，让学生带着数学的眼光去观察现实生活中的打折现象，记录相关的商品价格信息，用数学的思维去分析数据，获得对折扣的初步了解。让学生身体力行去采访家长或店主，了解商品从进货—定价—打折促销过程中价格的变化，了解其中隐藏的商业规则。走进生活的常识教育，学生通过自主调查、理解了折扣问题的现实背景，为解决折扣问题打好了扎实的基础。这样的实践性作业，激发了学生学习数学的兴趣，深刻感受到数学与生活的紧密联系，培养学生的应用意识。

二、联系生活，探究折扣问题的解题方法

充分考虑学生已有的知识经验和实际生活经验的积累，创设学生身边熟悉的、有现实意义的问题情境，带领学生通过自主探究获得解决折扣问题的基本方法。

学生初次接触折扣问题，教学中主要注意几点：一是了解折扣问题中的常见要素及之间的联系。二是学会整理信息、理解题意，概括问题结构。三是分析数量关系，确定解题思路。四是体会与分数、百分数问题的内在联系，完善知识结构。五是及时回顾反思，归纳解题基本方法。只有掌握了解决折扣问题的基本方法，才能为学生解决不同的折扣问题做好铺垫。

三、回归生活，解决折扣的实际问题

数学只有回到现实生活中才会显示其价值和魅力，学生只有回到生活中运用数学才能真实地体现其数学水平。小学生的数学应用，一般从身边扩展到社会，从相对熟悉的领域过渡到不熟悉的领域，从简单的问题发展到复杂的问题。

教学中精心选取学生身边熟悉的各种简单的折扣问题，旨在让学生在面对不同的问题情境时，能够抽象出数学模型，选用合理恰当的方法予以解决，逐步加深学生对折扣的理解，掌握解决实际生活中折扣问题的基本方法，提高数学综合应用能力。

不仅于此，教师将培养学生数学应用能力的阵地从课堂延伸到课外，设计创新的实践性作业，学生主动地去现实生活获得更多的关于折扣问题的知识背景，拓宽学生的认知，并让学生在给定目标下，体验针对具体问题制定简单的方案解决问题的过程，把学习知识和运用知识有机结合起来，真切地感受到数学与生活的高度融合，培养了学生的创新应用能力。

第五章
英语学科关键能力及其培养

第一节 语言理解能力

一、语言理解能力的内涵

"理解"一词,最早见于元朝末年编纂的《宋史》里的"心通理解",是指从内心上明白、从道理上了解。理解,从字面来看,就是理性的思考和解读;从认知层面上讲,认识得越全面,了解得越透彻,理解得就越深刻,使我们对人、对客观事物有更准确地把握。

理解是人们客观认识世界,把握客观规律,解读客观事物的过程;是人与自然、人与社会、人与人之间关系的深刻解读;是人们社会实践的总结,是人类自下而上的客观需求。

"能力"一词在汉语词典里的解释为:掌握和运用知识技能所需的个性心理特征。一般分为一般能力与特殊能力两类,前者指大多数活动共同需要的能力,如观察力、记忆力、思维力、想象力、注意力等;后者指完成某项活动所需的能力,如绘画能力、音乐能力等。

心理学上的语言理解(lauguage comprehension),是指人们借助于听觉或视觉的语言材料,在头脑中建构意义的一种主动、积极的过程。它可以揭示语言材料所蕴含的意义。

语言理解的基础是正确地感知语言。但是,理解语言并不是简单地通过语音或字形把语义迁移在自己的头脑中。语言理解是一种主动、积极的建构语言意义的过程。语言接受者在头脑中想象语言所描述的情境,通过期待、推理等心理活动去揭示语言的意义。理解语言依赖于人们已有的知识和经验。人们的知识经验不同，对同一语言材料的理解也会有很大的差别。

本文中的语言理解能力是指学生通过观察、记忆、思考、想象、注意等身心活动以正确感知语言为基础，主动、积极建构语言意义的个性心理特征。通过语言理解能力的提升，帮助学生在英语学习中突破语言符号的表层含义，走向深入的语言意义。如：当我们听或看到"apple"这个单词后，我们不是仅仅知道它的汉语意思，而是知道其是一种水果并在头脑中建立苹果的图像，了解它的发音、词性，知道其单数时前面的不定冠词为 an 的用法等。

二、语言理解能力的表现

在探讨语言理解能力的能力表现前，我们有必要先来看一看语言理解的等级。语言理解可以分为三级水平：

词是语言材料最小的意义单位，各种复杂的语义都依靠词来表达。因此，词汇理解或词汇识别是语言理解的第一级水平。

理解个别单词的意义并不意味着理解由这些单词构成的句子，因为，句子的理解是一种更为复杂的认知活动，它需要借助于句法和语义的知识，需要有语境的帮助。因此，句子的理解是语言理解的第二级水平。

语言理解的第三级水平是课文或话语的理解。这种理解既要以词和句子的理解为基础，还要进行推理、整合、提取意义等更复杂的认知操作，因此它是语言理解的最高级水平。

从语言理解的三级水平来看，学生学习英语的过程应该是一个从识记语言知识、发展语言技能到理解语言文化的过程。因此，我们认为语言理解能力应有三个层次的表现，即语言接收能力、信息提取能力和文化欣赏能力。

我校为九年一贯制农村学校，英语学科从三年级开始开设。根据英语教学的特点以及我校学生实际情况，我们将三、四年级划归为第一段；五、六年级划归为第二段；七、八、九三个年级划归为第三段。这样划分不仅保证了九年一贯制的延续性，也尊重了小学和初中两个不同学段的学生特点以及学习任务的差异。基于此，我们根据不同阶段学生的认知水平和课程标准的要求，对语言理解能力进行了校本化解读。

（一）语言识记能力

语言识记能力是语言理解能力的基础。包括语音习得、词汇识记、语法规则等。这些知识的获得往往通过听、读和看来完成。教师在教授字母和单词时要采用形象化教学方式。通过视频、图片、对比等方式加深学生对字母和单词的印象和理解，从而更加高效地记忆。在单词巩固中，教师要创设情境和活动，帮助学生利用肢体语言和英语来解释和理解单词。

第一学段：

1. 能正确模仿字母和单词的发音。
2. 能正确书写字母和单词，能看图识字。
3. 能在指认物体的前提下认读所学词语。

第二学段：

1. 能音形结合拼读单词。
2. 能理解并掌握常见词性，如：名词、动词、代词、介词等。
3. 能理解一般现在时、现在进行时、一般过去时和一般将来时。

第三学段：

1. 能根据语音规则和音标记忆单词。
2. 能明确词性，掌握单词的引申含义，熟练辨析词汇。
3. 能理解和领悟词语的基本含义以及在特定语境中的意义。
4. 能理解附录中"语法项目表"中所列语法项目并能在特定语境中使用。

（二）信息提取能力

听、读、看是学生接收英语信息的主要途径，并通过预设、概括、整理、筛选等思维活动提炼有效信息，然后通过说和写进行输出和表达。因此，说和写能够很好地体现学生信息提取能力的发展水平。

第一学段：

1. 能够读懂短句的意思，会用常见的日常用语进行对话。

2. 能根据图文说出短句。

3. 能根据表演猜测意思，说出单词。

4. 能在图片的帮助下读懂简单的小故事。

5. 能模仿例句写词句。

第二学段：

1. 能读懂贺卡等所表达的简单信息。

2. 能根据图片、词语或例句的提示进行简单的描述。

3. 能根据图片、词语或例句的提示写出简短的语句。

4. 能看懂程度相当的英语动画片和英语教学节目。

第三学段：

1. 能听懂接近自然语速、熟悉话题的语段，识别主题，获取主要信息。

2. 能根据所给提示简单描述一件事。

3. 能读懂相当水平的故事和短文并抓住大意。

4. 能根据上下文和构词法推断和理解生词的意思。

5. 能理解并解释图标提供的信息。

6. 能找出文章中的主题，理解故事的情节，预测故事情节的发展和可能的结局。

（三）文化欣赏能力

英语作为一门语言，带有浓厚的文化气息。它不能仅仅被当做一门学科，还应是一面帮助学生观察世界的镜子，一扇了解异域文化生活的窗户。因此，在英语教学中，教师要时刻关注英语文化的渗透，教师可以通过英文儿歌、英语动画等方式来激发学生学习英语的兴趣。在一些特定的节日，如：圣诞节、万圣节，可以给孩子们介绍西方文化，在体会文化差异的同时，欣赏西方文化的独特魅力。文化需要慢慢浸润。英文歌曲、课本剧、英语游戏等都是促进学生接受、了解和喜欢英语文化的有效途径。英语教学中，教师要重视文化的渗透和熏陶，这是拓宽学生视野、拓展学生生命厚度的有力手段。

第一学段：

1. 对英语有好奇心，喜欢听他人说英语。
2. 对学习中接触的外国文化习俗感兴趣。

第二学段：

1. 能在教师的帮助之下表演小故事或短剧，演唱简单的英语歌曲和歌谣。
2. 对继续学习英语有兴趣。
3. 乐于了解英语文化和习俗。

第三学段：

1. 能意识到语言交际中存在的文化差异并在学习和生活中增强理解和认识。
2. 能够在阅读中分析作者的写作意图。
3. 能够体会和欣赏文章或对话中的语言艺术。
4. 能用适当的习语、俚语表情达意。

对比，是帮助学生体会中西文化异同的有效方法。英语教师可以通过语言对比、习俗对比、饮食对比等帮助学生深入体会文化差异，增进对西方文化的了解。同时，鼓励学生收听英文广播、收看英文电视节目、欣赏英文电影、学习英文歌曲、阅读英文名著等，让学生近距离感受英语的语言特点，提高文化欣赏能力。

三、语言理解能力的培养实践

能力表现是各个阶段学生英语学习的整体标准，英语教师根据阶段标准认真组织课堂教学，在每节课的教学中进行落实。根据语言识记、信息提取、文化欣赏三个等级的学习要求，我们主要从以下四个方面的课堂教学来落实能力标准。

（一）多方互动，促进语音教学

英语是表音语言，发音的准确与否直接影响交流的效果。同时，英语语音特点也是英语的魅力所在。拥有一口纯正的英语也会增强学生学习英语的信心和兴趣，可以激发学生的内在学习动力。同时，音标学习还会帮助学生利用发音规则记忆单词，提高记忆效率。这样能够有效避免学生拼字母记单词的低效记忆方法，降低学生对单词记忆的恐惧心理，从而减轻学生厌学、畏学英语的心理。我校的语音教学主要从以下几个方面进行落实。

1. 利用九年一贯制的优势将语音教学重心下移

根据牛津英语教材的安排，音标教学属于初中的学习内容。然而，小学五年级开始，学生就接触了音标。因此，我们利用九年一贯制学校的特有优势，积极开展中小学英语学科组的教学研讨活动，由中学部经验丰富、专业过硬的骨干教师对小学部英语教师开展语音培训，然后在五年级开始逐步推进语音教学。这样做的好处是明显的，首先，小学阶段学生英语学习负担相对较轻，有充分的时间推进语音教学。其次，从小学阶段就能够培养学生科学的单词记忆方式，避免了拼字母的死记硬背方式。确保学生会拼的同时还会正确读出单词的发音，有效避免"哑巴英语"的出现。再次，对于小学部英语教师进行语音培训能够有效提高英语教师口语的准确性，保证学生开始接触英语的时候就能听到地道的英语。最后，由于初中英语学习任务重，音标教学往往匆匆了事，效果很难保证。语音教学重心下移就能够避免这一情况，从而提高学生的学习效率。

2. 从简单模仿转变为口腔肌肉训练

在以往的语音教学中，学生往往只是根据老师的发音进行机械的简单模仿，这导致了学生学习到的发音千奇百怪，错误百出。如今，我们的语音教学特别是音标教学重视口腔肌肉的训练，更加注重英语发音的特点。比如舌位变化、唇形变化、发音位置变化、气流通畅度的变化等。从专业上来讲：清浊区别，前、中、后元音区别，唇音和非唇音区别等等。教学中，我们利用动图的发音展示，更加直观地让学生感受到如何正确发音。

3. 开展多种活动促进学生学习语音的兴趣

课堂上，我们积极开展各种小竞赛来激发学生的学习兴趣。如绕口令比赛、主题演讲比赛、朗诵比赛、课本剧、英文歌曲比赛等。这些活动，不仅夯实了学生的语音基础，同时让学生体会英语的魅力以及英语语言文化的特点。

（二）多元手段，加强词汇教学

有了语音的基础，学生在识记单词方面已经能够轻松驾驭了。但是，词汇的学习不仅要识记，还要懂得如何使用，在使用中感受英语词汇的语言特性。

1. 重视词性辨析

很多学生在学习单词时只知道背单词的意思却不了解词性，从而产生"默写全对考试全废"的现象。在英语教学中，我们始终重视词性教学。将词性教学渗透在每节课上，只要出现恰当的时机，英语教师就会进行词性辨析的渗透。潜移默化中，学生逐渐掌握了单词的用法，解题的正确率得到了很大提高。

2. 系统讲授基本构词法

同汉语一样，英语也有自己的构词法。特别是在初中的英语学习中，教材中已经渗透了较为基础的构词法，如常见的前缀和后缀。我们单独对这些词缀进行了系统整理，帮助学生了解英语词缀的功能和意义。如：ment 放在动词后面构成名词，less 放在形容词后表反义。英语构词中也有很多较为有文化特点的地方。例如，在表达工作类别时以 ist 结尾的一般指专业特殊或社会地位较高的职业，如 dentist、artist、pianist 等。以 or 结尾的表示社会地位较高的职业，如 doctor、director 等。而以 er 结尾的则表示较为普通的职业，如 worker、teacher、farmer 等。这些都是学生感兴趣的知识，也有助于学生了解英语语言的文化。对于基础构词法的整理和讲解，也明显有助于学生提高单词的识记效率。

3. 关注单词的多重意思

在教学中我们发现部分同学只记忆单词的第一意思，对教材呈现的第二、第三意思视而不见。因此，在英语表达时往往因为词汇的匮乏而导致词不达意。现在的考试越来越重视对词汇含义的全面考查，因此，在教学中英语教师更加关注一词多义的情况，并通过自编练习进行强化和巩固。

4. 组织单词竞赛等活动激发学生学习兴趣

每学期，各年级都会组织"百词竞赛""书法比赛"等词汇竞赛活动，通过先期的动员调动学生复习的积极性；通过后期的奖励，激发学生识记单词的动力。

5. 运用多种记忆手段提升单词记忆效率

单词教学中，为了提高学生单词记忆的效率，英语教师采取"联想记忆""对比记忆""构词法记忆""形象记忆""语音记忆"等多种方法来提高学生单词的记忆效率。

（三）多管齐下，提升语法教学

传统的讲练结合式语法教学往往缺少趣味性，学生不喜欢也不愿意参与课堂，因此较为枯燥乏味。在深度教学中，我们力求突破这一状态，组织多种课堂活动让学生在使用中学习语法，大大提高了英语语法教学的趣味性，学生的课堂参与度有了很大提高。具体做法举例如下。

1. 在游戏中学习

游戏是学生最为喜欢的学习方式。英语课堂上，我们经常设计各种游戏帮助学生学习语法。如：在讲授句子结构过程中，我们为每个小组提供了若干卡片，每张卡片上写着一个单词并注明词性（可以一词多词性）。游戏一：让小组内的同学根据卡片上的单词和词性造句子并说明每个单词在句子中所扮演的成分。以说出最多句子个数为胜。游戏二：每位同学一张卡片，随机选一位同学说出所选卡片上的单词，以这个单词为基础鼓励其他同学逐渐加词组成短语、句子，直至无法加词结束。然后请参与造句的所有同学说出自己所说单词在句子中担任的成分。每个参与造句的同学为本组加 1 分。几轮过后，总分最多的组为胜者。这种游戏中学习的方式极大地激发了学生的竞争心理和参与热情，课堂参与度明显增加，教学效果也得到了提升。

2. 创造情境，在使用中学习

真实的情境能够激发学生使用英语交流的欲望。在英语语法教学中，我们设计了各种生活中真实存在的情境保证学生有话可说。比如在讲授过去进行时态的课堂教学中，我们进行了这样的设计：

通过问问题的方式进行导入，并将问题写在黑板上。①When do you often get up? ②What did you have for breakfast this morning? ③What are you learning now? 接下来让学生观察句子中的时态差异，小组讨论并尝试回答，然后问第四个问题：What were you doing at 8:00 last night? 让同学们讨论并尝试回答。引出过去进行时之后，让学生阅读教材第 123 页的语法讲解，小组合作讲解过去进行时。

操练和巩固部分设计了两个课堂活动。活动一：两人合作一问一答，看谁用最少的问题猜出对方在过去某一时间正在做的事情。活动二：通过问答的方式猜测组内其他同学在过去特定时间正在做什么，比一比哪个小组代表用的时间最短。具体操作如下：

Guess what your team members were doing at 7:00 last night. You can only ask five simple questions to each classmate. Let's see who can guess all the things your team members were doing in the shortest time correctly. You can use the following dialogue as an example.

A：Were you... at 7:00 last night?

B：Yes, I was. /No, I wasn't.

在使用中学习语法避免了讲授式的枯燥，教师也更容易检测学生的理解程度，发现学生存在的问题并在第一时间进行纠正。

(四) 多种途径，改进听力教学

听是学生获取信息的主要途径之一。听力水平对学生获取信息的能力有着重要影响。听力教学中，我们主要从以下几个方面来培养学生的听力能力。

1. 做好听力准备

首先，培养学生良好的听力习惯。听力前要放松身心，精力集中。其次，对所听内容要进行一定的了解，争取获得尽可能多的信息。最后，适当准备纸笔，在听的过程中记录关键信息。

2. 掌握听力技巧

一是学会抓取关键信息，通过信息之间的联系推断意思。二是在听力考试中要阅读听力题目，从题目的逻辑关系中进行判断。三是对常见题型进行归纳，掌握听力题目的考查方式，从而提高解题效率。

3. 进行适当训练

从母语习得的经验来看，良好的语言环境能够为学习者创造充足的听和说的机会。而这些听和说的反复练习是对语言学习者最好的训练。教师要突破教材的限制，为学生补充适量、适当的听力材料，通过大量的感官刺激，在潜移默化中提高学生听力能力。同时，也要创设条件让学生说英语。事实证明，口语流利的学生其听力水平也较高。

（五）多维思考，优化语篇教学

由于课堂教学中的阅读属于目的性阅读，即课堂教学具有明确的目标，因此，为了达成教学目标，我们要对学生的学习加以引导。基于此，我们采用了任务型教学法。任务型教学法是通过在课堂教学过程中实施和开展的。任务型语言教学立足于学生本身，教师从学生"学"的角度设计出各种教学活动，使学生在完成各种任务的过程中逐步形成运用语言的能力。与其他语言教学途径相比，任务型语言教学的途径更加符合新课程标准所倡导的理念，有助于实现新课程标准规定的课程目标。任务型教学中民主、宽松、和谐的教学氛围和学习环境，有利于激励学生的创新意识，萌发创新动机，培养创新能力，从而提高学生语言实践能力。

任务型阅读教学在具体操作中也有着明确的要求。首先，目标要明确、具体，这样学生才会知道具体做什么、怎么做。其次，任务要分层次。任务的设计要考虑学生的个体差异。层次递进的任务符合学习知识的认知规律。再次，任务要利于启发学生的思维。只有激发学生的思考，促进学生思维水平的提高才能真正提高学生的阅读能力和水平，因此任务的设计要具有一定的挑战性。最后，任务的设计要兼顾趣味性。青少年学生具有强烈的竞争意识、好奇心理、活泼好动的天性，课堂任务有趣味就能激发学生积极参与课堂学习，提高教学效率。

任务阅读一方面，有助于加深对语言素材重点知识的理解感悟，提高学习效率；另一方面，有助于培养学生的发现问题、探究问题和解决问题的学习能力，提高学生的语言表达和运用能力水平。"任务型学习"（Task-based learning）是20世纪80年代外语教学法研究者和第二语言习得研究者把语言应用的基本理念转化为具有实践意义的课堂教学模式。中学英语教学大纲指出，中学英语教学应"侧重培养学生的阅读理解能力"。近年的中考阅读能力考查提倡并施行对"Task-based reading"的考查。

以任务为中心的语言教学途径（Task-oriented approach）是近年来交际教学思想的新发展，它把语言应用的基本理论转化为具有实践意义的课堂教学方式。运用学习任务组织阅读教学，既能强化语言的实际应用过程，又能充分体现语言阅读的交际本质。完成阅读的过程能促进学习自然地和有意义地运用语言，有利于营造语言习得的最佳环境。任务型阅读教学活动具有真实性、形式与功能相结合性的特点，并能最大限度地发挥学生学习的主动性和自觉性。

典型案例：故事性短文 Present（Reading），该文为2017年无锡市初中英语教学能手所著评比素材

教学目标：

1. 了解 Almie Rose 的圣诞礼物故事。掌握本文词汇和句型。

2. 了解故事性文章的结构和布局，体会用词的技巧，学习转折的写作手法。提升学生的英语技能，尤其是阅读能力。培养学生深度阅读——

与作者对话的阅读习惯。

3. 通过本文的学习，懂得感恩父母、增进对英文阅读的喜爱，激发学生进行英文写作的动力。

教学任务：

中心任务：了解好的故事性文章需要具备的因素：

an attractive title

a suspenseful（有悬念的）beginning

a complicated（曲折的）plot（情节）

a surprising and reasonable（合理的）ending

a meaningful main idea

教学过程：

（一）任务前活动

1. 任务呈现。

很多同学都读过《麦琪的礼物》这篇著名的文章。今天我们将要阅读的也是以礼物作为主题的文章。通过本文的学习和阅读，我们进一步感受精彩的故事性文章的写作特点。

2. 导入。

同学们，新年就要到了。大家通常都会收到父母的礼物吧？我猜同学们最喜欢的礼物就是红包了吧？父母通常会给你多大的红包？如果今年父母没有给你红包或者只给很小的红包你可能会是什么感受？

3. 知识技能准备。

（1）Skimming（略读）

呈现问题"What is the relationship（关系）between the writer and Almie Rose? Is it an instruction（说明）or a story or a piece of news?"让学生略读文章找出文中的人物关系，判断文章体裁。锻炼学生略读的能力。

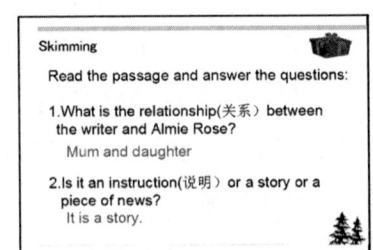

（2）Scanning（寻读）

呈现表示组成故事的要素的关键词。让学生根据关键词来寻读信息。培养学生寻读的能力的同时帮助学生大体上了解故事梗概。

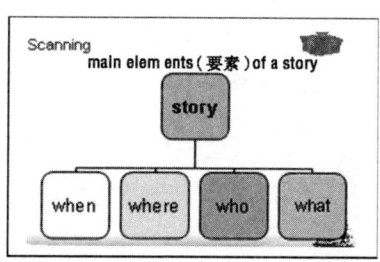

（3）Skimming（略读）

呈现段落大意，让学生根据段落大意略读文章并尝试分段。然后小组讨论，分享观点。通过反复练习，让学生更加熟练地运用略读技巧。同时，帮助学生建立文章架构，更好地整体把握文章脉络。

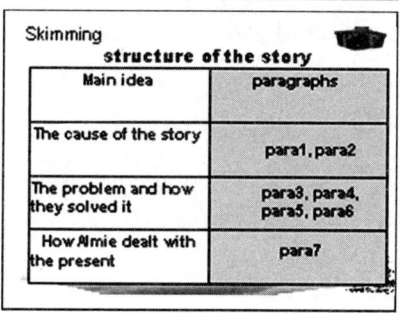

（4）Careful reading（细读）

呈现问题"1. Why didn't the parents buy the bike？2. Why did the parents feel so surprised？"让学生阅读 Para. 1 and Para. 2 寻找答案。学生需要对文章中的语言进行整合才能精确地回答问题，锻炼了学生的概括和理解能力。让学生阅读 Para. 3—Para. 6 完成任务型阅读，进一步增强学生对文章的理解，同时对文中的短语和生词也在任务中有了更加深刻的认识。通过设置追问问题，让学生了解文中作者在礼物盒里留便条的意图。体会文章中关键词语的使用所反映出的作者的心理活动状态。通过小组合作讨论，引导学生从文章的文本走进作者的情感世界。尝试与作者进行"对话"。接下来让学生阅读 Para. 7，回答问题："What do you think the parents would do next according to the sentence 'we would have moved the God to buy her every bike on the earth'？"通过前面的阅读，学生已经深刻理解了父母对女儿的爱。因此，学生能够比较好地推断出作者夫妻会在将来为女儿买一辆真正的自行车。这样，虽然没有为学生讲解文中出现的虚拟语气，但是并不妨碍学生对文章的理解。接下来，根据学生对文章的理解，让学生根据呈现的 mind-map 图表相互复述这个故事。

(二) 核心任务

1. 深度阅读。

任务 1：Read the story and try to find out the words and expressions that show the changes of the parents' feelings. 学生通过自读和小组讨论充分发掘文章中体现作者夫妻情感变化的关键词汇和短语（surprised～guilty and sad～excited～moved）。这一任务，让学生了解作者情感变化的同时，体会到作者的写作艺术。任务 2：Can you guess the changes of Almie's feeling? 学生阅读文章，从女儿的表情、语言等信息来猜测其情感上的变化（happy～surprised～moved）。最后，由两种情感变化得出结论——父母和女儿深爱对方。

2. 能力提升。

体会文章中作者的用词艺术后，通过分组讨论两个问题"①What a good story should be like? ②What makes a good story?"让学生从文章整体构架的角度来欣赏这篇故事。从欣赏的角度提升了学生鉴别的能力，同时也提高了学生写作的能力。

3. 拓展延伸。

呈现龟兔赛跑这篇故事的图片，先让学生复述这则寓言故事，然后让学生讨论这则故事好在哪里。（语言精练、情节曲折、结局在情理之中又在意料之外、寓意深刻）。通过故事赏析，进一步巩固本课所学，体会深度阅读的意境。

(三) 任务后活动

1. 好书分享。

学生分组，每个组员在组内分享自己最喜欢的书或文章并说明理由。最后，每个小组选择一本书或一篇文章向全班同学进行推荐。

2. 任务评价。

根据课堂表现进行组内互评、组间互评，以及学生个体的反思性自我评价。教师进行综合性点评。

3. 课后任务。

为父母做些力所能及的事情来感恩他们的付出。再读《麦琪的礼物》，体会作者的写作艺术、用词技巧，并将心得与同伴分享。

设计意图：

本文选自2017年无锡市初中英语教学能手比赛采用的文章——Present。是一篇故事性短文，全文313词，篇幅适中，情节曲折，适合初中生阅读。文章生词较多、语法也有难度，能够很好地考查和提高学生的阅读能力。教学中，笔者采用了任务型教学策略，通过层层递进的任务设计，既注重对学生思维能力的培养，也重视对学生合作探究能力的训练。

任务前活动中，主要训练学生的阅读技巧（略读、寻读、细读），旨在加强学生对文本知识的理解。任务中活动时，主要是帮助学生对文章用词技巧、故事走向和情感转折的理解。走进作者的内心世界，尝试与作者进行心灵上的对话。从而，帮助学生领略深度阅读的意境。任务后活动中，组织学生推荐自己喜欢的文章或书籍。通过这一活动，提高学生的鉴赏水平。同时，培养学生爱阅读、善阅读的良好习惯。通过鉴赏英文著作，也能够提高学生写作的能力。

第二节 英语阅读能力

一、英语阅读能力的内涵

阅读是人类运用语言文字来获取信息、认识世界、发展思维并获得审美体验的活动。《中国中小学英语分级阅读标准（实验稿）》指出：阅读能力是蕴含于阅读素养内涵之中的，它包含解码能力、语言知识、阅读理解、文化意识四个方面。《义务教育英语课程标准（2011年版）》中阅读能力的表述是学生要能在图片的帮助下读懂简单的小故事，能正确朗读所学故事或短文，能在教师的帮助下表演小故事或小短剧。在深度课堂的研究中，英语阅读能力主要表现在阅读速度和归纳提取重点两个方面。

笔者认为阅读是学生基本的一种学习行为，而阅读能力的培养对学生的成长和发展具有重大的引领作用。对于英语教学而言，阅读能力是指阅读者对阅读材料表现出个性化理解、批判性反思、连贯性叙述、选择性储存、创造性拓展以及生活化运用等一系列的心理和行为。

阅读能力的培养对学生发展具有重要意义。随着社会的进步和教学理念的提升，"核心素养"越来越受到大家的重视。核心素养是学生应具备的、能够适应终身发展和社会发展需要的必备品格和关键能力。思维品质是核心素养最主要的组成部分，而阅读作为学习的载体，良好的阅读能力不仅是学生个体发展所必需的一种基本能力，也是学生发展思维品质的重要手段。

苏联著名的教育学家苏霍姆林斯基也提出：学生的智力取决于良好的阅读能力。阅读是学生学习的主阵地，所有的认知和获取知识都离不开阅读。对于英语学习而言，发展学生的阅读能力是发展学生"思维品质"的必备条件。

译林版的英语语篇教材图片形象生动、语言简洁流畅、对话严谨自然，符合学生的认知水平和发展规律，既可以降低学生的阅读难度，也可以促进学生的思维水平。

二、英语阅读能力的表现

在中小学学习阶段，学生的阅读能力表现比较多元，主要集中表现在三个方面：认读能力、理解能力和运用能力。下面笔者遵循英语课程要求，按照3～4年级、5～6年级、7～9年级三个学段，结合学生的认知水平和发展规律，以学生"能够做某事"具体描述各级别三种主要阅读能力的一般表现。

（一）认读能力

认读能力指的是学生对文字符号的感知与辨识能力、识字量和认读速度，它是以一定的识字量为基础的。

第一学段（3～4年级）：

1. 能借助图片认读 story time 板块的词语。

2. 能在老师的帮助下，根据拼读的规律，读出单音节的单词。

3. 能看懂教室布置，校园文化中的简单英语信息。

第二学段（5～6年级）：

1. 能根据具体语境，结合上下文猜测生词的意思。

2. 能初步使用简单的工具书解决阅读中的难点。

3. 除教材外，课外阅读量达到4万词以上。

第三学段（7～9年级）：

1. 能根据上下文和构词法推断、理解生词的含义。

2. 除教材外，课外阅读量应累计达到15万词以上。

（二）理解能力

理解能力指的是学生自主提取文本的关键信息后，继而表达自己的观点和认知的能力。

第一学段（3～4年级）：

1. 能读懂教材，回答老师的简单问题。

2. 能根据教材信息提出自己的问题。

3. 能借助图片读懂简单的故事或小短文。

第二学段（5～6年级）：

1. 能正确朗读课文，养成按意群阅读的习惯，升降调和重音正确规范。

2. 能理解教材的书面指令，并根据要求进行听说读写活动。

3. 能从简单的文章中找出主要信息，掌握文本的脉络。

4. 能理解 story time、cartoon time 或其他绘本故事中的事件发生顺序和人物关系。

第三学段（7～9年级）：

1. 能理解段落中各句子之间的逻辑关系。

2. 找出文章中的主题，理解故事的情节，预测故事情节的发展和可能的结局。

(三) 运用能力

运用能力指学生对所学知识进行思考，加工和提炼，最终变为自己个性化知识的一种能力。

第一学段 (3~4 年级)：

1. 能正确朗读所学故事或短文，语音语调自然。
2. 能根据所学关键词生成自己的语言，转述给亲朋好友听。

第二学段 (5~6 年级)：

1. 能理解并运用图表提供的信息解决实际生活问题。
2. 能读懂教材以外的简单故事和短文并了解其大意。

第三学段 (7~9 年级)：

1. 能读懂常见体裁的阅读材料。
2. 能根据不同的阅读目的运用简单的阅读策略获取信息。
3. 能利用字典等工具书进行学习。

阅读能力的综合能力表现：对英语的任何载体都有好奇心，有较明确的英语学习动机和积极主动的学习态度，喜欢听他人说英语，想尝试自己说英语，并且在日常生活中与他人交换信息并陈述自己的意见。能根据教师的指令做游戏、做动作、做事情。能做角色扮演。能唱英文歌曲，说英语歌谣，能根据阅读目的运用适当的阅读策略。能利用多种教育资源进行学习。不断增强文化差异的理解与认识，具有国际化的眼光和价值观。

三、英语阅读能力的培养实践

(一) 巧用思维导图，提升阅读能力

在英语语篇教学中：阅读指导过多，学生独立思考的机会变少；阅读材料过难，学生自主阅读的兴趣减弱；阅读技巧过乏，学生解读文本的能力不够……所以学生阅读能力的培养需要教师进行长期有效的指导，是一个从简单到复杂的进化过程。笔者认为在英语语篇教学中合理利用思维导图，可以有效发展学生的阅读能力。思维导图又叫心智导图，是发展学生思维品质的重要图形工具，它简单却又很有效，是一种实用性的思维工具。生动形象的思维导图，可以激发学生的阅读兴趣；罗列单词的思维导图，可以引发学生的阅读思考；图文并茂的思维导图，可以降低学生的阅读难度……综上所述，思维导图在学生阅读活动中的作用不言而喻。在语篇教学中，教师怎样运用思维导图，发展学生的阅读能力呢？笔者以译林版《英语》四年级下册 Unit 8 How are you?（story time）为例，讲述思维导图在该语篇的三个教学环节的合理利用与思考。

1. 思维导图，让阅读兴趣更浓厚

片断一：

导入语篇阅读时，教师要善于创造互动点，激发学生阅读兴趣，出于这个考虑，笔者对文中左边插图做了一些剪切，呈现杨玲生病电话请假的一部分（如下图），笔者抛出问题：T：We're fine. How about our friend, Yang Ling? Look at the picture, say something about her. 学生看见图片，很快就能理解图意，他们也会结合自身的生活经历，利用自己的学习积累，发挥联想：

S1：Yang Ling is ill.

S2：Yang Ling is not so good.

S3：Yang Ling is not happy.

S4：Yang Ling has a cold.

但是在一个班的教授结束后，笔者发现课堂的导入环节虽然行云流水，过渡自然，但答案显而易见，学生无须思考就可随口回答。这样不但不能活跃学生思维，而且也抑制了学生深入文本的兴趣，阅读能力也很难提升，更加会使学生养成不假思索、随意应付的坏习惯。

改进片断：

哈佛大学师生中流传着一句名言："The one real object of education is to have a man in the condition of continually asking questions." 在阅读语篇的一开始，自主提问，明确自己的阅读方向对激发学生的阅读兴趣有着

至关重要的作用。所以导入语篇时,笔者运用形象生动的思维导图,放手给学生以提问的机会,成为课堂的主人。T:What do you want to know?(教师指着PPT上的思维导图引导学生提问。)

设计意图:学生能利用自己的知识储备展开精彩绝伦的提问,有的关心Yang Ling的身体,有的好奇是早上八点还是晚上八点,有的担心她是否能去上学,有的猜测电话那头的人是谁。思维导图让学生的思维更发散,猜测更多元,兴趣更浓厚,为深入阅读文本打下了完美的伏笔。

2. 思维导图,让阅读思考更深入

片断二:

深入语篇阅读时,教师要善于创造疑惑点,引发学生的阅读思考。以课文右半部分为例,笔者给出下边的整个插图,引导学生看人物神情,猜测Yang Ling现在的身体状况,并猜想她和Miss Li之间会如何对话?让学生运用今天所学的知识,自主猜测事情的发展,进行剧本编写和角色扮演。

T:Yang Ling is ill this morning. How about her in the afternoon?

Try to act by yourselves.

S1:Hello, this is Miss Li speaking.

S2：Hello, this is Yang Ling speaking.

S1：How are you now?

S2：I'm OK now. Thank you, Miss Li.

S1：I'm happy to hear that.

……

译林版的英语语篇教材图片直观明了，结合学生的所学所想，生生对话严谨自然，但是图片也限制了学生的想象空间，语言生成缺少灵动，阅读思考缺乏深度。长此以往，学生只会按部就班，牵线木偶一般，浮于表面的读读背背，掌握考纲上的词汇句型、语言知识，不能形成自己的深层思考，阅读能力匮乏。

改进片断：

笔者设计了一张罗列关键词的思维导图，让学生根据要点自由思考并且演绎 Yang Ling 和 Miss Li 之间的对话。

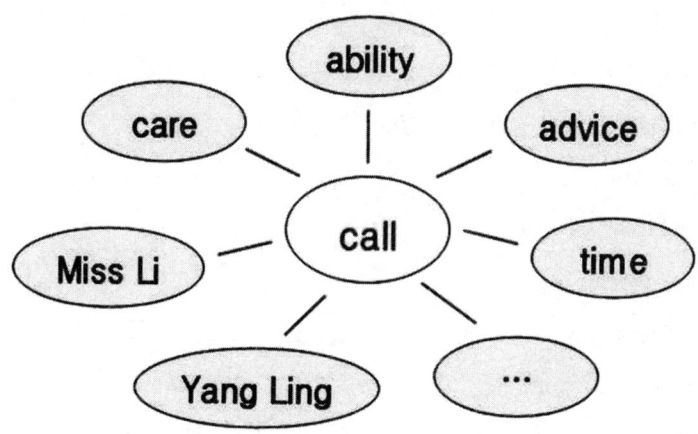

设计意图：思维导图让学生的阅读思考更深入！How are you now?

I'm happy to hear that. You can also drink more water. Fruit is good for you. Can I help you with your English after school? ……这些奇思妙想、生活灵动的语言是学生在思维导图引导下对阅读材料进行的深入思考，是学生创造性拓展以及生活化运用的行为表现。在我们的英语教学过程中，笔者认为教师如果能坚持使用带有 key word 的思维导图的话，学生的思考就不会仅限于课堂教材，而会通过结合原有的知识储备，引发阅读的深层思考，生成精彩灵动的个性化产物，阅读能力也会随之螺旋上升。

英语阅读教学课堂从来不应该唯本是读，学生需要将阅读材料吸收消化，继而加工转化为自己的东西加以输出，那么阅读才是有生命的，才是生动而富有灵气的，学生的阅读能力才能茁壮成长。

3. 思维导图，让阅读材料更简单

片断三：

语篇阅读结束后，教师经常要求学生 retell the story，让学生整体感受语篇材料，使之形成一个流畅、完整的记忆留在脑中。这时候板书的设计尤为重要，它是学生复述、理解、运用材料的一个重要抓手，但是传统的词句板书只会使学生记忆点零落。如果不将其有机组合成一个生动形象、图文并茂的教学整体，整个教学留在学生脑海里的也就是星星点点，不形象，不具体，不能串成一条美丽丰满的记忆链，理解运用阅读材料对于大部分学生而言就显得像座难以翻越的大山，学生就不会自主完成最终的阅读目标，阅读能力也无法彰显。

传统的板书：

Unit 8 How are you?

This is... speaking.

May I speak to...

What's the matter?

...a cold

a fever

I'm sorry to hear that. Take care.

改进片断：

思维导图式的板书：

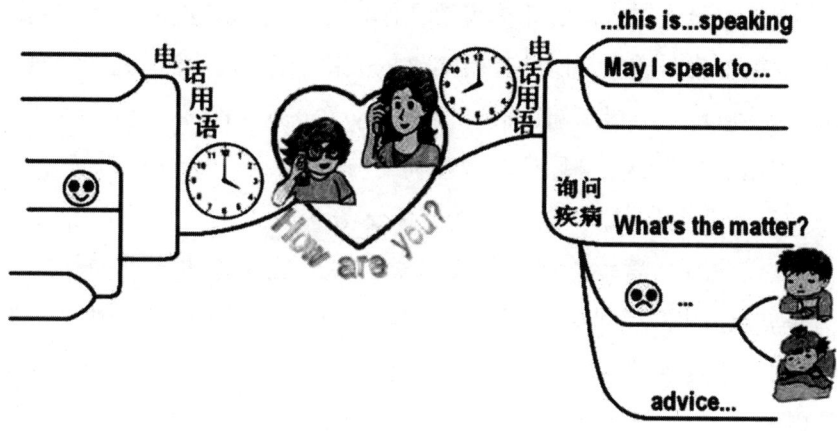

设计意图：图文并茂的思维导图使学生对语篇材料留下一气呵成、行云流水般的完整记忆，板书的设计不仅抓住了材料的重点，也找准了材料的生长点。学生有了这个扶手，在运用中加深对所学材料的理解与掌握，复述的内容有了自己的见地，获得了强烈的成功感。更重要的是，在这个过程中，他们的阅读能力也在此环节中发挥得淋漓尽致，从而增强了阅读的自信心。

对于英语学习而言，发展学生的阅读能力是学生实现终身学习的必备条件。作为一名一线教师，我们要给学生提供有效的策略，激发学生阅读兴趣，激励学生阅读思考，弱化学生阅读难度，让学生的阅读能力飞跃进步。

（二）巧设小组合作，提升阅读能力

小组合作是英语语篇教学的重要组成部分，是提升学生阅读能力，实现自主学习必不可少的方式方法，是课堂教学过程中为给予学生充分的思考空间，使其能充分展开想象和联想，勾起对旧知识的回忆和对新知识的向往，提高学生的思辨能力而设置的基本教学环节。巧设小组合作，建构有效的合作机制能够充分增加学生的阅读储备量，激活学生的阅读自主力，拓展学生的阅读空间感，提高学生阅读能力以及推动学生实现预期目标，给予课堂教学进程充分的支持以及促成整个学习过程的显性指标的达成。

如何以完善小组合作、建构有效合作机制为切入点提高学生的阅读能力亦成为每个英语教师都试图有所突破的关键。笔者以潘开英老师执教的译林版《英语》六年级下册 Unit 5 A party (story time) 为例，讲述小组合作在该语篇的三个教学环节的合理利用与思考。

1. 巧设小组合作，增加学生的阅读储备

一堂成功的语篇教学课，在吸引学生轻松愉快地进入学习状态的同时，也需要增加学生的阅读储备量，为导入新课做好足够的铺垫。所谓增加学生的阅读储备量是指围绕教学重点目标铺设的、贯穿课堂教学首尾的主要知识点，它就好比是一堂课的灵魂，各项课堂活动将围绕它开展并通过它进行发散与拓展。在进入语篇的一开始，要尽最大限度地调动学生学习的积极性，激活他们的旧知，促进学生阅读能力的提升。很多教师也注意了这个方面，在进入 A party 的文本阅读前，会设计头脑风暴之类的游戏，让学生根据以往的经验说说有关于聚会的一些短语或句子。但是，很多教师在设计这个教学目标时，并没有想到学生之间的差异，而是使用一把尺子来衡量全体学生，要求他们在同一时间就同一内容达成同一目标，这是不科学的，学生参加活动的积极性不高，课前的阅读储备量也没有能够充分体现出来，更加不用说增加了，那么接下来的阅读思考就会比较匮乏无力。潘老师在这个环节中就采用小组合作竞争的方式，全方面多角度地增加了每一个学生的阅读储备量：

T: If we are going to have a party, what are you going to do? Let's have a group competition, see which group says more and better. Please avoid saying the same thing.

G1:...

G2:...

设计意图：小组头脑风暴的游戏，加入了竞争的元素，极大激起每一个学生的表现欲望，小组合作的方式使他们在紧张活泼的氛围中积极大胆主动地搜索存储在大脑中的信息，转化成自己的语言输出，阅读储备量得到了第一层次的增加。另一方面因为小组间的竞争要求促使他们必须专注倾听别的组别的回答，如果对手说了自己所想的答案，他们还得继续思索，如果对手说的是不同的答案，他们也能习得新知。短短3分钟的小组游戏，阅读储备量得到了再一次的增加。

2. 巧设小组合作，激发学生的阅读灵感

学贵在理解与得法。"授人以鱼，不如授人以渔"，要让学生学会学习、愿意学习、乐于学习，教师一定要教会学生学习的方法，要让他们看到新知识与旧知识表达之间的变化，在变化中找联系，在变化中获得知识迁移的能力，长此以往，才能发展学生的自主阅读能力。

片断一：

进入语篇的学习首先会遇到很多的新单词，绝大多数的老师都会进行教学，帮助学生扫清阅读障碍。看似流畅的教学，却极大地束缚了学生的阅读自主力。新课标提倡促进学生个性发展，教师要改变教学方式，适当放手、放权，给学生自主学习的空间，让他们在课堂上自由呼吸，化接受为发现，化被动为主动，这样才能享受教学中师生同学习、共同成长的美妙感觉！潘老师在进行新词的教学时就采用了小组合作的方式：

（小组合作，互学新词。）

四人一组，读第二、第三自然段，找出刘涛为派对做了什么？

Tips：

当你们在阅读时，遇到新词，可以这么做：

①把生词写下来。

②在小组内相互学习。

③从学过的单词、语音规则等猜测新单词的读音。

④从上下文、课文图片等猜测新单词的意思。

设计意图：因为此环节的内容接受度接近学生能力的最近发展区，教师采用小组合作、教师指导帮扶的做法，较好地发挥了学生自主阅读的能力。

片断二：

语篇学习的另一个障碍就是主干句的运用和理解，有些教师为了赶教学进度或是为了自己课堂教学的顺畅，在这里的教学活动设计常常局限于能力较强的学生，而对能力较弱的学生就忽略不问，或是一言堂贯穿到底，学生只是进行机械地重复，这是我们的课堂教学所不允许的，对学生的阅读能力发展十分不利。潘老师在这里运用了合作深入角色体验活动法：

在课文最后一个环节 at the party 部分，孩子们在商讨派对上先做什么事情，文中刘涛建议：Are we going to eat or play with the toys first? 这是一个一般将来时的选择性一般疑问句，学生能读准语调、理解意思就好。刘涛的建议是根据每个人为派对所做的准备而提的，那么，对在座的每一个孩子而言，他/她带了什么东西来，他/她就很想与同伴分享。教师在此处可以引导学生分组深入文中角色，结合角色所带物品，以一般疑问句形式进行合理建议，去体验人物情感。具体步骤如下：

T：Everyone is here. Now the party begins. What are they going to do first? Look at the blackboard, as we know Su Hai brings some snacks and drinks to the party. So if I'm Su Hai, I'm going to share my food. So my suggestion is … 呈现PPT，教师升调读 Su Hai 的建议。

T：This is Su Hai's idea. How about Wang Bing, Yang Ling and Liu Tao? Please think and share. I give 30 seconds to discuss.

（30 seconds later）

T：Which group wants to share your ideas?

Group1：

S1：Are we going to eat the fruit first? They are sweet and juicy.

S2：Are we going to play with the toys first? They are very interesting.

S3：Are we going to put the balloons on the wall first? I want to make the room more beautiful.

……

T：In fact, what are they going to do first? 出示文本内容，学生读文回答，教师提示选择疑问句的朗读语调。

设计意图：分小组合作进入情景，体验角色感情，互帮互助，能够让学生真正投入到学习中来，课堂上不再是教师牵着学生"学"，而是学生以角色身份走进文本深入体验，在体验中感受人物情感、推想人物语言，同时感受派对文化、分享、学习与思考、体验与感悟，随着语言的顺利输出同步共进，激活学生的阅读自主力。

3. 巧设小组合作，拓宽学生的阅读空间

有了足够的参与，我们应该追求活动的质量。所谓深度就是指学生的活动质量。高质量的学生活动，可以提供给学生足够的阅读空间。我们的英语语篇教学课，除了让学生获得知识，更应注重培养他们的能力：他们在活动中能否运用所学的语言来做事情，能否用英语来进行交流，他们的思维能否得到开拓与发展。所以我们要深入研读教材，灵活运用教材，在设计教学活动时应由浅入深，由易到难，由机械模仿到灵活交际。

潘老师的设计通过读前引思、读中启思，学生一路思考，一路理解文本内容。在读后环节，学生要运用语言进行话题表达，以此巩固当堂所学。文本提供了 a party 为背景的话题讨论，主要的句式为 be going to，怎样在语言输出阶段让学生运用主要句式围绕话题有序表达？根据学生的能力可以设置分层作业来培养学生转化语言表达的能力，使学用有机结合。

1. Design a plan. 课文最后小节讲 Let's have some fun first. 但到底先干了哪些有趣的事呢？课文留给读者一个很大的想象空间，教师可以利用这个课文生长点，引导学生发挥想象，利用以前学过的顺序词 first，next，then，finally 有序表达，鼓励学生发挥想象，运用新旧知识表达自己的观点，让语言生活化。

2. Talk about the party. 课文一揭题就引发学生用 who，what，where，when，why，how 等疑问代词进行内容预测，在课文结束前，教师还可以引导学生用这些疑问句对课文进行有序问答，为了降低难度，先由 T—S 示范后转入 S—S 交流互动，进而引导学生从谈论书本内容转为谈论自己的派对计划，让学生真正到生活中用一用，在交流中启迪提升。具体示范如下：

T：Who is going to have a party on Children's Day?

S：The children are going to have a party.

T：Where are they going to have the party?

S：They are going to have the party at Mike's house.

T：What are they going to do for the party?

S：Su Hai is going to bring some snacks and drinks. Wang Bing is going to bring some fruit from home. Yang Ling is going to….

T：Sounds great! What are they going to do first at the party?

S：They are going to have some fun/play with the balloons… first.

T：Wow, I think they have a very happy time!

阅读是接受语言信息的一种非常重要的途径，而语言是思维的产物，思维有多开阔，语言生成就有几多灵动，课堂就有几多活力。语篇课堂上，教师要结合学生经验及能力为他们开设思考的空间，提供思考的平台，保证一定的思考时间，让学生在思考中学习语言、掌握并运用语言，抓住每一次语篇学习的机会，把它作为帮助学生培养和发展思维力的最佳时机。

（三）巧选分级绘本，提升阅读能力

随着深度教学研究的不断深入，以前相对被忽视的阅读教学也逐渐得到了广大教师的重视。近两年，英语公开课和相关的教学研究都紧紧围绕着绘本教学这一主题如火如荼地开展。笔者作为一名农村学校的英语教师，也一直在探索、思考与实践，根据学生认知水平的不同，选择适当的英语绘本，来激活学生的思维，激活静态的文本，从而引领学生积极地从生活走近文本，使静态的文本焕发出生命的活力，让学生在教师的引导下感知、理解和运用所学语言，提升阅读能力。

以小学英语分级绘本《跟上兔子》为例，《跟上兔子》绘本将生动的图片和活泼的文字有机结合，符合小学生的认知规律，满足小学生的认知需求。每个年级有两季，每季四本，绘本的语言点联系紧密，难度层层递进；每一本绘本都是一个生活化和趣味化的故事，老师跟学生一起读一读，想一想，猜一猜，学生能够轻松参与学习，进而提升他们对于英语文本阅读的兴趣，提高其英语阅读能力。根据绘本特性的直观化、生活化和故事化，结合小学生的发展规律，笔者的建议如下：

小学低年级阶段，学生以抽象思维能力为主，一个主旨句贯穿整个绘本的故事可以激发学生的阅读兴趣：例如：I like... It has... 等；小学中年级阶段，学生的抽象思维开始形成并快速发展，简单循环式的对话绘本可以启动学生阅读能力；小学高年级阶段，学生的批判、反思性思维形成并发展，趣味生活化的故事绘本，可以发展学生阅读能力。日积月累，坚持2—3天完成一个绘本故事，学生的阅读能力会有质的飞跃。

典型课例：五年级下册《听读空间》Unit6 阅读欣赏第一课时 Tadpoles' Mummy

教学目标：

1. 能正确读出单词 tadpole, eel, belly, tortoise, wear, pest, here and there；

2. 能正确理解故事的内容，了解青蛙的特征及蝌蚪和青蛙的关系。

3. 能正确有感情地朗读课文，分角色地朗读课文。

4. 能通过理解这个故事，知道帮助他人的情感目标。

教学重难点：

1. 能正确读出单词 tadpole，eel，belly，tortoise，wear，pest，here and there。

2. 能正确理解故事的内容，了解青蛙的特征及蝌蚪和青蛙的关系。

3. 能正确有感情地朗读课文，分角色地朗读课文。

教学过程：

一、Warm up

Free talk

T：Today I'm your new teacher. Let me know more about you.

T：What do you like?　　S：…

T：What does it have?　　S：…

二、Presentation

(1) T：I think animals are very interesting. Here is a video about an interesting animal. What is it? Watch carefully.

T：Wow, interesting. Who are they?

S：蝌蚪。

T：Yes, tadpole.（教师板书：tadpole.）

Today let's read an interesting story "Tadpoles' Mummy". Who's their mummy?

S：青蛙。

T：Yes, frog（教师板书：frog.）

T：Look, what are they doing?

S：They are…

T：They are catching the pests. They're tadpoles' mummy, but the tadpoles don't know, they're looking for their mummy. Who did they meet? Do you want to know?

S：Yes.

T: Let's read and tick. (根据课件观看书本内容。)

(2) T: Who did they meet? Which one do you choose?

(教师板书：eel，tortoise.)

T: They help the tadpoles find their mummy. Who is the first one?

S: Eel.

T: Yes，what does she have?

S: She has a long tail.

T: Oh，they both have long tails. So I think the eel is their mummy. Am I right?

S: No.

T: No? Why? Please tell me the reason. Read it by yourselves then underline the keys words.

T: Who can give me the reason?

S:...

T: Read after me.

S:...

T: It's your turn. Who can read?

S:...

(3) Listen and choose

T: Wow，the eel isn't their mummy. What a pity! Listen，who's coming?

S: Duck.

T: Yes，the duck is coming. She is singing with her children.

T: What does she have?

S:...

T: She has two legs and two big eyes. Is she their mummy?

S: No.

T: No, how is their mummy? Please listen and choose. （播放鸭子的特征录音。）

T: Which one is right?

S: ...

T: Yes, here's a word "belly" （教师板书：belly)

T: Now, I'm mother duck, you are tadpoles, read it together.

(4) T: We know their mummy's feature. Can you tell me?

S1: ...

S2: ...

S3: ...

T: Oh, I got it. Let me draw. Look, it's a tortoise. Is it their mummy?

S: No.

T: What happened? Can you make a dialogue? You can talk about with your partners.

T: Try to act your dialogue.

T: Here is your dialogue. What about theirs? Have a look.

(教师板书：wear, wear a green coat.)

(5) T: The tadpoles are looking for their mummy here and there. How do they feel now?

S: Sad.

T: Yes, they're very sad. The eel isn't their mummy. The duck isn't their mummy. So they are crying. Look, a fish is coming. Listen to the fish. (PPT 出示鱼的对话。)

T: She is so warm-hearted, she wants to help them. Who wants to the fish?

（学生模仿鱼的对话朗读。）

T: You are so warm-hearted, I hope you will be a warm-hearted children in your daily life.

T: Now boys you are tadpoles, girls you are the fish. I'm a narrator. Let's try.

(6) Read the story

T: According to their help, the tadpoles know the frog is their mummy. Look, the tadpoles find their mummy. They are very happy.

T: It's time for reading, work in groups. You can choose the way you like.

(7) Fill in the blanks

T: Their mummy's feature is special. Do you remember?

(8) Act the story

T: This story is full of love, you can choose one of the pictures to act.

(9) T: In our life, some children need help, they lost, they're so poor. If you meet lost children, please help them.

三、Homework

T: Today, we have read the love story. Do you like this story?

S: Yes.

T: Great, please share the story with your partners.

总体设计意图：

《小蝌蚪找妈妈》是一篇有趣的课文。一群天真活泼的小蝌蚪在寻找妈妈的过程中，不知不觉变成了小青蛙，并帮助妈妈一起捉害虫。教材以童话故事的形式呈现了青蛙生长过程的科学知识，蕴含了独立生活、遇事主动探索的道理。在课堂中我力求激发学生的兴趣，调动学生学习的积极性，改变学生上课被动和机械训练的弊端。

在教学时，笔者采用了如下方法，感觉比较成功。

1. 头脑风暴，激发阅读兴趣

根据五年级孩子的年龄特点和乐于探索新鲜事物的特点，笔者在导入题时采用了层层揭示的方法。如教学本课时，教师先用有关蝌蚪变成青蛙的小短片引出"蝌蚪"，学生在之后兴趣已被激发，然后，教师又说："可是这群小蝌蚪最近却遇到了些麻烦事，它们找不到自己的妈妈了，可它们却不知道自己的妈妈是谁。"五年级学生在一年级就学过这篇文章，也知道青蛙是蝌蚪的妈妈，所以一开始就让学生回答青蛙是蝌蚪的妈妈，提问蝌蚪在寻找妈妈的过程中遇到了谁？Who did they meet? 课的开始以提问为前提，让学生主动积极地去读书，去寻找问题的答案，再辅助提一些读书的具体要求，收到的效果非常明显。

2. 小组合作，拓展阅读思维

通过学生课前预习的寻找以及课上资料的交流，黄鳝妈妈说蝌蚪妈妈有四条腿，两只大眼睛；鸭子妈妈说蝌蚪妈妈有大肚皮；乌龟却说蝌蚪妈妈披着绿衣裳。到底蝌蚪妈妈长什么样呢？它们谁说的对呢？问题一抛出，立即引起了学生极大的兴趣，他们分组积极讨论，充分调动了学生的主动性，变被动为主动。在讨论的基础上，教师再引导学生说出蝌蚪妈妈的样子，并加以引申。

3. 多种形式，产生阅读感悟

阅读教学中，教师要以多种形式为学生创设朗读的机会，让他们享受成功的愉悦。本文生动有趣，以对话为主，是进行朗读训练的好材料，在教学中教师用了自读、男女生读和分角色读等多种方式进行朗读练习。重点体会并读好以下几个片断：小蝌蚪在水里游来游去的快活心情；对鱼妈妈有礼貌的问话；叫妈妈时高兴激动的心情；鲤鱼、乌龟和青蛙妈妈说话时慈爱的语气。在读的同时不少孩子自然而然地表演了起来，要知道，能够进行这样的表演，读好课文是前提，而读好课文必须是在理解故事内容的基础之上完成的。这样一来，读中感悟、悟中激情，这种生动、活泼的朗读形式令孩子们兴致盎然。

第三节 口语交际能力

一、口语交际能力的内涵

口语交际是人们最基本、最经常的社会实践活动。口语交际能力，是一种在交往的过程中表现出来的灵活机敏的听说能力和待人处事的能力，是知识与能力的综合应用和体现，在平时训练中，要让口、耳、眼、手等多种感官并用在语言实践中以提高口语交际能力。

孔子曾经说过："一言可以兴邦，一言可以丧邦。"中国现代的语言学家张志公先生指出："善于说话不是一件简单的事。有思想，有丰富的知识，有敏捷的而致密的思维能力，有丰富的语言材料储备，有敏捷的驾驭语言的能力，有丰富的社会经验，知道在什么样的场合用什么样的语言是得体的、效果好的、有力量的如此等等，这是善于说话要具备的条件。至于听感灵敏、发言清晰、能说正确流畅的标准语等等那些基本功，更是不在话下。"

《义务教育英语课程标准（2011年版）》指出：注重沟通是英语的最重要的价值观，教师应在英语教学过程中注重英语沟通的效率和效果，着力培养小学生的英语语言综合运用能力。在社会生活中，口语交际历来就具有举足轻重的作用。具备较强的口语交际能力有利于促进学生的思维发展，为他们终身的学习、生活和工作奠定基础。

笔者认为口语交际能力是一种教学策略和方式，是听、说能力在实际交往中的应用，听、说是口语交际的重要组成部分，但又不能把口语简单地等同于听、说，它包括交际过程中分析、综合、判断、推理、概括、归纳等思维能力，分析问题和解决问题的能力，实际操作能力，创造能力等，在口语交际训练中只有让学生多种感官都参与到活动中来，才能切实提高口语交际能力。

口语交际是人类运用得最广泛的交际手段。它具有口语化、大众化、生动性、多样性、临场性、随机性、专业性和广泛性的特点，是人们生活中不可缺少的组成部分。

1. 口语化和大众化

语言形式有口头语言和书面语言两种不同形式。口语交际大量使用大众化的口头语言，用得较多的是俗语、谚语、歇后语和惯用语，这些语言更通俗、更生动、更灵活、更贴近生活、更被人们所熟悉和理解。

2. 生动性和多样性

口语的多种风格，构成了口语交际的丰富性。不仅如此，它还可以通过表情、动作辅助说话，表达感情。一个眼神、一个手势、一个点头、一个微笑，都能够表达一个信息、一种情感，使口语交际呈立体的状态进行下去。

3. 临场性和随机性

在社会生活中，口语交际总是在一定的人员、一定的话题、一定的环境中进行的。创造条件，以平等的地位与人交谈，是使谈话顺利进行的一种方式。营造氛围，搭起双方感情的桥梁，也是口语交际常用的办法。

4. 专业性和广泛性

在口语交际中，一方面，人们都在用大众化的日常用语广泛地交际；另一方面，各种专业人士也在一定范围内用业内语言进行交流。因为，人们不仅要沟通感情，还要交流职业上的信息，处理工作上的问题，完成工作上的任务。口语交际是人类社会化的产物，是人们生活中必不可少的内容。

心理学研究表明，青少年语言发展水平是衡量他们智力水平的重要标尺，人的智力核心是思维能力，而思维能力正是通过语言表现出来的。如今的社会是高度发展的经济信息社会，为了适应社会发展的需要，口头语言这一最基本、便捷的交际工具，担负着每个人社会交际效率的重任，所以培养学生的口语交际能力显得尤为重要。

美国名人戴尔·卡耐基也曾经说过："一个人的成功，约有10％取决于知识和技术，85％取决于人类工程——发表自己意见的能力和激发他人热忱的能力。"所以具备较强的口语交际能力有利于促进学生的思维发展，为他们终身的学习、生活和工作奠定基础。

二、口语交际能力的表现

口语交际是谈话双方或多方的言语交流活动，在中小学学习阶段，学生的口语交际能力表现主要集中表现在三个方面：语言听辨能力、语言组织能力和语言表达能力。下面笔者遵循英语课程要求，按照3~4年级、5~6年级、7~9年级三个学段，结合学生的认知水平和发展规律，设定：第一级为4年级结束时应达到的基本要求；第二级为6年级结束时应达到的基本要求；第三级为9年级结束时应达到的基本要求。以学生"能够做某事"具体描述各级别三种主要口语交际能力的一般表现。

（一）语言听辨能力

语言听辨能力指的是学生根据语境听取信息，对信息进行识别、逻辑分析、短期记忆的能力。

第一学段（3~4年级）：学生能根据听到的词语识别或指认图片或实物，能听懂课堂简短的指令并做出相应的反应，能在图片和动作的提示下听懂简单的小故事并做出反应。

第二学段（5~6年级）：学生能在图片、图像、手势的帮助下，听懂简单的话语或录音材料，能听懂简单的配图小故事，能看懂英文动画片和程度相当的英语教学节目，能听懂课堂活动中简单的提问。

第三学段（7~9年级）：学生能根据语调和重音理解说话者的意图，能听懂接近自然语速的故事和叙述，能听懂简单故事的情节发展，理解其中主要人物和事件，理解故事的因果关系。

（二）语言组织能力

语言组织能力指的是学生在对获取的信息经过精心的辨析后，确定谈话专题，构思谈话内容的能力。

第一学段（3~4年级）：学生能根据录音模仿说英语，能够根据表演猜测意思、说词语，能根据图、文说出单词或短句。

第二学段（5~6年级）：学生能在教师的帮助下表演小故事或童话剧，能按要求用简单的英语做游戏，能看懂英文动画片和程度相当的英语教学节目。

第三学段（7~9年级）：学生能听懂有关熟悉话题的谈话，并能从中提取信息和观点，能借助语境克服生词障碍、理解大意，能在听的过程中用适当方式做出反应，能针对所听语段的内容记录简单信息。

（三）语言表达能力

语言表达能力指的是学生对将要表达的思想转换成言语信息，选择一定的语言形式表达出来，达到交流思想的目的的能力。

第一学段（3~4年级）：学生能相互致以简单的问候，能相互交流简单的个人信息，能表达简单的情感和感觉，能用英语做游戏并在游戏中用英语进行简单的交际，能在教师的帮助下表演小故事或童话剧。

第二学段（5~6年级）：学生能在口头表达中做到发音清楚、语调达意，能就所熟悉的个人和家庭情况进行简短对话，能运用一些最常用的日常套语（如问候、告别、致谢、致歉等），能在教师的帮助下讲述简单的小故事。

第三学段（7~9年级）：学生能就简单的话题提供信息，表达简单的观点和意见，参与讨论；能与他人沟通信息，合作完成任务；能在口头表达中进行适当的自我修正；能有效地询问信息和请求帮助；能根据话题进行情景对话；能用英语表演短剧。能在以上口语活动中做到语音、语调自然，语气恰当。

三、口语交际能力的培养实践

语言的作用是为了交际，语言教学的目的是要教会学生使用语言。因此，英语课应该是技能课和实践课，应该把培养学生的交际意识放在首位。在中小学阶段，学生英语口语交际能力的提升将为学生今后的深造、适应现代化人交际交往奠定一定的基础。

（一）创设多种交际情境，让学生乐说

1. 营造平等轻松的口语氛围，启发学生走向情境

要学会一种语言，第一步就是听。只有身临其境，置身于语言环境之中，才能收到良好的学习效果。所以，在英语课堂上，教师应最大限度地给学生以听的训练，使其不但听得见，而且听得懂。当学生听到一定程度后，自然而然就会开口说英语，这就是一种由量变到质变的过程。

例如：在上三年级的第一节课时，笔者做了以下尝试：上课铃响了，我精神饱满地走进教室，以笑容面对学生，以丰富的表情开始上课。"Hello! I am your new English teacher. My name is ..."同时把名字写在了黑板上，学生一下子明白了教师的意思——在做自我介绍。教师继续说："You can call me Miss... Understand? 明白吗？"学生点点头，"Please read after me，跟我读，Miss..."通过动作和一点中文提示，学生听懂了我所说的话，并且尝试和我做初步交流。"Good!"教师及时给予了肯定，并再次自我介绍说："Hello, I am Miss..."重复几遍之后，教师鼓励学生尝试介绍自己，一个、两个……学生逐渐活跃起来，融入课堂教学，这对他们来说，既新鲜刺激，又简单上口。学生易于接受，也乐于接受。之后，教师点名并伴以手势（双手掌心向上）说，"Stand up, please." "Hello." 引导他回答，"Hello, Miss..."然后示意他坐下，并说："Sit down, please."接着就和学生探讨了为什么学习英语以及英语应该怎样学等问题，使学生明白学习英语的必要性、重要性。最后让他们欣赏了 *ABC song*。学生在新奇的学习氛围中，"洗"了一遍耳朵，他们感觉到英语并不难学。他们在第一节英语课上，就听懂了老师的大部分内容，和老师配合得很好，从而产生了成功的喜悦，使今后的学习有了一个良好的开端。

2. 充分合理利用插图，启发学生进入情境

图示是英语文字的第二语言，它能反映文字内容。因此，利用教材插图，是激发学生乐学情绪，使学生进入情境的一种经济实用的好办法。

例如：笔者在教授四年级上册 Project 1 A profile 时，就充分利用了教材上的配套插图，出示了主题 Bobby's story，给出了连环画类型的图示，

让学生回顾前面单元中的 cartoon time，进行串联式故事叙述来引导 Bobby's profile。

T：Do you remember Bobby's story? Let's try to read it.

Ss：OK.

S1：I like cakes and mangoes. They're all very nice.

S2：I have twelve balls. But I can't play table tennis.

S3：I can swim. But I can't fly.

T：Can you be Bobby? Try to make a profile.

S：Hello! I'm... I like... I have... I can...

T：You've done a wonderful job!

在插图的提示下，学生很容易地就进入到了英语情境中，师生双方的信息交流也非常顺畅，完整的情境给孩子提供了一个良好的交流平台。

3. 充分合理利用表演，启发学生融入情境

课堂上为学生打造一个感兴趣的生活情境，在观看表演的过程中，学生会不由自主地融入表演，为参加口语交际做好心理和内容上的准备，积极主动地进行口语交际。

例如：在三年级上册 Unit 6 Colours 的一节口语操练课上，笔者让一位学生扮作自己喜欢的卡通人物——Winnie（维尼熊），并悄悄地告诉这位学生 Winnie 喜欢蓝色（blue），而后让其他学生提问 Winnie 喜欢的颜色。学生很快就进入了状态，并有了如下对话：

S2：What colour do you like?

S1：Guess!

S3：Yellow?

S1：Sorry. No.

S4：Orange?

S1：No, you're wrong!

S5：Red?

S1: No, that's wrong!

S6: Blue?

S1: Yes, you're right!

在一个回合的操练之后，笔者让每位学生把自己想象成自己喜爱的卡通人物，而后同桌之间相互询问对方喜欢什么颜色。

此时，学生纷纷把自己想象成 Kitty, Mickey, Teddy 等卡通人物，用英语与同伴交流自己扮演的卡通人物喜欢的颜色。有一对学生编了一段很完整的对话：

A: Hello! What's your name?

B: I'm Kitty. What's your name?

A: I'm Mickey. Nice to meet you.

B: Nice to meet you, too.

A: What colour do you like?

B: Guess!

A: Red?

B: No.

A: White?

B: No.

A: Yellow?

B: Great! You're right.

A: I like yellow, too.

总体来说，学生在角色表演时，能够把自己真正融入卡通人物情境中，并能灵活运用所学语言进行交际，使得这节课取得了理想的教学效果。

（二）提供多种方法指导，让学生会说

小学生口语能力的提高主要依靠课堂，其训练核心是"会说"。但小学生刚刚学习英语，碰到具体情况往往"无话可说"，因此在日常教学中要注意提供方法指导。

1. 由简到繁，循序渐进

词汇是语言的基本组成部分，是语言表达成功的要素。学生如果没有掌握要表达的关键词汇，就会对说英语没有兴趣。长此以往，可能会失去说英语的欲望，从而逐渐对英语学习失去兴趣。教师应该采取各种方法来教学词汇，设计丰富多彩的操练方式以及游戏。同时，也应该注意到词汇是语言的组成部分，并不是孤立于语言之外的，学生不可能使用单个词汇表达思想。将词汇置于情境中教学，不仅有利于学生理解词汇含义，更有利于学生掌握词汇用法以及口语交际能力的培养。

例如：在教授三年级下册 Unit 7 On the farm 这个单元时，要求学生学习表示动物词汇及句型"What are these/those? They're..."时，笔者先通过图片、场景及动作引出并学习单词，每学习一个单词后，就把它带到新句型中操练，为此，笔者编了一个朗朗上口的 chant 并辅以动作帮助学生学习。如：

These, these, what are these?

Cows, cows, they are cows.

Moo, moo.

Those, those, what are those?

Pigs, pigs, they are pigs.

Oink, oink.

学生在轻松的学习氛围中很快就把单词和句型学会了，并且有部分学生在学下一个新单词的时候，居然能模仿教师自编的 chant 了。

2. 提供素材，言之有"例"

在日常教学中，教师要注意提供具体的语言材料训练学生的口语能力。结合课堂教学在学习会话课时，笔者通常分三次训练学生的口语表达。如：

在教学四年级上册 Unit 6 At a snack bar 这一课时，在充分备课的基础上，笔者引导学生学习了关于买东西的词汇与日常交际用语，给出口语交际的材料：Can I help you? /What would you like? / Would you like…? What about this…? /Something to…? /How much is it?

三次口语练习为：

(1) 打开课文进行朗读训练，然后分角色表演课文。

(2) 结合所给日常交际用语观察挂图，利用实际生活中的真实语言交际，尝试给课文改编文本对话，然后表演。

(3) 出示其他情境，改变成新的内容。

关键词提示：a hat for my son, some skirts for my daughter, blue, black and white, twelve yuan, fifty yuan.

口语交际过程也是大脑进行积极思考的过程，在思考的过程中，已学过的外语知识都会来帮助大脑进行思考。这样一个对话教学给学生三次说的机会，这与单纯讲学句型学习课文相比，给了学生更多的口语训练机会，更给了学生自主创新的机会，发展了他们的交际能力。需要提醒的是，每一次的交际要给出充分的准备时间，以便学生对语言材料进行"吸收消化"。

3. 发散思维，双向交流

一个好的口语口语交际活动，教师应该通过语言的引导，培养学生的发散性思维的能力，打开学生的话匣子，使学生真正互动起来，从而达到双向交流的目的。当然，在英语课堂中，思维的含量不是很明显，主要表现为一问多答和新旧知识的融会贯通。

例如：在教学四年级下册 Unit 5 Seasons 这一单元时，和学生进行了以下交流：

T：Spring is a good season. What can we do in spring?

S1：We can go to the park.

S2：We can go to fly kites.

S3：We can go climbing.

S4: We can go to plant trees.

S5: We can go rowing.

S6: We can go on a spring outing...

多么精彩的回答啊!"What can we do in spring?"这个问题打开了学生涌动无限生机的泉眼,在教师精心的疏通、引导下,学生的回答为课堂增添了无限的生命力。然后教师总结:Yes, we can do many things in spring. Because "A year's plan starts with spring."。(一年之计在于春),及时地渗透这条谚语,对学生进行思想教育。

(三)重视多种实践机会,让学生能说

心理学研究表明,学习外语如果能最大限度地接近实际情境,那么交际能力的形成就会更快、更容易。这就要求教师为学生创设更多的实践机会,使其更多地处于英语氛围,激发他们的兴趣,引导他们进行口语交际。

1. 重视课堂教学

课堂是进行学生"口语交际"能力培养的主阵地,因此在教学过程中,教师应努力使课堂教学交际化。第一,要强化英语组织教学、师生交流的意识,即教师在教学中应尽量用英语组织教学,少说甚至不说汉语,有时到了非要用汉语才能表述清楚或让学生明白时,可以借用肢体语言、图片、眼神等方式,学生提出问题、回答问题,甚至是对老师提出某些与课堂教学无关的要求时,也要让学生尽量用英语。发现学生无法用英语表达自己的意图时,教师应予以帮助,以保证使教学活动本身就是一个现实的英语交际过程。第二,针对小学生爱说、爱动,善于模仿,有强烈的表现欲和竞争意识的特点,教师应有意识地让学生将课堂教学的语言材料重新组织,让学生与学生、学生与教师之间,进行对话、叙述和表达,边学边练、学用结合,使所学语言材料能够在运用中获得巩固和提高。

2. 重视校园交际

小学生大多数时间是在校园里。在课外交流中,教师可组织学生建立小小英语角,选择固定的活动时间、地点,经常性地开展口语活动,让学生有进行口语交际与检验口语能力的场所,有效地培养学生开口的能力。类似的"英语走廊"也有此作用。

另外,学生还可以在老师的帮助下,进行一些小童话剧表演,既丰富课余生活,激发兴趣,更能发挥学生的主观能动性,提高学习效率。为了演好小话剧,学生会对英语口语能力的提高有强烈而迫切的需要,为了这种需要,他们会不断练习口语。往往一个童话演下来,学生从中受益匪浅,英语口语水平甚至其他方面,如对西方文化的了解、学生个性等都会有大的发展。

3. 重视日常生活实践

教师要善于引导学生利用日常生活进行语言学习和实践活动。如笔者给全班学生及自己各取了一个英文名字,并要求他们不仅在英语课堂上使用,在课外打招呼等也尽可能多加使用,这不仅增加了他们的口语练习的机会,而且使他们对这种语言有身临其境之感。

此外还可以有意识地为学生创造一些交际实践的机会。如教师带领学生春游时,就可以引导学生主动和外国游人打招呼,并鼓励他们邀请外国游客拍照合影,一起游览某处风景等等。通过类似这种有趣的日常活动,使学生逐步学会用英语和别人沟通、交流,从而逐步形成和谐地进行人际交往的能力。

典型案例:译林版小学英语六年级上册 Unit 3 Holiday Fun

教学分析:

本单元的核心内容是通过询问对方假日活动的情况,来学习一般过去时态的特殊疑问句和一般疑问句及其肯定和否定回答。把谈论"过去所做事情"的日常交际用语、词汇和语言结构有机结合起来。教师在教学过程中可尽量创设生动活泼并较为真实的情境,引导学生理解和运用新的语言知识。要根据学生的年龄特点,充分利用多媒体课件、图片、幻灯等加上形象化的动作和语言,使所教的内容与学生的生活紧密结合,减少语言障碍，提高学生实际运用语言的能力。

教学目标：

1. 知识目标

能听懂、会说、会读和会拼写单词：holiday，National Day.

能听懂、会说、会运用日常交际用语：What did you/ he do for the holiday? I/ He...Did you/ he...? Yes，I/ he did. / No，I/ he didn't.

能听懂、会说、会读单词：call，Bund，Shanghai Museum，star.

能听懂、会说、会运用日常交际用语：Where did you/ he go for the holiday? I went to... How was your holiday? It was... Why did you call me? I...

2. 能力目标

通过课文重点语言知识点的学习，提高对语篇的阅读能力，进一步提高学生听、说、读、写综合语言运用能力。能自然流畅地给课文内容配音和表演。

3. 情感目标

引导学生学会用英语描述自己的假期生活，了解同伴的假期经历，激发学生了解祖国乃至世界的欲望。

教学过程设计：

Step 1　Warming up

T：What's the weather like today? It's...

What was the weather like yesterday? It was...

I'm your English teacher. Do you want to know more about me?

S：Do you like...?

T：Yes，.../No，...

（通过free talk和孩子们进行良好的沟通，让他们试图通过了解老师的信息进行英语日常交流，有个别孩子在交流的过程中出现语言表达错误，如like后面加名词复数或动词ing形式，我都做了相应的纠正和指导，并鼓励孩子大胆表达。)

T：I like travelling. I have a lot of holiday fun.

由此引出课题：Holiday Fun.

【设计意图：从自己介绍的爱好中涉及旅行假期引入本课教学，让学生初步感知本课的学习内容。】

Ask and answer

Teach "holiday"

Ask：What's your favourite holiday? It's...

引出新授：National Day, National Day holiday

【设计意图：通过问答，学习新词：National Day holiday，自主学习。】

Step 2　Presentation

(Lead in the topic)

T：I went to Shanghai and visited Shanghai Museum last National Day holiday. What did you do?

S：I...

【设计意图：这个环节让孩子们自由讨论去年国庆节假期是怎么度过的，根据自己的经历简单地描述，在话语表达的过程中教师不时地进行延续性的话题，如：Did you watch a film? What else did you do? 等等来引导学生更多的谈论话题。】

教师出示 Liu Tao 和 Mike 交流图：Liu Tao and Mike are talking about their holidays. Guess, how were their holidays?

引导学生预测：

Their holidays were...

学生看图发表自己的见解，可适当加入中文。

【设计意图：学生看图导入话题。通过观图预测，让学生进行合理想象并敢于用英语发表自己的见解。】

Step 3　New teaching

(1) Watch the cartoon.

How were their holidays?

教授：great fun.

Ss：Their holidays were great fun.

T：Would you like to know more about Liu Tao's holiday?

鼓励学生用 Where，What，When 等词进行提问。

【设计意图：读前预测让学生进行合理想象，有助于发展学生的思维和想象能力，激发学生的好奇心，诱发学生想进一步了解文章内容的欲望。】

(2) Read and learn（Ⅰ）.

①学生自读前半段课文，找出问句：

Where did you go for the holiday?　　What did you do there?

②逐句出示两个问句（并板书），以听音方式出示答句，并教授其中新词：did，Bund，Shanghai Museum.

【设计意图：学生带着任务找问句，学会从文章中搜索相关信息，在听故事中找到答案，训练了听力。通过这两个环节，帮助学生理清了文章脉络。】

③逐句出示课文录音，学生跟读。

【设计意图：逐句跟读，培养良好的语音语调，让孩子们逐步形成良好的发音习惯。】

(3) Think and write.

出示课文第28页填空练习第一题，学生做填空练习并校对。（Liu Tao's holiday）

（转入下半段教学）

【设计意图：以练习巩固所学内容，将所学内容从口头落实到笔头。】

(4) Read and learn（Ⅱ）.

①T：How was Mike's holiday?

听音出示：It was great fun.

T：Where did he go for the holiday?

出示图片，学生根据图片描述：He went to a farm.

T：（顺接学生答句）Yes, his family went to a farm near Star Lake.

教授：lake, Star Lake.

②T：What did he do on the farm?

继续看图引出 picked some oranges, went fishing.

T：Did you pick any oranges before?（并板书）

教授：Yes, I did. / No, I didn't.

T：Did you go fishing before?

Ss：Yes, I did. / No, I didn't.

T：Did you catch any fish?

Look, Mike caught a big fish.

教授：caught 注意发音引导。

T：But where's the fish?

听录音，教授 ate.

【设计意图：引导学生观察图片，根据图片来回答教师提问，分步学习文章，帮助学生在完整的故事情境中理解文本，随文识字。带着学生学习重难点句型。】

③逐句出示课文录音，学生跟读。

【设计意图：逐句跟读，培养良好的语音语调，培养学生的学习兴趣。】

④Think and write.

出示课文第28页填空练习第二题，学生做填空练习并校对。（Mike's holiday）

【设计意图：以练习巩固所学内容，将所学内容从口头落实到笔头。】

Step 3　Reading time

Happy reading

【设计意图：听音跟读活动旨在让学生模仿正确、地道的语音语调，培养英语语感，加深对课文整体印象。】

Step 4　Consolidation

Retell the text according the pictures

【设计意图：老师给出图片和关键词，引导学生通过图示来促进对文本的记忆，帮助学生在重构时对文本的表达，鼓励学生大胆表达。】

Step 5　Practise

Make a new dialogue

Talk about the National Day holiday

给出关键句型：

A：Where did you go for…?

B：I went/ visited…

A：What did you do there?

B：I…（ed）…

A：Did you…?

B：Yes，I did. / No，I didn't.

Step 6　Homework

（1）将课文对话改编成英语小故事，讲给家长听。

（2）将课上新编的对话故事写下来和同学们一起交流创作。

【设计意图：家庭作业中我再次设计了给孩子们口头作业，这与单纯地抄写单词和句型相比，更能锻炼和发展学生的口语交际能力。】

总体设计意图：

语言学习需要一定的环境，缺少语言环境的外语学习，对抽象能力较弱的小学生来说具有一定的难度。这就需要教师把英语课堂设置成生动活泼、色彩斑斓的社会活动舞台，模拟真实情景，将枯燥、抽象的内容寓于悦耳、悦目、悦心的情境中，让学生在情境中学，在情境中用，在用的过程中认识语言、领悟语言，激发兴趣，启发思维。

1. 问题引领，调动学生的积极性

在设计六年级上册 Unit 3 Story time 第一课时的教学时，我遵循了"以人为本"的理念，倡导体验、实践、参与、合作与交流的学习方式和任务型的教学途径，在教学过程注重小组合作互助学习，将课堂与生活紧密结合。在课堂一开始，我创设了让孩子们了解老师更多信息的情境，试图激发他们说的欲望，学生们能够运用已有的知识储备对老师进行提问，有效地加强了孩子们的表达能力。在处理文本时，我会给孩子们一些关键词启发他们进行提问，然后通过听和观察图片来自主解决问题，这样既培养了学生的听力，也锻炼了学生的表达能力。这个教学环节，实施效果较好，学生也很喜欢，他们可以更自主地学习，同时也给了我教学启示：教师在教学中，可以根据教材，将课本的知识重新组合，灵活设计，努力让更多的学生主动参与、主动探索、主动思考和主动实践。

2. 小组合作，提高学生的参与率

在朗读复述的环节，我还会将孩子们进行分组，自己选择不同的方式来合作完成任务，在合作过程中，老师也主动参与其中，到各小组了解情况，倾听他们的发言，拉近了师生间的距离，对孩子表达有误的地方加以修正，保证孩子们在展示的过程中充满自信，语法精准。

3. 简化难点，增强学生的自信心

在这节课中，我改动较大的是复述环节，通过图片展示，给出部分信息，引导孩子自主复述，让孩子的记忆能力和表达得到充分的展现。板书的设计也将本节课的功能型句型展示出来，使孩子们有一条非常清晰的线路进行文本的再构。通过一系列的强化指导和反馈，孩子们不管在朗读的语音语调模仿，还是回答问题方面都有了很大的提高，指向性非常明确，学习起来也就轻松自然，富有热情。

第四节 文化意识

一、文化意识的内涵

文化意识，属于文化的下位概念，就是在实践中所产生的精神意识、运行方式、创新发明、价值的确定，同时也是区域文化主体，对自己文化生产、文化环境、文化精神、文化生活的具体掌握。具体来说，文化意识就是区域文化，对文化的传播、学习、创造、发展、贯彻等不同的活动，并在行为、心理等方面，具有较强的主动性、目的性、自觉性。有学者认为，文化意识实际就是以文化为具体的导向，其行为所产生影响，最终形成交际方式、语言使用的一种认知，其主要的因素包含三方面：（1）对自身在文化影响下的行为意识。（2）解释自身文化立场、观点的能力。（3）对他人在文化影响下的行为意识。实际上，在当前的教学领域中，文化意识的表现、应用更加具体，尤其是在中小学的英语学科中。

究其原因，语义的背后有着深厚的、丰富的文化内涵，所以语言与文化意识，存在着紧密的、不可分割的联系，其具体的表现为：一方面，文化的符号为语言，语言的本身就是文化，其不可能离开文化单独存在。另外，文化属于语言的上层结构，而语言能够通过修辞、模式、结构等，对文化产生一定的制约、影响。例如：在不同的民族、国家中，其思维习惯、方式有着明显的差异，这会体现在语言的修辞、结构、模式中，如中国人在收到他人礼物时，首先表达的意思为"拒绝"，通过这种方式表达谢意，而西方国家在收到他人礼物时，则会直接表达自己的谢意、惊喜"Thank for your present.""What a wonderful gift it is!"等。同时，作为传播文化的主要工具，语言对于文化意识，有着明显的影响，这就需要中小学英语学科的教师，加大重视力度，以此来进一步提高教学的有效性、针对性。

另一方面，文化意识可以对符号做出反应，这主要体现在人们的思维、语言、行动等方面，而这则意味着对文化知识的理解、吸收，最后经过人们的消化，再次形成全新的文化意识。在不同的文化意识基础上，同一个词语常常会表达不同的含义，这也是培养中小学生文化意识的必要性。例如：在中国，将"dragon"翻译为"龙"，这是中华民族的图腾，神圣而不可侵犯，同时象征着皇帝、统治者的权力。但是，在西方的文化中，"dragon"则属于"怪物"的代名词。所以，在中小学英语学科的教学中，培养学生的文化意识，能够掌握东西方文化的差异，加深对英语知识的理解，以此来打破"中国式"英语的模式。在这一背景下，本文将会对文化意识的能力表现、文化意识的培养实践等，进行具体、深入的分析、探究，以期为深度课堂研究提供参考，其主要内容如下。

二、文化意识的能力表现

结合上文的内容能够发现，中西方的文化有着明显的差异，如果采用传统的思维，对其进行讲解，将很难加深中小学生的理解、认识，甚至很容易将中西方文化混淆。长此以往，中小学生就很难提起对英语课程的兴趣，将影响课堂教学的有效性，不利于学生稳定发展、健康成长。总的来说，在英语教学中，重视文化意识的培养，具有不可忽视的重要性，应为中小学生营造一个良好的学习环境，使学生的英语能力能够与世界接轨。在教学中，教师可以将西方的文化内涵融入课程中，并结合听、说、读、写等方式，让学生感受中西方文化的差异，以此来增强学生的综合能力。具体来说，中小学文化意识的能力表现，参照我校三个教学年段主要有以下：

第一学段（3～4年级）：

1. 知道英语中最简单的称谓语、问候语和告别语。
2. 对一般的赞扬、请求等做出适当的反应。
3. 知道国际上最重要的文娱和体育活动。
4. 知道英语国家中最常见的饮料和食品的名称。
5. 感受英语学习的乐趣。
6. 敢于开口，表达中不怕出错误。

第二学段（5～6年级）：

1. 知道主要英语国家的首都和国旗。

2. 了解世界上主要国家的重要标志物，如：英国的大本钟等。

3. 了解英语国家中重要的节假日。

4. 在学习和日常交际中，能初步注意到中外文化异同。

5. 乐于感知并积极使用英语。

6. 积极参与各种课堂学习活动。

7. 在小组活动中能与其他同学积极配合和合作。

8. 遇到困难时能大胆求助。

9. 乐于接触外国文化，增强爱国意识。

第三学段（7～9年级）：

1. 了解英语交际中常用的体态语，如手势、表情等。

2. 恰当使用英语中不同的称谓语、问候语和告别语。

3. 了解、区别英语中不同性别常用的名字和亲昵的称呼。

4. 了解英语国家中家庭成员之间的称呼习俗。

5. 了解英语国家的饮食习俗。

6. 对别人的赞扬、请求等做出恰当的反应。

7. 用恰当的方式表达赞扬、请求等意义。

8. 初步了解英语国家的地理位置、气候特点、历史等。

9. 了解英语国家中的人际交往习俗。

10. 了解英语国家中传统的文娱和体育活动。

11. 了解英语国家中重要的节假日及主要庆祝方式。

12. 加深对中国文化的理解。

13. 能初步用英语介绍祖国的传统节日和典型的文化习俗。

14. 勇于克服困难。

15. 具有初步的国际理解意识。

国际化已经成为不可阻挡的发展趋势，而在国际化的英语交流中，跨文化的内涵渗透在其中，所以说，加强文化意识是中小学英语学科教学的根本需求。具体来说，在英语教学中，将文化意识融入其中，能够引导学生在抛开母语的前提下，深入感受西方文化的背景、内涵。在这一基础上，学生就能够逐渐拥有西方的思维方式、语言表达模式，从更加客观的角度加深对英语知识的理解、把握。例如：在中小学英语课堂中，当上课铃响起，教师走入课堂以后，班长就会喊：Stand up! 随后学生齐声：Good morning, teacher! 其含义就是"起立，老师早上好"，这符合中国文化意识下的思想、行为。同时，在这里，"teacher"表示尊敬的意思，同时也是称呼。然而，在西方的英语中，"teacher"仅仅指其职位，并不含有尊敬的意思，通过对中小学生文化意识的培养，学生能够认识到"Good morning, teacher!"的不合理性，并积极采用西方的语言方式进行称呼，问候语改为"Good morning!"提高英语学习的能力。在世界一体化进程不断加快的条件下，对学生进行文化意识的培养，也可以降低英语学习的难度，激发学生的兴趣。

而当中小学生通过英语学习，具备一定的文化意识以后，教师则可以将西方的历史背景、宗教信仰、风俗习惯等，融入课程。通过这样的方式，拓展学生的视野、思维，加深对西方文化的理解，便于其在根本上掌握西方文化的内涵。而这样的教学方式下培养学生的英语能力，实际上属于全球一体化、跨文化交流的基本保障。具体来说，文化意识对学生来说，属于一种相对潜在的能力、力量，能够帮助学生养成英语文化的思维方式、思维习惯，从而避免由于文化差异而导致沟通产生歧义、笑话。从某种程度上分析，文化意识更像是"入乡随俗"，即引导学生逐渐形成一种文化认同的心理，以此来提高英语交流的整体水平。例如：在中小学生中，常常会套用汉语的语言习惯，将英语语言翻译出来，常见的有"good good study, day day up"（好好学习，天天向上）、"horse horse tiger tiger"（马马虎虎）等。这样的"中国式"翻译，在英语交流中，必然会产生一定的歧义、误会。经过文化意识的培养，中小学生能够对谚语等进行准确的翻译，如 "Study hard and make progress every day."（好好学习，天天向上）、"Careless"（马马虎虎）等，进而提高英语交流、意思表达的准确性。

如上文所述，文化、语言之间，有着密不可分的联系，对于英语语言的正确使用，实际上并不能说明中小学生语言的得体性。为了能够将自己的思想、含义准确、得体地表达出来，就应该通过文化意识的培养，提高中小学生英语语言的综合素养，并基于合理的教育，能够将文化、语言形成一个有机体，以此来帮助学生顺利地完成语言沟通。因此，在中小学的英语教学中，教师需要积极强化学生的文化意识。以此来培养、提升学生的综合能力，并将其作为英语教学的重要理念、方式。文化和语言之间，其实是一个相辅相成的整体，语言属于文化的载体，并将西方文化的背景、社会特征等，更加具体地反映出来。文化属于语言表达的灵魂，更是语言的核心、精髓，如果语言脱离文化，就无法将特定历史环境下，其当地的人文素养表达出来，甚至不具备人性化的特征。

三、文化意识的培养实践

(一) 创新学生文化意识学习的方式

1. 教师对文化意识的培养目标进行确定

依据当前新课程改革的要求，教师在培养学生文化意识的过程中，应该使学生在学习英语知识的过程中，加深对西方文化的认识，从而提高学生的英语能力。为了能够实现这一目标，教师在英语教学中，就应该首先确定文化意识培养的目标，然后制定针对性的、可行性的教学方案，打破传统的教学方式，并且重视学生的长久发展。同时，教师需要树立中华民族的文化自信，在讲解西方文化的过程中，切忌出现崇洋媚外的思想、言论，为中小学生营造一个健康的学习环境，并形成正确的价值观。

基于这样的方式，教师在学生的文化意识的培养中，就更具有针对性、系统性、科学性，从而便于激发学生对英语文化知识的兴趣，以此来提高学生英语的文化意识。同时，结合正确的文化意识培养方式，便于学生形成跨文化的思想意识，在学习西方文化的过程中，能够掌握中西方文化的差异，进而提高语言运用的合理性。所以，英语教师在进行文化意识培养的过程中，就应该制定中小学英语学科文化意识培养目标，例如：在讲解九年级英语课本第十二单元"You are supposed to shake hands"课程的过程中，教师所需要制定的教学目标为：①学生能够掌握，并且可以熟练使用"be supposed to do"的使用方法。②积极组织课堂互动，为学生营造"做中学、玩中学"的氛围。③讲解中西方文化差异，使学生认识西方社会的礼仪。

2. 拓展学生文化交流的途径

在当前的英语教学中，中小学英语教师为了将知识更加准确地传递给学生，需要主动拓展自己的知识面，完善文化知识系统，以此来为学生文化意识的培养提供基本条件，以便学生更好地进行文化交流。对此，我们可以通过以下方式，积极拓展学生文化交流途径。

第一，挖掘教材中的英语文化。带领学生尽可能挖掘教材中的英语文化，同时在学习之余利用书籍、电视、互联网等，积累中西方的历史知识、经济知识、文化知识、政治知识等。通过这样的方式，教师可以帮助学生进一步提高自身对文化意识的敏感程度，以便于对教材的文化进行扩展、补充。学生可以登录的网站有维基百科、谷歌、在线简明哥伦比亚百科全书等。通过这样的方式，学生能够在很大程度上，增强自身的综合能力，便于在英语教学的课堂中，丰富课程内容，提高了文化意识培养的有效性，为深度课堂营造更具文化气息的氛围。

第二，保证自己较强的文化意识。在学生学习交流的过程中，教师也需要更多的学习、掌握英语文化意识，及其相关的知识理论，以此来指导日常的英语教学，以此来提高文化意识培养的有效性。也就是说，中小学英语教师应该保证自己具有较强的文化意识，以此来引导学生加深对文化意识的认识，进而为文化意识的培养奠定基础。

3. 提升学生的语言综合素养

对中小学英语教材的利用、开发、评价，是文化意识培养过程中最为重要的构成部分。在新课程教学的理念下，教师应该提高教材内容的灵活性，并对其进行深入挖掘，进而保证文化意识培养的目标，符合新课程改革的理念与要求。对此，在落实文化意识培养的实践中，可以采用以下的方式：

第一，深入挖掘教材背后的内容。例如：教师在讲解中国人、西方人受到他人表扬时的反应，其最为主要的就是明确二者的差异：中国人在获得赞扬时，常常秉持谦逊的态度，其反应常常是"还需要努力""做得还不够好"等。而西方人在获得赞扬时，基本上都表现出欣然接受的态度，即用"Thank you！"回答，甚至会表示"I know."。所以，教师需要引导学生，在与西方人交谈时，如果受到赞扬时，就应该用西方的方式回答，避免给人不礼貌、虚伪之感。

第二，合理补充教材的内容。在中小学英语教学中，教师可以结合五级文化意识的培养目标，对英语课本中出现内容较少的内容进行补充，如英语国家的历史、气候、地理位置、常见植物，英语国家正式场合、非正式场合的服装习俗等，以便于加深中小学生形成文化意识。

第三，适当替换教材的内容。如果教材中出现的素材不常见，也可以进行调整。例如：在学习"How do you make a banana milk shake？"（如何做香蕉奶昔）时，由于"奶昔"这一词语相对陌生，所以教师可以将其替换成面条、饺子等，以便于加深学生对知识点的认识。

4. 总结学生的文化意识表现

在任何教学中，都会存在一些问题，需要教师对学生的表现，进行总结、评价，将其作为优化文化意识培养的参考。为了实现这一目标，英语教师可以通过以下方式，对中小学生的文化意识进行总结：①自我评价，学生对自己的表现，进行简单的主观评价。②合作反思，同学之间进行相互评价，发现其他同学的优点、不足。③教师评价，也就是说教师依据学生的综合表现，对其文化意识进行评价，以此来增强学生的信心，为后续的文化意识培养，提供有力的保障。

（二）创新文化意识培养的模式

1. 营造良好的英语文化氛围

在当前的教育环境中，教育部曾指出：校园是学校精神、学术、文化的载体，是培养创造性人才、高素质人才的重要基地。由此能够清楚地发现，中小学的校园环境、校园氛围、校园文化等，与文化意识培养的有效性，有着不可分割的紧密联系。所以，在日常的教学工作中，为了培养学生的文化意识，就需要积极为中小学生营造英语文化的氛围环境，进而加深学生对英语知识的认识、理解。具体来说，为了能够营造良好的英语文化的氛围、环境，学校可以将以下的文化意识培养方式落实在具体的教育工作中。

第一，双语标志。在校园中，使用中英双语的方式，制作学校的标志牌、指示牌、名言警句、板报、墙报、宣传栏等，通过这样的方式，对学生潜移默化地影响，使其能够不知不觉形成多元文化意识，与英语课堂教学的内容，相互补充、完善，为学生创设英语文化的环境、氛围，甚至能够激发学生的积极性。

第二，广搜素材。对于学校、班级的环创活动，可以交由学生进行负责，将英语文化的知识、氛围融入其中。具体来说，在传统的环创中，中小学基本将中文的名言警句作为主要的元素，而在文化意识的视域下，教师可以鼓励中小学生搜索英语知识、名言警句、新闻轶事等作为主要的内容，从而能够最大限度地促进学生学习英语知识的行为。另外，在中小学的班级中，可以组织学生建立英文图书柜、图书角等，为其课余阅读提供更多的素材，进而提高文化意识培养的有效性。

第三，专场培养。在中小学的文化意识培养中，学校可以为学生提供一个专门的活动场地如活动教室，以此来提高英语教学中文化意识培养的专业性。同时，活动场地应该具有一定的开放性，使学生能够发挥主观能动性，自觉组织文化意识的相关活动，并为学生提供彩纸、彩笔、胶水、剪刀等工具，便于学生通过制作海报、剪纸、绘画等方式，展示自己的文化意识，进而增强学生的自信心。

2. 组织参加英语文化的活动

在实施文化意识培养的过程中，中小学应该积极响应教育部门的相关要求，支持、鼓励学生自觉对课程知识、学习资源进行交流。基于这样的活动方式，不仅可以在学校中形成良好的学习氛围，还能够为学生积累知识、密切交流提供重要的契机。中小学应该立足于教育部门的资金投入、物力投入等，积极采用未涉及的教学措施，培养中小学生的文化意识。对此，中小学可以采用以下几种措施。

第一，请进来。学校可以邀请当地（周边城市）高校的教授或者跨文化教学的专业人员、外教、留学生等，以年级、学校、片区等为单位，针对中小学生、英语教师等，进行专业的、细致的文化讲座。进一步加强文化意识培养的有效性，并提高英语文化的宣传度。具体来说，对于中小学生来说，能够通过英语文化讲座，感受真实的文化、故事，或者通过视频等途径，加深对英语文化意识的认识。同时，这样的方式在加深中小学生对异族文化认识的同时，增强中华民族的自豪感，强化文化自信。另外，对于中小学的英语教师而言，其结合英语文化讲座的内容，可以进一步深化文化意识培养理论的内涵，加深对其相关理论的认识，以此来改正日常教学的不足，提高文化意识培养方式的合理性、科学性。

第二，动起来。中小学需要积极转变传统的思想意识，加大对英语文化意识的重视，并将培养、提升中小学生的综合素质，作为自己工作的首要责任、义务。只有在转变思想的基础上，学校才能够为中小学生组织更多不同形式、内容的活动，丰富学生的课余生活。例如：中小学可以定期组织英语演讲比赛、英语知识竞赛、英语戏剧表演等，鼓励学生积极参与各项活动，有利于学生将已经掌握的英语知识，应用在实际中，从而认识到英语文化知识的重要价值，形成文化意识。实际上，中小学积极举办上述的活动，还能够有效巩固学生的基础知识，激发学生的学习兴趣，并且可以进一步提高学生在英语方面的信心，从在根本上实现文化意识培养的目标。

（三）完善英语教材的文化意识内容

在中小学的英语学科教学中，文化意识的培养需要建立在教材的基础上。有学者提出："外语教材体系的变革，不仅必须带动已有的内容变化，同时也需要为增加新内容提供更多的空间。"这一观点道出了英语教材内容优化与完善的方向。对于全新的教材体系来说，教材设计应该对传统体系的不足进行针对性的弥补，以此来不断提高教材的质量，以便将文化意识落实在教学中，进而获得事半功倍的教学效果。对此，为了能够实现文化意识的培养，就需要完善中小学英语教材的文化意识内容，其主要的措施为：

1. 五级文化意识的目标加入到课堂中

如了解英语交际中常用的体态语，如手势、表情等；恰当使用英语中不同的称谓语、问候语和告别语；了解、区别英语中不同性别常用的名字和亲昵的称呼；了解英语国家的饮食习俗；初步了解英语国家的地理位置、气候特点、历史等；了解英语国家的人际交往习俗；了解世界上主要的节假日及主要庆祝方式；关注中外文化异同，加深对中国文化的理解；能初步用英语介绍祖国的主要节日和典型的文化习俗。也就是说，在中小学的英语教学中，可以将英语国家中，正式场合、非正式场合的服装差异等，纳入其内容中，或者将不同的自然现象等，作为代表性的文化，融入中小学的英语教材。通过这样的方式，在提高教材内容完整性、丰富性的同时，还能够为文化意识的培养奠定更加坚实的基础。另外，在中小学的英语文化意识的培养中，借助这种全新的、更加完善的教材，还可以对学生产生潜移默化的影响，进而降低文化意识培养的难度。

2. 重视可塑性强的文化板块

在当前的英语教材中，为了让学生了解英语国家的文化知识，英语教材已经设置独立的"文化板块"。所以学生可以在每个单元了解一些东西方文化相同或有差异的地方。通过这样的方式，教师能够抓住一些有代表性的内容，对中小学生进行文化意识的培养，进而便于学生加深对英语国家文化的认识，激发学生的学习兴趣，甚至可以基于中小学生的主观能动性，更快速地形成文化意识，降低英语教师教学的难度。

3. 适当加入交际性的素材

在设计中小学英语教材的过程中，尽可能打破传统的插画的素材方式，将更真实的素材融入英语教材之中，进而提高英语文化意识培养的有效性。就交际性的素材来说，以英国为例，由于英国地理位置、气候等因素，其常年为多雨的天气，所以见面的问候方式，大多与天气相关，对此可以拍摄英国大街上的图片——基本上每人都带着雨伞，从而提高英语教学内容的真实性。另外，英国的历史文化中，帽子有着悠久的历史，更是很多人士参加正式活动的必备之选，如英国女王在出席各种活动时，基本上都会佩戴帽子。采用这样的图片教学方式，不仅打破了传统教材模式，也进一步增加文化意识的"可观性"，降低中小学生的理解难度。也就是说，学生能够在加深对英国文化的认识的同时，在潜移默化中形成文化意识，进而实现中小学英语学科文化意识培养的有效性。

4. 加入辅助性的教学工具

为了提高文化意识培养的效果，在设计英语教材的过程中，除了传统的光盘，可以增加一张与英语国家文化相关的光盘，将其应用在教学中，能够拓展学生的视野。对于光盘的内容来说，可以将其划分为不同的板块、类型，其中包含具体的讲解内容，而为了激发中小学生的兴趣，最好以微电影的方式将其表现出来。采用这样的方式，不仅为中小学生提供了学习、了解英语国家文化的机会，也能够弥补教材内容的不足，为中小学英语教师文化意识培养，提供了全新的思路、方式，进而不断增强英语教学的有效性。

5. 提高英语知识的贯通性

结合我国当前中小学教学的特点，即六年级、九年级、高中三年级，其均以复习为主，占据了新知识的学习时间，影响文化意识培养的有效性。为了能够解决这一问题，在设计教材的内容时，工作人员就应该对英语知识内容进行调整，增强其贯通性，以便于缓解教师授课、学生学习的压力。例如：将六年级的知识，调整至五年级、四年级；将九年级的英语知识，调整至八年级、七年级；将高中三年级的英语知识，调整至高中一、二年级。通过这样的方式，能够提高英语教材知识的灵活性，为总复习预留出更多的时间，同时也能够减轻六年级、九年级、高中三年级英语教师的压力，以便于保证文化意识培养的效果。

结合这样的方式，能够在中小学的英语学科中，践行文化意识培养的理念，并实现文化意识培养的目的，为全面开展深度教学，优化教学和学习的效果，提供基本知识保障。

典型案例：六年级上册 Unit 5 Signs（Story time）

教材分析：

本课时的话题为"公共标识"。这个内容与学生的生活紧密相连，所以教师在教学过程中要尽可能多地将学生的生活实际给予呈现，引导学生关注标识、讨论标识，做遵守公共秩序的文明好少年。新授句型有 What does… mean? It means…和 No ＋doing（动名词）结构。句型要求学生灵活运用，敢于使用所学来询问生活中或学习中不会的知识，并且能熟练认读理解各个标识的含义，同时也鼓励学生在学习之后，能发现和运用这些相关的标语。

教学目标：

1. 能听懂、会说、会读：Public signs.

2. 能听懂、会说、会读、会写句型与日常交际用语：What does it mean? It means …. No littering/parking/smoking/… You can /can't….

3. 能听懂、会说、会读词汇：litter, go in, take… into, restaurant, someone, smoke, smell.

4. 能听懂、会说、会读、会写词汇：sign，shopping centre，careful，mean，floor。

5. 通过课文学习，帮助学生掌握"公共标识"的英语语言知识，发展听说读写技能，形成用英语与他人交流的能力，进一步促进学生思维能力的发展，提高学生的综合人文素养和敢于合理使用英语来提醒别人遵守公共秩序。

教学重点：

1. 句型：What does it mean? It means…. No littering/parking/smoking/…

You can /can't….

2. 词汇：sign，shopping centre，mean。

教学难点：

1. 句型：What does it mean? It means…. No littering/parking/smoking/…

2. 词汇：litter, restaurant，smoke，careful 的读音。

教学准备：

1. 课前搜集一下生活中常见的"公共标识"图片。

2. 讨论一下搜集的"公共标识"图片的名称和含义。

3. 预习：Unit 5 Signs（Story time），听录音模仿朗读课文，读熟，画出新单词、句子，写好音标，不懂的可以查字典。

教学过程：

Step 1　Warming up

1. Guessing game.

T：Good morning, boys and girls. Do you like watching TV at weekends? Can you guess what does Miss Li like doing at weekends?

S：She likes ….（one by one）

PPT：She likes reading books，doing housework and going shopping.

T: Who was right? Please hands up.

【设计理念：课前 5 分钟，学生猜一猜李老师周末喜欢做的事情，鼓励学生用句型 She likes … 猜测，老师不立刻公布答案，等每个学生都猜一遍。PPT 呈现正确答案，老师再询问哪些人猜对了。这个游戏既可以保证每个学生都积极运用英语，提高英语口语交际能力，体现师生真诚交流，又为本课时教学导入做铺垫。】

2. Buying things.

T：I like going shopping at weekends. If I want to buy some beautiful dresses and skirts, I can go to the shop. If I want to buy some food, I can go to the supermarket. I like going window shopping at the shopping centre. If I want to buy some books, I can go to the bookshop. I can buy some fresh fruit at the fruit shop. I like eating bread very much. So I often go to the bakeshop. If I want to have a big lunch with my family, we can go to the restaurant.

PPT 依次出现图片：shop, supermarket, shopping centre, bookshop, fruit shop, bakeshop, restaurant。

T—S：shopping centre, bookshop（渗透单词 fruit shop, bakeshop, restaurant）

【设计意图：老师边出示图片边讲解自己的购物经历，使好奇的学生认真听，复习 shop, supermarket, 学习 shopping centre, bookshop, 渗透 fruit shop, bakeshop, restaurant, 既体现师生交流的真实性、生活性，为课文学习做好准备，也可以提高学生的图解能力、听说能力。】

Step 2 Presentation and practice

1. Signs.

T：When I go shopping, I always see these things.（PPT 呈现公共标志图片。）

T：They are signs. There are many signs. They mean different

things. They can tell us what can we do and what we can't do.

T—S：Unit 5 Signs.

T：What do you think of "Public signs"?

（学生各抒己见。）

T：Yes，they help us know the meaning easily and quickly.

【设计意图：PPT呈现公共标志图片，切入课文主题，同时让学生谈一谈自己对标识的一些想法，初步了解公共标识可以让我们简洁明了地得知该做什么或者不该做什么。】

2. Look and say.（PPT出示故事图片1）

T：Who are they?

Ss：They are Mike，Helen and Tim.

3. Listen and answer：

T：Where are they? Please listen to the tape, than answer my question.

Ss：They are in the…．

T—S：juice shop, restaurant.

【设计意图：采用看图回答问题，听录音问答问题，理清故事的人物、地点，了解大意，培养学生良好的听说习惯以及读图能力，同时对于不了解的地方，鼓励学生敢于举手来提问，以此来掌握知识点，让学生敢于并乐于使用英语。】

4. Read and choose.

T：Now please read the story quickly, than finish the exercises on page 8 "Read and choose."

T：Number 1，Where are Mike, Helen and Tim? How do you know?

（依次讨论4个选择题，并追问如何得出答案，让学生说说依据）

【设计意图：学生初步感知课文的基础上，完成配套练习1，老师让学生说说每个选择的依据，再次让学生自主理解课文，培养学生的主动学习

意识，提高语篇阅读理解能力。】

5. Look and answer.

T：What does it mean?（PPT 出示标志"Wet floor"）

学生快速在书中找出句子 It means the floor is wet.

T—S：It means "Wet floor". It means the floor is wet.

采用此法依次教学：

What does it mean?

It means "No littering" / "No eating or drinking" / "No smoking".

It means you can't litter / eat or drink / smoke here.

【设计意图：细读故事，学生进一步学习4个公共标志的名称和含义。文中虽没有出现 It means "No littering" / "No eating or drinking" / "No smoking"。但这里渗透教学，既丰富学生词汇，又可以提高学生的语言运用能力。让学生在图文结合，语言示范的情况下，对文本要求有进一步了解，为后面的巩固打好了基础。】

6. Listen and repeat.

T：Now let's listen to the tape, repeat the sentences.

【设计意图：多形式朗读，纠正学生发音，语音语调语速的指导，使学生能正确、流利、有感情地朗读故事，在不断练习中加深对课文的理解，提高学生的朗读水平。】

Step 3　Production

1. Read and act.

T：Now it's your turn to read the story. Then you can act in your groups.

【设计意图：组内分角色朗读和表演，让学生在理解的基础上诠释故事，让学生走进故事，懂得在小组合作中要团队配合，要善于利用团队的力量来帮助组内每一位同学。】

2. Look and write.（P8）

3. Work in groups.

T—S：What does it mean?

It means "No parking" / "Danger".

It means you can't park here. / It means you must stay away from it.

【设计意图：这个环节通过分角色朗读、表演，指导学生相互合作，相互欣赏，取长补短。并指导学生自学 No parking 和 Danger，充分利用学生的生活体验，发挥学生的主观能动性，加大学习的挑战性。】

Step 4　Homework

1. 听录音，模仿朗读课文 Story time. 预习 Grammar time.

2. 模仿课文，小组内编演新故事。

3. 搜集整理身边的公共标志，写一写、画一画或制作成 PPT，尝试用英语说说它们的名称和含义。下节课展示交流。

【教学设计：英语学习需要模仿、练习和积累，课后作业是课堂学习的延伸。培养学生养成良好的预复习习惯，能提高学习的有效性。学生搜集整理其他公共标志，写一写、画一画、说一说，为下课时学习做好铺垫。】

板书设计：

Unit 1 Signs

（Story time）

What does it mean? It means "　　". It means you can't ….

Who：Mike, Helen and Tim

When：Maybe at the weekend

Where：shopping centre, juice shop, bookshop, restaurant

Wet floor　No littering　No eating or drinking　No smoking

总体设计意图：

本课的主要教学目标是让学生认识文中出现的标识，并能通过询问图标的含义，熟练运用重点句型：What does it mean? 以及回答 It means…

进行互动，达到让学生真正了解标识的含义，做一个遵守规章制度的好少年的目的。

在完成教学的过程中，老师考虑到作为六年级的学生已经有了一定的生活经验和社会阅历，而这些标识学生们完全熟悉，所以有必要让其深层次地通过小组合作方式在中西方文化相同性和差异性上进行一些探讨和学习。这也符合我们在中段（5~6年级）提出的文化意识能力表现，如：在学习和日常交际中，能初步注意到中外文化异同；乐于感知并积极使用英语；积极参与各种课堂学习活动；在小组活动中能与其他同学积极配合和合作；遇到困难时能大胆求助等。所以本堂课我采用了以下几个步骤来实施教学。

1. 联系生活，体验文化异同

在热身环节，老师通过引出的公共标识，让学生谈谈自己的看法，学生们能结合自己的生活经历，踊跃发表自己的观点，有些字不认识的或是生活中少见的标识，学生也能通过上面的简图进行联想和猜测。这与学生平时的积累有很大关系，同时也可以看出学生已经能注意到中外一些文化上的异同。

2. 小组合作，操练文化知识

在巩固环节中，老师把每一部分的图片都放大，让学生对着每张图片进行口述，培养学生的复述能力，然后让一个小组学生拿着图片去问另一个小组的学生，小组之间进行竞争，看哪个小组最棒，回答得更完整。这样带有竞争性的小组互动能够充分调动起学生的积极性，为后面的表演打好基础。而且在这个练习时，有些读音或是句型掌握不是很好的学生能主动询问其他成员，在你帮他助的良好氛围下，学生之间的合作和竞争更加趋向良性化。

3. 巩固拓展，升华文化意识

最后的作业环节，老师让学生通过整理、画画或做做PPT等方式来了解并介绍一些其他的公共标识，学生在这个过程中肯定会对一些相关的标识去搜集或查阅有关资料，这就对中外文化的相同或相异之处有了进一步的了解，同时对我们自己文化的了解又更深入一步。在学生的作业中，我们看到了有些学生设计的饮料店标识有用"咖啡杯图"，也有用"茶杯图"，有些小吃店用"刀叉图"，也有用"碗筷图"，甚至有同学设计的厕所标识，都是穿着中外有代表性服饰的人物图，让人一眼就明白其中的含义。加上学生利用所学的句型和搜集的资料，可以说，学生学到很多书上、书外、生活中、国内外的一些相关标识，真正做到了为用而学，在用中学，学了就用。

在教学的过程中，学生的层次不一，所以要有针对性，根据不同的教学对话采取小组合作，以达到整体的提高。在学习的过程中要培养学生倾听的习惯及互相合作的团队精神。特别注意要用同一层次的学生去考同一层次的学生，这样的竞争才有公平性可言。在教学的过程中要充分注意到这一点，对不同阶段的学生进行不同层次的表扬，充分调动学生的学习兴趣，让学生乐于来表达，敢于来表达。

第六章
导向学科能力的校本课堂建构

第一节 语文深度课堂

一、我们的语文理解

（一）新课标关于语文课程的解读

2011年版语文课程标准指出：语文课程是一门学习语言文字运用的综合性、实践性的课程。工具性和人文性的统一是语文课程的基本特点。

语文是综合性的课程，语文课程的教学目标是多维的，包括"知识与能力、过程与方法、情感态度与价值观"。语文课程也是实践性课程，强调在实践活动中达成学习目标。语文课程的本质是指导学生学习语言文字的运用，听、说、读、写是学生学习语文常用的方式，学生语文能力提高的主要途径是语文实践，在语文实践中积累知识、运用知识、形成能力、提升素养。

语文课程基本特点是工具性和人文性的统一。"新课标"指出："义务教育阶段的语文课程，应使学生初步学会运用祖国语言文字进行交流沟通，吸收古今中外优秀文化，提高思想文化修养，促进自身精神成长。"语言文字是人类最重要的交际工具和信息载体，语文是人类生存、生活必需的工具，是认识世界、改造世界的工具。语言是人类表达交流的工具，它具有表情达意的功能，是人类相互沟通的桥梁。语文又是人类学习的工具，是学习其他学科的基础，语文就像建筑的基石一样，没有基石，建筑无从建起；基石不稳、不厚实，也很难构建完整知识体系的高楼大厦。语言文字是人类文化的重要组成部分，是传承文化的工具，是文化的载体。语言还是人类思维的工具，是思维的外在表现形式，思维常常要通过语言来表达，要有良好的思维能力，就必须提高语言运用能力。

语文课程的人文性侧重促进人的精神成长，注重精神感化和滋养，文化的濡染和传承，道德情操的修炼和提升。教材所选的很多优秀的文学作品是人类智慧的结晶，是一笔宝贵的财富，它包含了人类丰富的情感、意志、思想、精神、观念、文化等诸多内容，这些经过时间甄别选定下来的作品，是"人和文"的统一，是人和文化的统一。语文课程一方面担负着立足于生存和发展需要的学会运用祖国语言的使命（工具性），另一方面担负着培养学生健全人格、丰富人灵魂的使命（人文性）。

（二）深度教学背景下的语文认识

深度教学背景下，知识教学不能停留在符号层面，它追求丰富的教学层次，力求实现知识教学的丰富价值。语文从内容角度而言，可以细分为文字、文章、文学、文化。文字即语言的表达；文章是文字所蕴含的内容情感等，即所言之志、所载之道；文学是文本表达形式上的特点；文化是文本表现出来的思维方式或所承载的民族精神内核。所以，语文课程价值的丰富性就是学习祖国语言，感悟情感，学习祖国和其他民族的优秀思想文化，汲取宝贵的精神。

1. 语文是语言学，要注重语言文字的学习和运用

语文课程核心目标是学习运用祖国语言文字，提高学生的语文素养。新课标在前言部分多次提到"语言文字运用"：语文课程致力于培养学生的语言文字运用能力，提升学生的综合素养，为学好其他课程打下基础；语文课程是一门学习语言文字运用的综合性、实践性课程；义务教育阶段的语文课程，应使学生初步学会运用祖国语言文字进行交流沟通；语文课程应激发和培育学生热爱祖国语文的思想感情，引导学生丰富语言积累……正确运用祖国语言文字；语文课程是学生学习运用祖国语言文字的课程；语文课程应注重引导学生多读书、多积累，重视语言文字运用的实践，在实践中领悟文化内涵和语文应用规律。

培养学生的语言文字运用能力是语文课程最基本的功能。深度课堂背景下的语文学习首要任务是培养学生具有适应生活需要的识字写字能力、

阅读能力、写作能力、口语交际能力，所有这些能力都是在围绕语言展开的听、说、读、写活动中形成的。

2. 语文是美学，要注重情感感悟与滋养

杜威说过，教育即生长。人的发展、人的生长包含多种方向和维度，三维目标中一个重要的维度就是情感态度价值观。语文教学，除了知识的应试需要，训练掌握必要的知识与技能，还要注重加强对学生的情感教育、对大自然的欣赏、对艺术审美能力的培养。只有充分打开学生的生命空间，拓宽学生的发展之路，他们在未来才会表现出多样化的可能性。

语文教学应承担起美育的重任，通过语文学习滋养生命和灵魂，让语文教育为培养德能双馨的学生奠基。

语文能让学生体悟情感，丰富灵魂。古人有"文以载道"之说，意谓文章寄托着人们的思想、感情、观点、见解，那么，学生在阅读文学作品的过程中，领悟文章中所蕴含的思想、感情、态度是语文学习的重要内容之一。课堂上创设适宜的文本情境，引领学生揣摩、体悟、反思，让学生在学习过程中积累情感，丰富情感，丰盈心灵。

语文能滋养情感、完善人格。从某种意义来看，语文是用真、善、美的东西来滋养人的心灵的工具；语文来源于生活又高于生活，是生活的艺术化的反映，而恰到好处的艺术化的生活较现实更能净化人的心灵，对未成年的学生更有教育的意义和价值。从教学角度讲，语文就是带领学生通过作品发现生活中真、善、美的一面，恰当过滤现实残酷的另一面，让学生了解人类所传承下来的优秀思想，以此来反观自身，让自身的品德得到净化，让人格得到完善，帮助学生构建正确的价值观、人生观。当作品中的那些优秀思想转化为自己的思想观点时，学生的品德得到净化，人格趋向完美。

3. 语文是文化，要注重文化熏陶与汲取

洪宗礼先生认为母语学习就是文化传承，他认为："语言是人类生存发展的交际工具，也是一种文化。研究语言就是研究文化。母语教育的最终目的是为了更好地弘扬民族的和人类的文化"。① 语言文字是文化的载体，又是文化的重要组成部分，学习语言文字的过程，也是文化获得的过程。母语教育、母语课程教材建设的重要目标之一就是为了更好地传承并弘扬民族的优秀文化。

汉语言文字有着独特的美感，其创造和发展有着悠久的历史，本身就是文化瑰宝；而且汉语言蕴藏着无穷的智慧，蕴含着丰富的艺术韵味，如理念、信念、道德、品格、审美等。语文教学中，渗透文化，陶冶情趣。引导学生感受汉语言优秀文化，激发学生对母语的热爱之情，激发学生对民族传统文化的热爱之情和爱国情感，让学生扎根于母语文化的土壤中汲取丰厚的精神养料，培养学生成为民族文化的认同者、传承者和弘扬者。

（三）深度教学背景下语文教学实践的特点

传统语文教学注重知识的传授，方式单一，忽视知识的生成意义，忽视教学逻辑。而语文课堂的深度学习注重知识生成过程中的内在逻辑，注重知识学习的现实意义。深度教学注重学生自己的学习实践，课堂创设适宜的学习情境，开展丰富的学习活动，让学生自己主动建构，获得与知识相关的经验，最终习得知识，获得能力。课堂上为了让学生获得与知识相关的经验、理解知识的现实意义，教学就需要走向实践、体验、操作，走向综合，走向活动，走向生活。

1. 语文学习活动化

语文课堂学习是组织开展丰富的语言学习活动，学生在活动中提高语文素养、培养语文能力。新课标提出："语文课程是学生学习运用祖国语言的过程，学习资源和实践机会无处不在，无时不有。因而，应该让学生多读多写，日积月累，在大量的语文实践中体会、把握语文规律。"语文教学应着重在识字写字实践、阅读实践、写作实践、口语交际实践中，培养学生相应的语文能力。那么，语文实践表现在课堂上就是开展丰富多

---

① 洪宗礼. 母语教育的八项主张 [J]. 初中语文教与学，2016（8）.

样、有逻辑层次的、符合学习规律的学习活动。课堂教学环节就是组织学生充分地参与学的活动，就是让学生围绕语言展开充分的听、说、读、写的训练实践。

从教师的角色而言，教师是语文学习活动的设计者，备课要根据文体特征、文本个性特点、根据学情精心设计有趣的学习活动；教师是活动的组织者，课堂上教师要创设活动情境，激发兴趣，组织引导学生广泛地参与到活动中来，并适时推进活动走向深入。教师是活动的参与者，和学生组成学习共同体，搭建支架，提供学习帮助，引领学习方向；教师是活动的评价者，教师适时介入，掌控课堂节奏，在师生的回应过程中巧妙达成学习目标，提升学习效果。

2. 语文学习生活化

语文源于生活，是生活的反映。新课标指出："语言文字的运用，包括生活、工作和学习中的听说读写活动以及文学活动，存在于人类生活的各个领域。"可见，语文的外延是生活。而且，语文教育是为学生的生活打下基础的教育，是一种生活和人生的教育。《学会生存——教育世界的今天和明天》一书指出："小学教育的共同趋势是必须把理论、技巧和实践结合起来，把脑力劳动和体力劳动结合起来；学校不能和生活脱节；儿童的人格不能分裂成为两个互不接触的世界——在一个世界里，儿童像一个脱离现实的傀儡一样，从事学习；而在另一个世界里，他通过某种违背教育的活动来获得自我满足。"所以，语文课堂教学不能脱离生活实际，要紧密联系生活，将语文学习和生活贯通。

课堂上要让学生步入精彩的语文世界，关键是要将日常生活中的语文问题融合到语文学习活动中来，通过语文学习活动让学生步入精彩的生活世界，并带给学生丰富的精神世界的生活，这样，语文才能真正彰显活力。学生是学习的主体，语文教师要引导学生建立对生活正确的认知，并且把正确认知广泛地应用到日常生活中去，将语文和生活紧密关联，提高学生语文学习的兴趣，提高语文教学的效率。

生活世界是语文实践能力生长的土壤,语文教学活动关键是落实到生活的实践化,在生活中学习,并运用于生活。开发语文学习资源,优化语文学习环境,做到课内外联系,校内外沟通,课本和生活现实贯通,让学生在语文学习中进一步感受、领悟、体验、认识丰富的生活,在生活的感悟体认中提升语文素养。

3. 语文学习生命化

德国教育家斯普朗格说:"教育的最终目的不是传授已有的东西,而是要把人的创造力量诱导出来,将生命感、价值感唤醒。"教育是生命的唤醒与激发,教育学思考一切教育问题的根本出发点是学生的生命成长,是学生作为主体人的发展需要和发展过程。

教育要以人为本,尊重生命,尊重个性。每一个生命个体都具备更健全发展的可能性,那么,语文教育就是用语文的方式唤醒孩子内心向上向善的种子,开启心灵和人生意义的觉悟。语文学习的过程是学生在语言的世界里获得生命体验的过程,是言语实践中的生命存在及其活动,是人的生命在语言世界里的自由展现。学生在语文学习中获得生命感悟和体验,进一步理解生命的价值,提升生命的意义;学生在语言的实践中构建属于自己的意义,建构起自己的精神家园,成为语文的创造者。

作为新课程改革的实践者与探索者,语文教师要因材施教,面对不同个体,去开启他心灵世界美妙的东西;要精选具有文化内涵与生命活力的课程内容,要确立"语文树人"的理念,以语文学习促进学生核心素养的发展,做到以文化人,用文化创造人。

二、文如其人,知人论世

文如其人,知人论世,从语文教学来说,是指学生在学习的时候,不能孤立地学习课文,教师不是孤立地进行符号传递,而是要将课文和作者建立关联,课文和作者所处的时代背景、课文和作者的生活背景、课文和作者的人生经历、课文和作者的价值观等方面都要结合起来,将作品和作者打通,因为文字表达的是作者的人生经历、情感、价值取向等,也就是文如其人。因为文如其人，所以我们对语文教学就提出了相应的要求，如背景导入、文化回应、生活回应等。

（一）文如其人，知人论世的必要性

当下，仍有很大一部分老师依靠传统的教学方式、教学观念进行语文教学。我们知道，传统的接受教学往往将"符号表征"看成知识的全部，教学过程中注重知识的传递，忽视教学的逻辑形式、忽视知识意义的生成，教学形式单一机械，不能实现知识教学的丰富价值。

华中师范大学郭元祥教授认为："深度教学，并不追求教学内容的深度和难度，不是指教学内容越深越好，而是相对于知识的内在构成要素而言，知识教学不停留在符号层面，丰富教学的层次，实现知识教学的丰富价值。"[①] 就此而言，深度学习不是学习内容上的概念，它是一种学习方式的概念，是和浅层学习相对应的一种方式，这种学习方式是指向于知识的内在构成要素、指向知识生成意义的学习。

1. 文如其人，知人论世是关联性教学的需要

郭元祥教授认为："知识是依存于特定的社会背景和自然背景，依存于种系经验和个体经验，依存于思维逻辑。"[②] 关联性教学注重将知识、作品依存的背景和学生经验三者之间建立内在联系，从而增强知识的可理解性，实现知识对于学生发展的现实意义。

人们在获取信息时对它进行深度加工，通过将学习的新材料增加相关的信息来达到对新材料的理解和记忆，信息的保持效果就可得到提高，并有利于信息的提取。语文教学过程中，知人论世、读文知人就是对所学材料增加相关信息，建立作品、作者、读者三者之间的关联，通过增加和文本内容相关的作者的经历、写作背景等来帮助学生理解文本，真正帮助学生走进文本深处、深入理解文本内涵。

孙绍振认为：文本的阅读方法与观念是紧密联系的，还原方法的核心

---

① 郭元祥. 知识的性质、结构与深度教学 [J]. 课程·教材·教法，2009 (11).
② 郭元祥. 知识的性质、结构与深度教学 [J]. 课程·教材·教法，2009 (11).

是将文本中表现的事物恢复到本来的样子，来揭示事物的矛盾，在研究矛盾的基础上，用联系的观点解读文本。知人论世、还原作品情境或创设情境利于学生从真正意义上贴近文本，读懂文字背后隐藏的密码。

很多的文学作品是作者个人经历的抒写，抑或是时代的反映，读这些作品要关注的是文字表征符号背后的深层内涵。如小说是社会的反映，读小说就是读社会、读特定社会环境下的人性。莫言小说《卖白菜》如果不还原20世纪60年代物质匮乏的大背景，就读不出苦难泯灭人性的主题，读不出母亲在苦难的环境下依然坚守善良本性的可贵。诗言志，读诗就是读一颗诗心、读特定背景下的诗人。读《茅屋为秋风所破歌》就要结合安史之乱的背景创设诗歌情境，引导学生读出一个心忧黎民苍生而忘我的诗圣形象。王荣生教授说，散文是作者的个性化体验表达，读散文就是读人，读作品中的人、读作者自己的独特体验。读《背影》如不了解朱自清父子矛盾，可能我们读出来的就只是父亲的慈爱和儿子对父爱的理解。如何理解小说的主题，理解诗心、文心，仅靠孤立的文字符号远远不够，还需将"文"和"人"联系起来解读，这也是关联性策略的需要。

2. 文如其人，知人论世是回归性教学的推手

"回归性教学是指教学过程中学生对教学内容的接受与理解，在把知识作为对象进行学习的同时，把学习的意义和目的指向自我，即所谓的'反求诸己'，从而教学引起学生通过与环境、与他人、与文化的反思性相互作用形成自我感。"[1]

古人读书讲究出入法，宋代陈善《扪虱新话·读书类》："读书须知出入法。始当求所以入，终当求所以出。见得亲切，此是入书法；用得透脱，此是出书法。"读书"入"要深入理解古人用心，"出"则灵活运用，不被书本所羁绊约束。文如其人，由"入"而"出"，"入"是前提，"出"是目标。语文学习很重要的一部分就是学习做人，学习为人处世之道。读

---

[1] 郭元祥. 知识的性质、结构与深度教学 [J]. 课程·教材·教法, 2009 (11).

文还要走出文本，从作品中悟出读者的人生关照。如学习《记承天寺夜游》不仅读到作者的遭遇、读懂作者的感情和胸怀，更要读出自己的收获——面对人生困境，要学习东坡的旷达乐观的精神。文如其人才能很好地"入书"，运用反思性教学，将文和学生的人生经验、世界认知联系起来，实现知识的个人意义与现实意义，真正实现"出书"。

3. 文如其人，知人论世是实现丰富性教学的有效凭借

丰富性教学强调从多维度、多层面完整地把握教学目标，从知识与技能、过程与方法、情感态度价值观等不同维度和不同层次来预设和实现教学目标，促进学生发展的多种可能性。[①]

传统的语文教学注重知识的传递，是单一的教师教授学生接受的过程，知识的教学被压缩为书本知识的教学，书本知识的教学被进一步压缩为书本上可以考试的知识的教学，教学方式单一、机械、线性化，学生的发展走向片面。

文如其人，知人论世是学生课堂深度学习的一种重要方式，往往采用文本延展的策略，通过拓宽内容，帮助学生建立获得知识或体验的联系。建立联系的过程就是教学丰富的过程。

让学生体悟文如其人，教师在对教学方式进行设计时，需要充分拓展学生学习的深度和宽度。执教者要设计饱满的、丰富多样的、具有逻辑层次的学习活动，让学生充分地参与立体的学习活动，读文识人，再由人悟文，做到言意融合统一。文如其人，知人论世是语文教学达成知识目标、能力目标、育人目标的有效手段。

（二）我们的教学实践

穿插与学习内容密切相关的材料来帮助理解文如其人，对材料的选择和整合是有很高要求的。材料内容和文本内容、学生需求要高度契合。而且材料要进行必要的整合删改，不能照搬。所选材料内容篇幅宜短小，不

---

① 郭元祥. 知识的性质、结构与深度教学 [J]. 课程·教材·教法, 2009 (11).

应有文字上和内容理解上的障碍,否则就容易变成学习这些课外材料了,增加了学习负担,干扰了文本学习。材料穿插的时机因课而异、因用途而异,常见有以下三种。

1. 背景引入,创设情境,由人入文

语文教材所选的文本,很多是文学作品。这些作品,或是时代的反映,或是作者个性体验的表达。课堂以背景介绍来切入到文本学习,学生通过对写作背景的了解、对作者相关经历的认识,缩短读者和文本的距离,能够快速进入到文本情境之中。

我校一位教师执教《记承天寺夜游》时,就以著名散文家梁衡对《记承天寺夜游》的评价来导入,向学生介绍文本极高的艺术价值。接着,用多媒体集中呈现了历史上著名的"乌台诗案"和作者达观处世的材料,让学生了解作品的创作背景和作者的处世为人。这些背景的介绍,给文本学习创设了合宜的情境,接下来的学习环节,无论是朗读课文还是理解文本,学生充分运用了关联性策略,将文本和作者、背景联系起来,实现了教学的丰富价值。朗读课文时,学生有读出凄凉之感的,有读出抑郁悲愤的,有读出悠闲意味的,还有读出乐观旷达的……在玩味"但少闲人如吾两人者耳"时,学生理解丰富而深刻,品味作者复杂的情感,既有一点无辜被贬的牢骚,又有一点寄情明月清风的悠闲,还有跳出世俗"也无风雨也无晴"的旷达和自得。

不难看出,这节课通过穿插作者背景资料、作品文化资料来引入新课,有以下妙处。首先让学生掌握了相关的文学常识,了解了苏轼重要人生经历和本文的艺术价值,知道了中国文学史上著名的"乌台诗案"事件等。看似是静态的知识,但对丰富学生的积累大有益处。其次,激发了学习兴趣。了解苏轼的不凡经历和本文的极高评价后,学生会产生强烈的探究动机和学习欲望。为下面的课堂环节铺垫,使文本理解更丰富。创设了情境,在一定程度上能拉近学生和作品的距离,由人入文,学生带着对作者的认知情感进入到文本学习当中来,产生多元化认识,情感更贴近文本和作者。后面朗读环节,学生能入情入境,欣赏美点时能带着作者的情感入文,能转换成作者角色分析文本。

2. 课中插入,巧搭支架,"文""人"相映

教学过程中学习活动是逐层递进的。随着课堂的深入,由于学生经验缺乏或创作时代久远等造成的读者与作品之间的巨大距离,会让教学走入困境。此时,必要的背景穿插能够为理解文本提供解决问题的支架,搭梯子,降低学习难度。

某教师执教《爱莲说》,在学生们感悟莲花的"直""香""清""通"的特点之后,老师进一步引导学生把莲的特点和君子的品质关联起来,认识莲的君子形象。显然,学生是缺乏这方面经验的,莲花的"直""香""清""通"的特点和人的抽象品行要建立联系,它们之间是有鸿沟的。该教师为降低难度,用多媒体呈现了关于周敦颐的四则小故事,分别是他到任南安解决一桩悬而未决的案件,向上司据理力争一桩冤案为冤者平反,办学南安惠及千人和无钱看病等事件。学生很快就把这些小故事和黑板上表现莲花特点的词语一一对应,学生评说故事中人物精神和莲花品质的联系时,顺势就提炼出正直、奉献、高洁、清廉、通达等君子品质,完成了认识的深化。

显然,课堂上穿插的四个故事在内容上经过精心挑选,在文字上进行概括提炼,甚至是语言表达也由文言变为白话文,学生在阅读这几段文字时没有障碍。学生通过读故事关联莲之品质,对周敦颐的品质有了更加具体深入的了解,尤其是能将莲花的品质和作者的具体行为一一照应,由物及人,再由人反悟物之品质,文如其人,人如其文,"文""人"相合,学生对文本的理解更加深入,课堂增加了厚度。

3. 课尾补入,提升思考,反求诸己

文本解读有多重意义,有读者意义、作者意义和社会意义。一般而言,课堂教学设计由浅到深的学习活动,帮助学生(读者)根据自己的经验理解文本,读出自己的认识。但深度教学的丰富性要求文本理解还应深

入作者意义或社会意义层面。所以，课堂最后的环节，往往需要补入一定的材料，加深文本理解，提升认识，甚至让学生和现实生活相关联，引发学生思考，反求诸己。

如笔者执教《背影》，前面的教学活动是围绕父子情进行品读欣赏，学生读出了父慈子孝，课堂已近尾声。笔者以大事年表的形式呈现朱自清和父亲之间的十几年的矛盾纠纷过程，使文本和现实之间产生巨大矛盾，给学生带来冲击。学生结合材料，再读文章，就有很多新发现。学生读出文中隐含的父子矛盾，代沟；读出旧式父亲和新式儿子的隔膜，观念分歧；也读出父爱独特表达方式（"大去之期不远矣"是一种示弱）；读出解决家庭矛盾靠的不是理，而是情……教师进一步引导学生反思生活中自身和父亲的关系，学生认识到，有时候，父亲的严厉（批评、打骂）是一种爱，父亲的沉默寡言也是一种爱。甚至有学生认为即使自己不赞同父亲的有些教育方法，但血浓于水，家是讲感情的地方，自己依然深爱着父亲，不会和父亲把矛盾闹僵。

关于《背影》教学，很多老师停留于第一层面，感悟父子之间的真挚感情，即感动层面。父亲在失业、丧母等变故的情况下，内心承受极大的压力和悲痛去送子求学，事无巨细、考虑周全，爱之伟大令人感动；儿子由不解到感动、想念，可谓父慈子孝。应该说这样的解读没有错，但文本往往有着多元化的主题，尤其是经典文本。从作者意义来看，本文只读出父慈子孝显然是片面的、浅表化的。所以，笔者在课尾补入写作背景，交代作者相关经历，让学生结合背景经历读文字背后的复杂感情。学生读出文字中隐含着的旧式父亲和新式儿子之间的矛盾，读出父爱独特的表达方式，读出父子冰释前嫌，最终情战胜理，亲情战胜观念上的分歧。主题理解更透彻，实现教学的丰富性。尤其是引导学生在生活中理解父亲的行动表达，学会从"背影"里读父爱，走出文本，反求诸己，将文本和学生生活意义关联，指导学生认知社会，引导学生精神成长。

总之，"文如其人"是深度学习背景下语文课堂学习的一种途径和方式，恰到好处地建立文本和作者、时代、文化、生活等之间的联系，有益于学生突破语言的表征符号，真正掌握知识，有益于实现课堂教学的丰富价值。

三、文以载道

"文以载道"是中国古代文学的重要理论，也是中国传统文化的重要成果。中国文学承载着"道"的内涵，体现出民族文化的生命力和社会发展的推动力。

儒家以"仁"为原点，构建了"仁义礼智信""温良恭俭让"等"人仁之道"；刘勰提出了"文从道出"与"因文明道"的"原道论"；中唐的韩愈、柳宗元以此为基础，结合文化背景分别提出了"文以贯道"（韩愈《昌黎先生集》）和"文以明道"（柳宗元《答韦中立论师道书》），强调文学对传统精神思想的传递，反对过度华丽的文风；至北宋周敦颐，正式提出了"文，所以载道也"（《周子通书》）的观点，体现出对中国古代文学发展中传承道德精神这一问题的深入思考。

从我国"文以载道"的理论演变中，我们感受到文学作品中"文"和"道"的结合在变得紧密融洽。语文课程标准指出："语文要重视提高学生的品德修养和审美情趣，使他们逐步形成良好的个性和健全的人格，促进德、智、体、美的和谐发展。"这一要求，正体现出"文以载道"在当代阅读教学中的意义。

在语文阅读教学中，我们通过"理解性教学、丰富性教学和回应性教学"的深度教学策略，引导学生欣赏"载道之文"的文本语言，理解语言艺术；引导学生领悟"道"的文化意义，感受思想之美；引导学生体会"以文化人"的作用，感受"载"的价值涵养，提升学生阅读能力。

（一）理解性教学：感受"文"的语言艺术

文章的语言之美，在于文从字顺的自然美、手法艺术的精致美、风格独特的文学美等。阅读教学中的理解性教学，从语言层面来说，关键在于对作品中语言艺术和语言风格的理解，通过引导学生品味文章的语言文字，理解文学作品的语言特质，感受作品文字文章的文学美，其中品味语言文字的过程就是积累语言知识、理解语言内容的过程，学生在这一过程中，语言认知能力和欣赏能力得到提升。

1. 理解语言基础信息

语篇文本由文字构成，每一个成熟的文本，都会通过文字传达清晰明了的信息。在阅读过程中，首先要带领学生去读通读懂语言文字传递出来的基础信息，作为理解性教学的起点，就是读懂字音字义，理解段意文意。

教文天祥《过零丁洋》，教师首先要带领学生读准七律的字词、节奏，理解诗歌字词的基本意思，如"干戈"是"兵器"的意思，"汗青"是"史册"的意思，"惶恐滩"和"零丁洋"分别是赣江十八险滩之一和广东珠江口外的两个地名，"说惶恐"和"叹伶仃"又特指诗人当时的心情。把握语言文字的基本信息是为教师下一步引导学生理解诗歌的主要内容和感情的教学环节作铺垫。

理解性教学是从知识认知到深度理解的由浅入深的教学过程，要理解文本，先要把握语言文字的字、形、义，然后再理解句、段、篇，做好语言基础信息的准确把握、深度认知，有助于教学中对文本艺术的深入理解。

2. 理解文本艺术手法

经典的文学作品都有其独特的艺术手法，文本篇章中的写作手法、结构艺术都是深刻的语言知识。教师要引导学生对文本的写法进行深入理解，不是进行生硬的灌输或是纯粹的结论式教学，而是要在体验和运用语言的过程中提炼知识、学用知识，理解知识的意义。

教萧乾的《枣核》一文，让学生开展填字活动，为"枣核"前加一个动词，概括文章内容，学生在概括中理解文本"索枣核""见枣核""说枣核""议枣核"的主要内容，接着教师追问，这几个故事情节的顺序能否调换？师生在这一问题探究中发现"悬念"这一写作手法的奥妙，对知识的理解融入到教学活动中。

理解文本的艺术手法，可以是对篇章结构、段落关系、主题表现、语言艺术等多方面的深入把握掌握，无论从整体上还是细节处理解文本的写作手法，都是对文本写法知识的积累。让学生在读文本的过程和活动中去发现知识，探究知识，能体现出理解性教学中学生主体性和实践性。

3. 理解作者写作风格

文本的语言文字除了传递表层信息和艺术手法，还会通过语言传递出作者的写作艺术风格，如杜甫的"沉郁顿挫"、李白的"潇洒飘逸"、鲁迅的"辛辣批判"、茹志鹃的"清新俊逸"等，都体现在文本中。读一篇经典作品，要去体会作者的写作风格，这是在读语言文字的过程中对文学知识的认知和理解。

余光中《乡愁》一诗有着凝练丰富的"意象美"、一唱三叹的"音乐美"、优雅整齐的"建筑美"，让学生采用多种样式的朗读来体会诗歌的美，通过"三读法"即读意象，读出画面感；读口语词，读出深情感；读数量词，读出轻重感。在朗读中感受现代诗歌的艺术手法，有利于理解余光中细腻柔绵的乡愁表达艺术。

语言文字作为一种表情达意的载体，读者应当去理解文本篇章的语言之道、文章之道，即"文"是如何来表达的，是用什么样的文字语言、艺术手法、写作风格来表达内容的，理解文本的艺术之道，是深度解读文本的基础功力。

（二）丰富性教学：领悟"道"的文化意义

郭元祥提出，丰富性教学强调从多维度、多层面完整地把握知识的发展目标。语文教材的文本，包涵着古今中外丰富的思想感情、文化背景、审美素养等文化意义，这就是文本的文化之"道"。语文课堂教学的品质，要渗透文化教学的因子，以丰富的文化内蕴凸显出知识教学的文化境界。

1. 领悟思想感情

《左传》提出"诗以言志"，《毛诗序》中说："诗者，志之所之也，在心为志，发言为诗，情动于中而形于言。"可见，文学作品就是"抒情言志"，有的直抒胸臆，有的婉约含蓄言此意彼，读文学作品，要读懂作者借文本表达的思想抱负或意愿感情，即"文本之道"。

李森祥的小说《台阶》，父亲为了实现建造高台阶的愿望劳碌大半生，故事中蕴藏着深沉的情感。教学中，教师可以结合结尾"好久之后，父亲又像问自己又像是问我：这人怎么了"一句，让学生补写父亲心理活动，引导学生体会父亲在追求与回报、幸福与失落、付出与衰老等现实问题面前矛盾复杂的心理，感受中国传统农民的老实厚道、谦卑坚韧、自尊好强的品质。

作为读者，读懂作者在文中"言了什么志""抒了什么情"，就能领悟到作品背后丰富的文化思想和情感，如读懂苏轼"但少闲人如吾两人者耳"中被贬谪的闲愁和洒脱，读懂川端康成在《父母的心》中表达的在贫困中坚守的亲情，都是教师要带领学生在文本中感悟的文化之"道"。

2. 感受文化背景

文学作品的"道"还存在于丰富的文化背景中，文本的语言文字会因为特定的文化背景而产生特定的意义。读懂作品的自然背景、社会背景、历史背景、作者背景等文化背景，能透过作品的背景去感受特定的时代社会、风俗人文、历史变迁等文化知识，理解作品的"道"之所存。

邹韬奋的《我的母亲》选自他因"抗日罪"被囚禁监牢中所作《经历》一书，教学中，让学生读一读作者在书的扉页题字"推母爱以爱我民族与人群"，探究作者写本文的原因，就能感受到作者在怀念母亲的文字中寄予的爱国深情，可见，作者的背景经历和当时特定的社会背景就是打开文本的钥匙。

依存在文学作品中的文化背景，是作品的生命和灵魂，没有背景的作品，是缺乏内涵无法成为经典的。读者从文本中能得到精神和道德的滋养，更能在深入理解背景的阅读中打开视野，感受丰富多样的文化样态。

3. 提升审美素养

席勒在《美育书简》中提出"审美文化"的概念,他认为理想的人是知情意完美结合的统一体。"审美"是指"欣赏、品味或领会事物及艺术品的美",在语文阅读教学中,教师有必要引导学生沉浸到文本中,去欣赏、品味和领会文本中美的艺术,提升审美的能力和素养。

《蓝蓝的威尼斯》描绘了威尼斯水城"独特的瑰丽的形象",教学中,让学生结合文本说说"威尼斯之奇,奇在……""威尼斯之美,美在……",这既是对文本内容的理解,更是对威尼斯城市文化的欣赏。在阅读和说话的过程中,学生对异域风光的城市美有了新的体验。

读《苏州园林》,必定会涉猎中国古典园林艺术;读《端午的鸭蛋》,也会再次认识传统节日民俗。绘画美、音乐美、雕塑美、自然美等美学文化,都会通过文学作品带给学生心灵的丰满和精神的熏陶,让学生在体验美中创造美,文本的审美之道便在于此。

(三)回应性教学:实现"载"的价值涵养

"文以载道"之于读者的意义有两个层面:一是以道载己,是为个人修炼;二是以道载他,是为推广影响。作为没有凭借的抽象的"道",必须用具体的"文"来表达,而"载"的价值涵养最终是为实现"以文化人"。在语文阅读教学中实施回应性教学,能让学生在知识学习中把学习意义和目的指向自我,创生个人意义和现实意义,达到"以文化人"的效果。

1. 艺术价值:"文道融合"

文学作品将"道"以细雨滋润万物的方式融入文字语言中,通过艺术化的文学语言来表达,能化无形为有形,传无声为有声,使抽象为具体,让"文"与"道"和谐共生。阅读教学中,"文"与"道"的教学内容彼此分量要恰当,不能厚此薄彼,重"道"轻"文"或有"文"无"道"。

《白杨礼赞》是茅盾在皖南事变后借西北高原的白杨树来赞美中国共产党及北方抗日军民的散文。文本传递的思想意义、精神品质是深刻和崇高的,但如果教师只关注"道"的教育,那么"文"的艺术价值就被忽略了。教师可以开展"托物言志"的回应性训练："如果你想表达对他人的赞美，你会选用什么样的事物，赞美什么人的什么精神？"让学生回应文本，在选择物象和人物精神的过程中学会用合适的"文"来表达"道"。

"文以载道"中"载"的艺术价值，体现在以"文道融合"使工具性与人文性得到统一，让文不矫情、道不僵化，让作品的语言价值和思想价值相得益彰。让学生在回应文本中学用"载"的艺术价值，能让学生充分感受到文学作品彰显出的美学和哲学的力量。

2. 个体价值："以道载己"

文学作品承载着文化价值，且对于读者个体产生的意义和价值也是无穷的。以道载己，是指读者在阅读文本中认识世界、认识他人，以自我内在的认知回应和心性修炼促进自我的发展和提升。

小说《驿路梨花》通过茅屋主人代代传承雷锋精神的故事，带给读者美好的道德感染。教师引导学生思考："文中朴实的民风让我们感动，在当代社会，你怎么看待'公德'的问题？"让学生打开思维，反思现实，在文本的道德熏陶中形成文化认同、文化觉醒，提升个人修养。

对文本承载的道德意义读者要在接受回应中反思自我，形成自我审视，培养良好的自我品质，这是通过回应性教学，文本知识对于现实个体产生的意义和作用。

3. 社会价值："以道载他"

文学作品的"载道"在于对世界和他人的影响和唤醒，即"以道载他"的社会价值和效用。作者对文学作品寄托的，除了个人内在的情志，还有对外部世界的表现和期望。

季羡林的《幽径悲剧》，不仅是对幽径古藤萝不幸命运的感伤，更是对人类文明进程中出现的悲剧的感伤，期待人们对自然生命万象的尊重，对人性的反思和叩问。教师可以让学生思考，幽径悲剧到底是谁的悲剧？层层探究，理解作者对社会和人性的深层次思考。

文学作品的力量就在于能对现实社会起到非同凡响的意义，就像鲁迅在作品中批判封建和人性，是为唤醒民众的思想；契诃夫刻画"小人物"的悲哀和艰辛，是对现实主义的针砭和疗救呼唤。读懂文学作品的社会价值和意义，才算是真正读透文本。

刘锋杰教授说："从道中生长出来的文，绝非简单的形象、形式、技巧的组合，而是具有原初之道性质的包蕴天地元气的文采神韵，变幻无穷。如果说，载道之文是通于道的大文，工具式的文则是服务式的小文。"阅读"载道之文"，就是要理解文本"文"的艺术、"道"的文化、"载"的价值，增强学生对作品的文化理解力，超越简单的表层教学，实现深度阅读教学。

四、吾手写吾心

写作是人们有意识地运用语言文字符号反映客观事物、表达思想感情、传递知识信息的较为复杂的脑力劳动过程。写作能力是语文学科能力中的核心能力，是个体的人在社会生活中必备的基本能力。为提升学生写作能力，我校以深度教学理念为指引，规划和实施"深度写作"课程，深化学生作文课程履历，让学生在写作实践中发展写作能力。

（一）"深度写作"课程构建背景

20世纪80年代以来，我国学者就中小学生的写作能力展开了系统的研究，写作能力的构成要素是研究的重要问题。刘荣才、陈建伟、林崇德等认为写作能力由一般能力（观察力、思维力、想象力等）和特殊能力（审题立意、确立中心、谋篇布局、遣词造句等）组成，朱作仁为代表的研究者认为："写作能力是语文特殊能力之一，是一种综合地、创造性地应用语文的知识、技能进行书面表达的本领。"祝新华采用因素分析的定量分析法析离出影响中学生的作文能力18个变量，析离出中学生作文能力因素：驾驭语言能力、确立中心能力、布局谋篇能力、叙述事实能力、择用方法能力。

《义务教育语文课程标准（2011年版）》指出，"在写作教学中，应注重培养学生观察、思考、表达和创造的能力。"明确提出了写作中培养学生写作能力的关键要素，给一线写作教学指出了具体的能力目标。特级教师黄厚江提出："中学作文教学的基本任务是培养学生写作的基本能力，训练学生掌握常见文体的写作，让学生能够写好平常文章。"这一观点，进一步明确细化了写作教学的实际操作目标，具体扎实地对一线写作教学提出了要求。

从目前学生写作状态来看，学生以固定话题进行宿构、重复、虚假式写作等现象时有发生，学生缺乏对生命、社会的深度思考和理性判断，写作中思维困顿、能力弱化、经验不足的现状依然严峻，这些能力不足的现状，和目前单一、僵化、缺乏过程性体验式的写作教学有密切关系。为有效解决学生写作问题和现状，我校根据华中师大郭元祥教授提出的"深度教学"理念，实施"深度写作"课程建设。

(二)"深度写作"课程构建内容

"深度写作"课程的构建，以国家课程标准为依据，根据统编版语文教材内容为基础，旨在形成有代表性的校本学生写作课程，以"人、事、物、景"四个方面为写作基础内容，以记叙、描写、议论、抒情的写作表达能力提升为方向，指向"观察、描写、表达、思维、想象、思维"等特殊能力和一般能力的培养，形成校本化写作能力训练的序列。

1. 建设"深度写作"基础课程

"深度写作"的基础课程，将结合语文工具性和人文性的学科特点，开展丰富多彩的写作课程，激活学生主体进入写作世界，让语文学习充满蓬勃的生命活力和生命智慧。在规划符合本校学情特质的"深度写作"课程中，以"主题式写作"为教学主要内容，分为"人物描写、家庭生活、社会体验、校园经历、写景状物、心灵感悟、经典阅读"等，以"一课一能力"为导向，指向"观察能力、体验能力、描写能力、表达能力、想象能力、思维能力"等一般能力和"积累素材能力、选择改造能力、构思布局能力、遣词造句能力、审题立意能力、修改提升能力"等特殊能力的培养，有效指导写作教学行进的路径。

2. 开发"深度写作"拓展课程

学校积极探索写作社团对写作教学的实践和推动作用，引导学生聚焦写作、实践写作、热爱写作。学校以文学爱好者为成员，成立以"深度写作"为核心的"崇文"文学社，开展写作活动。文学社活动侧重体验、实践和创新，努力开发以"自由类写作"为核心的新的写作课程，主要从古诗、现代诗的诗歌创作，随笔写作的散文表达，校园课本剧改编，原创或续写小说，影片观感，名著欣赏随感等方面来开展写作课程建设，重在培养学生的"表达能力、想象能力和思维能力"。依托《崇文》校刊的出版，使文学社作为学生社团活动的主要空间，发挥其对全校学生写作的引领作用。

3. 拓展"深度写作"活动基地

学校通过挖掘本地文化资源，确立"深度写作"课程的六大活动基地，即文学社校外活动基地：河豚渔村、春申公园、季子祠、缪荃孙图书馆、徐霞客故居、刘氏故居。每学期组织学生到写作活动基地开展采风活动，组织学生围绕基地的文化、名人等内容进行文学创作，让学生们走进生活、感悟生活，在拓宽视野中为文学创作积累素材。同时，指导学生广泛地走进社会，考察社会，体验生活，将电影院、社区、医院、公园、商场等场所作为写作的活动基地，引导他们带着写作的意识细致地观察生活，挖掘素材，积累丰富的写作体验。

（三）"深度写作"课堂教学实践

作文素材哪里来？对于生活单调、阅历较浅的初中学生而言，作文素材一直是让他们头疼的问题。众所周知，生活是作文的源泉，生活中的柴米油盐、风花雪月、喜怒哀乐、悲欢离合等世间万物、人间之情都是作文的素材。但是，如何帮助懵懂天真的初中学生去发现看似平凡生活中的亮点，寻找独特鲜亮又真实感人的作文素材呢？在作文教学中，我们努力做到引导学生从平凡的生活中去寻找材料，发现材料，用自己文字去描绘身边的美好，在"素材选择"这一写作教学内容中培养学生的观察力、思维力、体验力,激发学生写作兴趣,丰富学生写作过程,提升学生写作能力。

1. 细微处发现动情点,培养观察能力

许多同学认为生活中有大价值、大意义的写作素材甚少,常夸大生活或编造故事,写虚假而缺乏真情实感的作文。其实,写作素材不必寻找生活中的宏观事件,而是用一双慧眼和一颗慧心来看世界读生活,从微观层面去发现每一个独特个体世界里与众不同的生活经历,从细微处去发现动情处,仔细寻找每个世界里俯拾皆是的美丽风景。

如在作文《亲爱的_____》教学中,我引导学生结合教材文本,思考教材中有哪些素材是生活细微处的动情点。同学们联想到朱自清《背影》中代表父爱的橘子,魏巍在《我的老师》中梦中寻师的依恋深情,高尔基《童年》中宽容、和善的外祖母的眼睛等等。然后,我让学生罗列自己身边人的感人的细微处,学生纷纷交流,亲人、同学、老师、小区门卫、快递员、小店店主等等,各行各业人们的言行举止、一颦一笑,甚至衣着服饰,都曾打动同学的心。在寻找素材的过程中,学生的观察视线从整体印象走向细微处,走向触动心灵处,观察范围从个人走向社会,从亲朋好友走向陌生人。

如学生习作片断:

我细细地端详她,前刘海有些凌乱,后边的头发盘在一起,两鬓似夹杂着花白,若隐若现。她的穿着甚是少见:杂色上衣,黑布鞋,几块补丁的裤子。那股自然和质朴的感觉,仿佛把我带回了老家的回忆中,烦躁的我渐渐宁静下来。

酒装好了,透明的玻璃瓶中纯白的米酒,清澈诱人。撩人的酒香直窜入鼻子。我让她不要找钱了,可她硬是要给我,我不接,她又多给我添了点甜酒。她又说:"我们靠劳动生活。谢谢你,小伙子!"我刚想说什么,她骑了三轮车走了。

生活中的人和事,只要用真心去体察,去还原它原本的面貌,就能拨开生活的神秘面纱，挖掘细微可感的写作素材，呈现出自然生动的画面情感，还原最质朴本色的生活世界，让平凡生活在作文中光彩熠熠。

随后，我又引导学生思考，生活中是否有独特的物件，让你想称呼它为"亲爱的"？学生们联想到一朵合欢、一辆自行车、一把吉他、一个茶杯等与之有关的生活故事，写作素材随即拓宽到生活中的人事物景情，写作思维在挖掘中向宽度和深度延伸。在素材交流中，学生们逐渐体会到，生活中的一沙一石之细，不能轻易放过，来自春天清晨鸟儿清脆嘹亮的一声啼鸣，来自炎炎夏日浓绿树荫下的一片清凉，每一朵鲜花、每一片绿叶、每一次欢笑、每一声叹息……都会对用心感受的人坦露真情实意，都是作文的源头活水。

长期以来，学生习惯素材积累以记忆为主，其实，写作素材的积累更应当是体验发现，关注微观层面，从细微处去捕捉和感悟生活的动情点，会让学生的观察能力得到提升，从而使素材越来越丰富，体验越来越丰厚，情感越来越细腻。

2. 在熟悉处寻找闪光点，提升思维能力

陌生化视角，是俄国形式主义评论家什克罗夫斯基提出的文艺理论，他指出，"艺术之所以存在，就是为使人恢复对生活的感觉，就是为了使人感受事物，使石头显出石头的质感"。有人说，熟悉的地方没有风景，因为人们与身边的常事、常物、常理等距离太近，就成为了常态，如果和熟悉的风景拉开距离，将其陌生化，就能发现熠熠生光的素材。

作文教学《美的瞬间》的时候，我提示学生用陌生的眼光去看一看父母的工作情景，写一写他们工作瞬间。带着陌生的眼光，许多同学自己对父母的工作状态深入了解甚少。再次重新认识父母，动情点源源而来：有凌晨早起辛劳卖菜的双亲，有在工厂上班沾满了灰尘的母亲，有炎炎夏日汗流浃背开着卡车的父亲等等，平常容易忽略的动情点让人怦然心动。

如学生习作片断：

我仔细地盯着爸爸，看着他那灵活的手指在键盘上来回走动。天气闷热,工作紧张,爸爸汗如雨下,他没有腾出一只有空的手来擦一把汗,眼睛自始至终都盯在电脑显示屏上,爸爸的汗珠从头发梢流到鼻尖,像泪珠一样掉在衬衫上,衣服被爸爸的汗水浸湿了,那敲键盘的声音在我耳边回响着。这一瞬间,我莫名地心潮澎湃。

日复一日的生活仿佛是重复的,如果转换视角,从全知全能的"我"转化为客观的、陌生的视角去体察,便能发现熟悉生活中独特的精彩。

如教学作文《与你同行》时,我让学生从生活的视角说说自己和老师"同行"的故事。有同学想到了老师校信通中的生活提醒和对家长教育方式的引导等,一个个温馨动情的短信,就是"同行"的故事。有同学说道,曾在雨天和陌生老师共同撑伞走过校园小路,老师竟对他有所了解,他读到了老师的关怀。用另一只眼来看熟悉的校园,我们会发现除了学习指导,师生早晚相见时的相互问候、劳动打扫时的指导合作、病痛请假时的种种关心等这些熟悉的生活,都是有意义的作文素材,因为适当的距离能产生更多的美。

亚里士多德说过,"给平常的事物赋予一种不平常的气氛,这是很好的;人们喜欢被不平常的东西打动",这告诉我们,突破惯性思维、去除心理定势,是寻找优质写作素材的有效方式,因为转换视角能让学生从麻木平淡的生活中惊醒过来,从而破除桎梏,发现隐藏在熟悉生活中的动人风景,这样的写作教学就促进了学生的思维能力提升。

3. 在文化处寻觅个性点,增强体验能力

素材的选择积累既要真实可感,细腻动人,也要体现独特的审美艺术和文化积淀。初中作文教学中,教师也可以指导学生挖掘体现自身个性的文化因子,如兴趣爱好、历史文学、民俗风情等。通过文化体验,写自己和文化的故事,素材便会凸显出底蕴和内涵,这是对学生写作内容厚度和广度的培养。

个人的兴趣爱好和文化息息相关,琴棋书画、朗诵阅读、体育旅游、天文地理等等,每一种兴趣爱好,都是个人独特的个性魅力和文化修养的体现。将个性化的兴趣写入作文，将自己在追求爱好旅途中喜怒哀乐的故事描绘出来，就是别具匠心、散发文化气息的好素材。

如《我的心灵憩所》作文片断：

闻着淡淡的墨香，铺开宣纸，将自己所有的情感，都输送于笔中。阳光透过窗户，像琉璃一样从窗外泻入，落在每一个角落。手指稳稳地握住笔，轻轻提笔、顿笔、转锋、回锋。仔细研究字帖中的字体、形状，画格中的位置、长短、大小，想要完全复制下字帖。此时心中清澈透明，没有一丝杂念，忘却自己的形象、忘却所有的烦恼，自由地在书法世界中，挥洒自如。

个性的生活文化也可以给平凡的文章添彩。家庭生活中的油盐酱醋如果加上地域特色或民俗风情，就散发出别样的文化味道了。在《我的心灵憩所》作文中，有位同学写了自己在夏至来临时和母亲一起裹苋菜馄饨的温情，融入江南饮食和二十四节气的文化，就能在普通的饮食类文章中脱颖而出。有同学写自己和祖父一起养花、种花的故事，江南夏天的凤仙花带着孩童的天真让亲情别有风味。居家生活的衣食住行，可以赋予它们地方色彩，雅致独特的生活情趣同样可以加入博大精深的中国风情，这就是文化的魅力。

学习生活中的各类实践体验活动中也有文化的身影。校园中的诗歌朗诵、课本剧、手工制作、实验操作、歌曲演唱等，社会中采摘体验、文学沙龙、运动竞技等，都是不同视野、不同行业的文化活动。寻找这些活动的意义和文化价值，将参与的体验感受写入作文，作文何愁没有素材？随着现代科技的发展，博客、空间、微博、微信成了人们的生活方式之一，这其中也有着当代人前沿的生活文化。有同学在《给你一把快乐的钥匙》中，写老师以邮箱和微博传递鼓励的邮件和文字，素材有时代气息，充满个性创意，又是真实生活的体现。

新课标指出："写作教学应贴近学生实际，让学生易于动笔，乐于表达，应引导学生关注现实，热爱生活，表达真情实感。"选择写作素材，必须要和生活紧密结合，引导学生看生活、品生活、写生活，用自己的心灵去体会、去感受、去发现，从不同的视角去写细微的动情之处、闪光的熟悉之处、个性的文化之处，才能激发写作兴趣，在培养学生观察能力、思维能力、体验能力的过程中，促进学生写作素养，让写作逐步成为学生生活的一种方式。

第二节　数学深度课堂

一、我们的数学理解

数学是研究数量关系和空间形式的科学，随着社会的进步，数学在推动人类社会的发展进程中发挥着越来越重要的作用。数学也是人类文化的重要组成部分。新课标指出：数学教育既要使学生掌握现代生活和学习中所需要的数学知识和技能，更要发挥数学在培养人的思维能力和创新能力方面不可替代的作用。

（一）新课标关于数学课程的解读

数学课程是义务教育阶段一门重要的课程。2011年版数学课程标准指出：数学课程能使学生掌握必备的基础知识和基本技能，培养学生的抽象思维和推理能力，培养学生的创新意识和实践能力，促进学生在情感态度和价值观等方面的发展。基础性、普及性和发展性是数学课程的基本特点。

数学课程的教学目标是多维的，包括"知识技能、数学思考、问题解决和情感态度"这四个方面。在学生的数学学习过程中，新课标特别强调要发展学生的数感、符号意识、空间观念、几何直观、数据分析观念、运算能力、推理能力、模型思想，以及应用意识和创新意识这十大核心素养。培养学生的核心素养是学生的终身发展的必然需求。

培养学生的数学素养要落实在平时的实际教学中。新课程标准强调：数学教学活动要引发学生的数学思考，鼓励学生的创造性思维；学生应当有足够的时间和空间经历观察、实验、猜测、计算、推理、验证等过程；

教师要发挥主导作用，引导学生独立思考、主动探究、合作交流，使学生理解和掌握基本的数学知识和技能，体会、运用数学思想和方法，获得基本的数学活动经验。从一定意义上说，数学教学活动是师生共同经历、共同提高的过程，它不应只重视结果，更应重视结果的形成过程和其中蕴含的数学思想方法，这样，学生的数学素养才能在日积月累的学习过程中得到提高。

（二）我们对数学课程的理解

1. 数学是抽象的，需要带领学生进行数学思维能力的锻炼

每一门学科都有其独特的思维方式和认识世界的角度，数学也不例外，尤其数学又享有"锻炼思维的体操、启迪智慧的钥匙"的美誉。数学的最大特点是其抽象性。数学的抽象是指抽取出同类数学对象的共同的、本质的属性或特征，舍弃其他非本质的属性或特征的思维过程。数学抽象特征有：①数学抽象有着明显的目标，都是撇开对象的具体内容，仅仅保留空间形式和数量关系。②数学抽象适用范围广泛，既有提炼数学概念的表征性抽象，又有探索数学理论的原理性抽象。③数学抽象有着丰富的层次，不仅表现在直接从现实世界中抽象出相应的空间形式和数量关系中，而且还表现为已有数学知识基础上的再抽象。

正因为数学具有高度的抽象性，所以学数学更要带领学生学习数学的思维方式，锻炼他们的思维能力。要学生善于思维，必须重视基础知识和基本技能的学习。没有扎实的双基，思维能力是得不到提高的。在教学过程中要提高学生观察分析、由表及里、由此及彼的认识能力；在例题中要把解题思路的发现过程作为重要的教学环节；在数学练习中，要认真审题，细致观察，会运用综合法和分析法，并学会用数学语言、数学符号进行表达。此外，还应加强分析、综合、类比等思维方法的训练，提高学生的逻辑思维能力；加强逆向应用公式和逆向思考的训练，提高逆向思维能力；通过解题错漏的剖析，提高辨识思维能力；通过一题多解的训练，提高发散思维能力等。教学中只要根据学生实际情况，通过各种手段，坚持

不懈，持之以恒，就必定会有所成效。

2. 数学是美的，需要带领学生进行数学美的鉴赏

数学的基本原则是"求真、求简、求美"。数学美的表现形式是多种多样的——从数学的外在形象上观赏：它有体系之美、概念之美、公式之美；从数学的思维方式上分析：它有简洁之美、无限之美、抽象之美、类比之美；从美学原理上探讨：它有对称之美、和谐之美、奇异之美等。人们对数学美感的追求推动着数学的发展，能否领悟和欣赏数学美是一个人数学素养的基本体现。

从美学的观点来认识数学教学，就要求教师用数学教学美去揭示数学美。如果数学教学能使学生感到数学很美，进而觉得数学很有用并对它有很深的感情，那么这种教学无疑是一个极大的成功，其本身也是一种极高的教学艺术。在数学教学中，教师首先要充分挖掘教材中的数学美。有很多数学概念，如对称图形、奇偶性、增减性、周期性等都体现了数学美，如果我们能引导学生从数学美的角度来学习，则会取得事半功倍的效果；在教学过程中，教师要通过实验或模型把某一概念的来源和形成呈现在学生面前，学生便会感到一种美的享受而被深深吸引，从而激发学生的学习兴趣和求知欲。教师还应引导学生广泛地应用数学知识，体会其应用价值。理解数学的奥秘，是转变学生对数学的态度，使其深刻理解数学美的有效措施，当学生了解了数学知识的价值，数学美的认识对他们来讲也就不言而喻了。

3. 数学是求真的，需要带领学生进行理性精神的追求

数学作为文化的一部分，其最根本的特征是它表达了一种探索精神。理性，体现在数学追求一种完全确定、完全可靠的知识。理性精神主要是指依靠思维能力对感性材料进行抽象、探索规律的精神。其实质是追求真理，实事求是，独立思考，积极反思，勇于怀疑和批判，不断创新的精神。可以说，数学的理性精神（对"公理化思想"的信奉）与数学的探究精神（好奇心为基础，对理性的不懈追求）是支撑数学家研究数学进而研

究世界的动力，也是学生学习数学，研究世界原始、永恒和最有效的动力。

　　数学教学是具有思辨形态的数学创造过程的教学，在这个过程中，需要挖掘事物的本质，需要提出问题，思考问题的全部可能情况，进而规划问题的求解，还需要在各种求解方案中找出最可能的假设，并对假设进行检验，以求找到最佳的解决方案，并将结论推广到类似的情况中。这一过程不仅能培养学生的理性思维、创造性思维，还能培养人的科学态度和理性精神。理性精神的精髓是求真、求实、质疑和反思。教学中，要创设宽松的氛围，相信学生、鼓励学生、启发和引导学生讨论，努力营造质疑问难的氛围；要引导学生反思，让学生养成从多角度思考的习惯，培养学生的批判精神；要强化数学推理，将求真意识放在推理和证明的首位，经常性地带领学生参与合情推理和演绎推理的全过程，尤其要重视学生提出问题和提出猜想以及验证猜想的过程，感悟数学的理性；要引入数学文化，通过介绍数学的发展史和数学家的事迹，引导学生形成尊重事实、崇尚真理的精神品质，使学生做到不迷信权威，忠于真理和自立自信。

（三）深度教学背景下我们的教学实践

1. 强调对数学知识的深度理解

　　知识理解是课堂教学的根本基础。深度教学下的知识理解包括：理解符号知识所反映的客观事物或社会事务的本质及其规律；通过符号知识的学习理解并建立人与客观世界的或社会事务之间的内在关系；理解符号知识所承载的思想方法和情感的体验。数学知识与生活密切相关，教学时，我们要帮助学生了解数学知识的背景，明确知识之间的内在联系，把握好学生的认知起点，引导学生自主探究并总结规律，将数学知识与学生个体的生活经验和体验相结合，引导学生深入理解所学知识，并在获得知识的同时，获得情感的体验。

　　比如教材对面积是这样定义的："物体的表面或围成的平面图形的大小，叫做它们的面积。"学生比较熟悉的地球仪表面，他们看到的一个国家的面积是用边界线在地球这一球形"物体的表面""围成"的具有一定大小的图形的大小。面积并不仅仅局限于"平面图形",在学生接触课本中比较规范的"平面图形的面积"之前,他们的经验世界中就有这样的"曲面图形"的面积。如何帮助学生深入地理解面积的概念,在教学时,教师做了如下的尝试:教师拿出一个橘子,问:"橘子的表面有面积吗?"有一个学生认为切开之后就有面积,很显然,学生认为只有平平的面才有面积。教师继续提问:切开之后的面还是这个橘子的表面吗?学生认为不是,教师继续提问:"到底什么才是橘子表面的面积?"通过启发,学生采用摸一摸的操作方式展示了橘子表面的面积,这时教师将学生摸过的橘子表皮剥开,用橘子皮展示了一个不规则的平面图形,这样使学生意识到这个完整的橘子皮的大小就是刚才整个橘子表面的面积。教师通过操作引导学生对面积的概念的理解逐步深入。深度教学要尽可能为学生提供大量丰富的素材,激发学生的数学思考,促进概念的深度理解。

2. 强调对数学问题的深入探究

体验和探究是学生知识学习的必经过程,是学生学科能力发展的根本途径。在数学教学中,教师要通过创设问题情境,引导学生围绕核心的问题进行探究,使学生经历知识的形成过程,理解和掌握知识的本质及其规律,体验和发现数学知识背后所隐含的思想与方法,这是深度教学下数学课堂的基本模式。

比如教学《圆的认识》时,教师首先出示两个大小不同的圆,提问:"你认为是哪个数据决定了这两个圆的大小呢?你能找到这个数据吗?在小组里交流。"由于学生已经有了用圆规画出大小不同的圆的经验,因此,他们中有一部分学生把圆规的两只脚张开分别比了比,也有一部分学生想到把圆规两只脚之间的距离连成一条线段,分别量出线段的长度。这样,通过这一问题,就引导学生自主去找圆心、半径和直径,接着再通过展示与交流,使学生自主认识了半径和直径的概念。在认识半径和直径的基础上继续认识它们的特征,学生对于半径和直径的特征在生活中和操作中都有所体会，教学中只要把这一认识上升到数学理解的高度，教学时由学生的猜测"半径能画无数条，长度相等"，组织学生小组讨论验证自己的猜想。整个过程中围绕"你认为是哪个数据决定了这两个圆的大小"这一核心问题，展开知识的探究，通过学生与学生、学生与教师之间的交流、分享、补充、辨析等教学方式，让学生自主建构圆的三要素以及它们的特征。

3. 强调对学习过程的深刻反思

郭元祥教授认为："知识理解应该与学生的认知方式、现实生活、生活经验产生丰富的联系，只有将知识处理的结果与学生的现实状态建立必然的联系，才能引起学生的反思和觉悟。"反思是数学思维活动的核心和动力，反思可以深化对问题的理解，优化思维过程，揭示问题本质，探索一般规律；反思可以沟通知识间的相互联系，从而促进知识的同化和迁移，产生新的发现。在课堂教学中，我们要留给学生充足的思维空间和时间，数学知识只有经历学生自我的体悟才能真正成为个人知识。

比如教学"商不变的规律"时，学生通过对一些算式的观察，比较顺利地发现了"被除数和除数同时乘或除以相同的数（0除外），商不变"的规律，此时引导学生对"规律"展开反思：商不变的规律中的"同时"是什么意思？"相同"又是什么意思？能举出相反的例子验证一下吗？被除数和除数同时"加上和减去"相同的数，商也不变吗？学生根据教师的提问，自主进行举例、验证和思考。通过这样的教学，不断启发学生思考，多层次、多角度地引导学生反思，促进学生对知识的理解，培养学生在学习中的反思和质疑，从而深化了他们对商不变的规律的认识。

苏教版教材在新授结束或者复习开始阶段，一般都会安排回顾和反思的环节，教师要舍得花一些时间，让学生进行反思自问。如今天老师讲的是什么知识？回顾整个学习过程，我有什么体会？我知道了多少？还有什么疑问等问题，有问题可以提问，然后师生商量解决。这种安排，必然能帮助学生对所学知识的自我整理和内化，构建自身所理解的知识体系。

郭元祥教授认为：知识，不仅仅是作为一个名词来接受，而应作为一个动词来经历。只有经历了学习者体验的课堂教学，学生才能从表层的符号教学走向知识的内部逻辑和知识意义的深度教学；只有深度的课堂教学，学生的数学思维和学科综合能力才能真正地得到发展。

二、数学思想的建立

"数学思想"这一术语是近年来数学教育界议论的热门话题之一，随着课程改革的不断深入，数学思想的渗透在数学教学中的地位愈加凸显。美国2000年公布的《学校数学教育的原则和标准》提出：从学前期至十二年级的数学教育应该是所有的学生都能够认识到推理和证明是数学的基础；提出并探讨数学猜想；发展和评价数学推理和证明；选择和运用不同的推理和证明方法。同时，使学生能通过交流，组织和巩固他们的数学思维；分析和评价他人的数学思维和策略等。日本2008年新修订的《小学数学学习指导要领》中对数学思想的要求有：小学阶段培养学生对日常生活中事物进行预见性的、有条理的思考及表达的能力；同时，使学生意识到数学活动的乐趣和数学思想方法的优越性，培养学生在生活和学习中积极地使用数学的态度。我国的《义务教育数学课程标准（2011年版）》指出：教师要发挥主导作用，处理好讲授与学生自主学习的关系，引导学生独立思考、主动探索、合作交流，使学生理解和掌握基本的数学知识和技能，体会和运用数学思想和方法，获得基本的数学活动经验。其实现了两基到四基的转变。可见，数学思想在国内外数学教学中都非常受重视。然而，在现行的小学数学课堂中，重知识灌输、轻能力发展，重结论本身、轻探究过程的现象还普遍存在，这样的课堂教学不利于数学思想的习得。因此，在教学中帮助学生感悟数学思想，理解数学本质是小学数学教学的重要任务。

（一）对数学思想的认识

目前，教育界还未对数学思想形成精确的定义。日本学者米山国藏认为：学生在进入社会以后，如果没有什么机会应用数学，那么作为知识的数学,通常在出校门后不到两年就会忘掉,然而不管他们从事什么业务工作,那种铭刻在人脑中的数学精神和数学思想方法,会长期地在他们的生活和工作中发挥重要作用。① 我国著名数学家史宁中教授认为:数学思想需要满足两个条件:一是数学产生、发展过程中所必须依赖的那些思想,二是学习过数学的人所具有的思维特征。数学大师华罗庚先生说得更简捷明快:"数学是一个原则,无数内容,一种方法,到处可用。"由此可见,数学思想是对数学的知识内容和所使用方法的本质的认识,是从某些具体的数学内容和对数学的认识中上升的数学观点,它在认识活动中被反复运用,带有普遍指导意义,是建立数学和用数学解决问题的指导思想,是对数学规律的理性认识。可以归纳为三种基本思想:抽象、推理和模型。通过抽象,把外部世界与数学有关的东西抽象到数学内部,形成数学研究的对象;通过推理,得到数学的命题和计算方法,促进数学内部的发展;通过模型,创造出具有表现力的数学语言,构建了数学与外部世界的桥梁。数学思想具有以下基本特征。

1. 导向性

日本学者米山国藏说:"数学精神、思想是创造数学著作,发现新的东西,使数学得以不断地向前发展的根源。"② 在认知心理学里,思想方法属于元认知范畴,它对认知活动起着监控、调节作用,对培养能力起着决定性的作用。学习数学的目的"就意味着解题"(波利亚语),解题关键在于找到合适的解题思路,数学思想方法就是帮助构建解题思路的指导思想。它往往会让人产生一个好"念头",一种好"思路",一种好"猜想",为解决问题提供一个方向。

2. 概括性

数学是研究数量关系和空间形式的科学,学科本身具有高度的概括性,数学思想是概括基础上再概括的结果。这种概括性表现在数学内部,

---

① 徐斌艳. 数学课程与教学论 [M]. 杭州:浙江教育出版社,2003.
② 转引自:徐斌艳. 数学课程与教学论 [M]. 杭州:浙江教育出版社,2003.

数学思想是数学知识的精髓,是数学知识的"质"与"核",是沟通数学各部分、各分支间联系的桥梁和纽带,是构建数学理论的基石①;表现在数学外部,是其他一切学科的基础,是对万物之理的一种概括与寻找,是对世界本质与规律的高度、完美、精确的概括。

3. 内隐性

数学教学包括显性知识系统和隐性知识系统两个方面。教材中呈现的例题、结论等都是显性知识系统,而其中蕴含的数学思想是隐性知识系统,常常通过相应的数学概念和原理加以反映,体现在具体的发现问题与解决问题过程之中。它充满着个性的色彩,有时候难以用语言文字进行表述,不是靠教师讲出来的,而是需要学生自己在形式多样的数学活动中悟出来的。

(二) 数学思想渗透教学的意义

美国心理学家布鲁纳认为,"不论我们选教什么学科,务必使学生理解该学科的基本结构"。所谓基本结构就是指:"基本的、统一的观点,或者是一般的、基本的原理。""学习结构就是学习事物是怎样相互关联的。"②数学思想为数学学科的一般原理的重要组成部分,在学生的学习中有着非常重要的意义。

1. 利于理解

心理学认为"由于认知结构中原有的有关观念在包摄和概括水平上高于新学习的知识,因而新知识与旧知识所构成的这种类属关系又可称为下位关系,这种学习便称为下位学习"。下位学习所学知识"具有足够的稳定性,有利于牢固地固定新学习的意义。"当学生掌握了一些数学思想,再去学习相关的数学知识,就属于下位学习,这样的学习能更好地帮助学生理解知识。

---

① 王林. 小学数学课程标准研究与实践 [M]. 南京:江苏教育出版社,2011.
② 布鲁纳. 教育过程 [M]. 邵瑞珍译,王承绪校. 上海:上海人民出版社,1973.

2. 利于记忆

布鲁纳认为，"除非把一件件事情放进构造得好的模型里面，否则很快就会忘记。""学习基本原理的目的，就在于保证记忆的丧失不是全部丧失，而遗留下来的东西将使我们在需要的时候得以把一件件事情重新构思起来。高明的理论不仅是现在用以理解现象的工具，而且也是明天用以回忆那个现象的工具。"[①] 而数学思想就属于这种"现象的工具"，当学生离开学校后，所学的数学知识可能会忘记，而数学思想会刻在学生心中，需要解决相关问题时会随时发生作用。

3. 利于迁移

学习基本原理有利于"原理和态度的迁移"。布鲁纳认为，"这种类型的迁移应该是教育过程的核心——用基本的和一般的观念来不断扩大和加深知识"。[②] 美国心理学家贾德通过实验证明，"学习迁移的发生应有一个先决条件，就是学生需先掌握原理，形成类比，才能迁移到具体的类似学习中"。学生学习数学思想有利于实现学习迁移，特别是原理和态度的迁移，从而可以较快地提高学习质量和数学能力。

（三）小学数学教学中渗透数学思想的策略

小学数学教材中蕴含着丰富的数学思想，数学教师要有敏锐的意识，善于挖掘和把握数学思想，适时、自觉、系统地渗透数学思想，把数学思想的渗透作为数学教学的一条隐性教学线索。

1. 在知识的形成过程中渗透数学思想

"数学思想蕴含在数学知识形成、发展和应用的过程中，是数学知识在更高层次上的抽象与概括，如抽象、分类、归纳、演绎、模型等。"数学知识的发生、发展过程实际上也是数学思想方法的发生和凸显的过程。

---

① 布鲁纳. 教育过程 [M]. 邵瑞珍译，王承绪校. 上海：上海人民出版社，1973.

② 布鲁纳. 教育过程 [M]. 邵瑞珍译，王承绪校. 上海：上海人民出版社，1973.

正是数学知识与数学思想方法的这种辩证统一性，决定了数学思想的教学需要依附于数学知识的教学。

(1) 适时补充数学内容——主动渗透数学思想

小学数学教材中，数学思想往往呈现隐蔽形式，需要教师按照知识——方法——思想的顺序，高屋建瓴，统揽全局，认真分析教材，理清教材中思想方法渗透的体系和脉络，以便在教学中及时补充一些数学内容，有目的、有梯度地渗透数学思想。如一年级认数的教学中，除了教材上呈现的例子，我们就可以通过一些直观的几何图引导学生用数字造句，及时渗透一些数形结合的思想。如"一个圆有1个圆心""一条线段有两个端点""三角形有3条边、3个顶点""正方形有4条边、4个顶点"等等，这样，学生在启蒙阶段就对数形结合有了一定的感性认识，数学思想得到了最初的孕育。随着他们的进一步学习，教师适时进一步渗透，数形结合的思想会逐渐在学生心中生根。

(2) 深入思考数学内容——努力挖掘数学思想

数学思想是前人探索数学真理过程的积累，但数学教材并不一定是探索过程的真实记录。恰恰相反，教材对完美演绎形式的追求往往掩盖了内在的思想，因此我们要深入分析教材，挖掘教材内在的思想。如初学乘法时，九九口诀表总是要背的，但背口诀不是简单的死记硬背，其中孕伏着重要的数学思想。如四七二十八的下一句是五七三十五，如果背了上句忘了下句，或者知道下句不知道上句，可以想想 $28+7=35$ 或 $35-7=28$。这样用用加法帮助乘法，理解帮助记忆，实质上就包含了变量和函数的思想：4变成5，对应的就28变成了35。这里不是把4和5看成孤立的两个数，而是看成一个变量先后取到的两个值。深入思考九九口诀表里的规律，学生不仅把枯燥的死记硬背变成有趣的思考，而且在这样的思考中初步体会了变量和函数的思想。

(3) 类比联想数学内容——引导迁移数学思想

小学数学学习内容很多是相关联的，在一类学习内容中所感悟的思想可以类比联想到其他内容的学习中。利用类比联想可以发现新的数学知识，可以寻求解决数学问题的方法和途径，可以培养学生的发散思维及推理能力，在此基础上，逐步感悟其中的数学思想。教学中，教师要根据数学内容的实际情况，抓住机会启发学生类比联想。如第一次出现用简便计算 540÷15÷6 这样一题时，教师可以提出这样的问题：同学们，眼前的这个问题以前遇到过吗？看到这个问题，你能否想到一个与它密切相关的其他题目？通过教师的启发，学生很快就会想到 105－28－72 这样一种简便计算的类型，并由此联想到了连除可能也可以变成被除数除以后面两个除数的积。此时，类比的正迁移作用已初步起到效果，接着，教师可以进一步引导学生类比联想：有了猜想以后我们一般是怎样来进行证明的？学生在老师的进一步启发下，再一次类比联想到了用不完全归纳的推理方法进行验证自己的猜想。这里，看似一道简单的简便计算题教学，却两次用到了类比联想，学生在这样的学习过程中，不仅是掌握了这类题的简便计算方法，而是习得了如何去探索一类新题的方法。他的思维着落点不是解决一道题，而是凌驾于解题方法之上的数学思想。

2. 在问题的解决过程中感悟数学思想

"数学思想的形成需要在过程中实现，只有经历问题解决的过程，才能体会到数学思想的作用，才能理解数学思想的精髓，才能进行知识的有效迁移。"问题解决，是以思考为内涵，以问题目标为定向的心理活动，是在新情景下通过思考去实现学习目标的活动，"思考活动"和"探索过程"是问题解决的内核。无论是数学概念的概括与形成，还是公式、法则、定理的发现与推导，教师都应通过创设问题情境，激发学生探索问题的需要，通过观察、实验、分析、综合、归纳、概括等过程，获得对问题的认识、理解和解决，同时，也获得对数学思想方法的认识和感悟。[①]

第一，丰厚探索问题的过程——在经历中感悟数学思想。让学生经历

---

① 熊华. 加强数学思想渗透 发展数学思维能力 [J]. 课程·教材·教法, 2011 (9).

问题解决的过程，关键是应让学生经历和体验一些数学知识的获取过程，让学生"读——理解""疑——提问""做——解决问题""说——表达交流"，并在其中获得对数学思想方法的感悟。经历过程丰厚，感悟会更深刻。如教学乘法分配律时，可以通过以下四个层次来引领学生感悟。第一层次初步感悟，出示两个用两种方法解决的实际问题，得到两个等式。第二层次再次感悟，比较三组算式的大小，得到一组等式。第三层次深入感悟，自己写出类似的等式，并启发学生找反例。第四层次总结归纳，深入比较分析这些等式，归纳出乘法分配律。这里，学生经历了简约事理，去粗求精，凸显本质，数学归纳，生成模型的探索过程，经历是丰厚的，感悟也是深刻的。

第二，创设亲身实践的活动——在体验中内化数学思想。学生在解决问题的时候，大脑会迅速思考，联想曾经习得的数学思想，并用这种思想尝试解决问题。在这样的思考和运用中，数学思想就会得到进一步的内化和提升。如学完"长方形、正方形的体积"后，我让学生来动手解决如何求一个土豆的体积。这时，学生用长方形、正方形的体积是不能直接求出的。此时，怎么办？学生经过思考，是否可以转化成已学过的长方形的体积来算呢？此时，转化的思想就成了解决这道问题的关键。学生在这一思想的引领下，很快算出了土豆的体积。在这一过程中，转化的思想得到了进一步的内化。

第三，感悟解题策略的多样——在解题中活用数学思想。感悟解题策略的多样，可以让学生拓宽思维，发挥创造。学生在寻找不同方法解题的过程中，思维活动就不会停留在模仿解题上，而是主动去发现条件与问题之间的联系，主动去寻找解决问题的突破口，主动去思考是否可以用已有的经验来解题。这一过程促使学生启用形成的数学思想来指导思维活动，灵活运用数学思想。如典型的"鸡兔同笼"题，苏教版教材是安排在六年级上册的"解决问题策略"单元的，教学中，我没有直接揭示假设的策略，而是先让学生分小组用不同的方法去合作探索，结果学生竟然得到了

5种不同的方法，有的学生是猜想得到的，有的学生画了图，有的学生用列表法，有的学生用方程，还有的学生竟然想到了假设。在这样的过程中，学生既启动了自己的思维活动，又在交流中得到新的启发，数学思想得到了真正的活学活用。

3. 在反思与小结过程中提炼数学思想

反思与小结是对知识进行深化、精炼和概括的过程，它能帮助学生揭示知识之间的内在联系，归纳、提炼知识中蕴含的数学思想方法。因此，在引导学生反思与小结时，不能仅停留在知识温习的层面，而要去引领学生思考新知识是怎样产生、展开和证明的，其实质是什么？怎样应用它？努力帮助学生提炼数学思想。

(1) 一节课后的反思——及时提炼

一节课结束后，学生对所学知识有无深刻的理解和认识，就要看他对整节课的知识发生、发展过程中所体现的数学思想的认识程度。对一节课所渗透的数学思想进行总结梳理，这是深化学生思维的重要内容。当学生能用自己的语言表达对问题的理解时，对数学思想也就有一定的认识。如教学"一条裤子28元，上衣的价钱是裤子的3倍。买一套衣服要多少元"，这堂解决实际问题的课总结时，除了总结分析数量关系的方法，还可以这样提问："解决这类实际问题时，我们借助了什么？通过画线段图你觉得它对解题有什么帮助？"通过这样的提问小结，学生的思维关注点就不仅仅停留在分析题目的本身，而是着眼于解决问题的策略，数形结合的数学思想就会进一步被学生所关注、内化。

(2) 一类题后的反思——类比归纳

对解答完一类题后进行总结反思，一方面要反思如何发挥数学思想对发现解题途径的定向、联想和转化功能，突出它对解题的指导作用，另一方面要引导学生对比总结，异中求同，提炼上升到更高的思想高度。如典型的分数应用题练习题组："白羊有200只，黑羊比白羊多1/5，黑羊有几只？白羊有200只，白羊比黑羊多1/5，黑羊有几只？白羊有200只，黑羊比白羊少 1/5，黑羊有几只？白羊有 200 只，黑羊比白羊少 1/5，黑羊有几只？"学生解答完后，可以引导学生这样反思："这些题有哪些相同，哪些不同？解答这些题的关键都需要知道什么？今后做这类题可以怎么想？"通过反思，学生就会逐渐避开一些干扰的信息，主动关注解答问题的实质，数学思想也就逐步提升。

（3）一个单元后的反思——整体概括

学生学完一个单元的内容后，既要在知识体系的层面帮助学生进行归纳和梳理，还要从数学思想的角度帮助学生提炼与概括，使学生在整体上对该单元的内容有一个清晰、全面的认识。如四年级对平面图形面积的复习，除了知识层面外，还可以这样提问："推导这些面积公式时，都是把它转化成了怎样的图形？转化时，一般有哪些方法？今后再碰到其他的图形面积，我们可以怎样想？通过反思，学生对把"高维"转化为"低维"、把"一般形体"转化为"特殊形体"的转化思想有了比较理性的认识。

总之，感悟数学思想是学生数学学习的本质追求，是教师数学教学的根本任务。

三、数学经验的丰富

2011 年，国家教育部颁布的《义务教育数学课程标准（2011 年版）》在数学课程总目标中明确提出了"获得适应社会生活和进一步发展所必需的数学的基础知识、基本技能、基本思想、基本活动经验"，把数学教学中的"双基"发展为"四基"，首次将积累数学活动经验放在与掌握数学知识、获得数学技能和感悟数学思想并列的位置上，凸显了数学活动经验在数学课程教学中的重要地位，成为我国义务教育阶段数学课程基本目标之一。因此，澄清数学经验的概念内涵，对于教师帮助学生积累数学经验具有重要的现实意义，能够理解学生通过数学课程的学习应该积累什么样的数学经验，以及采取什么样的教学策略帮助学生获得数学经验的问题。

（一）数学经验的内涵

1. 经验的含义

所谓经验,《现代汉语词典》是这样解释的:"经验"有两种词性,作为名词,指由实践得来的知识或技能;作为动词,指经历,体验。经验一词属于哲学范畴,是西方哲学史中的一个重要概念,被许多哲学家广泛使用和研究。亚里士多德用感觉论取代其师柏拉图的先天论,他认为人的知识源于对事物的感觉。在本质上,亚里士多德是一个经验论者。英国哲学家经验主义代表之一约翰·洛克(John Locke)认为,每一个观念必定或者是直接来源于感觉经验,或者是由这样起源的观念组成。经验是对外的感觉活动和对内的反省活动。洛克认为,经验是一种活动。我国哲学博士殷鼎在《理解的命运》中谈道:"经验对人生有一种持久的意义,它不仅通过记忆和体验保存下来人生的价值和意义,也随着记忆进入人对生活的理解,随时影响个人对人生的认识。"[1] 他将经验提升到生命成长的高度。

由此可见,经验至少包括两重含义:一是经验的事物,由实践得来的知识或技能;二是经验的过程,即经历、体验。

2. 经验的意义

"经验"一词一直也是教育学、学习心理学等领域探讨的重要概念。杜威曾给教育下过一个定义:"教育就是经验的改造或改组。这种改造或改组,既能增加经验的意义,又能提高指导后来经验进程的能力。"[2] 这里的"经验"概念包括经验事物和经验的过程两重含义,是活动与过程的统一。杜威基于其哲学认识论和教育实践,对以往的学校教育教学方式,即灌输式的教学和学生被动吸收式的学习方式进行了深刻的反思,倡导"经验课程",主张学生从经验中学习。在杜威看来,学生不是知识的旁观者,经验对于学生的学习具有重要的价值。

我国南京师范大学道德教育研究所所长金生鈜教授谈及:"课程就是学生经验增长,意义建构和精神发展的基础。课程在进行的过程中,为学

---

[1] 殷鼎. 理解的命运 [M]. 北京:生活·读书·新知三联书店,1988.
[2] 约翰·杜威. 民主主义与教育 [M]. 王承绪,译. 北京:人民教育出版社,2011.

生展开了一个丰富的生活世界，学生在其中自由想象、创造、学习、理解、交流、游戏、活动等等。伴随着课程的运行，学生的经验不断得到增长，学生的精神不断地扩展和升华。"① 在这里，课程的经验价值再次被强调。

《义务教育数学课程标准（2011年版）》指出："教师教学应该以学生的认知发展水平和已有的经验为基础，面向全体学生，注重启发式和因材施教。""在呈现作为知识与技能的数学结果的同时，重视学生的已有经验，使学生体验从实际背景中抽象出数学问题、构建数学模型、寻求结果、解决问题的过程。"可以看出，学生数学经验的多少，将直接影响他们对新的数学知识的学习效果。因此，教学中，教师应在把准学生已有经验的基础上，带领学生经历丰富的数学活动，使学生在不断地观察、操作、思考、想象、反思等活动中，对学生既有的经验进行筛选、整理和优化，实现经验的改造或重组，使他们的经验不断扩展和提升，从而生成新的经验，促进他们的经验不断上升到更高水平。

3. 数学经验的内涵

数学经验是在经验的基础提出的概念。国内外教育家们十分重视数学经验在数学学习中的作用，并不断丰富着数学经验的内涵。对于数学经验概念的认识，目前还没有一个统一的看法。已有的研究或者从一般的经验概念角度认识数学经验，如王新民等认为数学经验是指学习者在参与数学活动的过程中所形成的感性知识、情绪体验和应用意识②；或者从数学经验的数学特性出发，美国数学教育家戴维斯（P. J. Davis）认为，数学经验是建构、理解、运用数学理论的经验，数学经验是在创造与发现数学概念和数学理论的活动中、在理解数学逻辑性的过程中、在解决问题的过程中

---

① 金生鈜. 理解与教育：走向哲学解释学的教育哲学导论 [M]. 北京：教育科学出版社，1997.
② 王新民，王富英，王亚雄. 数学"四基"中"基本活动经验的认识与思考" [J]. 数学教育学报，2008 (3).

获得的。① 还有从数学经验的来源、知识等角度界定数学经验的含义。

笔者认为，数学经验是一种缄默性知识。它既包含了学习者对数学学习的情感、态度、价值观以及对数学美的体验，也包含了渗透于活动行为中的数学思考、数学观念、数学精神，还包含在处理数学对象的过程中所表现出来的思维方式、解决问题的策略等。因此，数学经验的获得至少体现在以下三个方面：一是数学目标的引领，即从事的活动必须是以数学学习为前提与目标，与之不相关的经验谈不上数学经验。二是数学思考的参与，即学生经历的活动，必须有与数学学习有关的观察、实验、操作、想象等数学活动，并在之过程中要时刻伴有数学的思考。三是数学经验的增长，即学生在数学目标的引领下，通过新的数学活动实践，得到新的数学体验，获得新的数学经验，使数学经验得到螺旋上升。

（二）数学经验的特征

1. 内隐性

相对于显性知识而言，数学经验具有内隐性。它存在于学习者的意识中，往往只可意会不可言传，在进行数学学习活动中学习者会自然联想却很难清晰表达，也很少能通过语言文字或符号的形式予以直接传递。认知心理学认为，在不知不觉中获得某种知识，学习了某种规则，叫做内隐学习。数学经验则就是学习者在进行数学活动中，经历体验、探究、反思等活动，逐渐感悟和积累的缄默性知识。它内潜于学习者的认知模式，更多地强调学习者个体的体验，它和外显的知识共同构成了个体完整的知识体系。这种缄默性知识往往不易被人发现，但在数学学习中起着至关重要的作用，随着学习活动的深入，这种缄默性知识会愈发凸显，它将是个体获得显性知识的向导和背景，直接支配人的思维方式与学习策略的选择。

2. 个体性

数学经验具有鲜明的个体性。相对于显性的数学知识而言，数学经验

---

① 仲秀英. 学生数学活动经验的内涵探究 [J]. 课程·教材·教法，2010 (10).

是学习者亲历特定的数学活动场景时的特定心理体验，渗透着那些不可言喻的、下意识的或潜意识的个人感受，对数学学习者而言是发自内心的、有生命力和生成力的。[①] 建构主义认为：认知的过程乃是个体内部认知结构的变化，是学习者主动对外部的信息和刺激予以吸收、加工和赋予意义的过程。根据建构主义知识观的立场，尽管世界是客观存在的，但知识乃是基于个体自身已有经验与认知所主动建构而成的产物，而非独立于个体之外的客观存在物。学生在获得数学经验时，是根据自己个体原有的经验基础、个体的思维方式来进行独立的信息编码和自我认识，获得的是自我的改变，他属于学习者特定的自己。不同的个体面对相同的数学情境，启用的思维模式、建构方式是不同的，这就决定了数学经验的个体性。

3. 发展性

就学习的过程而言，数学经验还具有发展性。有效的数学学习都是以前经验为基础，在新问题情境下链接已有的知识经验来成功处理新信息、新问题，在此过程中，学生得以进一步领悟经验、反思经验、改造经验、丰富经验。数学经验增长的过程是一个由低级到高级，由浅层到深层的螺旋上升的过程。如果说第一次数学活动中获得的是原初经验；第二次遇到相同情境时，经验再现，一般称为再生经验；再次遇到类似情境时，迁移运用先前经验，产生再认性经验；在形式不同、本质一样的新情况下，按照"模式"重复运用这种经验时，这种经验成为概括性经验；概括性经验在多次调用、反思后，内化为经验图式。[②] 这样递进式的发展，促进了学生数学经验的逐步生长。

(三) 促进数学经验生长的教学策略

1. 对生活经验进行结构化改造，使之上升为数学经验

生活经验是指学生在生活中通过亲身经历、体验而获得的对事物的认识和反映。受认识环境与认识水平的局限，小学生的生活经验很大程度上

---

① 仲秀英. 学生数学活动经验的内涵探究 [J]. 课程·教材·教法，2010 (10).
② 涂荣豹. 论数学活动的过程知识 [J]. 数学教育学报，2002 (3).

是原始的、粗浅的、局部的、零散的,甚至是不准确的、不科学的。生活经验不等同于数学经验,比如"平均分"经验,在学生未入学时就有很多分东西的经历,吃东西时会碰到分,做游戏时会碰到分,但这样的经验只是一种日常生活经验,还未上升到数学经验。生活经验是学生数学经验形成的重要方面,学生的经验大多来自他们的生活经历,他们在生活中已经积累了一些关于数学的原始、初步的经验,这些最初的经验成为他们理解知识的最初的内在图式,是上升为数学经验的支撑点。皮亚杰的知识建构理论也指出,学生是在自己的生活经验基础上,在主动的活动中建构自己的知识,学习者通过新经验与原有生活知识经验的相互作用,来充实、丰富和改造自己的知识经验。因此,教师要重视对生活经验的数学改造,以生活经验作为生长点,开展与数学经验的连接、发生与发展,促使学生从感性认识上升到理性认识。

首先,要对生活素材赋予数学化的含义。所选取的生活素材必须有成为促进数学认知的可能,要赋予数学化的内涵,如同样是折纸活动,在手工课上可能就是一个技能训练或是美学欣赏,而在数学课上的折纸活动就是数学操作,它是为完成某一项数学理解服务的。

其次,对生活化的素材要进行结构化的整合。认知某项数学概念时,可能会用到多种不同的生活素材,但这些素材是形散而神不散的一种框架,每一个生活素材都是为理解某一个小知识点服务的,因此这些素材之间的关系是以一个主题引领下的递进式的情境串,当学生把原有的不相干的生活经验以一个数学主题串联起来,对某一个数学知识进行系统理解时,就完成了对生活经验的改造,生活经验就基本上升为数学经验。并且,思维活动的材料越是丰富、全面、贴近学生的经验基础,学生的认知活动、思维过程会越顺畅、深刻,数学经验生长会更快。

2. 对原初经验进行层级化扩展,使数学经验不断走向深层

原初经验是指学生在数学学习活动中获得的较为粗浅的较低级的经验,它往往是模糊的、零散的,并且不易被学生直接感受,帮助学生将这

些模糊零散的经验清晰化、条理化、系统化，并逐渐内化为学生的经验图式，是教学的关键。数学经验的积累是一个循序渐进、层层递进的过程，在这个递进的过程中，学生以已有知识经验为基础，将前期积累的数学经验主动运用到新的数学情境中，在新的数学活动中进行经验改造或重新改组，并经历多次这样的调用和加工，原初经验被学生得以更加理性的领悟，逐渐内化为概括性更强、迁移运用性更高的高层次经验。

首先，让数学经验在触及数学本质中生长。从数学的内在的知识本身的特点来看，数学是具有高度抽象和概括的一门科学。任何一个简单的数学问题、数学对象，都是前人抽象概括的结果。数学学习不是简单的习得某个显性的数学知识，而是要深层经历数学知识发生、发展的过程，经历数学建模的过程，理解数学概念的意义及其蕴含的实质思想，数学经验也在这样的过程中逐渐生长。因此，数学教学不能停留在知识符号表层，而是以学生深度理解数学知识为目标，教师要学会对知识进行深层加工，把准知识的核心内涵，在链接学生原有经验的基础上，引导学生独立思考、动手实践、自主探索、合作交流，提倡"做中学"，放大知识形成过程的时间和空间，让学生多一份感知，多一份实践，多一点辨析，由表及里，逐层建构，逐步领悟知识的结构、原理，逐步理解知识的本质。使学生原有经验在探索过程中不断得到冲击与碰撞，在一步步寻求数学本质的过程中逐步修正、改造和重组，促使那些原先存在于学生头脑中的不正规的数学经验不断转化发展成为更科学的经验。

其次，让数学经验在反复运用中生长。"一个人从自己的经验之上出发，深掘开去，直达普遍真理之流。"朱德全教授认为："应用意识的产生便是知识经验形成的标志。"数学经验不是一蹴而就的，逐步积累是数学经验生长的关键，不能指望由一两次活动、一两次探索经历学生就能形成丰富数学经验。要在教学过程中不断地为学生提供实践的机会，通过变换情境，变换活动，使学生对原初经验进行反复地再生、再认。这样的实践运用的载体可以是在同一类数学内容下的不断递进，也可以在不同数学内容下的类比迁移，这种递进发展和类比迁移都能使学生经验不断走向丰富，成熟。如用转化的经验进行知识的学习，在小学数学学习中是一种非常有效的经验，当经验积累到一定程度就会形成转化的数学思想，而这种数学思想对更高层次的学习有着非常大的作用。因此，教师就要重视在教学中帮助学生逐步积累这方面的经验。如学习平行四边形面积计算时，会初步用到转化的思想对图形进行剪拼移，而这是第一次运用，教师要帮助学生提炼小结，形成原初经验。到三角形面积教学时，教师就要帮助学生再现经验，并创设活动加深这种经验。到后面的梯形面积计算及圆面积计算时，学生就会主动运用这种经验，此时，经验就到达外显及内化的层次。只有经历丰富的、有层次的数学学习活动，原初经验才得以足够的丰富与扩展，才能形成学生内在的深层次的数学经验，才能自觉主动地将这些经验迁移运用到后续的数学学习中。

再次，让数学经验在不断反思中生长。荷兰著名数学家费赖登塔尔教授指出："反思是数学思维活动的核心和动力。"教学中引导学生反思，可以促使学生对自己认知过程、认知结果进行及时的监控和调整。当一个知识点的学习结束后，不及时进行回顾与反思，学生的认知就停留在知识的本身，没办法与自身已有的认知结构链接，数学经验也停留在原有的基础之上，得不到较好的发展，往往事倍功半。学生的数学学习是一个思考过程，也是对自己的思维活动和经验的反思过程。学习活动时注重数学思维的介入，使学生在习得某个数学知识点后能对学习过程进行及时的反思和自我评价，或回顾概念的形成历程，或回想公式的推导过程，或总结探索的成功之处，或反思错误的原因何在，使得学生原有的经验在更高的层次上进行再概括，逐渐上升到理性水平。长期这样的过程，学生便积累了"数学地思考"的经验，使自己的思维变得条理化、清晰化、精确化、概括化，数学经验也就上升到更高级的水平。

3. 排除负效经验的干扰，使数学经验向正向发展

杜威指出："每一种经验就是一种推动力。经验的价值只能由它所推

动的方向来评判。"从教学实践可以看出，智力和经验两者对小学生的学习的影响程度来看，经验的影响作用更大。学生的学习心理往往不是按照既定的定义方式来理解知识的，而是根据自己已有的经验作出判断，经验对一个人的学习起着至关重要的作用。正向的经验能较好地促进学生的进一步学习，反之，负效的经验则会抑制甚至阻碍学生新知识的学习。因此，排除负效经验的干扰也值得教学的重视。

首先，要排除学生个体已有的负效经验。如，学生在日常生活中包括以往的学习中对某些数学知识产生了错误的认识或者偏差性的认识，这种经验往往是个体的，教学中教师要善于发现，及时排除，必要的时候可以采取对学生的已有经验做一个前测。充分了解学生的前认知基础，教学时可以因材施教，针对性辅导，避免学生个体负经验长期停留甚至继续向负方向发展。

其次，要排除教学偏差引起的负效经验。因对教学重难点把握不够，对一些数学知识的本质属性理解不到位而采用的偏颇性的教学手段，使学生产生负效经验，这种负效经验往往是群体性的，对学生的影响巨大。如小学数学中经典的例子，理解三角形的稳定性。一些教师会制作三角形和平行四边形的两个教具，让学生来拉一拉，在对比中体验三角形的稳定性。学生就会形成"拉不动就具有稳定性，拉得动就具有不稳定性"这种经验，这显然是负效经验。教学中要避免这种负效经验的产生，必须对数学教材进行深刻解读，对数学知识背后隐藏的数学本质必须理解到位，这样才能真正排除负效经验的干扰，使得学生的经验向正向发展。

总之，数学经验在数学学习中有着较大的作用，教师要因时制宜地采取各种教学手段，帮助学生习得、扩展及丰富数学经验，使之成为促进数学学习的助动力。

四、数学文化的渗透

《数学课程标准（实验稿）》将"数学是人类的一种文化，它的内容、思想、方法和语言是现代文明的重要组成部分"作为课程的基本理念之一。《义务教育数学课程标准（2011年版）》进一步明确说明"数学是人类文化的重要组成部分，数学素养是现代社会每一个公民应该具备的基本素养"，这是对数学的文化价值和教育价值的明确表述，在数学课程中应反映数学文化，让学生掌握生活所需要的技能和知识，扩展学生思维，传承数学思想，更好地促进数学文化理念在数学教学中的实践。

（一）数学文化的内涵

一般来说，数学文化在狭义上指的是以数学家主导的数学共同体在从事数学研究活动中形成的一般的思想方法、思维方式、价值观念、精神品格等；在广义上还包括数学史、数学美、数学教育、数学发展过程中的人文成分、数学与社会的联系和各种文化之间的关系。

国内外的专家、学者们也从不同的角度对数学文化是什么给出了自己的理解。国外大力倡导数学文化观的数学家比什泼提道："数学文化主要是研究这些特点各异的思维结构、认知方式，而不是知识体系。"[1] 比什泼强调的数学文化是传统知识体系外的，隐匿于数学知识背后的深刻内涵。国内最早注意数学文化的是北京大学的孙小礼教授。她发表的论文《数学：人类文化的重要力量》中阐述了数学的联系性，以及数学在当今社会所起的作用，论证了数学在人类文化中的重要性。[2] 郑毓信在《数学文化学》中指出，数学是一种文化，数学文化是数学共同体特有的行为、观念和态度，即数学传统。[3] 表明数学文化是一种集结体，各个要素共同作用的文化体现，同时也具备了被社会所认可的条件，可见生机勃勃的数学文化蕴涵了一定的社会性。张奠宙教授认为："数学文化是群体性的思维方式，在不同历史阶段、不同区域有着不同特征、习惯。数学文化是以这种

---

[1] Richard Courant, Herbert Robbins. 什么是数学 [M]. 汪浩，朱熠民，译. 长沙：湖南教育出版社，1985.

[2] 孙小礼. 数学：人类文化的重要力量 [J]. 北京大学学报（哲学社会科学版），1993, 30 (1).

[3] 郑毓信. 数学文化学 [M]. 成都：四川教育出版社，2000.

特征习惯为载体，影响着人们的思维方式和生活模式。"[①] 他给我们解释了数学文化是人类文明传播的一种基本形式，记录了不同时期的文明状态，有极高的渗透作用，为人类文明带来了巨大的影响。从各个学者和专家讨论的数学文化概念中可以看出数学文化为人类所带来的影响是很大的，它的价值是肯定的，同时也具有多元化的特点。

综上所述，我们的数学课堂不仅仅要关注学生知识习得与能力培养，更应该结合具体的知识与技能教学，将凝聚在数学知识背后的"文化因子"予以外显，成为学生可以触摸、感受、体验、品味的东西。数学学习的过程，应该是学生体会数学思维抽象性、逻辑性的过程，应该是学生学会数学地思维的过程，应该是学生学会从数学角度思考问题，进而建立数学模型并作出解释与应用的过程，同时也应该是学生获得理性态度与精神品质的过程。重要的是，数学教师要学会准确解读出内隐于数学知识背后的这些因素，并以合适的教学行为予以呈现，并最终沉淀为学生的思维观念与个性品质。一旦做到了，数学文化自然就渗透了。

（二）数学文化的价值

数学是一种文化，它是人类文明的重要组成部分。文化者，"人化"也。数学应该是一个开放的文化体系，是人类智慧和创造力的结晶。它在给予我们知识与方法的同时，更以一种文化的姿态改变人类的思考品质，拓展人类的视野，丰富人类的精神世界，增进人的本质力量。如今，课堂里的数学已经不那么"文化"了，过度关注知识、技巧等工具性价值。让数学变得文化些，还数学以文化之本来面目，这是我们理应关注和思考的问题。

1. 数学文化在思维方面的价值

思维方面的价值，"数学是思维的体操"，数学文化的思维价值不仅包括归纳的方法，还包括对真理进行追求的精神、创新的精神等。如今，越

---

① 张奠宙. 关于数学史和数学文化 [J]. 高等数学研究，2008 (1).

来越多的人开始怀疑数学学习的价值。他们固执地认为，生活中用到的只是简单的算术知识，数学给予的其余一切纯粹只是智力游戏，无任何实际意义。这是对数学文化价值的曲解。数学文化中的思维价值在各个领域中都有着巨大的作用。"它使人们能批判地阅读，能识别谬误，能探察偏见，能估计风险，能提出变通的方法。数学能使我们了解我们生活在其中的充满信息的世界"。

2. 数学文化在美学方面的价值

美学方面的价值，数学文化的美有和谐、简洁、奇异等多种形式的表现方式。在对数学思维进行应用的过程中，数学文化的美就会在不经意间进行体现。数学教育有利于提高人们的美学修养。开普勒曾说过："数学是世界美的原形。"数学具有强烈的艺术性和美学特征，例如：圆的对称美、"勾三股四弦五"六个字道出了三角形的奥秘、数学中的统一美、数学的奇异美、黄金分割的魅力。应在数学教学过程中，让学生感受数学美，提高学生对事物的鉴赏能力及其自身的美学修养。

3. 数学文化在育人方面的价值

数学文化在教育方面的价值与国家、时代的教育目标有着直接的联系，关注点因教学目标的不同而不同。数学文化的道德力量更为内敛、含蓄，更需要教师借助一定的教学手段进行开掘和彰显，使其成为一种显性的教育影响，引导学生的行为规范与价值取向。

当然，数学作为文化还在于它表现了前所未有的探索精神。回顾数学家族的扩张，日常生活所需使人们一开始相信，正整数就是数的全部。随后"0"和"负数"的出现使数的版图扩张到了整数范畴；由于测量和复杂计算的需要，小数和分数应运而生，数的版图进一步得到扩张；正当大家以为有理数就是全部时，单位大小的正方形的对角线长度撼动了整个数学大厦，无理数诞生了；然而，谁又能说这就是数学家族的最后版图？

(三) 数学文化在数学教学中渗透的策略

数学文化究竟该如何释放出其应有的文化影响力，进而彰显其固有的文化价值与魅力？也即我们的深度数学课堂，该如何体现数学的文化属性，进而凭借具体而微的数学学习活动，真正使每一个学生经由数学知识的习得、数学能力的形成、数学方法的掌握等，真切领略数学文化的价值与精髓，提升个体自我的数学文化涵养。在深度数学课堂实践中，我们教研组的老师也努力尝试从数学概念、数学规则、数学思想方法和情感态度与价值观四个方面切入，用自己的教学实践来进行数学文化的渗透。

1. 概念理解中渗透——还原数学创造的生命活力

数学概念是思维的基本形式，是事物的本质属性在人脑中的反映。教学数学概念时，重要的不是教师对概念内涵、外延的正确呈现与讲解，而是应通过呈现适量符合概念特征的正反例证，通过组织学生进行观察、分析、猜测、实验、判断、辨析、调整、优化等一系列数学思维活动，逐步让学生在头脑中摆脱相关数学对象的非本质属性，进而建立相应的数学概念。往小处说，这里关系到学生对数学知识本身的精确把握与深刻理解。往大处说，这更涉及学生数学思维方式的形成与确立。而这，就是数学文化在概念教学中的渗透。

如在"认识整万数"教学时，课前可以为每个学生准备一个简易的"四位计数器"。设问：现在要拨出像 50000 这样的整万数，已有的计数器数位不够了，怎么办？有的学生在千位后添了一个数位万位，问题迎刃而解；更有学生灵机一动，同桌合作将两个计数器"拼"在一起，"四位计数器"一下成了"八位计数器"……此时，数学文化的渗透悄无声息实现了，原来，这一"拼"不只是解决了数位不够需要添加的问题，"4＋4"的"拼合"过程，恰恰暗合了我国技术方法中"四位一级"的规则，并为学生深刻理解这一新的计数规则奠定了坚实的基础。像这样"头脑创造"可以还原概念的内在生命力量，相对于概念的传授而言，其文化价值显得更大。

2. 规则生成时渗透——绽放数学思考的理性之美

规则学习很容易使学生陷入死记硬背、单纯模仿、反复操练的情形。

将学生置身于规则发生、发展、形成的生动过程，引导他们亲历观察、猜想、验证、建模、应用等数学活动，进而获得一种更有力度充满张力的数学思考以及精神愉悦，是我们课堂中的追求。

如在"满十进一"计算规则教学时，不仅仅停留于"告诉"，而是在学生认识"十进制"后，进一步拓展学生的视野，附加介绍其他进制的知识，并引导他们思考诸如"不同的进制之间有什么共同的地方""十进制之所以被广泛应用，可能的原因是什么""如果将十进制改为其他进制，对已有的数会产生怎样的影响"等问题。或许这样的思考对于学生巩固或强化十进制并无太大帮助，然而这样的适度开掘，学生的视野开阔了。要将数学思考的多样性、数学发展过程的多元化及发展过程中所展现出的无穷智慧沉积为学生的内在涵养，成为一种文化积淀。

3. 感悟策略中渗透——彰显数学思想的内隐价值

学生在完成学业离开学校之后，在学生脑海中留存的具体数学知识、技能都比较模糊，但数学方法、策略、思想却常常以更为潜在的方式沉积于学生内心深处，成为他们进行数学思考的重要支撑，是整个数学文化的灵魂。

比如："数形结合"是数学中一个重要的思考方式，小学阶段尤显突出，也是数学文化的一种展示，在教学中需要有机渗透。如典型的"鸡兔同笼"问题，鸡和兔子在同一个笼子中，它们一共有 8 个头、22 条腿，那么问鸡和兔子分别有多少只？如果单看这个文字和数字的内容，小学生理解起来可能有点吃力。用算术方法解答鸡兔同笼问题，有些学生不能完全理解，此时，就可以展现数形结合魅力，让学生先画出 8 个圆，表示 8 只动物，假设这 8 只动物全是鸡，则给每个圆画上 2 条腿。可以知道一共画了 $8 \times 2 = 16$ 条腿。还有 $22 - 16 = 6$ 条腿没有画上，在把剩下的 6 条腿画上，这样每个圆还要再加上两条腿，6 条腿就可以加 3 只。这样的话题，既形象生动，又利于理解，此时，学生清楚看出，画有 4 条腿的是兔子，共有 3 只，而画有 2 条腿的是鸡，共有 5 只。数形结合的策略与思想将在孩子心中萌芽，生根。

较之于知识、技能而言，方法、思想和策略更为内隐，常潜伏于许多看似普通的数学知识、数学技能的学习过程中，需要教师敏锐地捕捉、判断、放大、外化，并在课堂中传递。

4. 品格锤炼中浸润——挖掘数学史料的育人之力

数学学习中有丰富的多元的立体的情感、态度和价值观。我们可以通过数学史料的介绍，引导学生透过史实，触摸史实背后的价值和观念，使其构成一种更有教育意义的积极影响。把一些数学家的思想和智慧以及不断超越、执著奋进的探索精神等浸润到学生内心深处。

例如，在学习圆周率的时候，告诉学生祖冲之是中国古代研究圆周率的骄傲，但仅到此为止，并进行肤浅的爱国主义教育，对于深度课堂的探究是不够的。因此在课堂上可以渗透圆周率作为一个特定的数学知识，它是如何一步步真实发展起来的，如介绍祖冲之在研究过程中如何"借助正多边形周长研究圆周长"的数学思想和智慧，讲述他如何不满足于既有结论，不断超越、执著奋进的探索故事等，丰富学生的精神领域，激励学生的内心动力，真正体现数学史料的育人魅力，发挥数学文化的价值功能。

数学文化如今在数学教学中扮演着越来越重要的角色，数学文化的价值也更显突出，它对于人的思想、观念和思维方式都起着潜移默化的作用。只要用心去体会、去捕捉、去开启，我们有理由相信，数学内在的文化价值一定会得以释放，并成为影响学生成长的重要精神源泉。

第三节 英语深度课堂

一、我们的英语理解

（一）新课标对英语课程的理解

2011年版英语新课程标准指出，英语课程的目标是："通过英语学习使学生形成初步的综合语言运用能力，促进心智发展，提高综合人文素养。"也就是说英语课程不再是单纯的工具性课程，而是具有工具性和人文性双重性质的课程。

从英语是工具性而言，英语课程承担培养学生基本英语素养的任务，即学生通过英语课程掌握基本的英语语言知识，发展基本的英语听、说、读、写技能，形成用英语与他人交流的能力，为今后继续学习英语和用英语学习其他相关科学文化知识奠定基础。

从英语具有人文性而言，英语课程承担着提高学生综合人文素养的任务，即学生通过英语课程能够开阔视野，丰富生活经历，发展跨文化意识，促进创新思维，形成良好品格和正确价值观，为终身学习奠定基础。

而这个英语综合语言运用能力的形成建立在语言技能、语言知识、情感态度、学习策略和文化意识等方面整体发展的基础之上。语言知识和语言技能是综合语言运用能力的基础；文化意识有利于正确地理解语言和得体地使用语言；有效的学习策略有利于提高学习效率和发展自主学习能力；积极的情感态度有利于促进主动学习和持续发展。这五个方面相辅相成，共同促进学生综合语言运用能力的形成与发展。

以语言技能、语言知识、情感态度、学习策略和文化意识等五个方面共同构成的英语课程总目标，既体现了英语学习的工具性，也体现了其人文性；既有利于学生发展语言运用能力，又有利于学生发展思维能力，从而全面提高学生的综合人文素养。

此外，英语新课程标准也指出，英语核心素养主要是指学生通过英语课教育及自身的实践和认识活动，获得的相关英语学科的基础知识、技能、情感、观念和品质等。主要包括四个方面的能力培养，即语言能力，思维能力，学习能力，文化品格。并指出核心素养四要素的关系，即语言能力是学科基础，文化品格是价值取向，思维品质是心智特征，学习能力是发展条件。

（二）我们对英语课程的理解

我们认为英语从内容角度而言，可以细分为词汇、语法、文章、文化。词汇是英语的基本表现形式，是英语学习的基石；语法是语言表达的法则，是英语学习的拐杖；文章是词汇和语法的综合应用的一种表现形式；文化是教学内容体现出的西方思维方式或人文习惯等。所以，英语课程的学习就是学习并应用语言知识，感悟中西方的文化差异，提升综合运用能力。

1. 英语是文化，应分析细节差异

我国语言学家邓炎昌、刘润清是这样阐述的："语言是文化的一部分，并对文化起重要作用……可以说，语言反映一个民族的特征，它不仅包含着该民族的历史和文化背景，而且蕴涵着民族对人生的看法、生活方式和思维方式。……应该指出，语言和文化互相影响，互相作用；理解语言必须了解文化，理解文化必须了解语言。"

语言并不仅仅是传递信息的一种工具，更代表着一种文化。任何一种语言的学习都与它拥有的文化背景密不可分，因此任何英语知识的获取，应该是与文化差异相关联的。东西方社会是在不同的基础上形成和发展的，所承载的文化不相同，表达方式和理解事物的方面自然会存在不少差异。比如在面对表扬的时候，中国人习惯谦虚否定，而西方人一般都是坦然地说"Thank you"，再如与西方女士交流要避免问年龄、体重等一些个人隐私问题等等。

如果说词汇和语法是一种表面现象，那么文化背景则是本质。学生明白了英语的本质才能适应各种变化，从而真正掌握英语这门语言，而不仅仅是学习和应用两张皮。掌握文化差异可以帮着学习者走上学习的康庄大道，同时又可以拓宽学习者的知识面。

2. 英语是乐趣，应培养学习兴趣

英语对于学习者不仅仅是一门课程或一项任务，而是作为一种乐趣。这样可以促进学生的学习积极性和主动性。学习有了动力和乐趣，效率自然也就高了。如果教学者在教学英语的时候，不重视这方面的培养，而是一味地把书上的内容灌输给学习者，这会导致学习者对英语学习有一种抵触心理，除了完成必要的任务基本上不会再去主动学习。这样学习的效果也就可想而知。

英语学习的最终目的就是要能恰当、有效地使用语言，即提高学习者的语言的综合能力。新课标和新教材把培养学习兴趣放在英语学习的首位，可以说是为学生今后漫长的学习生涯打下了良好的基础。

3. 英语是应用，要联系生活实际

实际应用是英语学习的最终目标。学生曾经只是对教科书上的内容进行机械式的记忆或者操练，所学知识与生活学习完全脱节，造成学习者对所学内容依葫芦画瓢或知之甚少。

现有的新教材无论是选材还是形式上都朝着实用改进。例如教科书的选材很多都来自我们的日常生活，像一些经典电影以及世界名人。这不仅可以提高学习者的学习乐趣，降低学习者的学习难度，另一方面也有助于提高学习者在日常生活中对英语使用的主动性。教师应促使学生学以致用，从而真正掌握所学的内容。

（三）深度课堂背景下我们的教学实践

由于深度课堂具有区别于传统课堂的显著特征，我校以引导学生走向"深度学习"为导向，进行"深度教学"的改革与尝试。具体地说是基于真实情境的教学、基于高质量问题的教学、基于思辨的教学、基于评价和激励方式，引导学生深度反思的教学。从"深度学习"走向"深度教学"，把提高核心素养的教学真正落实到课堂教学中，落实到学生的学习方式和教师的教学方式的深刻变革中。

1. 英语应该是基于真实情境的教学

深度学习离不开学生的知识和技能，但单纯知识和技能又不等于深度学习。只有当知识和技能在复杂的情境中，用于解决实际问题时形成了知识和能力，才是形成了真正的深度学习。为此，我校英语教研组尝试了"教学即情境"的教学主张，教师在课堂教学中要着力构建真实的情境，在情境中建构知识，在情境中实现知识的迁移和问题的解决，以达到寓教于乐的目的。英语教学情境的创设，不仅可以激发学生的学习兴趣，充分调动学生的学习主动性和积极性，还可以激发思维，掌握思维的策略和方法，从而提高学习英语问题的能力。因此，设计合理有效的教学活动是达到教学目标的根本保证。在英语教学中，我校英语组采用以下几种创设情境的教学策略。

(1) 创设与生活有关的学习材料，把握角色情境。创设或再现学生的生活事例或生活问题等现实问题情境。基于英语学科自身的特点，在学生现实生活的情境和事件基础上，结合课堂教学内容实际和学生已有的经验，将课堂活动设计提升到学科的视角来分析处理，进而形成一个新的问题情境。在活动过程中，由于学生已有相关的经验，解决设计的问题就有了可能，学生"跳一跳，都能摘到果子"。比如学习 Going shopping 这一单元时，创设学生去超市购物的情景，学习 Travelling 这一单元时，结合即将到来的社会实践活动，让学生规划实践地点，并说明理由及应该注意的事项，由于学生都有相关的经验，因此活动参与度高，学习效果有明显的提升。

(2) 运用游戏巩固，有利于激发学生的学习兴趣。在学习短语 take the train, take the bus, take the plane, ride a bike, walk to school 时，使用一个"炸弹游戏"，读错"炸弹"爆炸，学生认真听的基础上，调动了其参与课堂的积极性。

(3) 把问题情境故事化。中学生对故事非常感兴趣，时常是百听不厌。因此，把教材中一幅幅画面所反映的问题情境编成简短的故事，使学生产生身临其境的感觉，增加课堂教学的乐趣，能够有效地调动学生的学习积极性。

(4) 实物演示情境。实物是最常见的直观教具，能给学生以直观的刺激。我们利用易于准备和便于携带的实物，尤其是充分利用教室里的人和物，密切配合教材，巧设情景。在购物单元里，课前准备大量学生感兴趣的衣服和鞋帽等，在课上用英语向学生介绍，激发学生的兴趣，随后开展"课堂现场购物"的活动，引导学生把学习的英语知识运用到交际活动中去。通过请学生边做边演示解说的方式,来强化本节课所学重点。学生会记忆犹新,在快乐中轻松掌握重点和难点。

2. 英语应该是基于高质量问题的教学

在引入主题情境后,如何将情境与教材有机连接起来?通过具有高阶思维导向的问题设计。问题设计既成为连接情境与教材的桥梁,更成为培养学生的理性精神、开放性意识、批判性思维和创新能力的催化剂和助推器。

"教学过程是一种提出问题、解决问题的持续不断的过程"(布鲁纳)。若干年前的一则报道,题目就叫"他们为什么不鼓掌"。说的是美国的一个教育代表团到上海听一节中国特色的科学教育的公开课,下课时听课的中国同行禁不住掌声雷动,而听课的美国同行却面无表情。事后美国同行提出了这样的疑问:这堂课,老师问问题,学生回答问题,学生没有带着一个问题进课堂,也没有带着一个问题出课堂,学生更没有提出高质量的问题,这堂课还有上的价值和必要吗?

这些都告诉我们,基于核心素养的教学应该是基于问题的探究性教学,教学的中心是问题的发现、提出和解决。而问题教学的最高境界是引导、鼓励学生提出高质量的问题。[①] 新课改实施以来,不可否认的是教师的问题意识增强了,问题教学成为了常态,但问题的质量不高,缺乏那种牵一发动全身的"大问题、主问题、核心问题、高阶思维问题",尤其是教师主导问题的状况并没有得到根本性解决。问题教学需要把问题从单一走向综合,从封闭走向开放,从"一对一"走向"一对多",从知识的记忆巩固走向问题探究,从浅层思维走向高阶思维,尤其要改变"唯标准答案的倾向",从"基于答案"走向"通过答案",培养学生的怀疑精神、批判性思维和创新能力。

3. 英语应该是基于深度思辨的教学

---

① 梁砾文,王雪梅. 学科核心素养的内涵及培养模式 [J]. 外国中小学教育, 2017 (2).

无论是学习还是教学，有思辨才有深度，要深度必须有思辨。[①] 思辨是提高课堂效率、促进学生深度学习的有效保证。而合作学习是促进学生自主学习、探究学习的有效途径。小组合作学习实质是提高学习效率，培养学生良好的合作品质和学习习惯，小组合作学习的重点在于小组合作是否有效，也只有有效的小组合作，才能使课堂达到高效。课堂上我们经常运用师友互助、小组合作的方式，让学生讨论、研讨，将课堂交到学生手中。

4. 英语应该是基于激励评价的教学

激励性评价是日常教学活动中常用的一种评价方法，它往往就是一句鼓励的话语，一个信任的眼神，一次轻轻的拍肩。对于学生来说，教师一句赞赏的话，一个欣赏的眼神，一个甜甜的微笑都会让学生激动许久，而无意中的一句批评和讥讽的目光又会让学生伤心不已。因此作为教师，对学生的评价应谨慎，应全心地将激励性评价贯穿于整个教学工作中。

激励评价是引导学生深度反思自己的学习状况并及时调整学习策略、实现深度学习的有效途径。[②] 它不仅可以促进学生深入理解学习内容，改进学习策略，还可以帮助教师及时调整教学策略，增强课堂学习的实效性。

在英语教学过程中教师应该积极运用激励性评价，这也有助于培养和激发学生学习的积极性和自信心。激励性评价有利于促进学生综合语言运用能力和健康人格的发展，同时也会促进教师不断提高教育教学水平和英语课程的完善。

英语教学应以素质教育和学生发展为宗旨，通过优化课堂教学目标，改进教学方法、创设交际情境，促进实际应用等途径，使学生形成有效的

[①] 张诗雅. 深度学习中的价值观培养：理念、模式与实践 [J]. 课程·教材·教法，2017 (2).

[②] 王蔷. 从综合语言运用能力到英语学科核心素养——高中英语课程改革的新挑战 [J]. 英语教师，2015 (16).

学习策略，激发和培养学习兴趣，养成良好的学习习惯。注重对学生听、说、读、写综合技能的全面训练，获得基本的语言交际能力，有利于学生核心素养的提升，为学生的发展和终身学习打下良好的基础。

二、从语言到语用

学生的语言运用能力的形成是建立在学生语言技能、语言知识、情感态度、学习策略以及文化意识等素养整体发展的基础之上的。英语学习的最终目的就是能恰当、有效地使用语言，即提高学习者的语言的综合能力。而语用能力是综合能力的重要组成部分，尤其是对于把英语作为第二语言的中国学生来说，培养学生良好的语用能力，能促进学生对英语更好的理解和运用。因此语用能力的培养与提高就成为语言学习的核心问题。在平时的英语教学中，让学生充分认识到学习语言的真正意义是教师的首要任务。

（一）什么是语用能力

Bachman（1990）认为："语言能力包括语言的组织能力和语用能力。前者由语法能力和语篇能力组成。"[①]Widdowson（1989）认为"能力"由知识和技能两部分构成。前者相当于语法能力，后者类似于语用能力。Leech 和其同事 Jenny Thomas（1983）提出将语用学分为语用语言学和社会语用学。按此划分，语用能力也相应地分为语用语言能力和社交语用能力。语用语言能力以语法能力为基础，按照本民族的语言习惯正确地理解和恰当地使用不同的语言形式及其语用功能，准确地表达用意的能力。社交语用能力是指遵循语言使用的社会规则进行得体交际的能力。Hymes（1972）认为交际能力由四部分组成。它们是：形式上的可能性；实施手段上的可行性；语境中的适宜性和现实中的实施情况。其中形式上的可能性相当于 Chomsky（1977）所讲的"语法能力"，其余三部分相当于 Hymes 说的"语用能力"。Hymes 认为学习者在习得有关语法知识时，不

---

① Bachman, L. F. *Fundamental Consideration in Language Testing*. Oxford: Oxford University Press, 1990.

仅要掌握其语法规则，更要尽可能地理解和有效地体现在特定语境中的得体性。根据以上观点，我们认为语用能力是指语言使用者对语境的认知能力和在对语境的认识的基础上，准确理解以及有效使用语言的能力。

（二）培养学生语用能力的意义

英语教学的目的是培养学生的交际能力，作为交际能力的一个重要组成部分，语用能力的培养在英语教学中的重要性是不言而喻的。英语的正确形式并不代表合适得体的英语，语用能力的欠缺必将导致语用失误。

中小学英语教学往往采用机械性的填鸭式教学，使得语言实际运用能力和语法学习能力在初中英语教学中的比例严重失调，造成学生不能在实际生活中得体地运用所学到的英语而只能通过试卷将所学知识体现出来等一系列畸形现象。

语用能力要求学生正确掌握句子和词汇的使用方法，并且能真正实现学以致用，这是素质教育的根本要求。[1] 外语学习者常常倾向于对话语做字面理解，而不对话语进行推理，也不充分利用语境信息。这将导致学生所说的英语不符合英语本族语者的语言习惯，误用了英语的其他表达方式，或者不懂得英语的正确表达方式，按照自己的母语使用习惯套入英语中去，造成 Chinglish 现象等错误形式。若不将语用能力纳入教学内容，外语教学只能提高学生的元语言意识，但对学生外语语用意识的培养则起不到什么作用。

语用学与外语教学的研究成果表明，英语的语用能力不会随着学生的英语能力（遣词造句能力）的提高而自然地提高。语用知识是要教的，培养语用能力有赖于在语言实践中运用学来的语用知识。

（三）培养学生语用能力的方法

培养学生的语用能力需要教学者转变教学观念，改进相关的教学模式。在平时的教学活动中，教师应精心设计教学活动，让学生在活动中实

---

[1] 何自然. 语用学与英语学习 [M]. 上海：上海外语教育出版社，1997.

践语言，给学生充分发挥想象力和创新能力的空间，提高学生的运用语言的能力。让学生在丰富多彩、形式多样的语言交际活动中感受学习英语的乐趣，在快乐的学习体验中体会到学习英语的意义。因此训练学生的英语运用能力的关键是要优化课堂教学结构。

1. 创设学习氛围，激发语用兴趣

英语新课程标准尤其重视对学生学习兴趣的培养。对于中国学生来说，英语是一门外语，学生对英语的学习和运用主要通过课堂学习和操练。因此，在课堂上创设良好的英语学习氛围就显得尤为重要。激发学生学习英语的兴趣，能够帮助他们建立学习的成就感和自信心，让学生在学习过程中提高语言综合运用能力，并提高学生的人文素养，增强他们的实践能力和创新意识。学生一旦有了消极的情感，不仅会影响英语学习的效果，而且会影响今后的发展。学生只有对自己、对英语及其文化，以及对英语学习有了积极的情感，才能保持英语学习不断的动力并取得理想的成绩。[1] 因此在教学过程中要尊重每个学生，积极鼓励他们在学习中尝试，保护他们的自尊心和积极性。此外建立融洽、民主的师生交流渠道，经常跟学生一起反思学习过程和学习效果，鼓励和帮助他们，做到教学相长。同时特别关注性格内向或学习有困难的学生，尽可能多地为他们创造语言实践的机会。

教师可以在课前观看英文短视频或播放一些学生喜欢的英语歌曲，以此提高学生的学习兴趣，让学生在乐中学，在学中乐，为学生创设浓厚的英语学习氛围，使学生以极大的兴趣走入英语课堂。课前的 story time，小组之间的 free talk 或 pair work 等，可以更进一步激发他们学习英语的兴趣。课堂中的教学游戏可以让学生更容易记住所学内容，同时寓教于乐中。如文章朗读时的 hot chair 游戏，让学生更专注于文章的内容，加深对文章的记忆。同时，师生之间、同学之间，在课内外经常用英语进行会

---

[1] 陆巧玲. 词汇教学中的语境问题 [J]. 外语与外语教学，2001.

话。课堂上运用多媒体、互联网等创设情景，利用教学光盘，让学生进行英语角色扮演或编导课堂小剧本等，最大限度地创设使用英语的环境，使学生学习英语有一种自我追求、自我完善、自我提高的兴趣和动力。

2. 优化教学内容，创设语用环境

英语教学不只是看一节课教给了学生多少内容，最重要的是看学生操练了多少，真正学会了多少，在实践中能用多少。这种"学会""能用"就是实现了英语的"语用"。为此，在英语教学过程中，就要以此为目标优化教学内容，优化教学手段，优化"识记——操练——运用"的教学过程，让学生在整个教学活动中，有强烈的求知欲和成功感。

要优化教学内容，就必须吃透教材，活用教材，使教材内容情景化、生活化，让学生感到书本知识和我们生活实践贴得很紧，对教学内容具有亲切感，进而产生浓厚的求知欲、强烈的进取欲、变被动吸收为主动探索。

因此，深入地钻研教学内容，活用教学材料，在利教、便学、易记上下工夫，在培养学生能力上下工夫，是切实有效地提高英语教学质量的有效途径。优化教学内容，就是要充分利用和创设情景，语言情景、实物情景、声像情景都可以激发学生的学习兴趣。比如听录音、看投影、角色对话等，让学生身临其境，努力使书本语言和实际运用统一起来，使课堂教学在全方位多层次的活动中轻松愉快地进行。优化教学内容，必须把重点放在提高学生语言运用的能力上。必须纠正从书本回到书本的一读二背的简单识记，而要识记，向操练运用飞跃。要达到这样的目标，必须通过强化训练，提高学生动脑、动口、动手能力，使学生听、说、读、写四种技能得到全面发展，并能综合运用。比如在平时教学中可以坚持 Daily Report，开展一些丰富多彩的比赛活动，如阅读、讲故事、唱歌、书法、简笔画等，这是提高学生外语素质，达到英语语用的重要举措。

3. 改进教学活动，训练语用能力

学习语言的最终目的是会运用。在英语教学活动中，不能一味让学生死记硬背，而应该千方百计让学生在语境中强化语言运用能力的训练。在平时的教学过程中，需要将语言的具体表现形式和其在特殊的语境环境中表现的交际功能进行串联，让学生能够在语境环境中真正地理解这个词语的外部表现形式和其中所存在的意义，并且创造情境让学生能够在表面模仿和实战训练过程中不断提升自我的语言使用能力。在训练中，教师要努力融知识性、趣味性、灵活性于一炉，追求最佳的表达效果。如训练造句能力，教师可以先提问，"What are you going to be when you grow up?"学生根据各自的特点作出不同的回答："I am going to be a teacher/a worker/an officer/a cleaner, etc."教者还可继续追问："Why?"通过训练，学生不但可以巩固已学词语，而且能学会根据语境变化，作出相应的反应，并作出深入的思考，正确的应答，从而能真正地提高英语运用能力。

再如，运用投影，创设问路情境，组织学生进行角色扮演，将静景变为动景，将书本语言变为交际语言。在课堂上可以启发学生总结归纳有关问路的说法，再用投影片展示下列句子：(1) Excuse me, where's the nearest..., please? (2) Is there a... near here? (3) Which is the way to..., please? (4) How can I get to..., please? (5) Do you know the way to..., please? (6) Can you tell me the way to..., please? (7) Can you find the way to...? (8) I want to go to... (9) I'm looking for... Where is it, do you know? (10) I can't find the way to...Can you tell me how to get to..., please? 以及答语 Walk along this road/street. It's about... meters from here. Take the first turning on the left/right... It's about... meters along on the right/left. Walk on and turn left/right. 再进行一系列操练，让全班学生都参与活动。

当生活中这些熟悉的画面再现在同学们面前时，学生自然会情绪高涨，跃跃欲试。他们会揣摩不同身份人物的心理，模拟出各种不同的语言、动作、神态。这种知识性和趣味性相结合的训练，可以使新旧知识融会贯通，使分散的知识系统化，书本知识交际化，课堂活动生活化，在

"润物细无声"中,学生的英语运用能力可以得到显著提高。

4. 渗透英美文化,提升语用能力

文化往往借助于语言进行表达。任何一种语言的学习都与它拥有的文化背景密不可分,任何英语知识的获取,应该是与文化差异相关联的。[①]因此,为了更好地利用英语进行交际、恰当地运用英语,就必须要对西方文化进行充分了解。对于所学国家的生活细节、方式、风俗习惯和文化等越深刻了解,就越能对语言正确地理解和使用。

所以在平时的英语教学中,教师应有意识地在教学活动中渗透英美文化。对多种丰富的资源充分利用,如电视节目、英美电影以及英美国家的风情图片等,使学生能更多地与教材以外的知识接触,对英语国家的风土人情和文化背景更多地了解。同时,为了帮助学生对西方的文化差异进行更好地了解,教师在教学活动中,还要对文化差异对语言学习的影响进行强调,以此促进学生英语语用能力的提高。

促进学生综合语言运用能力形成,是英语学习的目标。为此,教师在教学过程中,不仅要重视词汇、语法教学,更应重视英语语用能力的培养,使学生能流利地说出一口英语,以促进学生的终身发展。

三、从文本到情境

传统的应试教育条件下,重视的往往是知识的传授,学生的学习方法和路径受到限制。教师大多是按照教材向学生传授知识,学生往往是被动接受和学习。死记硬背对学生而言,是一件十分痛苦的事情,而且还会产生心理疲劳。课堂教学机械,学生心理疲劳,阻碍学生对语言信息的理解和接受。新课程改革提出了新的理念和教学目标,指出应当重视学生综合能力的培养和应用,包含语言能力、技能、文化意识、情感态度等不同的需求。如果继续采用传统的教学方法,不仅无法完成教学任务,而且也没有真正做到培养学生。应当让学生感知学习当中的语言,并进行理解、内

---

① 高翼. 中学英语课堂中学生间接言语语用意识的培养[J]. 知识文库,2016(24).

化和运用,结合学生的实际情况,开展情境教学,使学生的学习效果得到有效提升。

鉴于情境教学的重要意义和积极影响,需要实现从文本到情境的转换和递进,这样才可以让学生更积极地投入到学习当中,增强他们的参与积极性。

(一)以文本话题为依托,建立教学语境

根据牛津译林版的初中英语教材可以得知,初中英语教材当中所涉及的话题量丰富全面,且不管是什么单元,单元话题都是以文本语言知识网络为核心。学生可以通过对每单元不同的话题进行逐一学习,在学习过程中认真分析单元中各情景语句不通的使用方式,加上自己的理解,整理出最为实用的核心语言,在实践中不断加以完善。[①]

现代外语重视的是对整体语言学习的过程,并以英语语言学习的实用性为主。学生在学习的过程中不断与所学英语的情景字句接触,从中获得最真实的感受。在此基础上加深对语言的学习和运用,通过对实践语言的综合运用,无疑是提升学生语言运用的最佳途径。但要注意,对这一实践的运用,教师并不能只是嘴上说说而已,要彻底落实到实处。学生可以在开放的情境当中进行活动,可以利用在上课期间所学到的知识技能去处理解决生活当中所遇到的各种问题,这也是实践活动的要旨。

比如,在学习牛津译林版八年级上册 Unit 8 Natural disasters 的时候,课本上只是介绍了台湾大地震中 Timmy 的经历,而对于地震时我们应该怎样采取措施等方面的知识并没有涉及。老师在教授这一课时的时候,就可以先对学生进行分组,设置情境,每组学生扮演不同的角色,如警察、消防员、学生、老师等,让他们以小组为单位对老师布置的任务进行分析研讨,最后让他们就此次英语学习每个小组各交一份总结:如果你是……在地震中如何进行自救和帮助他人。这样的情境学习能够让学生在实践中

---

① 彭雪,李莉.基于文本解读的初中英语阅读课堂教学[J].才智,2017(32).

不断对自己的知识进行巩固，对自己的能力进行锻炼，促使他们更加全面地发展。

（二）以课堂为阵地，创设教学情境

首先，教师要分清主次，通过教室这个直接平台，使学生的主体作用得到最全面的发挥。之所以设立情境教学，也是为了方便教师能够在教学过程中更好地掌控学生的学习动向，以便制定针对性教学方案。教师创设与教学内容相关的主要事件，通过对场景的模拟，引发学生自身情感的变化，最大程度激发他们对英语学习的兴趣，让学生可以快速学习和掌握教材当中的各种内容，以此来促进他们的全方位发展，让他们都能在一个良好的氛围下，有效提升学习效率。

语言的运用也是通过对真实环境的模拟逐渐衍生出来的，要想让学生对英语语言的熟练度进一步提升，教师能做的就是将语言文本知识和情景进行有效结合，让学生在真实语境中加深对语言知识的各种运用。例如，教师在对牛津译林版初中英语八年级上册 Unit 4 Do it yourself 中的 Welcome to the Unit 这一板块进行教授的时候，为了能让学生有一个更加直观的了解，教师可以运用一些插图动画，比如运用学生都喜爱的憨豆先生的动画，来激发他们的学习动力，在一定程度上将整个课堂的气氛充分调动起来，让学生能够在快乐当中更好地对英语文本对话进行学习。通过小组合作，学生可以说自己的作品。[①] 例如，教师在上课期间对学生提问 What can you get from DIY? 有些学生很兴奋，回答的答案也是准确无误。如 Have fun, Save money, Improve our practice abilities, Have a sense of success（成就感），Protect the environment（保护环境）等。另外，还有一种情况，一些学生并不会用英文将老师所举的例子说出来，于是直接用中文来表达，这也是因为他们都比较急切地想要展示自己，对于这类学生，作为教师应该对他们多加关注，帮他们解决在学习中遇到的困难，帮

---

① 本案例转引自：伍元义. 对话理论及其在初中英语课堂教学中的应用［D］. 南京：南京师范大学硕士学位论文，2015.

助学生完成对英语的表述。通过展开这样的活动，也能提升学生对英语的综合运用以及分析水平，让他们将所学的英语知识更好地在生活中得到实践。

（三）以语言运用为支点，仿真教学情境

教育的最终目的也是为了能够让学生更好地去学习，让他们在学习阶段能够独立自主地解决应对所遇到的各种困难。通过对相关数据进行分析可以得知：作为教师，要做的不仅仅是教会学生怎样去学习，在教育学生的过程中，其实更应该注重的是对学生学习方式的培养，让学生认清现状，对自己的学习有个全面了解，及时对自己的学习制定严密计划，积极应对在学习中所遇到的各种困难。

就以英语词汇为例，在对学生展开每一单元的主题教学解读时，都不可避免地要让学生展开对英语词汇的学习。即便现在学习英语词汇的形式方法多种多样，但是教师在教授学生学习英语的时候，还是要以培养他们主动学习、掌握正确的学习方法为主。然而在当前诸多的英语教学方式当中，并没有一种能够让学生在短时间内速成的方式，也没有哪一种方式能够在短时间内实现弯道超车。在当前初中英语教学所使用的新教材，更加重视学生语言结构和应用的培养，即借助语言使用的方式来帮助学生更好地学习语言。所以教师需要将新教材当中的相关内容进行充分挖掘和利用，比如吃饭、购物等交际用语，教师就可以让学生进行练习和表演，引导学生积极地参与其中。在课堂上将学生分成小组，可以设置问路和指路的情境。

情境1：将课桌当成超市以及宾馆，把教室当中的过道当作城市道路。

情境2：新生开学，家长问路，向你咨询学校报名地点。

情境3：让学生随意发挥，根据创设的情景，让学生分别扮演问路和指路的人。

让学生采用英语对话的方式，学习教材当中涉及的知识点，采用这样的方式让每个学生都有机会参与到语言实践当中，可以增强学生的体验感，使其交际能力得到增强。

教师所要做的就是对学生在学习过程中所遇到的困难给予指导，学生根据教师的指导进行学习策略的调整，为日后他们自己进行独立创新学习而做准备。①

(四) 以网络游戏为基础，创造教学情境

学校和教师在对英语课程进行制定期间，首先要根据学生的实际需要，合理地对课程资源进行开发利用，课程主要内容更加贴近实际，贴近现实，富有内涵。教师和学生可以体验到由信息技术、资源、方式三位一体与课堂相互结合所带来的好处，由此，通过实践得知，学生在这种新型的课堂当中学习，不管是对他们个性的张扬还是学习效率的提升都有着显而易见的效果。

将英语学科和信息技术相互融合，在一定程度上也就代表了新型课堂教学模式的到来。网络的普及和发展也使得教学方式得到了进一步的丰富与完善。英语课堂在教学当中如果创设游戏情境，可以让学生实现乐学以及练习的相互结合，也能够在更短的时间当中激发学生的学习动机，促进多种能力的发展，使其思维和想象力得到启发，这些对于情感和个性的培养都起到了很大的作用。

例如，翼课网就在这方面做得很好，作为一个智能化同步的教育学习平台，它对英语教学的信息化实现了一种大胆的尝试，并且取得了很不错的效果。在整个教学过程中，教师可以根据需要，利用翼课网在线教育的平台优势。首先对于学生来说，他们对于现代网络科技可以说是很热衷很好奇的。作为教师就可以抓住学生的这种心理，利用网络教学生动形象的特点，让他们在满足好奇心的同时从中获取知识，这也是由文本向情境过渡的一个过程。在学生进行网络学习的同时，教师可以在一旁辅助指导，让他们在学习的同时树立正确的人生观和价值观。以前，学生对于网

---

① 晏晨莎. 基于多元识读理论的初中英语阅读教学设计研究 [D]. 长沙：湖南师范大学硕士学位论文，2017.

络最感兴趣的就是游戏、动漫。所以在英语课堂上,教师也可以从一个已有的英语学习网站当中采用游戏的方式让学生参与其中,比如在学习"there be…"句型时,就可以让学生选择自己喜欢和感兴趣的人物或东西进行介绍,或者是互相提问猜测,如果猜错了需要退出该游戏活动,速度快且准确率都需要更高。这样在不知不觉当中,他们就会掌握这个句型。

时代在改变,在进步,现在的教学课堂,更多的是追求高效化,而"互联网+时代"的到来,也需要学生去进行自主探究学习,去寻找更加有说服力、更加精确的各项信息,学生通过实践学习,以更快的速度掌握英语学习的方式,让数字化平台转变成英语实践的助手,以达到让课堂成为英语实践主战场的最终目的。①

总之,在英语课堂教学中,教师只有设计符合学生学习心理的教学情境,才能点燃学生学习的激情。创设生动有趣的教学情境,为学生搭建展示自我的舞台,是焕发课堂生命力、让课堂鲜活起来的有效途径。作为英语老师,一方面要向学生传授语言知识,使他们掌握语言技巧;另一方面要重视激发和培养学生对这门学科的兴趣,这样才能使英语课堂精彩不断,学生的主体地位得到体现,尽情地参与到英语学习当中,在学习中收获成功与快乐。

四、从知识到文化

知识教育是以知识为主要教学的教育方式,是以理论为教学基础的,是简单的科学观与教育观;新的教育观提倡的是以人为本的教育理念,即文化教育。从知识教育到文化教育的转变,不仅能够从根本上走出"应试教育"的困境,也能为未来的素质教育和创新教育开辟新的教育方式。知识与文化的结合,是课堂教学永恒的追求,实际的教学课堂中,教师应该以学生获得知识为目的,以文化教育为教学的需求,将知识与文化相互结合,学好文化知识,灵活地运用英语。在初中的英语课堂开展文化教学对

---

① 周宁之. 落实阅读文本,关注阅读策略和阅读思维能力提高的思考 [J]. 英语教师, 2016 (24).

于学生理解英语知识非常有必要。

学生在学习英语的过程中,需要对西方文化进行一定的了解,通过英语知识对西方文化有一个更深的认识,促进学生们的跨文化交际能力,形成一定的语言逻辑能力,避免出现中国式英语。具备英语逻辑能力才能够提高学生们在进行英语口语表述中的准确性,对西方文化思想有更深的体验与了解。初中英语知识是整个学习生涯中的基础,因此,在初中英语教学过程中将文化渗透在英语教学中,对学生以后的学习有非常重要的影响。①

(一)从英语词汇知识教学进行文化的渗透

在英语教学过程中,词汇中可能涉及西方的各种文化,包括文学、艺术、信仰、风俗等。语言是文化的表现形式,更是文化的载体,具体的英语学习能够将隐藏背后的文化表现出来。比如:《世界中古史》中,强大的威赛克斯国王爱格伯特统一英格兰后,England 源于 Englaland,意为盎格鲁人的土地,经过多年的发展与演变,在内部的发音与拼写方面发生了变化,Englaland 才演变为了今天的 England,通过学习 England 一词,了解该词汇背后的文化背景和词汇的由来,学生们对词汇的理解会更加的深入。很多的英语词汇都是源于典故或者寓言,在特定的文化背景中准确地进行表达与运用,因此,英语课堂的文化教学,需要将英语词汇作为基础性的教学,从基础知识到文化的渗透,循序渐进,达到文化传播的最终目的。

英语词汇中所蕴含的情感文化,从贬义的角度进行分析,主要原因在于民族歧视和历史上英国与别的民族之间发生的战争,通过语言对对方进行攻击与贬低。英国曾经在扩张领土的过程中对荷兰发动过多次的战争,因此,英国人对荷兰人用 Dutch 表达自己对荷兰的厌恶。比如在进行诅咒或者发誓时,用 "I'm Dutchman, if I..."(如果我……我就不是人)。法国

---

① 曹学红. 浅谈初中英语教学中的文化渗透 [J]. 中学生英语, 2016 (30).

曾经与英国发生过百年战争，因此英语中的 Take a French leave（不告而别，擅离职守），英国人与印第安人发生冲突后产生 Indian giver（比喻送出礼物后希望马上得到回报），这些都是带有贬义或带有种族歧视的词汇，从词汇中得出西方国家的历史发展过程，词汇背后所隐藏的历史文化意义并不是经过某些人臆想创造的，而是经过长期的演变，最终确定的语言用法，尽管有些词语或短句具有贬义的意义，但是在历史的发展中经过长期的流传与广泛的使用，逐渐成为日常使用的语言。[①]

在一系列表示亲属关系的词汇中，如汉语词汇中伯伯、叔叔、舅舅、姑父、姨夫等在英语中则用"uncle"一词来表示；"aunt"一词代表汉语词汇伯母、婶婶、舅妈、姨妈、姑姑；"cousin"一词与其相对应的汉语称呼有"堂兄、堂弟、堂姐、堂妹、表兄、表弟、表妹等。从这些词汇反映出英语文化与汉语文化有不同的家庭观念，英国人的亲属观念比较淡薄，亲属称谓既贫乏又松散，甚至男女不分、长幼不分，而汉语文化中家族观念非常强，血缘关系非常重要，因此有关亲属关系的称谓词非常多而且复杂。英语教师在教学生学习词汇时，要把这种文化的不同告诉他们，这样学生们记单词会更加容易。

英语词汇的内涵意义与民族文化观念内涵跟汉语也有所不同。"old"一词在汉语中与之相对应的词是"老的""年龄大的"。在中国我们称呼高龄的老先生、老寿星时，时常在他们的姓氏前加个老字以示尊敬。在称呼比自己大、关系比较亲近的邻居、同事时，常在其姓氏前加个"老"字以示关系亲密。另外，"老"在汉语中还暗含"有经验""有能力"，如"老将出马，一个顶俩""姜还是老的辣"等。但英语文化中则没有用"老"表示尊敬的用法。相反，与"traditional 守旧的""senile 衰老的""useless 无用的"等紧密联系。因此，年纪大的英美人对"old"非常敏感，如果称呼 Mr. Smith"为"old Mr. Smith"将被视为极不礼貌、不得体的

---

① 陈中会. 浅谈初中英语教学中的文化渗透 [J]. 软件（电子版），2016（9）.

称呼。[①]

词汇所反映的意义是以一词多义为基础的，词汇的背后所隐含的意义就是文化产生的过程，在初中的英语学习中，通过基础的词汇知识学习，了解重要词汇背后的隐含意义，对词语有一个更加深入的掌握，对之后的短句学习以及段落阅读非常重要。词汇学习让学生明白，一个单词能够与多个词语进行相互结合，这是语言的独有特点，具有创造性与灵活性，教会学生在实际的词语使用过程中，对于一些含有特殊意义的词汇有效地回避使用，在语言中起到规范与制约的作用，这是文化的一种进步，对学生以后的学习也有重要的意义。

（二）通过情境教学渗透文化教育

学生在课堂学习中是教学的主体对象，教学需要调动学生的主动性与积极性，让学生具有主动学习与接受知识的能力。在课堂上，教师通过创设问题情境的方式对学生提出问题，并引发学生的探究与思考，从中挖掘出文化教育的内容。比如"When is your birthday"单元学习中，以谈论"生日"为主要的方向，以"When is your birthday"为讨论的线索，重点讨论对日期的表达，包括12个月份的名称以及序数词的学习，然后对题目进行一个扩展，让学生们根据该题目，对中西方的生日进行一个差异对比，谈论中国与西方在生日表达方式上有什么不同，在日期上的表述上有哪些不一样。这样一个题目的引入，让学生们动手查找资料，课上训练与课下学习相结合的方法，不仅能够锻炼学生运用英语知识的能力，还能有效提高学生的主动性与积极性，加深学生们对西方文化的了解，增强学生学习文化的意识能力。

每个国家都有其特有的节日，随着文化的融合，中国节日特别是传统节日备受外国朋友的青睐，如灯笼节又叫元宵节（Lantern Festival），清明节（Tomb-sweeping Day），龙舟节又叫端午节（Dragon-boat Festival），

---

① 尚玉环. 英语教学与文化渗透［J］. 校园英语（上旬），2016（7）.

中秋节（Mid-autumn Festival），重阳节（Double-Ninth Festival or the Elder's Day）。同样，学习英语了解西方的文化也是十分必要的。例如圣诞节（12月25日）是基督教徒纪念耶稣基督（Jesus Christ）诞生的日子，它的前一晚是平安夜，圣诞老人要在这一夜降临，给每个人带来礼物和美好的祝愿。这一夜也和中国人的除夕一样是家庭团聚的时刻，不同的是，这一年一次的节日，经常会邀请友人甚至外国朋友参加。牛津译林版初中英语七年级上册 Unit 5 Let's celebrate! 这一单元学习的就是中西方的节日。老师可以通过让学生上网查资料、课前播放国外庆祝不同节日的视频等方式，让学生们通过对比中西方节日，学习西方文化背景知识。

（三）通过英语知识解读中西文化的差异

了解西方礼节，学习交谈礼仪。在当前全球一体化发展的背景下，国家之间的文化既有相互之间的融合也有各自不同的差异，英语文化在人们实际的应用中有着非常重要的影响。初中英语教学中，教师需要通过中外文化对比的方式，让学生们了解文化差异之间的冲突与知识的碰撞，让学生们认识到学习英语文化的重要性，增强跨文化的意识。比如在西方国家，早上问候多为"Good morning."，而中国问候多为"Do you have breakfast?"；中国人还喜欢问"How old are you?" "How much do you make?" "Are you married?"。中国的文化习惯，就是更多地了解对方的信息，拉近彼此之间的关系，但是对于西方国家而言，年龄、收入以及婚姻状况是一个人的隐私，尤其是向女士询问年龄是一件非常不礼貌的行为。西方人见面寒暄最多的话题就是天气状况，比如："It's fine, isn't it?" "It's raining hard, isn't it?" "Your dress is so nice." 等等，他们在初次见面或者在不太熟悉的人面前，从来不问及别人隐私问题，以表示对对方的尊重。再比如西方人听到"You are fat." "you are so thin." 等话题，会感到尴尬，难以回答，这是不礼貌的。但是中国人见面三分熟，会对对方的家庭情况、个人生活状况了解得清清楚楚，这就是中西方不同文化的差异之处。因此，在初中英语教学中，教师需要帮助学生转变中式英语的思维方式,让学生了解不同文化。①

(四)巧用动物用语渗透文化知识

任何一个民族都有自己喜爱的动物,宠物文化有鲜明的地域性、民族性。中英两国人民都有养狗的习惯,但两国人对狗有不同的传统的看法。英国人对狗有好感,认为狗是忠实可靠的朋友。因此,英语中有许多关于狗的习语。Let the sleeping dogs lie.(莫惹是生非;别自找麻烦),Every dog has its day.(人人皆有得意日),Love me, love my dog.(爱屋及乌)等等。而中国人常常用狗来形容和比喻坏人坏事,比如:狗拿耗子,多管闲事;狗眼看人低;好狗不挡道等等。还有如:汉语说壮如牛,英语却说 as strong as horse;汉语说亡羊补牢,英语却说 Lock the stable door after the horse is stolen。从以上关于动物的习语中可以联想到语言的形成与一个国家的社会形态密不可分。

知识教育依然是教学的重点,但是经过教育理念的不断创新,这里的知识教育已经不再是刻板的、机械的知识教育,而是一种富有文化内涵与文化精神的知识教育,渗透了文化气息的知识教育,是文化教育不可分割的重要组成。而教师在整个教学中担任的不仅仅是知识的传授者,更是文化的传播者,不仅只教书,还育人。从知识教育到文化教育的转变过程中,教师担任的角色有着重要的改变,这种转变对每一位教师都将是一种挑战。学生在整个教育转变的过程中,受益最大,不仅能够增长知识,更能受到文化的熏陶;不仅要学会读书,更要学会做人。在文化的教育背景下,培养学生的整体综合素质,才是教育转变的真正目的所在。②

通过英语知识的掌握,学生们能更好地了解英语背后所蕴含的文化以及中西方文化间的差异。文化教学在整个初中英语教学中的重要性不可忽视,必须强化学生的英语文化意识,让学生们了解并更加尊重中西方的文化差异,拓宽学生的视野,为以后的英语学习打下坚实的基础。

---

① 刘兴春. 浅析初中英语教学中文化的渗透 [J]. 速读旬刊, 2016 (2).
② 吴昊. 初中英语教育教学浅谈 [J]. 小作家选刊, 2016 (8).

第七章
制度支撑

第一节 分层走班制

一、分层走班教学的概念及内涵

分层走班制教学,就是学生根据自己现有的知识基础以及对学科的学习能力和兴趣,结合任课教师的意见,自主选择 A、B、C、三个层次的教学班,同一科目同时开展教学活动,学生分别去相应层次班级上课,原有的行政班级保持不变,是一种不固定班级、流动性的学习模式。

分层教学实际上是一种运动式的、大范围的分层。它的特点是教师根据不同层次的学生重新组织教学内容,确定与其基础相适应的教学目标,从而满足各个层次学生的实际需要。其本质是以学生的个性发展为本,尊重学生自主选择,使学生个性特长得到充分发挥。

二、分层走班教学的理论依据

(一)心理学研究依据

人的认识,总是由浅入深,由表及里,由具体到抽象,由简单到复杂的。教学活动是学生在教师的引导下对新知识的一种认识活动,教学中不同学生的认识水平存在着差异,因而必须遵循人的认识规律进行教学设计。分层教学中的层次设计,就是为了适应学生认识水平的差异,根据人的认识规律,把学生的认识活动划分为不同的阶段,学生在不同的阶段完成适应认识水平的教学任务,通过逐步递进,在较高的层次上把握所学的知识。

(二)教育教学理论依据

由于学生基础知识状况、兴趣爱好、智力水平、潜在能力、学习动机、学习方法等存在差异,接受教学信息的情况也就有所不同,所以教师必须从实际出发，因材施教，循序渐进，才能使不同层次的学生都能在原有程度上学有所得，逐步提高，最终取得预期的教学效果。

1. 个别差异和因材施教理论

个别差异是指不同个体之间在行为和个性特征上相对稳定的不相似性，主要表现在心理方面及生理方面。学生的个别差异是客观存在的，只有根据学生心理发展和个性特点，采取与之相适应的教育教学措施因材施教，才能取得最好的教育教学效果。

2. 布鲁姆提出的"掌握学习理论"

布鲁姆提出的掌握学习理论强调每个学生都有能力理解和掌握任何教学内容，只要有合适的学习条件，绝大多数学生在学习能力、学习速率和继续学习动机等方面的个别差异将变得十分相近。而分层教学正是实现他的"从差异出发达到消灭差异"的理论构想的有效手段。

3. 维果茨基关于"最近发展区"的理论

"最近发展区"的理论认为，每个学生都存在着两种水平：一是现有水平，二是潜在水平，它们被称为"最近发展区"和"教学最佳区"，教学就是这样一个由潜在水平转化为新的现有水平，并不断创造新的最近发展区的过程。根据这种理论，人的个别差异既包括现有水平的差异，也包括潜在水平的差异，只有从这两种水平的不同层次的差异出发，才能不断地建立最近发展区，才能使教学成为促进发展的真正手段。

三、分层走班教学的发展价值

实施分层走班教学以来，我校走班学科教学质量明显提高。学生学习的积极性也得到了充分的激发，课堂充满活力。究其原因，主要有以下几点。

（一）优化教师课前备课

分层之后，班级内学生个体之间的差异明显缩小。教师在备课的过程中更有针对性地考虑本层次学生的学习能力并制定切实有效的措施。通过对平时教学目标、内容以及上课策略的科学调整，课堂更加高效。

（二）促进课堂教学策略转变

课堂教学中学习的主体已经有了改变，课堂教学策略也要进行相应的转变。A层同学重在基础，激发兴趣和学习的耐心，满足其毕业的需要。B层同学重在拓展提升，树立目标和信心，提高其学科综合能力，养成良好的自主、合作的学习习惯。C层同学重在能力拔高，开阔视野，搭建系统完整的学科知识体系。课堂教学中，A班的课堂活动突出模仿、记忆、巩固、合作。B班则注重合作、探究、展示、交流。C班重在思考、建构、质疑、创新。

（三）提升课后作业的层次性

由于A、B、C三个层次班级上课内容侧重点不同，因此课后作业的内容也因层次而异。A层主要训练基础，B层重在拓展，C层聚焦能力。阶段性作业检测如周练等小测试中，三个层次单独命题，旨在充分发挥试题的评价和检测作用。这有利于检验分层走班的效果、诊断课堂教学的问题从而为下阶段的教学提供整改的方向。

（四）提升课后辅导的针对性

课后辅导是教学过程中的重要一环。为了切实提高辅导效率，分层辅导势在必行。这样不仅能够使得辅导更具针对性，同时也能减轻教师的工作负担，从而提高工作效率。

（五）发挥评价的丰富性

分层后，班内学生差距虽然缩小，但却仍然存在。科学合理的评价有利于激发学生的竞争意识和主动学习意识，使部分学生在新的班级内脱颖而出。由于施行动态分层即随着每学期学生学习状态的改变，部分学生可以升级或者降级到其他层次。因此，分层走班过程中更加注重对学生的过程性评价。这样的评价方式记录着学生的每一个微小的进步，见证着学生的一路成长，更加有利于学生的未来发展。

（六）促进教师专业发展

原有的教学模式中，备课组中的老师面对的学情大体相近。对教师的评价主要参考内容比较全面如：平均分、优秀率、及格率等。这种一刀切的评价模式不能显示出教师的个性差异。分层走班教学模式则可以充分体现教师的差别并将其合理地利用起来。适合培优的教师可以任教C层，适合补差的教师可以任教A层，能力中等的教师任教B层。这样就充分发挥了教师的优势，有利于教学效果的提升。

分层走班教学突破了传统行政班级中"尖子生吃不饱、后进生吃不了"的教学尴尬，真正体现了"因材施教"。分层走班教学尊重了学生的个体差异，实现了对学生的过程性评价，树立了学生的学习信心，激发了学生的学习动力。

四、分层走班的依据和形式

（一）分层依据

学科兴趣和学习力是进行分层的主要考量标准。"学习力"指的是学生"获取知识效率，存储知识容量，更新知识速率，运用知识能力"的综合评价和反映，是学习动力、学习能力和学习毅力的统称。我们通过教师建议，学生和家长自选，年级协调等方式进行分层。学习成绩不再成为分层的唯一标准。分层走班中，对学生的评价也由结果性评价真正转变为过程性评价。学生的分层可以根据进步情况进行流动调整，这样极大地激发了学生不断努力、不断前进的动力。

（二）走班形式

个性走班、动态评价是我校分层走班教学中坚持的基本原则。首先，根据学生上一学期期中和期末综合成绩进行筛选，分出A、B、C三个层次，再经过任课教师推荐、学生个人申请、家长建议，最终确定学生层次。其次，确定走班班级，如下表所示。

分段	行政班级	走班班级
上段	1、2、3、4	A1、B1、B2、C1
下段	5、6、7、8、9	A2、B3、B4、B5、C2

然后通过教师自荐、组内推荐、学校指派的方式确定任课教师。最后，确定走班顺序：第一节课上段走班，下段按照行政班级上课；第二节课下段走班，上段在行政班级上课。在保证两节走班课连上的基础上，可以两段交替走班。

五、分层走班的具体实施办法

2017年3月，我校尝试分层走班教学。在决定之前我校安排骨干教师和行政队伍到苏州景范中学等具有成熟经验的学校进行学习，并组织骨干教师进行讨论，广泛征求意见，完善各项准备工作的细节。决定分层走班之后，我们明确了下面的操作路径。

（一）学科选择与师生及家长动员

首先，我们选择初三数学学科进行分层走班。因为，学生的数学成绩层次明显。在第二学期，初三数学进入到了复习阶段，按照以往的课堂教学模式，课上学生的学习效率不高，"尖子生吃不饱，后进生吃不进，中等生不消化"的现象时常存在。复习中针对性、分层次的训练才能更容易提高学生的学习效率和学科成绩。数学学科的特点非常适合进行分层走班，这也是诸多开展分层走班教学的学校一致的选择。由于是第一次进行分层走班，我校只开设了一门学科，希望通过数学学科的分层走班，为将来其他学科提供宝贵的经验和参考。

其次，我校对全体数学教师、初三学生和家长开展动员工作，争取得到他们的支持和理解。教师层面，我们通过开展座谈会的形式，向老师们了解当前数学学科课堂复习教学存在的困惑和困难，并介绍了相关名校开展分层走班后的效果以及分层走班教学的好处，获得了老师们的赞同和支持。在学生层面，我们通过问卷的方式向学生提出问题，如：你喜欢现在的数学课吗？为什么喜欢/不喜欢？你在数学课上能够全部听懂吗？为什么？如果我们的数学课上的内容都是适合你的题目，你欢迎吗？等等。通过问卷我们发现，大部分同学都对数学课堂不满意，都希望数学课堂的教学内容能够适合自己。我们将学生的反馈结果在家长会上向家长展示，并召开家长代表座谈会，征求家长的意见。最后，在老师、学生和家长的一致支持下，我校初三年级数学学科开展分层走班教学。

（二）师资配备

分层走班教学不仅对学生的学习兴趣和学习力有要求，合适的师资配备也是相当重要的。根据教师业务水平、性格特点，我们做了如下安排：A班任课教师选择耐心好，善于鼓励和激发学生学习信心和动力的教师；B班任课教师选择能力和业务相对均衡的教师；C班任课教师选择业务水平较高，语言表达能力强的教师。

（三）班级划分

根据学生规模、学生数学综合成绩（初三两学期期中、期末考试总成绩）、学生学习兴趣三维指标，确定每班35—36人。九年级1—4班抽出A班1个班36人，B班两个班共72人，C班1个班35人。九年级5—9班抽出A班1个班35人，B班三个班共103人，C班1个班36人。

（四）备课、排课与辅导

初三数学采用学案导学的教学手段。备课时，教师根据所教学生的层次设计学案初稿，然后交给备课组长进行审核进行第一次修改，接下来经过集体备课讨论进行第二次修改。上课前，教师根据个人特点和学生特点进行个性化修改，课后教师根据上课效果进行最后修改。排课的具体方式见下图。

周一								周二								周三							
1	2	3	4	5	6	7	8	1	2	3	4	5	6	7	8	1	2	3	4	5	6	7	8
数	外	化	语	政	音	校1	课外活动	数	物	体	化	语	外	史	课外活动	数	物	语	外	政	化	研	课外活动
数	物	外	语	史	化	校1		数	语	外	体	外	政	音		数	语	外	化	物	体	研	
数	化	语	外	音	史	校1		数	化	物	政	体	外	语		数	外	语	化	体	物	研	
数	外	化	语	音	体	校1		数	语	物	化	外	史	政		数	外	语	物	化	体	研	
语	数	化	外	政	音	校1		物	数	化	史	体	外	语		外	数	物	语	化	体	研	
化	数	外	语	史	物	校1		化	数	政	物	语	外	体		语	数	外	体	化	物	研	
外	数	化	语	体	音	校1		语	数	化	物	史	政	外		语	数	物	外	政	化	研	
语	数	物	外	化	政	校1		语	数	物	化	体	史	外		语	数	外	音	化	史	研	
语	数	外	化	物	体	校1		化	数	外	音	语	体	政		外	数	语	史	物	化	研	

周四								周五							
1	2	3	4	5	6	7	8	1	2	3	4	5	6	7	8
数	校2	语	体	物	化	史	课外活动	数	外	语	劳	体	美	自	课外活动
数	语	史	校2	化	物	政		数	语	外	劳	美	体	自	
数	语	校2	物	政	体	美		数	外	劳	语	化	史	自	
数	语	校2	史	物	化	体		数	语	劳	外	美	政	自	
校2	数	语	政	化	体	物		语	数	外	劳	史	美	自	
校2	数	语	化	史	政	音		语	数	美	外	体	劳	自	
语	数	校2	体	物	化	史		语	数	外	劳	体	美	自	
语	数	校2	物	美	体	政		外	数	化	语	劳	体	自	

下午,学生数学自修时也按照分层走班的安排进行,教师根据实际需要进班个别辅导。这样既减轻了教师的工作压力,也方便学生及时提问,解决疑惑。

(五)作业与考试

首先,作业设计分层次。其次,分层走班时根据各行政班级学生分布的情况在每班选择一名小组长,小组长负责收发作业。这样就保证了作业布置、批改、订正的顺利进行。最后,在阶段性检测中我们也施行分层考试。教师根据学生不同的层次进行命题,激发学生的学习信心,提高考试的检测、诊断和评价功能。在综合性考试（期中、期末考试）中，所有学生共用统一的试卷，以此来检验学生的进步情况。

（六）学生评价

分层走班教学中，对学生的评价采用动态评价的方式。动态评价指的是，根据学生一学期数学学科的考试情况进行升降级。如：C班张同学在本学期的综合考试数学排名落后于B班同学，则张同学降级进入B班学习。如B班李同学的综合考试数学排名超过或达到C班成绩，则升入C班学习。在升降级之前。除了参考学生的成绩还要征求学生和家长的意愿，进行综合考量。动态评价的方式重结果更重过程，能有效地激励学生向着更高的层次努力。

（七）教师评价

对教师的评价，我校采取整体评价和过程性评价为主。整体评价指的是对整个备课组进行捆绑式评价。将备课组看成一个整体，避免各自为战局面的产生。过程性评价指的是根据分班时的系数考查各班历次考试中系数的进步情况，并根据教师系数的进步情况进行评价。这样避免了对教师考核"一考定终身"的落后方式，而是通过系数对比来激励教师不断改进教学方式，科学备课、上课、作业和辅导，从而实现班级的进步。

第二节　小组合作制

一、小组合作的发展价值

改变学习方式是新基础教育课程改革的核心，而合作学习、探究学习是课改倡导的重要学习方式之一，新课程标准也明确指出"教师是决策者，而不再是一个执行者"。对于班级管理，班主任不能一手包办，也不能放任自流。因此，学校探索以学生为主体，全体参与，以教师为主导、协调管理的合作关系，建立班委会负责、小组合作制的学习管理模式。此管理模式是指班主任在多方面对学生进行考查的基础上，根据学生的不同特点将全班学生分成若干个同质组，小组成员按照一定的规则，一起参与学习、活动以及班级管理，在共同完成任务过程中，实现学生自己约束自己，自己管理自己，从而实现身心发展目标的一种管理的方略。"小组合作制"教育教学模式，提倡"以生为本"，建立"生本课堂"，将课堂还给学生，让学生成为学习的主人。

二、小组合作的理论依据

所谓合作学习，是指在教学中通过两个或两个以上的个体组成合作学习小组一起学习，以提高学习成效的一种教学形式。合作学习又称共同学习，其理论有良好的社会心理学基础。这种理论的核心很明了：当所有人聚在一起为一个共同目标而工作的时候，靠的是相互团结的力量。相互依靠对个人提供了动力，使他们互勉、互助、互爱。心理学理论表明，良好的人际关系能促进学生的认知、情感和行为三种不同层次的学习心理状态的提高。小组合作学习为学生创设了一个能在课堂上积极交往的机会，对于学生形成良好的人际关系及在交往中养成良好的合作意识、培养合作能力等方面都有极大作用。从激发学生主体性而言，学生是学习的主体，这就要求在较短的课堂时间内给予学生较为充裕的活动时间，包括相互交流、相互启发、探索创新的时间，而小组合作学习就较好地解决了这一矛盾，使学生能在和谐的气氛中，共同探索、相互学习，逐步培养探索精神和创新意识。

三、小组合作的成员分工

为了促使学生有效进行小组合作学习，首先对全班学生进行科学、合理的分组，每组6人。分组时除了考虑学习能力，还考虑学生的兴趣、性格、性别差异等因素，严格遵循"组内异质，组间同质"的原则对全班学生进行优化组合，优势互补。每个小组分为ABBC三层，即每个小组一个优生，两个中等生，一个学困生。组与组间尽量保持相对平衡的水平，这样既有利于小组内"合作学习"，又有利于小组间的公平竞争。

（一）小组成员分工，明确职责

组内成员是一个整体，小组是一个团队，强调集体行动，不搞个人主义，组内对于各种任务要有明确分工，并且要明确落实到人。

组长：在以身作则的基础上，对组员的学习、行为、思想等进行监督、督促和指导。包括随时与班主任及各任课教师联系，在同学和老师之间架起一座沟通的桥梁，起到上情下达、下情上报的作用。

副组长：协助组长处理组内一切事务，同组长一起加强组内的向心力和凝聚力，负责本组的学习情况及整个小组课前准备情况。在讨论后，负责发言人的提名来汇报本小组讨论的结果，同时，均衡组内成员到黑板板书的机会。

纪律员：提醒本组成员在课堂内外遵守校规、班纪和组约等规定，负责本小组的课堂纪律维护，对于上课出现的说话、嬉笑、打闹、递纸条等现象及时制止。

声控员：对小组成员讨论时音量大小进行监督提醒，小组内课内外讨论交流使用小音量，使音量尽量控制在本组范围内，在小组研讨成果展示和组间讨论采用大音量，声音洪亮流畅。

时控员：对于限时讨论或限时合作等学习活动内容，在时间上对成员进行提醒监督。

记录员：负责记录本组的得分情况，避免误加或误减分数，造成不必要的纠纷和混乱。下课后及时汇报给各科代表。

四、小组合作学习课堂教学流程

（一）小组合作教学的模式

有效先学——小组分工——组内交流——小组展示——教师补充——整体总结、评价——当堂练习

（二）小组合作的课堂活动流程

1. 有效先学（导学案）

新课前一天发导学案作为预习作业。

2. 小组分工

活动前组长就组内任务进行分工。分工要考虑组员的学习能力和个性

特点。就活动规则和分工办法要对组长进行定期的培训,以提高组长的组织能力。

3. 组内交流(兵教兵)

根据组内分工安排,组内成员按顺序交流、讨论。组内的相互交流,有助于提高学生的课堂参与度,避免了学生因任务固定而产生的对其他学习内容漠不关心的状态。组内交流时组员全体起立,在确认完成任务后坐下。这样可以避免座位的限制,导致学生交流的不便。教师注意观察学生情况并对各组的活动情况进行评价。

4. 小组展示

教师就教学任务对小组进行任务分工,各组代表根据本组分工进行班级交流。每组可派一名组员进行交流。根据任务难度,选派不同层次的学生。也可以每组两名学生交流,相互补充。交流时,教师可以组织其他组成员就讲台上交流的情况进行评价。

5. 教师补充

教师根据学生发言情况进行适时、适当补充。课堂的主体是学生,但是教师的主导地位不能忽略。部分教学内容需要教师的讲解学生才能充分理解。

6. 整体总结、评价

每个课堂板块结束后,教师组织学生进行总结、评价。及时的评价是开展小组竞争的有效手段。各组成员为了小组荣誉积极参与,从这一角度看,教师的评价起到了提高课堂气氛、提升课堂参与度的杠杆作用。

7. 当堂练习

根据当堂重难点进行训练,也可以为下节课的学习进行适当指导。当堂练习要体现本课的重难点和易错点,针对学生的薄弱项目进行重点突破和巩固。

指导型练习则以开放性任务为主,重在引起学生的思考。通过任务的层次设置,帮助学生养成良好的个人预习习惯,掌握预习方法。

典型案例:"梯形面积计算"课堂小组讨论环节

(学生每人手中都有一个印有方格纸的梯形纸片,上底是6厘米、下底是14厘米,高是8厘米)

组长:刚才我们都自己进行了思考,现在我们来讨论一下可以怎样求出这个梯形的面积。

生1:我通过数方格得到这个梯形的面积大约是80平方厘米。

组长:你们觉得他的方法怎么样?

生2:我认为他今天很有进步,而且数格子数对了。

组长:你们有更好的方法吗?

生2:我想到了把它分为一个平行四边形和一个三角形,得到的面积就是80平方厘米。

生3:还可以把梯形分成两个直角三角形和一个长方形。

生4:我把梯形沿对角线分成两个三角形,也可以求出它的面积。

组长:刚才我们一直关注把梯形分割,如果每拿到一个梯形都分割,肯定太麻烦了,我们一定也要像平行四边形、三角形一样探究出一个普遍的公式来。我们再讨论讨论。

生5:我把我的梯形跟他(生6)的拼起来,拼成了一个平行四边形。

组长:试试看,两人合作。

生1:我的梯形跟他的梯形拼起来也是一个平行四边形。

组长:看一下,你的梯形跟他的梯形怎么样?

生1:一模一样。

组长:我们来看一下,用这样的方法能不能得到一个普遍的公式?(指生1)你能说说可以怎么推导吗?

……

组长:刚才,我们受他(生2)的启发,想到了三种把梯形分割求面积的方法,接着,我们还通过两人合作,推导出了梯形的面积公式。今天大家的表现非常好,尤其是××(生1)也顺利学会了,××(生2)的思路很开阔,是他带领我们去想到把梯形分割的,我推荐他担任下次讨论的组长。

分析:小组合作制是以小组文化建设为基础,以小组合作学习为核心的学生自主管理体系和自主教育体系。在课堂教学实践中,尤其是数学课堂学习中很多内容可以通过小组合作学习来进行探究,这往往能起到事半功倍的效果。从上面的教学片断看出,课堂教学很好地落实了小组合作制学习。小组成员人数设置合理,成员分工明确,选择较有经验的学生担任组长,而且从组长的组织和表达能力来看,语言精练到位,很有"小老师"的风范。"小老师"的课堂组织也能做到层层引领,拨云见日。尤其是最后的总结环节,很好地体现课堂知识传授的延续性,很好地激励了小组成员学校的积极性和主动性。每个小组成员在发表自己观点的同时都能以"我"为中心,大胆精确合理表明自己的观点,很好体现了小组合作学习中学的有自信、有成就感和获得感。在这样的课堂教学环境中,由于小组成员由共同目标结合起来,每个成员都有小组的归属感和认同感,都团结一致为小组目标的达成做出努力。部分能力较强的学生在老师的组织下主动要求担任组长,愿意为小组出谋划策,死气沉沉的状态在较短时间内得到了有效改观。学生萌生了共同体的认识与意识,逐渐从"边缘参与者"向"核心参与者"转变。在这样的课堂教学环境下,老师依然成为学生学习的协助者,学生成为课堂的主导者,在亲身体验与实践中不断提高能力与水平,感悟成长真谛。小组合作制提升学生的学习兴趣,学习能力。学生不仅学业成绩步步攀升,组织能力,语言表达能力,沟通交际能力,发现问题、提出问题、解决问题的能力,以及社会责任感也得到了充分发展。

五、小组合作的保障机制

(一)合理座位安排

根据传统小组合作制学习围坐式的讨论和发掘,结合我校学生实际,我们采用了"秧田式"座位方式,即"2+1"模式。两位学生靠在一起,另一位学生适当拉开距离，这样既方便讨论，也不影响课堂听课，还方便了课后学习环节的组织，比如测试、默写等。

（二）加强小组文化建设

小组的文化建设和班级文化建设一样，能够起到凝聚小组的作用。小组文化的建设包括给小组起名、设计组徽、制定组训以及奋斗目标，可以确定挑战小组和个人的挑战对象，这样可以使得每个小组更有凝聚力。文化建设的内容要清晰可见，上墙展示。

（三）建立多元评价方式

1. 个人评价（自我评价、家长评价相结合）。

姓名	评价内容	周一	周二	周三	周四	周五
	认真完成作业（态度）					
	作业全对（质量）					
	积极发言					
	认真倾听					
	认真阅读					

评价标准：

认真完成作业：每次做到认真完成作业，书写认真的得2分。

作业全对：无论什么科目，全对一次得2分。

积极发言：对于稍有难度的问题，积极动脑，发言的同学每次奖励2分。

认真倾听：每周内对认真倾听的同学奖励2分。

认真阅读：每天在家有30分钟自我阅读的时间，家长签名确认奖励2分。

2. 小组评价（任课教师评价）

组名	评价内容	周一	周二	周三	周四	周五
	倾听					
	合作					
	展示					

倾听：认真倾听、坐姿端正奖励 2 分。

合作：分工明确，认真倾听，快速完成教学任务的小组奖励 2 分。

展示：分工明确，仪态大方，讲述清楚的小组奖励 2 分。

3. 班主任根据年级部提供的模板，从学习、卫生、纪律、展示四个环节制定适合本班实际的《小组合作评分细则》。

（1）学习（学习部长和各科代表、小组组长负责）。

①每天各科作业完成情况。当天小组内所有成员各科作业能够全部按时交齐，每人加 1 分。小组内每有 1 人未交作业，扣 0.1 分（不得找任何理由和借口）。

②全部交回作业后，完成较好的每有 1 人加 0.2 分；完成不好的，每有 1 人扣 0.2 分（此项以老师课堂表扬为主）。

③如发现抄作业的现象，一经查实，抄作业的同学扣 2 分，借给作业本的扣 4 分。

④放假期间，全部按时完成各科作业的，小组每人加 2 分。如果有 1 人未能按时完成作业，扣 1 分。

（2）卫生（卫生部长、卫生委员负责）。

①早、中、晚检查卫生情况，发现小组附近有垃圾的，每有 1 人扣 0.1 分。

②每天卫生保持良好的，每人加 0.1 分。

③组内值日：按时、认真、干净的，每人加 0.1 分。受到表扬的每人加 0.2 分。

④组内值日：如发现垃圾未倒，清扫工具摆放不整洁的，打扫拖拉，每一处问题扣0.1分。如果没有打扫，每人扣1分。

(3) 纪律（纪律委员和小组组长负责）。

①一天纪律保持良好，没有被纪律委员、老师点名批评的事情发生，每人加1分，并奖励小组一面小红旗。如被老师特别点名表扬的，如果是个人加2分，如果是小组纪律被表扬的，再奖励2分。

②课前：读书、写字、唱歌活动时间，有1人说话，扣0.1分。

③自习期间，有1人说话扣0.2分。

④一周内小组成员团结、和谐，积极上进，无违纪现象，每人加0.5分。如果出现斗嘴、闲聊，甚至辱骂打架者，扣除当事人每人1分。

(4) 展示（班长和小组组长负责）。

①上课积极回答问题，受到老师表扬的加1分。

②小组活动积极、活跃、效果很好，得到老师表扬的每人加1分。

③公开课积极回答问题，所有回答人员每人加1分。

(5) 荣誉（文艺部长和学习委员总负责）。

①考试竞赛获得优胜小组，每人加1分。

②单科专项测试获得满分的加1分，每次专科测试都能获得满分，双百再加2分，三个100再加3分，以此类推。

③竞争小组之间，超过对手的小组每人加1分。

④小组大型考试奖励办法：

A. 名次均分排名前三名的，每个小组奖励10分。

B. 超过竞争对手的，每个小组奖励5分。

C. 如果两个互助成员，有一人取得进步，按幅度大小加分。

⑤积极参加班级、学校组织的各项活动的，每有一人加1分。

(四) 完善激励机制

1. 日表彰：落实表扬信兑换晋级制。初一任课教师关注过程，从德、智、体、活动组织各方面进行表扬，颁发"表扬信"，每10张表扬信兑换

1张"一星尚德崇文卡"及3张"二星尚德崇文卡",2张"二星尚德崇文卡"可以兑换1张"三星尚德崇文卡"。不同星级的"尚德崇文卡"可以兑换不同等级的学习用品。

2. 周表彰:完善奖励评价机制,在获得一定积分基础上,鼓励学生积极自主申报,每周年级部张榜公布表扬。

"道德之星":具有公民基本的道德素养和人文素养,诚信待人,以理服人,不做损人利己、损公利己的事;乐于助人,拾金不昧。在学校校风建设、道德建设活动中表现突出。

"管理之星":具有一定的管理和规划集体的知识,组织和协调的能力;工作有计划,办事有策略。在担任班级或学生团体的管理工作期间,表现突出,为团队的和谐发展,集体荣誉的获得或重大活动的成功举办做出突出贡献。

"学习之星":学习目的明确,学习态度端正,有良好的学习习惯,优秀的学习品质,科学的学习方法,善于合作学习、探研学习和自主学习。有扎实的学习基础,优秀的学习成绩。

"勤劳之星":在学习和生活方面具有勤奋、劳作的态度和习惯,具有较强的自理能力。在家庭、学校能积极主动完成本职工作的同时,还能协助班主任处理事务。积极关心、主动解决集体环境的卫生问题和公共事务。在创建和谐家庭和文明班集体方面表现突出。

"合作之星":具有健康的心理和健全的人格,能够描述合作与竞争的关系,能以宽广的胸怀接纳人,善于与不同性格的人相处。在合作和竞争的环境中能不断地成长和发展。

"进取之星":具有良好的进取精神,在困难和挫折面前不气馁,遇到问题时能冷静地思考,能确立新的目标并为之拼搏和努力。在一个或多个方面(科技发明、科技制作、学习成绩、人生规划、班集体建设等)有所突破和创新并取得了良好的成绩。

"创意之星":爱学习,勤思考,思维活跃,思路开阔,知识面广。在集体活动的构思、班级布置和规划、和谐团队的建设等过程中经常有思想有点子，并产生良好的效果和影响。

3. 月表彰：每月评选"金牌学习小组""银牌学习小组""铜牌学习小组"。班主任根据积分高低，及时评选，组织学生拍好小组集体照，上传年级部。

第三节　总结反思制

学科能力不是随着知识的增加自然而然形成的，而是以理解和探究为基础的自觉知识转化过程，这一过程的基本方式是总结、反思和感悟。每一篇课文、每一章、每一单元的学习过程中，总结、反思和感悟等学习方式应贯穿始终。可以说，没有总结，就没有知识结构的建立，从而也不可能有学科能力表现和学科思想的建立。没有反思，也不可能有清晰的得失和对知识与生活体验的深刻意义关联和目标达成。[①] 总结反思是一种能力，更是一种习惯。但并不是每个人都习惯去总结反思，都会总结反思。总结反思很难自发形成，主要依靠后天的学习，学校和教师有责任在学生的学习过程中持之以恒地引导、帮助和督促。

一、总结反思制的实施背景

(一) 总结反思制是学生学科能力发展的需要

2017年9月中共中央办公厅、国务院办公厅下发的《关于深化教育体制机制改革的意见》指出要注重培养支撑终身发展、适应时代要求的关键能力。在培养学生基础知识和基本技能的过程中，强化学生关键能力培养。可见，培养学生学科能力已成为课堂教学改革的焦点。那到底要发展学生哪些能力？学生的哪些能力应优先发展？传统的教学"重传习轻思辨"，虽然"反思性教学"的已有研究非常丰富，但以学生为主体的"反

---

① 郭元祥. 培养学生的学科能力——谈课程改革的深化（8）[J]. 新教师，2016（08）.

思性学习能力"却一直没有引起足够的重视。事实上，教学中教师往往更多地关注知识与技能的掌握，而无视学科内隐的思想方法的提升。面对学生的疑点、难点、易错点，教师重复讲解，而量的积累并不能带来质的改变，带给学生的却是严重的思维惰性与反思障碍。然而，反思是思维活动的核心和动力，是一种重要的能力，同时也是发展学生学科能力的重要方法。在教学中必须重视培养反思性学习能力，实现学生学习方式的根本转变，发展学生终身学习必备的素养。

（二）总结反思制是推进深度课堂教学研究的需要

为促进学生学科能力发展，课堂教学改革是必然选择。我校与华中师大郭元祥教授团队长期合作开展"能力生根与深度教学"的教学改革试验，积极开展促进学生学科关键能力发展的深度教学研究，以深度教学落实学生学科能力的发展。深度课堂教学实验研究注重三个基本策略：基于理解性教学的知识结构化策略，基于探究性教学的思维方式培养策略，基于反思性学习的知识转化策略。其中，基于反思性学习的知识转化策略重在新知识的学习过程中，引导学生对知识进行"自我叙述、自我阐释、自我表达"，引导学生深层、深刻、深度学习，真正达成学科思想和学科能力目标的要求。

二、总结反思制的理论基础

（一）元认知理论

美国心理学家弗莱威尔在其《认知发展》中提出了元认知的概念。元认知就是对认知的认知，是指人们预测他们在各种任务中表现的能力以及对目前的理解和掌握程度进行监控。元认知一般包括元认知知识、元认知体验和元认知监控三个部分。这三个方面相互作用、循环往复，三者动态有机的结合即构成了元认知。华东师大熊川武教授指出：从元认知理论的角度来看，反思就是主体对自己的认知活动过程以及活动过程中涉及的有关的事物（材料、信息、思维、结果等）的特征的反向思考，通过调节，控制自身的认知过程，以达到认知的目的。元认知理论的形成，深化并拓展了反思的概念，不仅使反思的内涵与步骤等更清晰、更易理解和把握，而且使反思从昔日单纯的心理现象变成了一种实践行为，直接在实践中发挥作用。

(二) 深度教学理论

华中师大郭元祥教授提出"深度教学理论"，认为有效教学必须超越表层的符号教学，由符号教学走向逻辑教学和意义教学的统一，即深度教学。深度教学强调课堂应具有发展性品质，根本意义在于教学从对知识的关注转到基于知识处理对学生变化、发展和成长的关注。学生学习的过程即学生个体的"生活经验"重组与改造的过程，因此，深度教学只应在学生具体的生活领域中去寻找价值。只有教学回归于学生的"生活经验"，学生才能在反思中获得现实生活的深刻性与未来精神的解放。在新知识的学习过程中，知识只有经历了学习者胜过经验的二次加工才能真正成为个人的知识。课堂教学中可以通过小组合作学习的方式，引导学生对新知识进行"自我叙述、自我阐释、自我表达"（"三自学习"），以及深刻的生活体验的反思，真正达成学科思想和学科能力目标的要求。

(三) 建构主义理论

建构主义强调学生已有知识经验对学习的影响，认为学生在学习某一科学知识之前，已经形成了相当丰富的经验，学生在理解和建构新知识的意义时，总是习惯于应用各自认为正确的认知策略，并广泛地运用自己已有的知识经验。学生学习的过程是学生主动建构意义的过程，在这一过程中，首先，学生要不断地自我反省，使那些缄默的背景知识显现，暴露出当中的问题，探寻问题的答案，改组和重建背景知识，使知识结构更加合理。其次，学生还要不断反思他人见解的合理性，看它们是否与自己的经验体系一致，是否符合经验事实，以及推论中是否包含逻辑错误。建构型的学习不是简单占有别人的知识，而是建构自己的知识经验，形成自己的见解。反思不是简单回忆过去的学习情境，而是以旁观者的姿态、批判的眼光，仔细地审视自己的整个学习过程。从某种意义上说，反思就是对所学知识的建构和重新建构。

三、总结反思制的基本内涵

深度教学理念下的总结反思制区别于"反思性教学",从以教师为主体转变为以学生的发展为本,旨在培养学生反思性学习能力。总结反思制从课堂中不同的教学环节,从课堂上到课堂外,从活动到作业,从知识性作业到反思性作业等多角度、多层次培养学生的反思性学习能力。

总结反思制并不局限于对自身行为或活动的回顾,而是引导学生对自身学习活动的过程,以及活动过程中所涉及的材料、信息、思维、结果等相关因素进行审视、思考的一种学习方式。学生在特定的情境下,对将要开展的学习活动进行创造性的设计,对学习活动过程中发现的问题进行科学性的探究,对整个学习活动过程进行有效的评价、调控,以促进问题解决、学会学习、自我发展。反思的时机更是应用于学生整个学习活动过程中,其在活动前、活动中、活动后三个不同的学习阶段所起的作用不同。

总结反思制作为深度教学的有效途径,通过总结反思制来促进学习者对知识的深度理解、主动建构、迁移应用及问题的有效解决,进而促进深度教学目标的达成。而在深度教学的实现过程中,学生的反思性学习能力也能够得到锻炼和发展。学生在体验、反思、归纳、应用等环节中循环往复、螺旋上升,不仅要通过体验和归纳来获得经验,更要通过反思和应用来改造经验,以促进对经验的深度理解。

四、总结反思制的课堂实践

总结反思是基于学生真实的自我反思,是学生对尚未开展和已经开展的学习活动、已经理解的和尚未理解的知识的逐步清晰的认识,要求学生能够进行自我察觉,能对自己的效能进行自我评价,能自我监控学习中发生的变化并调整所使用的方法的学习策略。[①] 随着深度教学的进展,应积极地组织引导学生进行自我监控、自我评估、自我调整,引导学生对知识

---

① 格兰特·威金斯,杰伊·麦克泰格. 追求理解的教学设计 [M]. 闫寒冰,宋雪莲,赖平,译. 上海:华东师范大学出版社,2017.

进行"自我叙述、自我阐释、自我表达",从而使学生的学习真正地走向深层、深刻、深度。

(一) 预设中反思——设计

学习活动正式开始前,需要明确活动内容或规则等必要条件。在此环节中,常常都是由教师直接提出,学生有时根本不明白或没有意识去弄清制定活动规则的原因。其实,关于开展数学活动的反思时机不分先后,教师作为活动组织者的身份,引导学生利用已有的知识与生活经验,针对学习任务,对活动的内容、规则等进行规划与设计,对活动的结果进行猜想与预估,将会使整个活动更有效,也能培养学生反思的意识。

例如:作文是综合性的语文活动,当学生拿到一篇作文题的时候,不可能马上动笔就写,阅读后需要经过分析题目要求、选择写作素材、构思文章结构的内在心理过程,这其实就是在学生的思维中进行预设中的反思。如习作《那是一个特殊的日子》。"特殊"的日子,总让人记忆犹新。在那一个特殊的日子里,到底发生了一件什么特殊的事情呢?学生拿到这篇作文可以从题目的要求中找到相应的题目主要关键词:特殊、事情,从而明确这是要写一篇叙事的作文,事情的特点体现在"特殊"这个关键词上。学生基于"特殊"的定义和理解选择相应的写作素材,然后要构思文章结构和叙述顺序,最后成文。

再如:六年级数学下册《圆锥的体积》,在回顾长方体、正方体、圆柱的体积公式的推导过程,明确这些立体图形的体积计算都采用了转化的思想后,学生根据求立体图形体积的经验,思考求圆锥的体积是否也可以采用转化的思想。教师引导学生做三个层次的思考:一是你认为要求圆锥的体积可以转化为学过的哪个立体图形,说明你的理由。二是可以选用的圆柱和圆锥必须具备怎样的关系。三是需要哪些材料才能进行实验。在探究操作前引导学生逐步地深入思考反思研究任务,明确要做什么,该怎么做,再动手实验。这样既锻炼了学生的数学思维,防止学生盲目地操作,也有利于养成学生科学严谨的科学态度。

重视学生学科能力的发展，关注教学中每一个教学细节，充分把学生放在主体的位置，留有充足的时间给学生讨论、思考与交流，针对活动内容的自主设计和对结果的预估，都能培养学生独立思考、自主反思的学习习惯。"授之以鱼不如授之以渔"，让学生学会学习是教学的目标。

（二）活动中反思——调控

学习任何知识的最佳途径是学生经历知识的形成过程，由学生自己去发现、思考并解决，这样的理解才最深刻。而反思应该融于学生的自主探索、合作学习的研究活动中，让学生在观察、猜想、操作、比较、分析、推理、验证等学习活动中自为自省，从而深刻领悟新知，提升学科能力。因此，使学生养成在活动中反思的习惯，是培养学生反思性学习能力非常重要的环节。

例如：六年级数学上册《解决问题的策略——假设》，通过学习，学生初步学会用假设的策略解决一些含有两个未知数的实际问题，一般每道题可以有两种假设方法。为了完善学生认知，设计这样一个学习任务：一张桌子和4把椅子的总价是2700元，椅子的单价是桌子的1/5，桌子和椅子的单价各是多少元？在解决问题的过程中，引导学生思考：我准备怎样解答？（假设全买桌子或假设全买椅子）解决问题中，我发现什么问题？为什么会有这样的问题出现？我的进一步思考是什么？通过实践与反思，学生意识到，同一道题可以用不同的方法来解决，但当方法有繁有简时，需要针对情况有所选择，从而提高学生灵活运用策略解决问题的能力。因此，要养成学生在解决问题面对困难或疑问时及时反思的习惯，以便更好更快地寻求最佳的解题路径。

再如：五年级习作《写一种动物》（描写屎壳郎推粪球）。学生写动物的行动这一板块，学生在教师的指导下明确了写作技巧"环节要分解""动词需准确"，然后进行练习试写。由于时间有限，不少学生观察不够细致，在描写上往往平均用力，重点不够突出，反而显得稀松平常。针对此问题，教师适时出示《金蝉脱壳》中一段描写脱壳的课文，让学生对比阅读，学生由对比而明确了在描写中要突出重点、不可面面俱到的问题。教师此时再次播放视频片断，学生仔细观察，再针对自己最感兴趣的部分进行细致修改，描写自然也就重点突出了。学生借助教师提供的材料，带着初步的写作感受进行对比反思，很容易发现自己的不足，从而明确自己可以改进的地方和改进的方法，提高了写作质量。

学生的研究活动一定要创设恰当而有探究价值的问题情境，根据知识和学生思维特点设计有效的学习活动，更要留给学生更多的自我理解和建构、自我反思与调整的时空。活动中经常引导学生反思活动进展情况：我们对问题有哪些更新更深入的认识与理解？我们已经解决哪些问题？成功或失败之处是什么？还有哪些问题仍然没有解决？我们遇到什么问题？根本原因是什么？我们需要如何改进？不断地引导学生重新思考对问题的早期理解，适时地回顾活动的进程，以便更有效地进行下一步的活动，经历建构和完善的全过程。

(三) 交流中反思——明理

学生经历了学习活动并不一定就具有了活动经验，所以活动后应留给学生充足的时间和空间让学生自我反思，互相交流。学生交流中应展示对解决问题的完整理解，不仅包括显性的知识性结论，更应该包括隐性的知识所得的思维过程。交流的方式包括小组内交流、班集体的生生交流，师生交流，课堂上尽可能多地为学生提供思考、分析、交流、争论的时间，提高交流的时间和密度，加大学生的反思力度。

例如：在辨析介词 in 和 on 在句子中的用法：I can see a bird _____ the tree. I can see a pear _____ the tree. 为何前者用 in，后者用 on 呢？教师让学生独立思考区分的办法，继而进行生生交流，结果令人意想不到。比如，有学生想出区分的方法是：on 的第一个字母是 o，就像我们长在树上的东西，和树是连着的，没有断开；而 in 的第一个字母是 i，就像一个东西跑到树上的某个地方，所以用 in。学生兴致勃勃，边说还边演示。课后，教师把学生的方法带到其他班介绍并推广，大大提高了学习效果。可以看出，教师的思维不代表学生的思维，但学生最懂学生的思维！

再如：苏教版五年级下册《古诗两首》——《六月二十七日望湖楼醉书》《饮湖上初晴后雨》。在学习完两首古诗之后，组织学生交流这两首古诗有何异同。学生根据所学的相关知识进行小组交流，然后班内分享，结果让人欣喜。学生能从诗歌的格律、时代、主题、作者、写作背景、表现手法等多个角度交流自己的观点。在对比比较中真正找到古诗文学习的方法，提升语文学习的综合能力。

交流中，教师并不是一个旁观者，而是一个倾听者、监控者、推进者，认真倾听学生的发言，及时捕捉学生思维的盲点、错点，适时恰当加以引导、点拨，推进学生思维的进展。不同的学生可能有不同的思考点，学生在不同方式的交流中思维碰撞，表述与论证自己的想法。教师激励学生对概念、猜想等进行必要的、持续的反思，激发更多问题的深度思考、热烈讨论、持续探究新的理解，逐步得到更完善的结论，并提炼与外显所得的活动经验。

（四）回顾中反思——悟道

千金难买回头望！在日常教学中，教师在学生自主探究获得新知后不能迫不及待地进入巩固应用环节，一定要舍得给予学生充足的时间，让学生对学习的新知及获取新知的过程进行回顾反思，这是学生对自身学习表现的自我评估，是对解决问题过程与方法的总结与提升，这是学生进入深度学习必不可少的一步，它能使经历变为经验，让方法提升为思想，从而提升学生的元认知能力，发展学科素养。

活动后回顾：引导学生反思整个探究过程和所获结论的合理性，称为"反思三部曲"。第一步：这个结论对吗？以反思结论的合理性。第二步：这是不是最好的方法？（哪些方法有效、哪些方法无效、哪些可以做得更好？）以反思探求解题多样化和最优化的策略。第三步：我们是怎么得到这个结论的？以回顾反思探究的过程，总结经验，提炼方法。

课尾回顾：学生在课程任务结束时回顾一节课的学习过程，问自己：

今天这节课我学到了什么？我在学习中最大的收获是什么？今天的学习我还有什么疑问？通过安排学生的回顾来开展对过程和结果的重新思考，才能使理解变得明确，事物的本质才会变得更清晰。

课后回顾：课后花两分钟时间进行随笔总结，让学生总结一到两个自己仍未解决的关键问题，以便下节课向老师提问。

单元回顾：一个单元往往有同类型知识点，蕴含着同样的思想与方法，因此单元结束时，有必要组织学生进行回顾，提炼解题策略和思想方法。

例如：在复习四下 Unit 3 Seasons 时，指导学生围绕"seasons、weather、activities"三个关键词，通过表格或其他形式整理归纳本单元的知识点。课堂中，逐一提出问题"How many seasons are there in a year? What are they? How is the weather in spring/summer/autumn/winter? What can you do?"让学生进行交流。学生填写表格其实就是复习、默写的过程，这样打破了师生默写的传统方式。这样的默写方式既有共性，又有个性，每个孩子写的 activities 那一栏可能都不一样，这样更加激发学生的思维，提高思维含量。最后，给学生一个语言支架，I like...，In...，it is...，I can...and...，让他们表达自己喜欢的季节，学生的语言能力得到较好的训练与培养。

再如：六年级数学下册《立体图形的表面积和体积的总复习》，其中包含了长方体、正方体、圆柱和圆锥的表面积和体积公式及相关的应用，知识容量较大。因此，组织学生课前围绕关键问题进行自主回顾、整理与复习。如：我们学过哪些立体图形的表面积和体积？分别是如何推导出公式的？其中蕴涵了什么策略？它们之间有怎样的关系？利用公式解决问题过程中我们要注意些什么？对你来说，哪部分知识内容需要重点复习？这样，不仅让学生尽快唤醒旧知，自行编制知识网络，使知识更加系统化，进一步体会蕴涵的数学思想，扎实解决问题的策略，更能让学生对自身学习情况进行自我评价，明确优点与不足，以便科学地安排学习时间，提高学习时效。

知识的得出固然重要，但让学生回顾知识探究的过程，重新整理思路，反思知识是通过何种途径、采用何种方法获得的更有意义。学生最终的自我评价以明确未解决的问题，设定未来的目标，设定新的学习方向为主，帮助学生对自己已经学习的内容，未来需要进一步探究和改进的内容作出判断。日积月累，学生习惯总结反思、提炼方法，获得经验，这才能为他们的终身学习打下厚实的基础。

（五）应用中反思——深化

学会学习、学会应用是学生学习的终极目标。应用过程中，学生要能够把一个情境中学到的知识与技能、思想与方法顺利迁移到新情境中解题，则需要反思能力。因此，教学中应注重习题的针对性，设计具有一定综合性、开放性的题目。学生针对学习任务，回顾反思已有的知识经验，合理地选择和评估策略，从而锻炼综合运用知识的能力以及思维的灵活性、发展性。

例如：在三年级英语下册 Project 2 A magic clock 第二课时利用 magic clock 语言输出活动中，我设计了两个层次的游戏活动。Game 1：Talk about the pictures. T：Now we have magic clocks. Would you like to go play with your magic clock? Game 2：Make up a nice story. 游戏一通过玩游戏、编对话，进一步巩固语言知识，培养学生的合作能力和创新能力。游戏二进入了更开放的层次，用魔法钟上所提供的情景，让学生自由组合创编和表演一个小故事。这个游戏活动学生需要在头脑中积极回顾、调取已有的知识经验，在新的情境下反思所用单词、句子的合理性，提高了语言应用能力。

再如：五年级数学下册《因数和倍数》练习时，设计这样一道题：猜猜 5AB6DC 这个六位数可能是多少？(1) 这个数是 2、3 和 5 的倍数。(2) B 是 2 和 3 的最小公倍数。(3) D 是 B 的最大的因数。这道题能够综合考查学生对因数、最大公因数、倍数、最小公倍数等概念的理解，促使学生积极调动自己对经验和知识的迁移。在如此多信息的前提下，同时考查学生合理解决问题的策略，先根据哪些信息求出哪一个数位上的数，在脑海中不断对比、分析、思考，最终由易至难顺利解题，从而对相关概念达到深刻的理解，并积累了解决相关问题的经验。

学生应用的过程并不是次次正确，错误在所难免，教师应有"容错"的教育理念，把学生的错误作为宝贵的教学资源，展现在课堂教学中，给学生提供反思和元认知的机会，引导学生找错、析错、纠错，找到达到更佳学习效果的路径和方法，从而有效提升数学学习的自我管理能力。

例如：把一个长为 18 厘米、宽为 12 厘米的长方形切割成同样大小的正方形，大正方形的边长最长为多少厘米？最多可以切割成几个这样的正方形？这道题是最大公因数和最小公倍数应用中典型的错题，学生往往搞不清到底是求长和宽的最大公因数还是最小公倍数。教师应给予学生反思、争辩的机会，理解正确的解题方法。教师还可以合理加工，加入对比题：一个长为 6 厘米、宽为 8 厘米的长方形拼成一个正方形，正方形边长最小为多少厘米？至少需要多少块这样的长方形纸片？通过对比，提高运用最大公因数和最小公倍数解决实际问题的能力。

以上课堂中的五个基本环节，针对不同的教学内容，都可以将反思性学习策略在课堂教学中有计划、有目的、分层次地随机渗透，让学生学会以最及时、最有效的方式进行自我监控和自我调整，对知识和活动进行持续性的反思，培养反思习惯，提升反思性学习能力。

五、总结反思制的课外延伸

总结反思制的有效实施不仅仅局限于深度课堂教学中，而是要把学生的自我反思延伸至课外、校外。总结反思是学生内隐的思维过程，利用"反思性学习作业本"和"反思日记"等手段进行可视化表征，指导学生通过外显的行为对自身的学习进行自我评估、自我评价与自我调整，从而培养学生的反思习惯、反思意识和反思策略，促使学生实现由"学会"向"会学"的转变。

（一）数学反思性学习作业本

"反思性学习作业本"不同于"错题本"，主要采用日小结、周反思、月报告的形式进行推进。学生通过整理所学内容并反思，进一步理解和巩固知识，掌握学科思想和方法，深化对知识的理解和方法的重新建构，使学生形成自觉反思的意识和习惯，为自己的学习承担责任，逐渐成为自律学习者。

1. 日小结

日小结是学生以整理学习当天的一道错题或好题的形式进行，强调分析错题错误的原因，写出题后反思（明确具体错误原因，总结正确解题策略），从而达到有效地自我评价和自我提升。同时，尊重学生学习水平的差异性，当日无错题的学生可自选好题，强调说明选择理由。

习题整理的步骤：

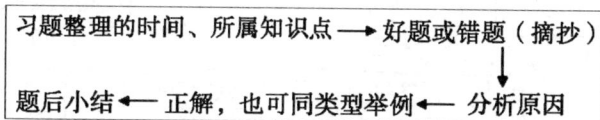

学生作业展示：

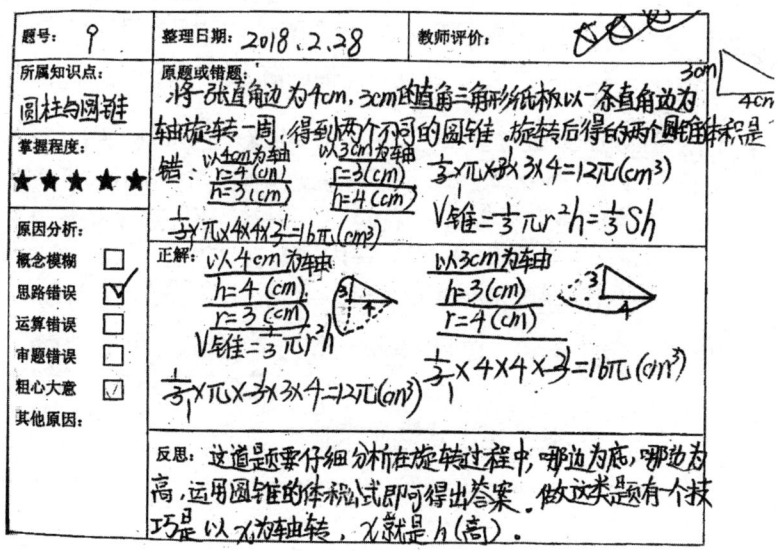

2. 周反思

包括学生一周学习收获、学习困惑，针对学习薄弱点的巩固练习、好题分享、学科日记、学科画报、绘制思维导图梳理知识或其他与学科相关的个性化内容。

学生作业展示：

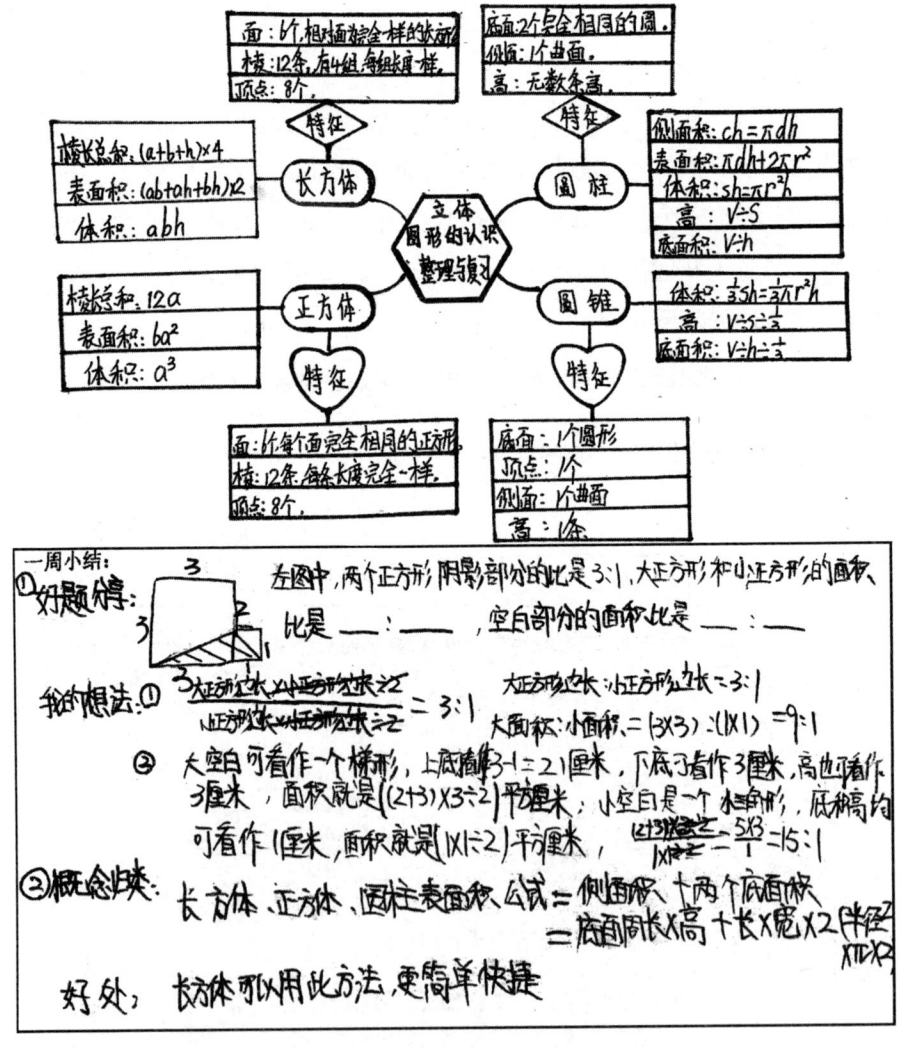

3. 月报告

学生层面：学生梳理本月整理的题目，了解本月学习薄弱点，重点练习，或把错题重新做一遍，了解掌握程度。教师层面：针对学生的整理，对学生的学习或自身的教学进行一月总结，反思教学不足，制订教学改进策略。教师也可设立"学生学习情况记载本"，把学生的典型错题分类记录。包括题目原型、错误再现、错因分析、校正对策四部分内容。在单元复习、期末复习时，改换题目的情景和数字再次练习，准确把握学生的复习起点，提高复习的针对性和有效性。

实践证明，"数学反思性学习作业本"能帮助学生更牢固地理解、把握知识，提高学习效果；同时，学生的反思能力、分析、解决问题的能力、语言表达能力等均有所提升。持之以恒，学生必定能够养成自觉反思的意识和习惯。

(二) 反思日记

反思日记是以日记的形式记叙对学习过程和学习结果的理解、感受、体会与反思，可以从知识与技能、情感与态度等多方面对自身的学习进行自我评价。在要求学生写日记之前，应向学生明确写反思日记的目的和作用，不是简单地对一天的学习活动和内容的回忆，而应该突出"反思总结"这一特点，使学生能够发现自己学习的不足，并采取相应的措施加以改进。我们从以下几方面做尝试。

1. 通过这节课的学习你有哪些收获？可以是知识类，也可以是学习方法类。例如学生在日记中写道：

Through this experiment, I have learned that I can keep an observation on things around me, be good at thinking about things, and dare to explore. In this way, I can not only understand scientific principles in playing, but also broaden my horizon.

2. 这节课我们在课堂上做得最有意思的事情是什么？什么让它如此有趣？例如学生在日记中写道：

今天，我们迎来了一节有趣的课，课上老师让我们用一张"势单力薄"的纸打开一瓶"一肚子气"的易拉罐。老师告诉我们要用纸在瓶子上摩擦。一开始我只是把纸折成正方形，胡乱地在瓶盖上兜圈圈。经过老师指点，才明确地在瓶盖儿上"使劲"。同学们纷纷暴开易拉罐。我心一急，用力一按，没想到居然就开了。我查了资料才知道这是热胀冷缩的原理。这次实验，让我在玩中懂得了科学的道理，还开阔了视野，真是受益匪浅！

3. 这节课或本周或最近一段时间，自己的学习情况如何？有哪些进步，又有哪些不足，谈谈接下来的改进目标。例如学生在日记中写道：

从这一个星期下来，我发现自己做题时的缺点：①没有读清楚题目的要求就做。②单位换算，要么换错要么根本没换。③算错。我希望从下一星期开始，我能在学习中改掉这些毛病。在遇到难题的时候能够独立思考，用自己做题的方法解决难题，还可以在自己的生活中发现问题，发现与数学有关的问题，并去解决。

4. 写写你在生活中发现的数学问题、数学知识或有趣的数学题目。例如学生在日记中写道：

今天，我又一次发现：处处有数学！我看到这样一个故事：在清朝乾隆年间，乾隆皇帝下江南游玩，遇到一位老寿星。一打听，这位老寿星已经141岁了，皇帝赠了一联给老人：花甲重开，外加三七岁月。古稀双庆，更多一度春秋。你知道老人的141岁怎么算的吗？原来"重开"是指2个60，"三七"是指3×7，上联就是$2\times60+3\times7=141$（岁）；古稀是70岁，双庆指两个70，多一度春秋也就是加1岁，下联就是$70\times2+1=141$（岁），原来，对联中也能藏有数学问题呢！

5. 你想对老师或同学们说些什么？例如学生在日记中写道：

我喜欢我们的数学老师，她让我的数学学习获得了很大的成就感。她上课很有趣，她鼓励我们大胆发言，她说错了没关系，重要的是要知道自己错在哪儿，怎么改。我们还要感谢别人的错误，要一起总结经验教训。

她鼓励我们在课堂上多思多说，一点都不让我们"偷懒"，我们的数学课是"最热闹"的课堂，我们都爱上数学课。

日记是学生自我评价的平台，是反思性学习的重要途径，日记也是师生沟通交往的纽带，折射出学生反思的轨迹，有助于教师了解学生，教师要及时检查。

图书在版编目（CIP）数据

学科育人：深度教学的行动研究/刘国平主编.—福州：福建教育出版社，2020.8（2021.6重印）
（深度教学研究丛书/郭元祥主编）
ISBN 978-7-5334-8545-0

Ⅰ.①学⋯ Ⅱ.①刘⋯ Ⅲ.①课堂教学－教学研究 Ⅳ.①G424.21

中国版本图书馆 CIP 数据核字（2019）第 202941 号

深度教学研究丛书

郭元祥 \ 主编

Xueke Yuren——Shendu Jiaoxue De Xingdong Yanjiu

学科育人——深度教学的行动研究

刘国平　主编

出版发行	福建教育出版社
	（福州市梦山路 27 号　　邮编：350025　网址：www.fep.com.cn）
	编辑部电话：0591-83727542
	发行部电话：0591-83721876　87115073　010-62027445）
出 版 人	江金辉
印　　刷	福建省金盾彩色印刷有限公司
	（福州市仓山区红江路 8 号浦上工业园 D 区 24 号楼　邮编：350008）
开　　本	710 毫米×1000 毫米　1/16
印　　张	26
字　　数	359 千字
插　　页	2
版　　次	2020 年 8 月第 1 版　　2021 年 6 月第 2 次印刷
书　　号	ISBN 978-7-5334-8545-0
定　　价	65.00 元

如发现本书印装质量问题，请向本社出版科（电话：0591-83726019）调换。